# Manuel du télépilote de drone

*4e édition*

Régis Le Maitre

Bastien Mancini



CÉPADUÈS-ÉDITIONS

111, rue Nicolas Vauquelin
F 31100 TOULOUSE – France
Téléphone *(de France)* : 05 61 40 57 36
*(de l'étranger)* : + 33 5 61 40 57 36
www.cepadues.com
courriel : cepadues@cepadues.com

Coordonnées GPS en WGS 84
N 43 ° 34' 43,2"
E 001 ° 24' 21,5"

ISBN : 978.2.36493.879.3 (4e édition)
ISBN : 978.2.36493.651.5 (1re édition)





Dépôt légal : janvier 2021

# PRÉFACE

Voici déjà la quatrième édition de ce « Manuel du télépilote de drone » que j'ai le plaisir de préfacer.

Cette dynamique est à la fois la résultante d'un domaine en grande évolution, qui se structure progressivement et pour lequel la réglementation européenne et mondiale arrive progressivement à maturité. C'est aussi le signe de la dynamique propre aux auteurs de ce manuel qui sont des passionnés et n'ont de cesse de retransmettre vers leurs lecteurs ces évolutions.

Ils auraient en effet pu se contenter de faire vivre la première édition du manuel qui posait déjà très bien les fondamentaux en matière de télépilotage de drone. Leur enthousiasme et leur rigueur leur ont dicté le développement et la publication de cette troisième édition.

Toutes les qualités des précédentes éditions ont été conservées : la passion partagée, le coup de crayon de Régis, l'esprit d'entreprise de Bastien, un contenu rigoureux et à jour et une approche pédagogique à même de faire bien comprendre l'ensemble des composantes et des responsabilités liées aux fonctions de télépilote.

En effet, les acteurs du monde des drones ne sont pas nécessairement issus de l'aéronautique.

Ils n'en possèdent pas toujours les codes et la culture. Pour beaucoup d'entre eux, ils sont conscients de leur responsabilité, mais ne savent pas nécessairement l'appuyer sur des méthodes et des compétences rigoureuses et consolidées. Ce manuel les aidera dans ce sens.

C'est un outil qui leur deviendra rapidement indispensable et qui partage avec eux l'enthousiasme et la passion qui caractérisent ce nouveau domaine, mais hérite également de tout le savoir-faire existant dans le monde aéronautique traditionnel.

Les systèmes de drones, et leur exploitation qui se structure progressivement, seront sans doute à l'origine de nombreuses évolutions dans le domaine de l'aviation, qu'il s'agisse de mettre en place des procédures éprouvées à bord des avions pilotés, de travailler à la circulation des véhicules dans les espaces suborbitaux, de faire naître de nouveaux services en espace urbain ou en espace isolé. On peut avoir l'impression que les drones sont des automates, ils restent néanmoins pilotés à distance par des humains qui doivent en conserver la maîtrise et gérer les risques liés à leur exploitation.

Je crois sincèrement que vous prendrez plaisir à vous approprier ce livre et acquérir tous les fondamentaux nécessaires à une exploitation rigoureuse et compétente des systèmes de drones. Je vous en souhaite donc une excellente lecture.

Farid ZIZI
Ancien Président de la Commission Navigation Aérienne de l'OACI
Directeur de France Aviation Civile Services

REMERCIEMENTS

*Nous remercions AIROD Technologies, Atlantique Expertises Drones, studioSport, INRIA et Delair pour les autorisations accordées pour les reproductions de photos.*

*Bastien remercie particulièrement Alexandre Lapadu, Christophe Chanudet, Clément Pfiffer, Michaël de Lagarde, Benjamin Michel, Christophe Eucat, Mathieu Minvielle, Jérémie Trilles et Jérémie Rafin, et a une pensée particulière pour Eleanor, Ennio et Jack, qui lorsqu'ils liront ces pages, auront une réponse à une question qu'ils lui posent assez souvent : « tu as fait quoi aujourd'hui à ton travail ? ».*

*Cépaduès remercie particulièrement Régis, que nous aimons à qualifier d'Auteur Historique.*
*Que l'association des deux puisse être qualifiée d'association de bien faiseurs.*

# SOMMAIRE

# Le Drone, des applications multiples

Au commencement était un jouet

L'AR. Drone de Parrot.

Un drone, c'est mieux avec une caméra embarquée

Et c'est DJI qui l'a compris le premier. Les camescopes volants réinventent la prise de vue, et le "vu du ciel" devient accessible. Un engouement apparaît pour filmer paysages, phénomènes naturels, et aussi mariages, locaux d'entreprises, grands événements...

© StudioSPORT

Un drone collecte des images... beaucoup d'images,

Et le champ des possibles est élargi grâce à la puissance du DATA Management : bienvenue dans le monde des algorithmes et de l'Intelligence Artificielle.

© Justin Aikin on Unsplash

Le relevé de terrain ou comment le métier de géomètre est réinventé

La caméra volante permet de reconstruire des vues de terrains. On peut modéliser les courbes de niveau, calculer des volumes, des pentes ou des profils d'élévation.

© Delair

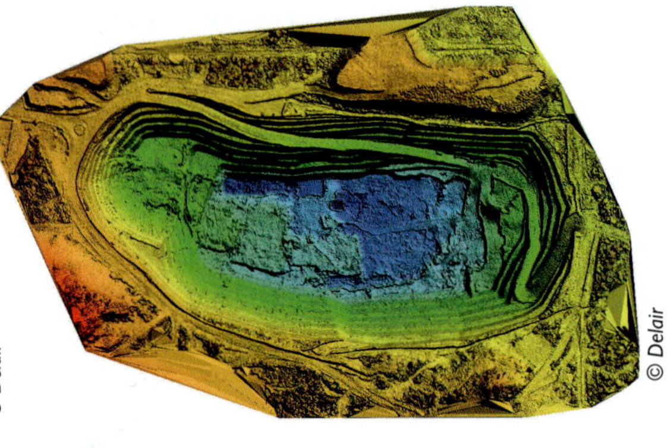

© Delair

Depuis le ciel, on peut aussi surveiller ce qui pousse...

Les applications sont variées : protection des lignes électriques, optimisation de l'épandage d'engrais, réduction de l'utilisation de désherbants, recherche pour de nouvelles semences, gestion des forêts...

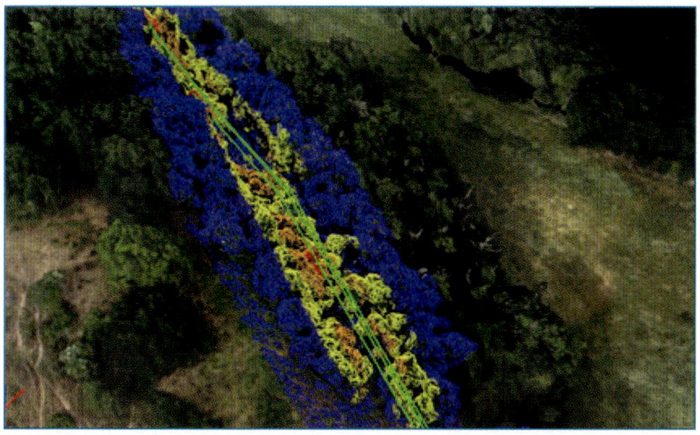

© Delair

L'ensemble "drone + logiciels" livre ce genre de vue. Ici, il s'agit de connaître l'état de la végétation à proximité des lignes électriques et ainsi d'organiser le travail des bûcherons.

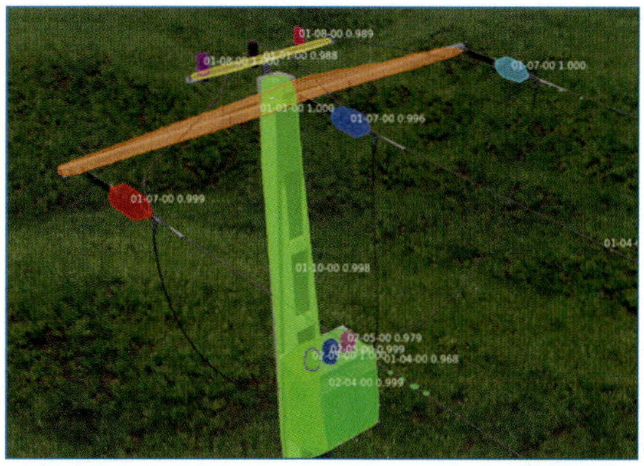

© Delair

Comme on sait déterminer les points de chaleur dans l'image, on peut surveiller les pylônes, sans avoir à couper le courant ni à faire tourner des hélicos.

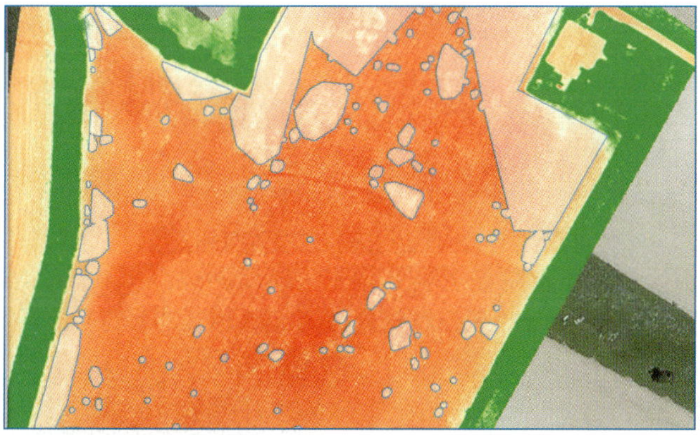

© Delair

Ici, on visualise les mauvaises herbes.

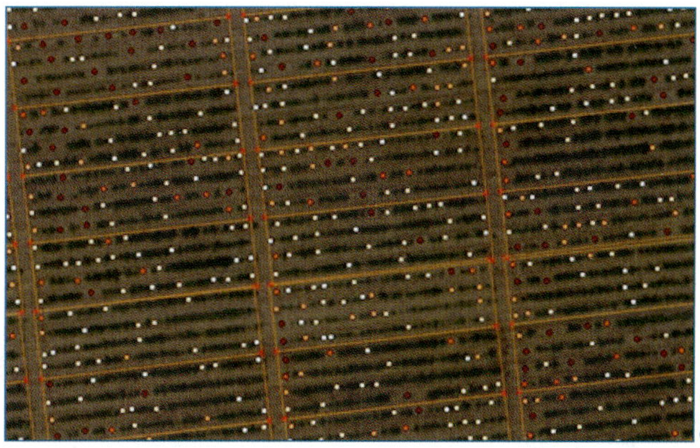

© Delair

Ici, on compte les plans manquants sur la parcelle.

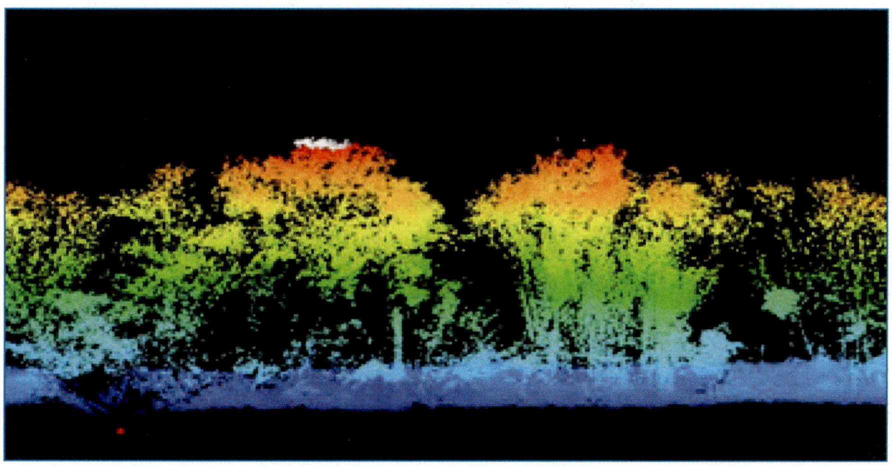

© Delair

On peut estimer la hauteur des arbres et connaître l'état de santé d'une forêt et ainsi, par exemple, modéliser le volume et la densité végétale du “poumon vert” qu'est l'Amazonie. On peut aussi gérer une forêt en exploitation en faisant un point précis sur la croissance des arbres et identifier ainsi ceux que l'on peut couper et ceux qu'il faut encore laisser grandir.

*Vous allez devenir télépilote professionnel de drone et, quel que soit le domaine dans lequel vous exercerez ce métier, vous intégrerez cette communauté qui a son histoire, ses rêves et aussi ses règles.*

*Plus qu'un simple bachotage, l'objet de ce livre est de vous permettre d'aborder en profondeur les thèmes techniques et réglementaires liés à l'exploitation d'un drone et de vous accompagner encore longtemps après l'obtention du diplôme. Les QCM changent avec le temps, mais votre connaissance technique s'approfondira tout au long de votre expérience de télépilote et ce livre sera là pour vous y aider.*

# Description de l'aéronef

## PHASE I

### Objectif de la phase :

***La grande famille des aéronefs accueille un nouveau membre ! Le drone, dont l'appellation retenue par le législateur est « aéronef qui circule sans personne à bord » se distingue par sa philosophie, ses conditions d'emploi et le trésor de technologie qu'il recèle !***
***Dans cette phase, vous découvrirez les spécificités du « système de drone ».***

# L'AÉRONEF

## Introduction

L'UAS (Unmanned Air System), communément appelé drone, est un aéronef non habité. Dans la famille générique des aéronefs, on trouve les « aérostats » dont la sustentation est assurée par la poussée d'Archimède et les « aérodynes » dont la sustentation est assurée par les forces aérodynamiques.

On peut considérer l'architecture d'un drone comme celle d'un aéronef en modèle réduit.

© INRIA

## L'aérostat

Un drone de type aérostat est constitué d'une nacelle suspendue à une enveloppe contenant un gaz de densité plus faible que l'air ambiant. Ce gaz peut être l'air chauffé par la combustion d'un gaz au travers de brûleurs. Ce gaz peut être aussi un gaz inerte enfermé dans l'enveloppe.

© Delair

## L'aérodyne

Un drone de type aérodyne peut être à « voilure fixe » ou à « voilure tournante ».

Un drone à voilure fixe de type « aile volante » est constitué d'une aile intégrant la gouverne de profondeur et les ailerons, du fuselage et d'un groupe motopropulseur.

© Delair

Un drone à voilure fixe « classique » est constitué des ailes intégrant les ailerons, du fuselage, de l'empennage horizontal intégrant la gouverne de profondeur, de la dérive intégrant la gouverne de direction et d'un groupe motopropulseur.

Un drone à voilure tournante est le plus souvent de type multirotor. Il est constitué du fuselage et d'un ensemble de rotors en nombre pair. Le sens de rotation est horaire (CW) pour un sous-ensemble et anti-horaire (CCW) pour l'autre. Chaque rotor a sa motorisation propre.

La motorisation est le plus souvent électrique. L'énergie est stockée dans un ensemble de batteries.

© DJI

## Les systèmes

Un système embarqué en liaison radio avec une station sol permet le pilotage de l'appareil. Le système embarqué est un ensemble complexe constitué de capteurs de position et d'attitude, de servo-commandes, d'un ensemble de pilotage automatique et d'un ensemble émetteur-récepteur.

# LE SYSTÈME DE DRONE

Un système de drone est un système dynamique contrôlé comportant une source d'énergie, une interface de commande, des capteurs, un autopilote et des actuateurs.

La source d'énergie est composée d'une batterie fournissant la puissance nécessaire pendant l'ensemble du vol.

La commande du système traduit et transmet les consignes du télépilote.

Les capteurs mesurent l'état du système, notamment la position et l'attitude de l'appareil et leurs variations au fil du temps.

L'autopilote estime l'état réel du système et contrôle l'appareil. L'estimateur calcule la position, l'attitude, la vitesse et l'accélération de l'appareil en combinant les mesures faites par l'ensemble des capteurs. Le contrôleur calcule les commandes à appliquer pour réaliser le vol au plus près des consignes données par le télépilote. Ces deux opérations majeures d'estimation et de contrôle utilisent des modèles mathématiques élaborés et toujours plus perfectionnés.

Les ordres de commandes élaborés par l'autopilote sont transmis aux actionneurs ou actuateurs agissant sur les commandes de vol du drone.

De plus, le système de drone doit s'adapter aux perturbations extérieures. Ainsi, les rafales de vent, la turbulence ou le cisaillement de vent vont générer, sur l'appareil, des forces aérodynamiques pouvant modifier son attitude et sa trajectoire. Dans ces conditions, l'autopilote devra calculer les nouveaux ordres aux commandes de vol pour réaliser, le mieux possible, le vol prévu par le télépilote, dans la mesure, bien sûr, où les limites d'utilisation ont été respectées.

En résumé, c'est bien la philosophie, la conception, l'intégration, la technologie et l'utilisation de ce système embarqué qui caractérisent le drone au sein de la famille des aéronefs.

Schéma de principe du système de drone

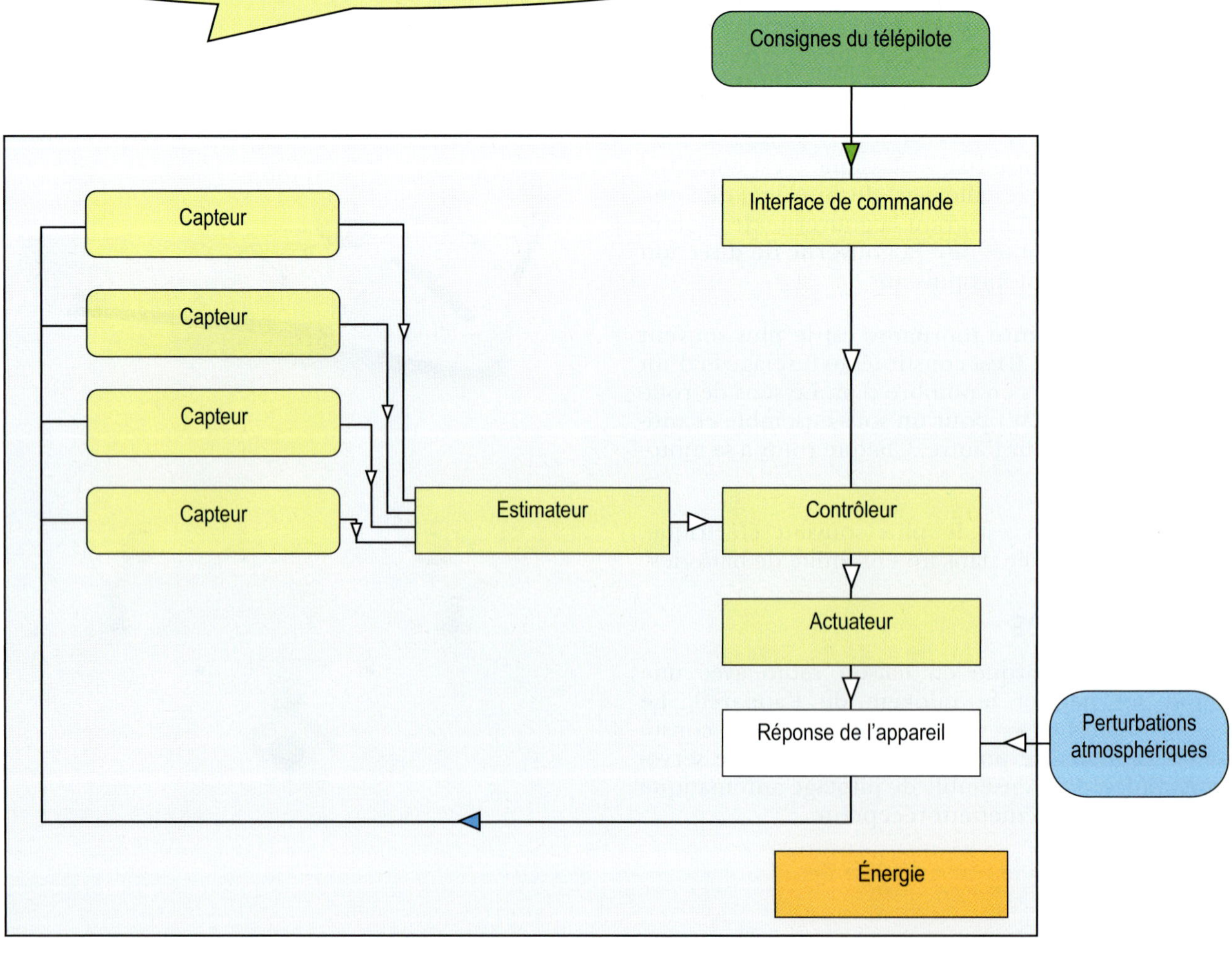

Vue d'ensemble d'un drone

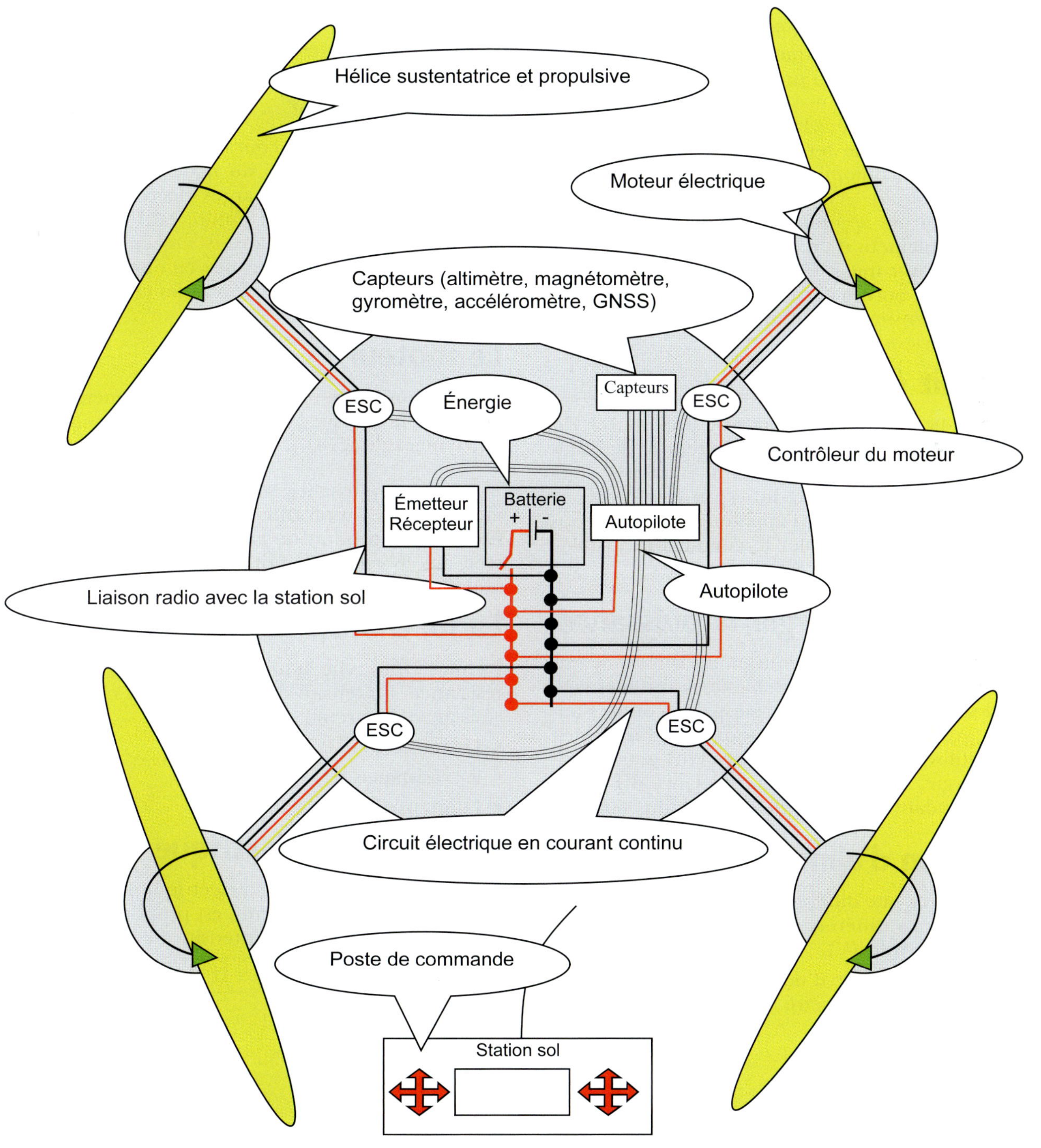


Voyons ceci d'un peu plus près !

# LE CIRCUIT ÉLECTRIQUE

## Le courant électrique

Le courant électrique est une circulation de charges électriques dans un circuit dont deux extrémités (bornes) ne sont pas au même potentiel électrique. Un flux de charge électrique constituée d'électrons s'écoule naturellement d'une borne à l'autre pour compenser cette différence de potentiel. L'intensité du courant représente la charge électrique qui s'écoule par unité de temps. L'unité de la charge électrique est le coulomb (C). L'intensité électrique mesurée en ampère (A), est la quantité de coulombs qui s'écoulent par seconde. Un ampère représente donc un écoulement d'un coulomb par seconde. En comparaison avec une rivière, la différence de potentiel entre deux bornes correspond au dénivelé de la rivière et l'intensité du courant correspond au débit d'eau de la rivière.

## Le circuit électrique

Le circuit électrique est composé d'une source de courant ou générateur, d'un conducteur et de différents systèmes utilisant ce courant : moteurs électriques et composants électriques ou électroniques servant au contrôle de l'appareil. Un interrupteur général permet d'isoler le circuit. Des fusibles protègent le circuit en cas de surintensité.

## La batterie, l'énergie, la puissance

Sur un drone, la source de courant est la batterie qui fournit de l'énergie au circuit. L'énergie est mesurée en joules (J). Le débit d'énergie par seconde s'appelle la puissance mesurée en watt (W). En électricité, on utilise souvent le watt heure (Wh) pour exprimer l'énergie. Ainsi, lorsqu'une puissance d'1 W est délivrée pendant 1 h, l'énergie est 1 Wh ou 3600 J.

## La tension d'alimentation

La batterie crée une différence de potentiel entre ses deux bornes. La différence de potentiel ou tension est mesurée en volts (V).

La tension nominale d'une batterie est la tension mesurée par un voltmètre sur les bornes de la batterie lorsqu'elle n'est pas connectée à un circuit. La tension nominale est une caractéristique majeure de la batterie. Une fois connectée sur un circuit, la tension aux bornes de la batterie est pratiquement égale à sa tension nominale si l'on considère que la résistance interne de la batterie est négligeable.

## Le conducteur

Pour faire circuler le courant, il faut un matériau conducteur. La capacité du matériau à faciliter ou non la circulation des charges électriques est appelée sa conductance dont l'unité est le siemens (S). On utilise plus souvent la résistance qui est l'inverse de la conductance et exprimée en ohms (Ω). Plus la résistance est importante, moins les charges peuvent circuler facilement.

## Le moteur

La fonction du moteur est de transformer, avec un certain rendement, la puissance électrique en puissance mécanique.

Ainsi, la puissance mécanique fournie par le moteur, égale au produit « Couple x Vitesse de rotation » est le produit de la puissance électrique délivrée aux bornes du moteur par le rendement du moteur (inférieur à 1).

## La loi d'Ohm

La loi d'Ohm relie la tension entre les bornes d'une résistance, l'intensité du courant qui y circule, et la résistance du circuit, soit : $U = R.I$

- U : tension (V)
- R : résistance (Ω)
- I : intensité du courant (A)

## La puissance électrique

En électricité, la puissance électrique P, produite ou consommée dans un circuit, est proportionnelle à la tension aux bornes et à l'intensité du courant.

Puissance (W) = U (V) . I (A)

L'énergie et la puissance sont des notions majeures en physique. L'énergie exprime le travail que peut fournir un système. Plus l'énergie est grande, plus le travail réalisable est important. La puissance exprime l'énergie fournie chaque seconde. Plus la puissance est grande, plus l'énergie fournie chaque seconde est grande. Une quantité d'énergie donnée sera consommée deux fois plus vite si la puissance est doublée.

Une batterie de tension nominale 7,4 V délivrant un courant de 3 A fournit au circuit électrique une puissance égale au produit de la tension par l'intensité, soit 22,2 W. Chaque seconde, l'énergie produite est égale à 22,2 J. Dans le circuit, chaque composant utilise une part de cette énergie. L'énergie électrique consommée par un moteur est transformée majoritairement en énergie mécanique et partiellement en énergie calorifique. Plus le rendement du moteur est grand, plus la part d'énergie utile est grande.

# CIRCUITS EN SÉRIE CIRCUITS EN PARALLÈLE

## Circuits en série

Un circuit en série est un circuit dans lequel les éléments sont connectés « les uns derrière les autres ».

L'exemple ci-dessous montre trois ampoules en série alimentées par une batterie. C'est le même courant qui circule dans les trois ampoules, successivement dans l'une, puis l'autre. Si l'une des ampoules ne fonctionne plus, par exemple lorsque le filament a grillé, le courant ne peut plus circuler dans le circuit et toutes les ampoules sont alors éteintes.

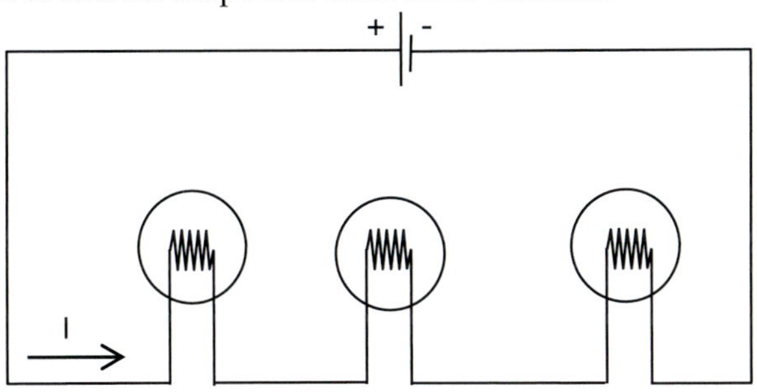


Dans un circuit en série, l'intensité du courant est identique sur tout le circuit. La tension aux bornes de la batterie est égale à la somme des tensions aux bornes de chaque circuit élémentaire. La puissance totale est la somme des puissances consommées par chacun des circuits. Voici un exemple concret avec un circuit composé de résistances dans lequel on peut calculer les valeurs respectives de la tension et de l'intensité en appliquant la loi d'Ohm dans chacun des circuits élémentaires.

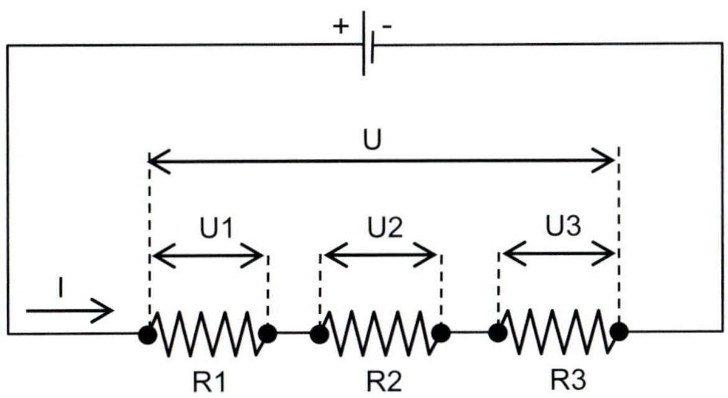


$U = U1 + U2 + U3$
$U1 = R1 \,.\, I$
$U2 = R2 \,.\, I$
$U3 = R3 \,.\, I$
$U = (R1 + R2 + R3)\, I$

## Circuits en parallèle

Un circuit en parallèle est un circuit dans lequel tous les éléments sont connectés « aux mêmes bornes ».

L'exemple ci-dessous montre trois ampoules en parallèle alimentées par une batterie. La tension est identique aux bornes de chacune des ampoules. En revanche le courant dans le circuit principal va se séparer et se répartir entre les filaments de chacune des ampoules. Si une ampoule tombe en panne, le courant continuera à circuler dans les deux autres ampoules.

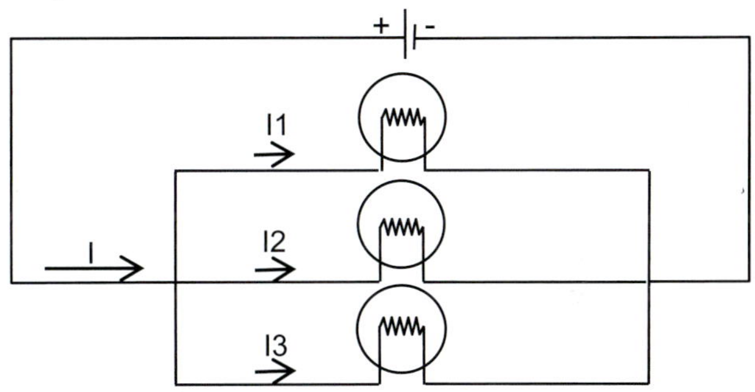


Dans un circuit en parallèle, la tension est identique aux bornes de chacune des branches. L'intensité dans le circuit principal est égale à la somme des intensités de chaque branche. La puissance totale est la somme des puissances consommées par chacune des branches. Voici un exemple d'un circuit composé de résistances dans lequel on peut calculer les valeurs respectives de la tension et de l'intensité en appliquant la loi d'Ohm.

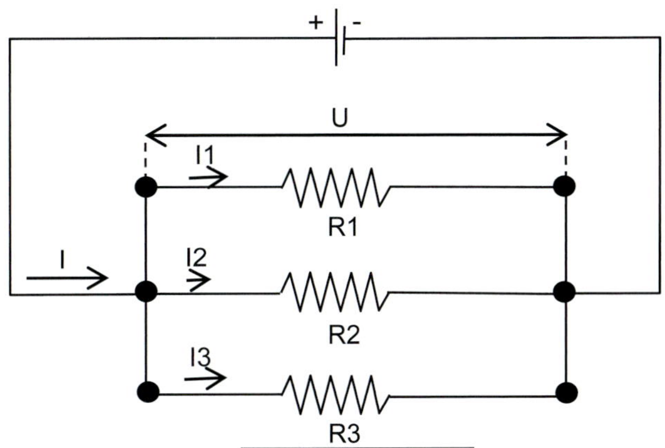


$I = I1 + I2 + I3$
$U = R1 \,.\, I1$
$U = R2 \,.\, I2$
$U = R3 \,.\, I3$

Un circuit électrique est composé de branches et de nœuds. Autour d'un nœud, l'intensité totale du courant "entrant" est égale à l'intensité totale du courant « sortant ». Entre deux nœuds, les différences de potentiel sont identiques quelles que soient les branches. Ces deux considérations importantes, appelées lois de Kirchoff, permettent de résoudre de nombreux problèmes d'électricité.

# CONSTITUTION DES BATTERIES

## Description

Les batteries utilisées dans les drones sont pour la plupart des lithium-polymère, appelées LiPo. Ces batteries sont constituées de cellules assemblées entre elles en parallèle, en série, ou une combinaison des deux.

Chaque cellule est constituée d'une pile de fines lamelles de cathodes et d'anodes, séparées par un film séparateur poreux, le tout baignant dans un électrolyte, qui, dans le cas d'une Lipo est un gel polymère.

L'ensemble est placé à l'intérieur d'un paquetage mou et scellé. La cathode contient un oxyde de lithium et l'anode du carbone. La réaction productrice d'énergie est une réaction chimique réversible faisant circuler, à travers l'électrolyte, des ions lithium depuis l'anode vers la cathode, tandis que des électrons circulent de l'anode vers la cathode dans le circuit externe pour alimenter le drone en électricité.

Lorsqu'on tire trop de courant, une autre réaction chimique, irréversible, se produit dans la cellule en l'endommageant.

Les batteries LiPo sont une évolution des batteries Li-Ion pour lesquelles l'électrolyte était liquide. Ces batteries offrent l'avantage d'une plus grande densité d'énergie, avec un conditionnement souple ou rigide contrairement aux batteries Li-Ion qui nécessitent un conditionnement rigide, donc plus lourd. Les LiPo ont généralement une forme rectangulaire avec un packaging souple ou rigide pour les batteries les plus évoluées. Les Li-Ion ont généralement une forme cylindrique.

Chaque cellule LiPo a une tension à vide d'environ 3,2 V, une tension nominale de 3,7 V et une tension à pleine charge de 4,2 V.

## Risques

Il ne faut jamais laisser descendre la tension sous 3 V par cellule sous peine d'endommagement irréversible de la batterie.

En fonction de la température ou du niveau de charge, les éléments de la cellule se dilatent ou se contractent. Le fabricant doit donc concevoir la batterie avec des marges suffisantes pour permettre au matériau de subir les déformations naturelles liées à sa température et à son niveau de charge. Dans le cas contraire, il y aurait un risque important de court-circuit pouvant provoquer l'inflammation de la batterie.

## Caractéristiques

Le lithium pur a une densité énergétique légèrement supérieure à l'essence, mais l'ensemble des matériaux nécessaires à la réalisation d'une cellule LiPo font que la densité d'énergie massique est bien inférieure : environ 250 Wh / kg pour une batterie LiPo, à comparer aux environ 11 000 Wh / kg de l'essence !

Les batteries LiPo sont constituées de l'assemblage de plusieurs cellules. On les décrit ainsi : XSYP où X indique le nombre d'éléments en série, et Y le nombre d'éléments en parallèle. Par exemple une batterie 4S2P est constituée de 4 cellules en série, mises 2 fois en parallèle.

Le montage en série « additionne » les tensions des éléments. Ainsi une batterie 4S aura une tension nominale de 3,7 V x 4 = 14,8 V et une tension à pleine charge de 4,2 V x 4 = 16,8 V. Il est en effet utile d'avoir une tension plus élevée lorsqu'on a besoin de plus de puissance sans augmenter l'intensité, car une intensité plus grande nécessiterait d'utiliser des connecteurs lourds et des conducteurs de grande section.

Le montage en parallèle, « additionne » les capacités et les intensités délivrées de chaque élément.

## Équilibrage

Il est important de maintenir chaque cellule à un niveau de charge semblable à celui de ses voisines. En effet, si une cellule se décharge en dessous de la tension minimale, elle s'abîme irrémédiablement. Des courants trop forts peuvent alors circuler à l'intérieur de la batterie pour compenser cette perte. Des courts-circuits peuvent se former, et la batterie prendre feu. C'est la raison pour laquelle les batteries LiPo ont souvent une prise d'équilibrage.

Il convient donc de charger ce type de batteries avec un chargeur adapté qui s'assure, via la prise d'équilibrage, qu'il n'y a pas d'écart de tension supérieur à 0,1 V entre chaque cellule.

## BMS

Certaines de ces batteries sont munies d'un système électronique appelé BMS (Battery Management System).

Le BMS assure lui-même la fonction d'équilibrage. Certains BMS ont des fonctions avancées, par exemple des compteurs de cycle d'utilisation, des protections en cas de déséquilibre interne avec un fusible réarmable ou pas. Il faudra faire attention si ça coupe en vol…

# DÉCHARGE ET CHARGE DES BATTERIES

## Capacité

La capacité d'une batterie s'exprime en mAh (ou Ah). Une batterie de 3 000 mAh peut décharger 3 000 mA (ou 3 A) durant 1h à sa tension nominale.

Si l'on prend des cellules individuelles de 2 200 mAh, et que l'on constitue une batterie 4S2P, on a donc 2 fois (en parallèle) 4 cellules en série.

4 cellules en série font une ligne de 2 200 mAh à 14,8 V de tension nominale. L'ajout de la deuxième ligne en parallèle permet de réaliser une batterie de 4 400 mAh à 14,8 V de tension nominale. L'énergie disponible est donc de 4.4 Ah x 14,8 V = 65,12 Wh. La batterie va donc pouvoir fournir une puissance d'environ 65 W pendant 1 h, ce qui représente une énergie totale de 65 W x 3 600 s = 234 000 J.

Mais il est possible de demander à cette même batterie de fournir, pendant un laps de temps, une puissance supérieure à 65 W ou, ce qui revient au même de fournir une intensité supérieure à 4,4 A, la tension restant égale à 14,8 V. La quantité d'énergie totale restera bien sûr toujours la même !

Ceci amène à la notion de capacité de décharge ou taux de décharge.

## Capacité de décharge

La capacité de décharge des batteries est un critère très important. Une batterie 5C peut décharger 5 fois son intensité nominale. Typiquement, une cellule de 2 200 mAh, si elle est 5C, peut fournir des courants de 2,2 A x 5 = 11 A. Les fabricants indiquent généralement une capacité de décharge en continu et en pic (quelques secondes, pour le décollage par exemple). Il ne faut pas dépasser cette capacité de décharge sous peine d'endommager la batterie. Ce taux de décharge maximum est lié à la valeur de la résistance interne de la batterie.

Si l'on dépasse l'intensité maximum liée au taux de décharge maximum, la tension s'effondre. Dès lors, la plupart des systèmes électroniques qui utilisent la batterie, à commencer par le contrôleur moteur, risquent de couper, soit dans un mode de sécurité, soit parce qu'ils ne sont plus alimentés. La plupart des contrôleurs de modélisme se coupent automatiquement au-dessous de 3,2 V par exemple.

## Conditions d'utilisation

Les batteries LiPo fonctionnent mieux à température élevée, le taux de décharge augmentant avec la température. Dans un pays froid, il est donc préférable de chauffer les batteries à 20°C avant utilisation, par exemple en stockant la batterie dans la voiture au chaud avant de voler. Il n'y a en revanche pas d'inconvénient à utiliser ce type de batteries dans des températures ambiantes de 50°C.

Les batteries LiPo ne doivent pas être stockées à pleine charge. Généralement la valeur de charge pour le stockage est indiquée par le fabricant (environ 50% de la pleine charge). Pour l'expédition par avion, il faut prévoir un niveau de charge encore plus faible en se référant aux consignes du fabricant (environ 30% de la pleine charge).

Il ne faut jamais voler avec une batterie abîmée, car il y a un risque qu'elle prenne feu en cas de court-circuit interne par exemple.

Il faut opérer, de temps en temps, des cycles de charge et de décharge de la batterie.

Les chargeurs de batterie LiPo ont des fonctions spécifiques. La manière de charger n'est pas constante au cours du temps. Le chargeur commence par charger à intensité constante jusqu'à atteindre la tension nominale, puis il charge à tension constante, jusqu'à ce qu'à la pleine charge. Le chargeur assure aussi l'équilibrage entre les cellules. Un chargeur classique pour batteries au plomb ne réalise pas ces fonctions. Si on l'utilise avec une batterie Lipo, il va toujours envoyer la même charge, ne pas équilibrer les cellules entre elles… ce qui risque de provoquer un incendie.

Même avec un chargeur dédié aux LiPo, le risque d'incendie n'est pas nul. Si les cellules sont mal équilibrées et si l'une d'entre elles a une tension trop basse, le chargeur risque d'en surcharger une autre et de créer un incendie. Il convient donc d'être très prudent dans tous les cas en manipulant ces batteries.

Les batteries LiPo sont des éléments dangereux qui peuvent prendre feu. Il ne faut pas les charger sur une étagère en bois, ne pas les charger durant la nuit ou sans surveillance. Il faut de préférence les stocker dans un sac ignifugé.

> La capacité d'une batterie représente la charge électrique totale qu'elle peut délivrer. La tension nominale de la batterie représente la tension à laquelle elle délivre cette charge. L'énergie contenue par la batterie, exprimée en Wh, est donc égale au produit de sa capacité par sa tension nominale. Selon le taux de décharge autorisé, cette énergie pourra être consommée plus ou moins vite. Si l'on fait l'analogie avec un barrage hydroélectrique, la capacité de la batterie correspond au poids de l'eau, la tension correspond à la hauteur moyenne de chute de l'eau et la capacité de décharge correspond à l'ouverture maximale de la vanne d'alimentation des turbines. Selon le degré d'ouverture de la vanne, l'énergie du barrage sera consommée plus ou moins vite !

Exemples numériques sur la batterie

Montage « série »des cellules d'une batterie.

Ici, est représentée une batterie 4S1P.

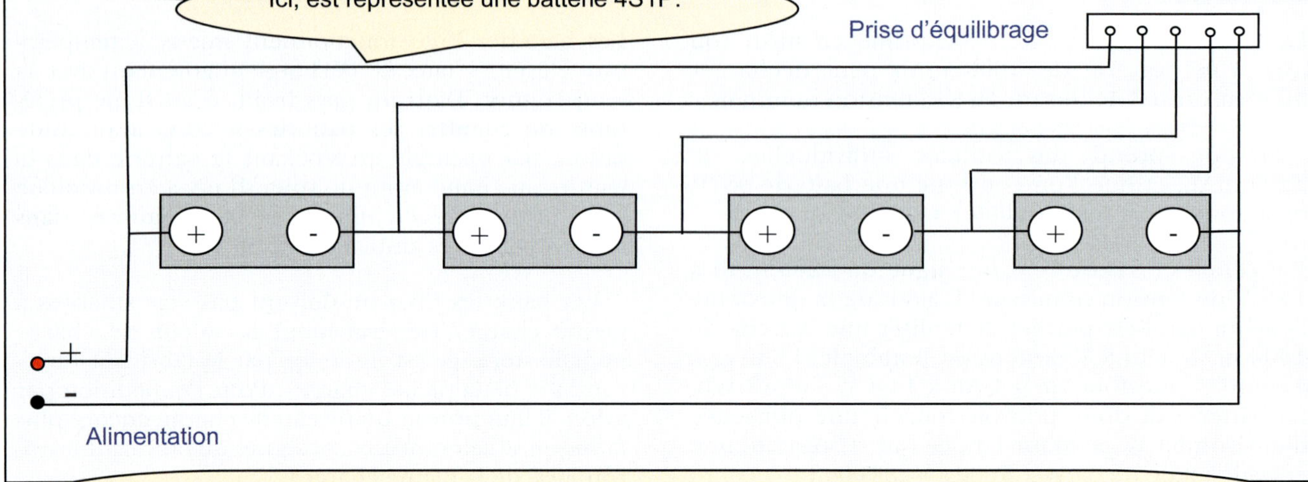


Quatre cellules de 3,7 V de tension nominale en série donnent une tension nominale de 14,8 V. Si chaque cellule a une capacité de 2,2 Ah, la capacité de la batterie est de 2,2 Ah. À une intensité de 2,2 A, la puissance délivrée par la batterie est égale à 14,8 V X 2,2 A = 32,56 W. La batterie peut théoriquement fournir cette puissance pendant 1 h et délivrer ainsi une énergie de 32,56 Wh ou 32,56 W X 3600 s = 117216 J. Si les cellules sont 3C en continu, la batterie pourra délivrer une puissance de 97,68 W pendant 20 minutes. La quantité d'énergie est toujours la même, mais elle a été consommée trois fois plus vite ! En effet une puissance de 97,68 W pendant 1/3 h correspond à une énergie de 32,56 Wh ou 117216 J.

Montage « série/parallèle » des cellules d'une batterie.

Ici, est représentée une batterie 4S2P.

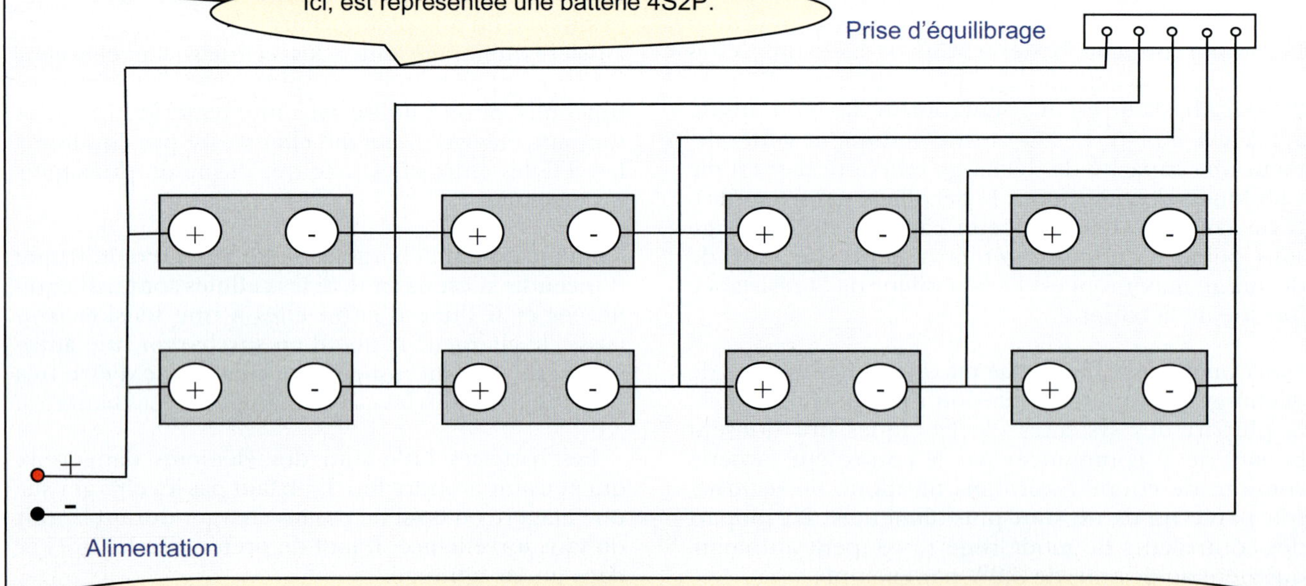


Les quatre cellules de 3,7 V et 2,2 Ah branchées en série donnent une tension nominale de 14,8 V et une capacité de 2,2 Ah. Le branchement en parallèle 4S2P donne une tension de 14,8 V et une capacité de 4,4 Ah. Par rapport à l'exemple précédent, la tension nominale est identique. La capacité est doublée. La quantité d'énergie est doublée, soit 65,12 Wh ou 234432 J. Avec des cellules 5C, l'intensité maximum est de 5 x 4,4 A, soit 22 A. En théorie, cette batterie peut délivrer une puissance de 65,12 W pendant 1 h ou 325,6 W pendant 12 minutes si la capacité de décharge est autorisée en continu. Dans tous les cas, l'énergie disponible est égale à 234432 J ou 65,12 Wh.

Pour un vol nécessitant une puissance de 130 W au décollage pendant 1 min et de 100 W en croisière pendant 30 min, la consommation prévue est de 52,17 Wh. La réserve d'énergie de cette batterie à l'arrivée est de 12,95 Wh.

Exemple numérique sur le circuit électrique

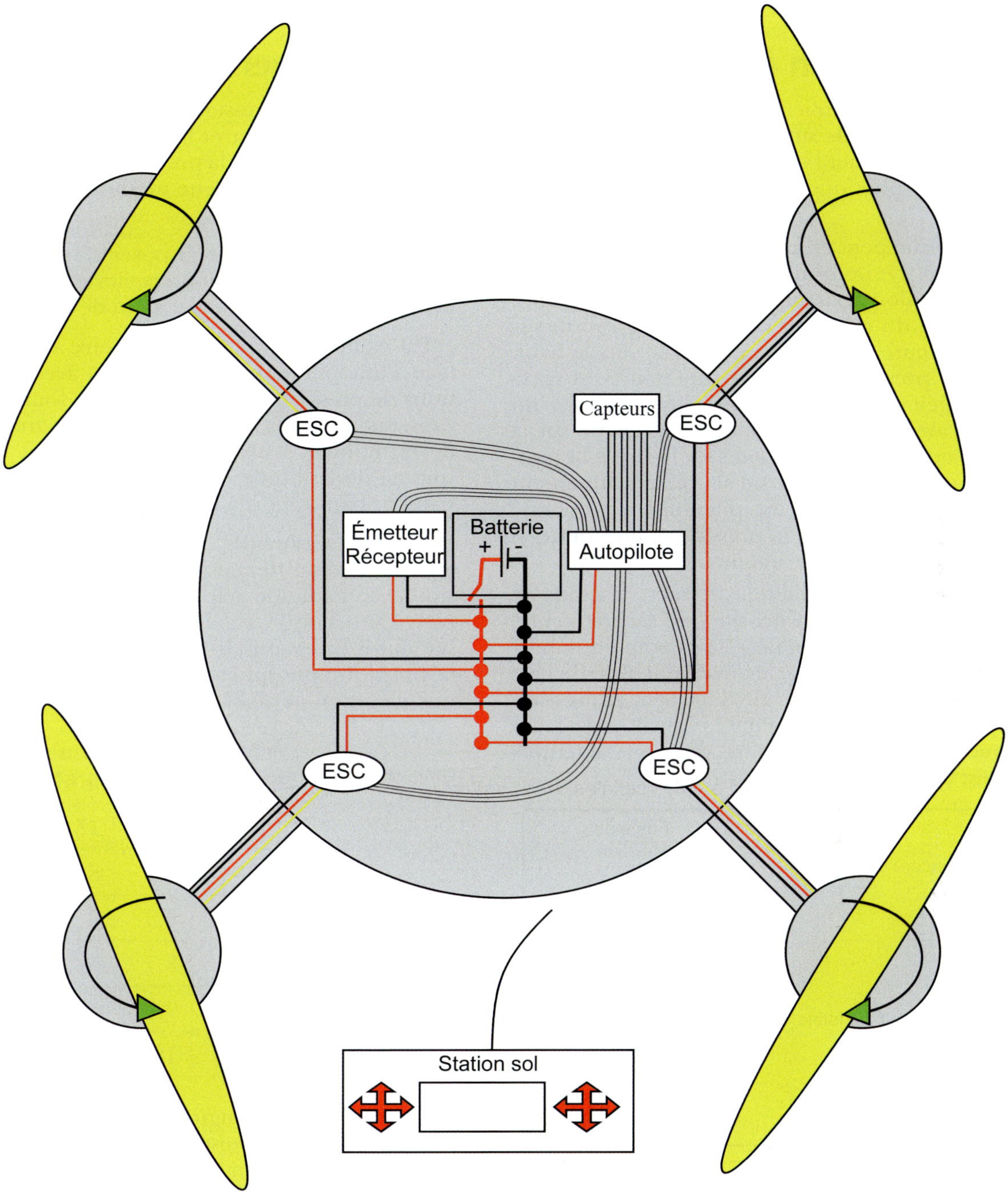


La batterie LiPo 4S4P 2C a une tension nominale de 14,8 V et une capacité de 8,8 Ah. Tous les circuits, branchés en parallèle, sont sous la tension de 14,8 V. L'intensité en sortie de la batterie est répartie entre chacun des circuits. Il en est de même de la puissance électrique. À un instant donné, la puissance délivrée par la batterie est égale à la somme des puissances de chacun des circuits. L'énergie électrique totale disponible est égale à 130,24 Wh. En régime transitoire, la batterie peut délivrer une puissance de 260,48 W. Si la puissance moyenne consommée par chaque moteur est égale à 30 W et si la puissance consommée par l'autopilote, l'émetteur récepteur et les accessoires est égale à 20 W, alors la puissance électrique moyenne totale consommée est égale à 140 W. L'autonomie moyenne de ce drone est donc égale à 56 minutes environ. Si une puissance de 210 W doit être délivrée pendant 10 minutes de vol, cela représente une énergie consommée de 35 Wh pendant ces 10 minutes. L'autonomie du drone est alors égale à 51 minutes environ.

# PRESSION ATMOSPHÉRIQUE ET ALTITUDE

## L'atmosphère en équilibre

L'altimètre barométrique est un capteur essentiel à la mesure de l'altitude sur un drone. Le fonctionnement de cet instrument est basé sur la variation de la pression atmosphérique avec l'altitude à la verticale d'un lieu.

Imaginons un petit cylindre d'air en équilibre dans l'atmosphère. Le poids de l'air est équilibré par les forces de pression agissant sur les surfaces inférieure et supérieure du cylindre. La force de pression sur la face inférieure est verticale et dirigée vers le haut. La force de pression sur la face supérieure est verticale et dirigée vers le bas. Pour équilibrer le poids du cylindre d'air, il est nécessaire que la pression sur la face inférieure du cylindre soit supérieure à la pression sur la face supérieure. Ce simple raisonnement permet de comprendre un phénomène général : « À la verticale d'un lieu, la pression atmosphérique diminue lorsque l'altitude augmente. »

Pour un cylindre de hauteur donnée, le poids de l'air augmente lorsque la densité de l'air augmente. Le différentiel de pression nécessaire pour équilibrer le cylindre augmente donc lorsque la densité de l'air augmente. Ainsi, à la verticale d'un lieu, la pression atmosphérique diminue d'autant plus vite avec l'altitude que l'atmosphère est dense, donc que la température est basse.

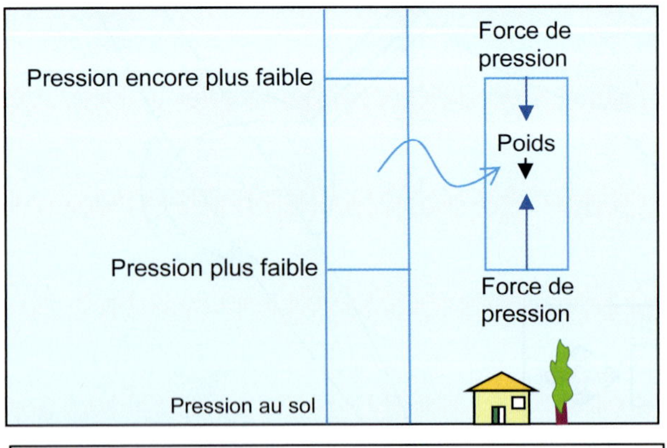


Un cylindre d'air de base S et de hauteur h est en équilibre dans l'atmosphère. Les pressions sur les faces inférieure et supérieure sont respectivement p1 et p2. La différence des forces de pression sur ces deux faces est égale au poids du cylindre.

$(p1 - p2)\, S = \rho\ g\ h\ S$

$p1 - p2 = \rho\, g\, h$

Or, la masse volumique de l'air $\rho$ est proportionnelle à la pression et inversement proportionnelle à la température absolue T (T (K) = t (°C) + 273,15).

À une pression p donnée, la différence d'altitude $\Delta z$ correspondant à une variation de pression $\Delta p$ est proportionnelle à $\Delta p$ et proportionnelle à la température absolue T. C'est la formule du nivellement barométrique.

## Le nivellement barométrique

Si l'on connaît la pression atmosphérique en un point donné, on peut mesurer la hauteur de tout point à la verticale en mesurant la pression atmosphérique et la température de l'air. Cette méthode est connue sous le nom de nivellement barométrique.

Pour ce faire, il faut disposer d'un baromètre et d'un thermomètre dont on prélèvera les mesures de pression et de température au fil de l'ascension.

Par exemple, ayant calé l'altimètre à zéro au décollage, l'autopilote du drone pourra, avec les informations de pression et de température fournies par les capteurs, indiquer la hauteur de l'appareil au cours de la montée. L'altitude du drone sera égale à la somme de l'altitude du point de décollage et de la hauteur par rapport à ce point.

À titre d'exemple, le tableau suivant donne quelques points de mesure de la variation de la pression avec l'altitude selon la pression et la température. Par exemple, au niveau de la mer en conditions standards (pression 1 013,25 hPa, température 15°C), la pression atmosphérique diminue de 1 hPa pour une élévation de 27,31 ft ou 8,32 m.

| | échelon de nivellement barométrique [m/hPa] | | | |
|---|---|---|---|---|
| z | −15 °C | 0 °C | 15 °C | 30 °C |
| 0 m | 7,5 | 7,9 | 8,3 | 8,8 |
| 500 m | 7,9 | 8,3 | 8,7 | 9,2 |
| 1000 m | 8,3 | 8,7 | 9,2 | 9,6 |
| 2000 m | 9,3 | 9,7 | 10,1 | 10,6 |
| 3000 m | 10,4 | 10,8 | 11,2 | 11,6 |

Sur un vol de longue distance, cette méthode atteint ses limites puisque l'on ne connaît pas les valeurs de la pression atmosphérique et de la température « sous l'appareil ». C'est la variabilité de la pression atmosphérique et de la température liée à l'évolution spatiale et temporelle des conditions météorologiques qui pose ces limites de principe.

En résumé, une chaîne de mesure altimétrique constituée d'un capteur de pression, d'un dispositif de calage, d'un capteur de température et d'un modèle de calcul utilisant la formule du nivellement barométrique permet de mesurer la hauteur du drone à l'intérieur d'une zone horizontale limitée dans laquelle les valeurs de pression et de température à altitude donnée restent constantes.

L'altitude d'un point est la distance verticale entre ce point et le niveau moyen des mers. La hauteur d'un point est la distance verticale entre ce point et une référence particulière, par exemple le sol, ou le sommet d'une antenne.

# LA CHAÎNE DE MESURE ALTIMÉTRIQUE

## Une mesure hybride

Le baromètre est un très bon capteur de détection de la variation d'altitude dans une situation météorologique stable dans le temps et dans l'espace. En associant un thermomètre, la mesure effective de la variation d'altitude peut se faire avec la formule du nivellement barométrique.

En revanche, le baromètre associé au thermomètre est un mauvais capteur absolu pour la mesure de l'altitude, car l'atmosphère change dans le temps et dans l'espace. En effet, si le système de drone fait une mesure initiale de la pression au sol permettant de se recaler par rapport aux conditions météorologiques en un lieu et à un instant donné, la météo évolue ensuite. On peut ainsi observer jusqu'à 2 hPa de variation de pression par heure, soit environ 20 m. Si un orage est en approche, l'erreur peut être beaucoup plus importante.

C'est pourquoi on combine souvent les mesures du baromètre et du thermomètre avec celles d'un autre capteur. Le GPS, dont nous verrons les détails de fonctionnement par ailleurs, est un bon capteur absolu, qui ne se décale pas au cours du temps, mais il n'est généralement pas très précis (+/-10 m de précision verticale).

Il est aussi possible d'équiper le drone d'un capteur à ultrason qui mesure la hauteur en mesurant le temps aller-retour de l'onde acoustique se réfléchissant sur le sol.

C'est à l'estimateur qu'il revient d'estimer, le mieux possible, la hauteur de vol en fonction des caractéristiques respectives de chacun des capteurs.

En vol, le contrôleur de l'autopilote contrôle la trajectoire du drone dans le plan vertical afin que la hauteur estimée soit la plus proche possible de la hauteur demandée.

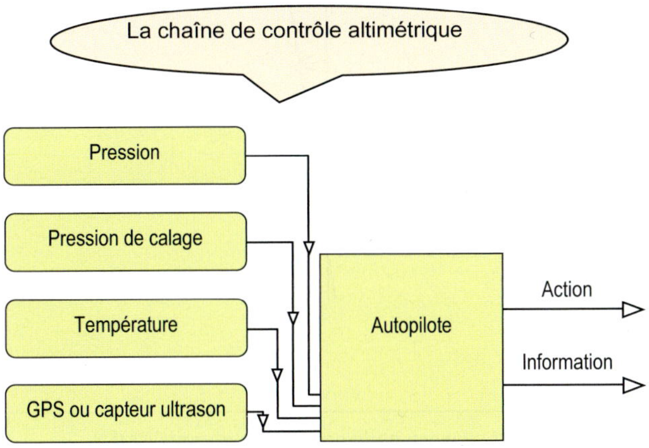


## Le capteur barométrique

Les capteurs barométriques embarqués dans les drones sont généralement des MEMS (Micro Electro Mechanical System), c'est-à-dire des systèmes électromécaniques très petits, qui peuvent typiquement être mis dans un téléphone portable. Le principe de fonctionnement est le suivant.

Une piste électrique est située au-dessus d'un volume dans lequel est fait le vide, et le tout baigne dans l'air ambiant. Selon la pression exercée par l'air sur la piste électrique, celle-ci se déforme, ce qui modifie sa résistance électrique. En mesurant cette résistance électrique très précisément, on en déduit la pression exercée par l'air sur la piste, et donc la pression de l'air.

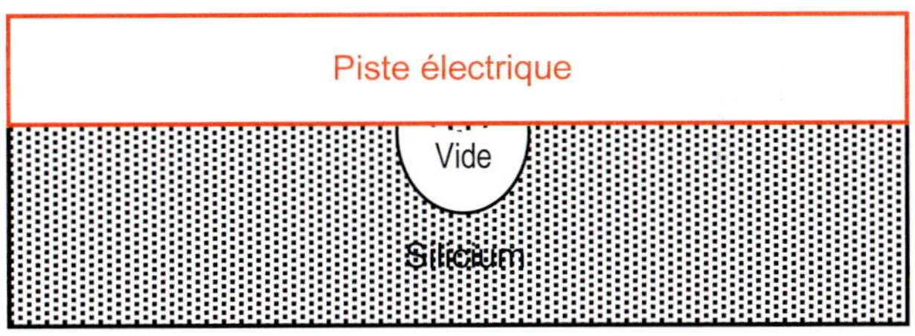


Voici un exemple de baromètre MEMS (composant rond noir) :

## Erreurs de mesure

Le bruit de mesure d'un capteur de technologie MEMS est de l'ordre de +/- 2.5 Pa, soit environ +/-25 cm. La précision d'un tel capteur dépend de sa calibration. La résistance d'une piste peut être mesurée très précisément, mais le système est fortement sensible à la température. Au cours de sa fabrication en usine, chaque baromètre MEMS doit donc être calibré. Dans ce but, on teste la mesure du baromètre dans la plage de pressions utilisable tout en faisant varier la température ambiante et on note quelle est effectivement la résistance mesurée dans chaque cas.

Ce capteur peut aussi être sensible à la lumière, car des photons peuvent modifier la résistance de la piste. Il faut donc généralement protéger ce composant de la lumière.

# LE CHAMP MAGNÉTIQUE TERRESTRE

## Introduction

L'existence du champ magnétique terrestre est bien connue de tous.

Ce phénomène physique a inspiré à nos Anciens l'invention de la fameuse boussole et du compas, instrument cher aux navigateurs.

## Le phénomène

Le champ magnétique terrestre dessine de grandes lignes qui pointent vers les pôles et se rejoignent au centre de la Terre. Ces lignes sont les lignes du champ magnétique. En un point donné, le champ magnétique est représenté par sa direction, son sens et son intensité. C'est un vecteur qui est tangent à la ligne de champ passant par ce point.

À l'équateur, le vecteur champ magnétique terrestre est dans le plan horizontal.

À nos latitudes, en France, le champ magnétique s'enfonce vers la Terre et vise l'axe « pôle Nord - pôle Sud » en faisant un angle d'inclinaison d'environ 65° avec le plan horizontal.

Plus la latitude augmente, plus l'angle entre le vecteur champ magnétique et l'horizontale est important.

Aux pôles magnétiques, le vecteur champ magnétique terrestre est vertical.

La projection du vecteur champ magnétique dans le plan horizontal est un vecteur dont la direction et le sens définissent le Nord magnétique (Nm).

En chaque point à la surface de la Terre, l'angle orienté entre le Nord vrai (Nv) pris comme référence et le Nord magnétique (Nm) définit la déclinaison magnétique (Dm) en ce point. La déclinaison magnétique est « Est » ou positive si le Nord magnétique est à l'Est du Nord vrai. Elle est « Ouest » ou négative si le Nord magnétique est à l'Ouest du Nord vrai. La grandeur et le signe positif ou négatif de la déclinaison magnétique varient dans l'espace et dans le temps.

Sur les cartes de navigation, figurent en cartouche les lignes d'égale déclinaison. Ces lignes sont appelées isogones.

## Le WMM

Il existe un modèle du champ magnétique terrestre. Le WMM (World Magnetic Model) donne les valeurs respectives de la déclinaison magnétique, de l'intensité et de l'inclinaison du vecteur champ magnétique en tout point du globe.

Le champ magnétique terrestre.

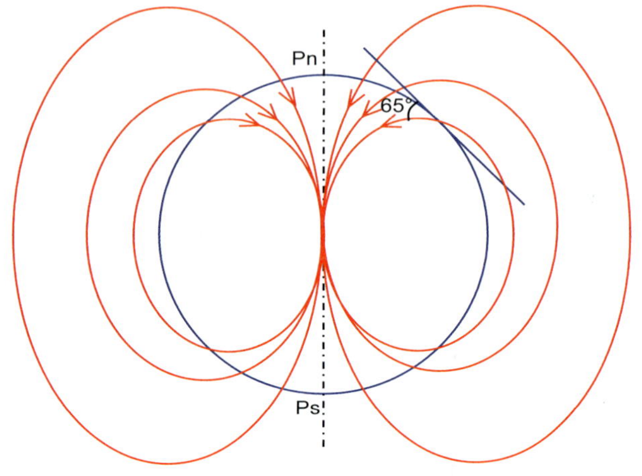


La déclinaison magnétique est l'angle orienté entre le Nord vrai pris comme référence et le Nord magnétique.

La déclinaison magnétique est "Est" (positive) ou "Ouest" (négative) et varie selon le lieu et le temps.

Dans cet exemple, la déclinaison est "Est" (positive).

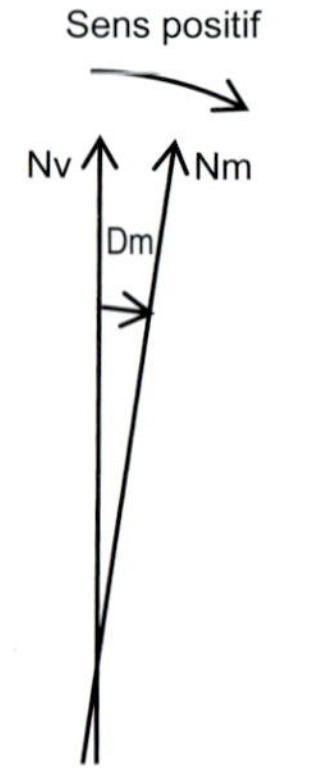


Le WMM, mis à jour tous les cinq ans, est consultable à l'adresse https://www.ngdc.noaa.gov/geomag/WMM/.

# LE MAGNÉTOMÈTRE

## Le principe

Les compas utilisés pour les drones s'appellent des magnétomètres. Ce sont des MEMS. Ils mesurent, dans les axes de référence liés à l'appareil, l'intensité du champ magnétique qui les traverse. Cette mesure permet de déterminer la norme et la direction du vecteur local du champ magnétique par rapport aux axes de référence du drone.

En comparant l'orientation du champ magnétique du lieu connu par le WMM avec la mesure faite par le magnétomètre, l'autopilote dispose d'une information sur l'attitude de l'appareil. Pour déterminer complètement l'attitude du drone dans l'espace, il faut associer les mesures du magnétomètre à celles d'autres capteurs (gyromètres, accéléromètres). Par exemple, si ces capteurs nous disent que l'assiette et l'inclinaison du drone sont nulles, le magnétomètre donne alors le cap magnétique de l'appareil. Connaissant la déclinaison magnétique du lieu, l'autopilote déduit le cap vrai du drone.

> La comparaison des mesures faites par le magnétomètre avec l'orientation connue du vecteur champ magnétique local donne 2 angles parmi les 3 nécessaires à la détermination de l'attitude du drone. Une information d'attitude supplémentaire fournie par un capteur indépendant permet d'estimer l'orientation de l'appareil dans l'espace.

## La technologie

Il existe deux technologies principales de magnétomètres.

Les capteurs à effet Hall mesurent la déviation d'un flux d'électron par le champ magnétique local.

Les capteurs à effet AMR utilisent un matériau anisotrope, c'est-à-dire un matériau qui n'a pas les mêmes propriétés physiques selon les directions de l'espace, et dont la résistance varie en fonction du champ magnétique qui le traverse.

Les composants du capteur sont intégrés dans des boîtiers de 2 mm de côté environ. Quasiment tous les magnétomètres MEMS du marché sont numériques.

## L'influence de la latitude

Le magnétomètre contribue à la mesure du cap magnétique, c'est-à-dire l'angle entre le Nord magnétique et l'axe longitudinal du drone, le Nord magnétique étant la projection dans le plan horizontal du champ magnétique local. Mais plus la latitude augmente, plus l'intensité de la projection sur l'horizontale du champ magnétique diminue ! À l'équateur, le champ magnétique est dans le plan horizontal. Au pôle Nord magnétique, le vecteur champ magnétique plonge à la verticale et sa projection horizontale est nulle. La mesure de l'orientation du Nord magnétique est donc de moins en moins en moins précise lorsque la latitude augmente. En France, le champ magnétique terrestre a une intensité de 0,47 gauss. Mais la projection de ce vecteur dans le plan horizontal donne une intensité de l'ordre de 0,2 gauss. Dès lors, une erreur de mesure de 0.1 gauss est très vite significative. Le bruit de mesure des magnétomètres MEMS est de l'ordre de 0,01 gauss, ce qui est cohérent. Mais un fil d'alimentation passant trop près du capteur ajouterait un bruit d'environ 0.1 gauss, ce qui serait inacceptable !

## Les erreurs de mesure

Les principales erreurs de mesure d'un magnétomètre sont dues aux composants installés dans le drone : circuit électrique, métaux ferreux, aimant.

On distingue deux types de perturbations : le Hard Iron Effect et le Soft Iron Effect.

Le Hard Iron Effect est dû à un champ magnétique additionnel fixe par rapport au capteur. Typiquement un aimant ou tout matériau ferromagnétique lié au véhicule dont on veut mesurer l'orientation va ajouter un champ magnétique dans le repère du capteur, toujours dans la même direction.

Le Soft Iron Effect est une déformation locale du champ magnétique par des matériaux, comme le fer ou le nickel, qui créent une distorsion des lignes de champ. Cette distorsion dépend de l'orientation du drone et nécessite donc d'appliquer une procédure de calibration différente de celle utilisée pour le Hard Iron Effect.

Souvent, les capteurs sont vendus calibrés en température. Parfois c'est le droniste qui réalise ses propres calibrations. DJI met des résistances sur les cartes électroniques pour maintenir à température constante tous les composants. Il y a un warm-up au démarrage du drone pour ensuite conserver le tout à la même température.

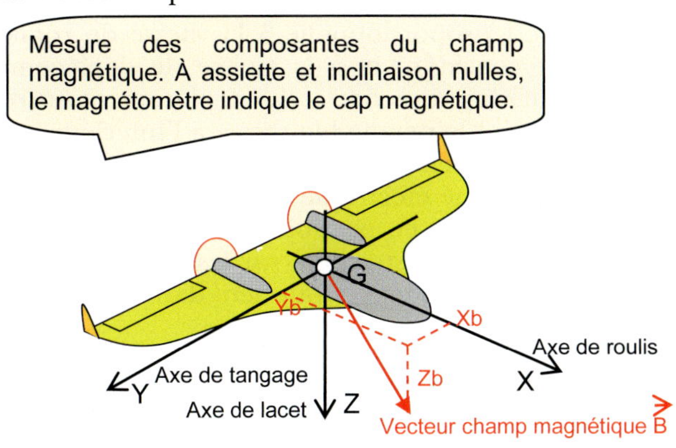

# LE GYROMÈTRE : FONCTIONNEMENT

## Définition

Le gyromètre estime l'évolution de l'orientation d'un objet en mesurant la vitesse de rotation autour de son centre de gravité. Il existe plusieurs technologies de gyromètres.

## Le gyromètre FOG

La technologie FOG (Fiber Optic Gyro) est grosse, lourde (quelques kilogrammes) et chère. Elle est utilisée sur les avions de ligne les avions de chasse, les drones MALE, les fusées.

Le principe de fonctionnement est le suivant. Un rayon laser est envoyé dans deux directions différentes dans une fibre optique, le long d'un cercle. Un détecteur situé à mi-chemin reçoit les rayons. Si le cercle tourne autour de l'axe perpendiculaire à son plan, le détecteur se rapproche d'un rayon et s'éloigne de l'autre. La lumière se déplaçant « sans frottement » dans la fibre, un des rayons va arriver avant l'autre sur le détecteur, la différence de temps étant fonction de la vitesse de rotation.

Sur le dispositif ci-contre, à t0 les deux rayons sont émis. La fibre tourne dans le sens inverse des aiguilles d'une montre. Après un temps Δt, le rayon de gauche a atteint le détecteur, mais pas encore celui de droite. Le rayon lumineux est une onde. Lorsque deux ondes de même fréquence se superposent avec un déphasage, on observe des interférences. En mesurant ces interférences avec un dispositif d'interférométrie, on en déduit de manière très précise l'écart temporel entre les ondes pour atteindre le détecteur donc la vitesse de rotation autour de l'axe considéré. La précision de la mesure est liée à la longueur d'onde de la lumière, soit quelques centaines de nanomètres.

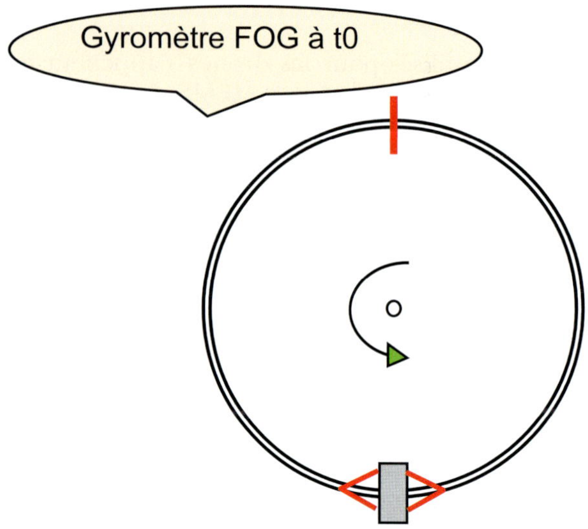


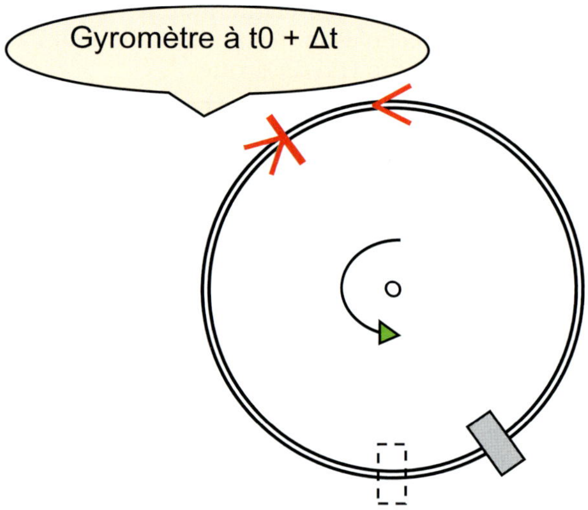


## La technologie MEMS

Pour les petits drones, les gyromètres utilisent une technologie MEMS. La plus répandue est un plateau vibrant.

Un plateau (jaune dans l'image ci-contre) est mis en vibration selon la « driving direction ». Lorsqu'une rotation est appliquée perpendiculairement à ce plateau, le plateau rouge, tenu au plateau jaune par les ressorts verts, subit un mouvement additionnel dans le sens de la « sensing direction », dû à la force de Coriolis dont l'intensité est proportionnelle à la vitesse de rotation selon l'axe considéré et à la vitesse de déplacement selon la « driving direction ». Le déplacement entre le peigne rouge et le peigne bleu situé à l'intérieur modifie la capacité électrique entre ces éléments. En mesurant cette capacité électrique, on calcule l'intensité de la force de Coriolis et, par suite, la vitesse de rotation. Le même dispositif est répété sur les deux autres axes de référence du drone. Le tout tient dans un boîtier de 2 mm de côté.

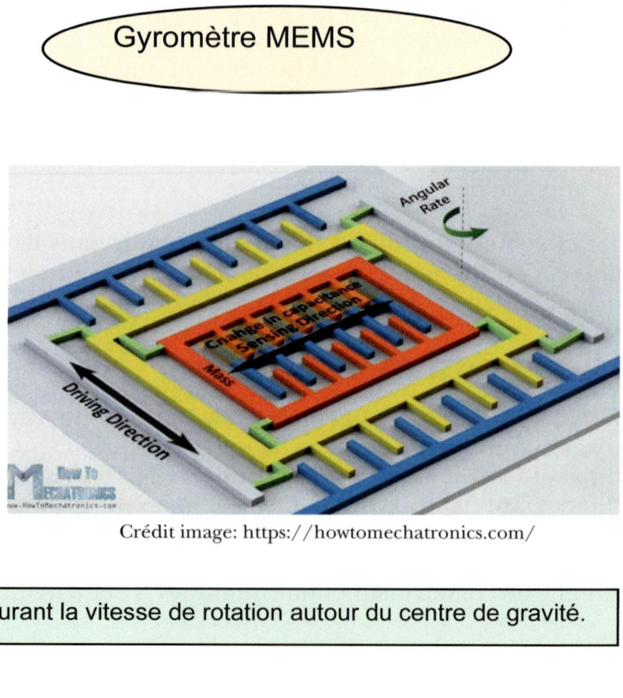


Crédit image: https://howtomechatronics.com/

Le gyromètre estime les variations d'attitude du drone en mesurant la vitesse de rotation autour du centre de gravité.

# LE GYROMÈTRE : UTILISATION ET PRÉCISION

## Utilisation

Le gyromètre mesure la vitesse instantanée de rotation de l'appareil autour de son centre de gravité. En pratique, cet instrument permet d'estimer l'orientation du mobile. Par exemple, si on sait que le mobile est incliné de 10° au début de la mesure, et qu'il a une vitesse de roulis de 1°/s pendant les 3 premières secondes, et de 2°/s pendant les 3 secondes suivantes, on déduit qu'au bout de 6 secondes l'inclinaison est égale à 19°.

Le gyromètre mesure, à intervalles réguliers, les vitesses de rotation autour de chacun des axes de roulis, de tangage et de lacet. Connaissant l'attitude initiale du drone, l'autopilote peut estimer au fil du temps, l'attitude de l'appareil : assiette, inclinaison et cap.

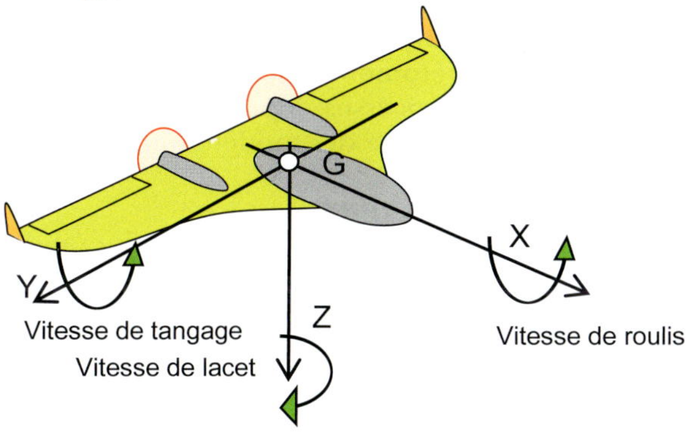


## Précision

Le bruit sur la mesure du capteur (erreur aléatoire autour de la vraie valeur) influe peu sur la précision de la mesure, car ses effets s'annulent au fil du temps. Pour un gyromètre, le problème principal est le biais (erreur constante), car ces erreurs s'accumulent au fil du temps. Mais si le biais est stable, il est possible de le corriger ! Un bon gyromètre est donc caractérisé par un biais faible et stable.

## Gyromètres FOG

Les gyromètres FOG sont très précis et peuvent être utilisés seuls pour la navigation. La fusée Ariane ne se localise qu'à partir de gyromètres et peut réaliser des missions de plusieurs heures avec ce seul instrument !

## Gyromètres MEMS

Les gyromètres MEMS ne sont pas suffisamment précis pour pouvoir être utilisés tout seuls pour naviguer. Avec les gyromètres MEMS, on cherche à estimer correctement le biais plutôt que sa stabilité.

En général, sur les drones, on estime le biais initial au début du vol, appareil immobile, en observant la mesure faite par les gyromètres, la valeur théorique étant "0".

L'ordre de grandeur de l'erreur des gyromètres MEMS est un biais d'environ 0.1 rad/s, soit 6°/s. En laissant le drone immobile au démarrage on estime le plus précisément possible ce biais, par exemple 6.2°/s selon l'axe de roulis GX. Au bout de 10 minutes, soit 600s, ce biais va varier et passer par exemple à 6.4°/s à la fin du vol. Cette dérive du gyromètre au fil du temps peut conduire le concepteur à utiliser, lorsque c'est possible, d'autres capteurs pour recaler les biais du gyromètre.

Les principales sources d'erreur sur les gyromètres MEMS sont dues aux variations de température, qui créent des déformations mécaniques et donc de nouveaux biais.

La dynamique des gyromètres, c'est-à-dire la fréquence de renouvellement des mesures, est également importante. Les capteurs doivent fournir des mesures avec une fréquence d'échantillonnage suffisamment élevée par rapport à la dynamique du drone qu'ils cherchent à contrôler. Mais il est inutile qu'ils aient une fréquence beaucoup plus élevée que la dynamique des actionneurs du véhicule : moteurs et servomoteurs. Le concepteur recherchera donc une bonne dynamique et la meilleure cohérence dans l'ensemble de la chaîne de commande : l'appareil ; le capteur ; l'estimateur ; l'autopilote ; les actuateurs et la dynamique propre du drone.

Naturellement, un gyromètre n'est pas un capteur très bruité. Mais si on le place dans un environnement qui vibre à des fréquences particulières, cela peut générer un biais artificiel et occasionner un problème important. Typiquement, une hélice qui vibre peut perturber l'estimation d'attitude. Normalement ces biais sont filtrés dans le capteur ou dans l'autopilote qui réalise un filtre passe-bas. Mais ces biais peuvent néanmoins parfois être observés.

Avec un échantillonnage régulier de mesure de la vitesse instantanée de rotation de l'appareil, on peut calculer son attitude à chaque instant en connaissant l'attitude initiale. Il suffit pour cela de faire ce que l'on appelle en mathématiques l'intégration des mesures. Plus la fréquence de la mesure est grande, plus la précision de l'intégration est grande ! Plus le biais de la mesure est stable et évaluable sur une durée longue, mieux il pourra être corrigé et plus le résultat sera précis. Pour l'intégration des mesures, le concepteur du drone utilisera des techniques mathématiques qui rendent les calculs numériques plus simples et plus rapides. À noter que les gyromètres FOG sont suffisamment précis pour mesurer la rotation de la Terre dans l'espace !

# L'ACCÉLÉROMÈTRE

## L'accélération

L'accélération représente l'évolution de la vitesse dans un court laps de temps autour d'un instant donné. L'accélération est définie par sa direction, son sens et son intensité mesurée en $m/s^2$ dans le Système International.

Connaissant à chaque instant l'accélération d'un mobile ainsi que sa vitesse et sa position initiales, on peut déduire sa vitesse et sa position au fil du temps.

## Fonctionnement

L'accéléromètre mesure l'accélération du centre de gravité du drone.

Mais quel est son principe de fonctionnement?

L'accélération « **a** » du centre de gravité d'un objet de masse « m » donnée est proportionnelle à la résultante « **R** » des forces extérieures exercées sur lui, nous dit le principe fondamental de la dynamique! En mesurant cette résultante, on peut donc déduire l'accélération par la relation: **R** = m **a**.

Imaginons un instrument lié au drone constitué de trois tiges perpendiculaires deux à deux. Sur chacune des tiges coulisse une masselotte de masse m donnée reliée au centre du système par un ressort de raideur connue. Lorsque la masselotte est immobile par rapport à la tige, la tension du ressort « plus » la composante du poids « mg » de la masselotte par rapport à la tige est égale au produit de la masse « m » de la masselotte par la composante de l'accélération « a » du drone par rapport à cette même tige. En mesurant l'élongation « e » du ressort, on estime la valeur de la composante « g – a » sur chacun des axes de référence du véhicule.

*Élongation du ressort sur l'axe de roulis :* $m\ (g_x - a_x)$
*Élongation du ressort sur l'axe de tangage :* $m\ (g_y - a_y)$
*Élongation du ressort sur l'axe de lacet :* $m\ (g_z - a_z)$

## Utilisation et technologie

Si l'on connaît l'attitude du drone, on connaît les composantes de l'accélération de la pesanteur sur chaque axe de référence de l'aéronef. On en déduit les composantes de l'accélération de l'appareil sur chacun de ses axes, puis les composantes de l'accélération par rapport au repère terrestre local. Connaissant la position du drone au départ, on calcule, par intégration, sa vitesse et sa position à chaque instant.

Si l'on sait par un autre moyen, le GPS notamment, que l'accélération est nulle, on en déduit les composantes de l'accélération de la pesanteur sur chacun des axes liés au véhicule, et, par voie de conséquence, l'assiette et l'inclinaison de l'aéronef.

En fait, le contrôle de la position et de l'attitude de l'appareil est un processus complexe utilisant la contribution de l'ensemble des capteurs: baromètre, gyromètre, magnétomètre, accéléromètre et GPS. La qualité de ce processus dépend de la qualité des capteurs et de la qualité des modèles mathématiques mis en œuvre.

L'accéléromètre des drones utilise généralement la technologie MEMS. Dans la réalisation présentée ci-dessous, le plateau rouge, en forme de peigne, est attaché par des ressorts à une plaque fixe. Lorsqu'une accélération se produit, le plateau rouge se déplace par rapport à la base fixe, et les capacités C1 et C2 entre les arêtes du peigne rouge et les arêtes du peigne vert (fixe) varient. En mesurant ces capacités, on déduit la valeur de l'élongation du ressort, donc la force exercée sur le peigne, donc la composante « Accélération de la pesanteur - Accélération du drone » selon l'axe considéré! Les accéléromètres sont sensibles à la température et aux vibrations. Le biais de ces capteurs est d'environ 0,1 g. On pourra estimer ce biais soit lors du démarrage du système, le drone étant fixe et horizontal, soit en comparant les mesures de l'accéléromètre et du GPS.

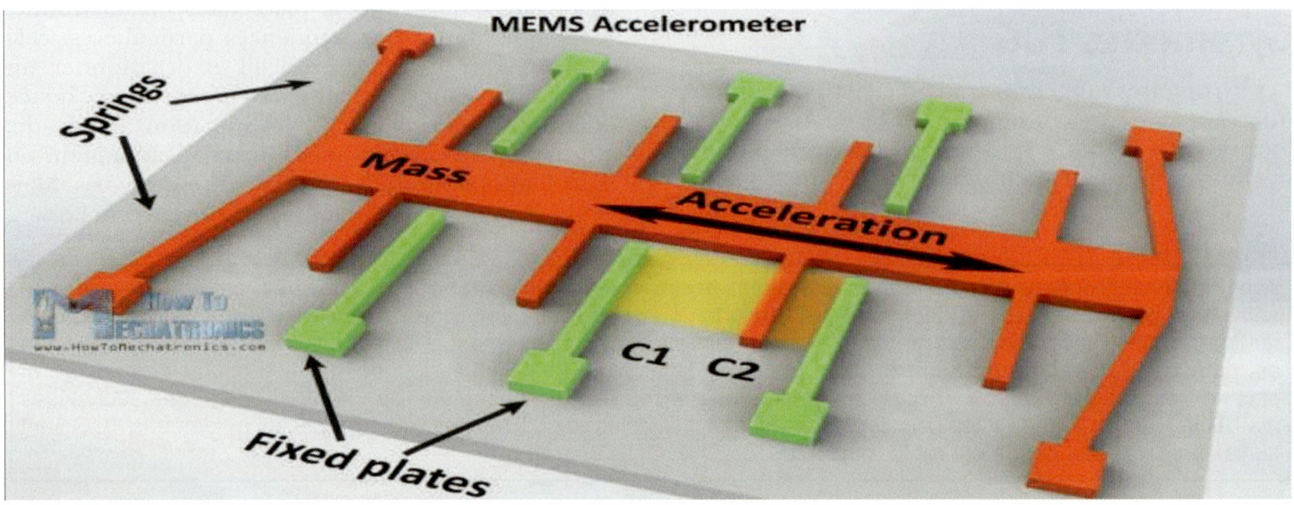


Crédit image: https://howtomechatronics.com/

## Exemples numériques

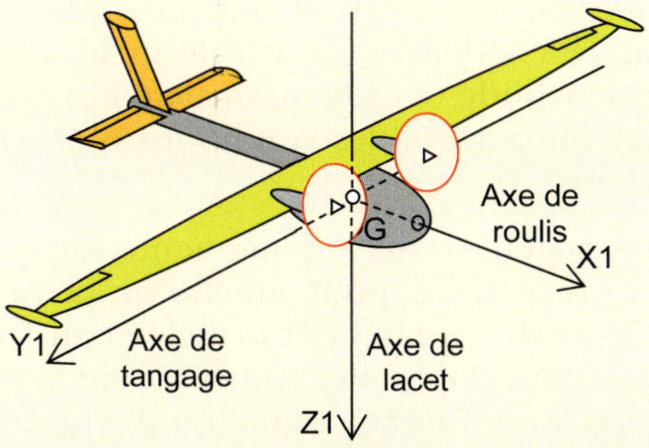


Les 3 systèmes "masse-ressort" centrés sur le centre de gravité et un zoom sur le capteur GX1.

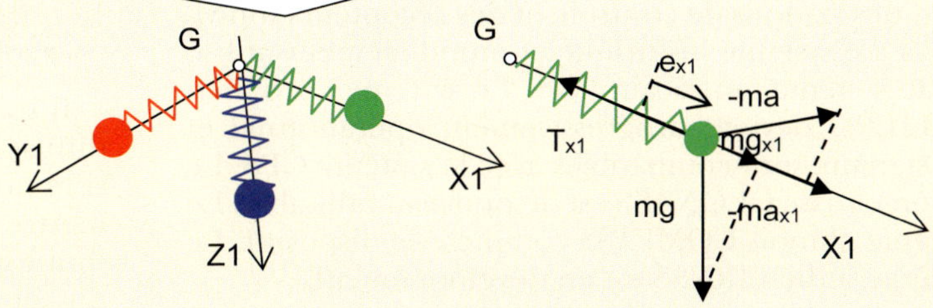


**Vol rectiligne stabilisé à assiette nulle**

- 0 sur l'axe de roulis ;
- 0 sur l'axe de tangage ;
- g sur l'axe de lacet.

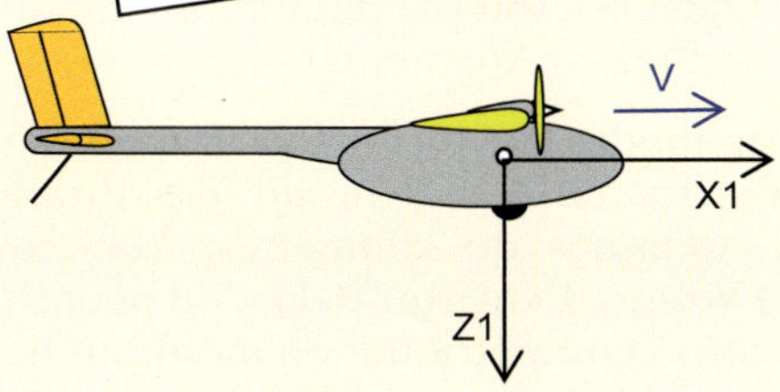


**Vol stationnaire sans vent**

Les élongations des capteurs mesurent :

- 0 sur l'axe de roulis ;
- 0 sur l'axe de tangage ;
- g sur l'axe de lacet.

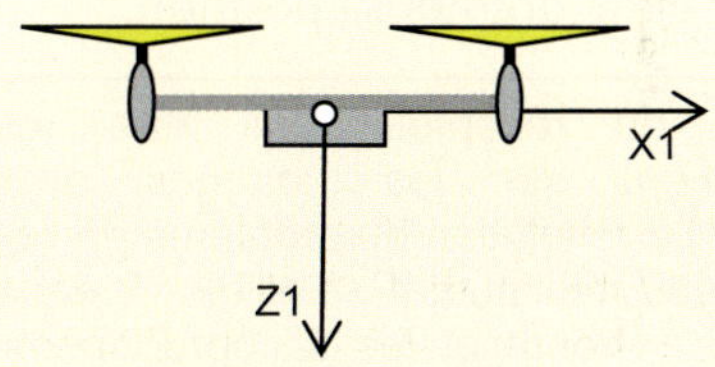


**Vol rectiligne accéléré à assiette nulle**

Les élongations des capteurs mesurent :

- -a sur l'axe de roulis ;
- 0 sur l'axe de tangage ;
- g sur l'axe de lacet.

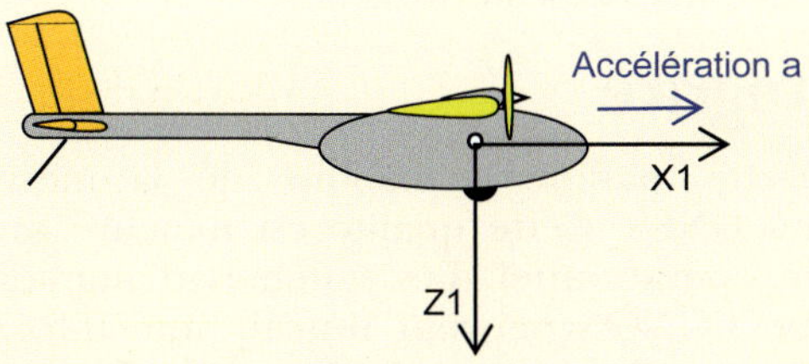


**Accélération verticale**

Les élongations des capteurs mesurent :

- 0 sur l'axe de roulis ;
- 0 sur l'axe de tangage ;
- (g - a) sur l'axe de lacet.

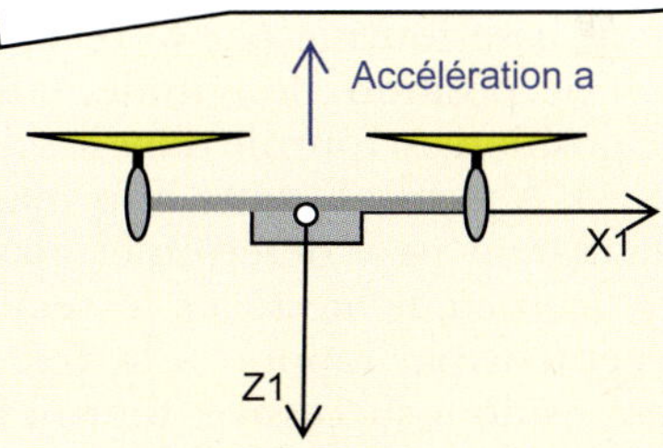


**Montée stabilisée**

Les capteurs de l'accéléromètre mesurent :

- g sinφ sur l'axe de roulis ;
- 0 sur l'axe de tangage ;
- g cosφ sur l'axe de lacet.

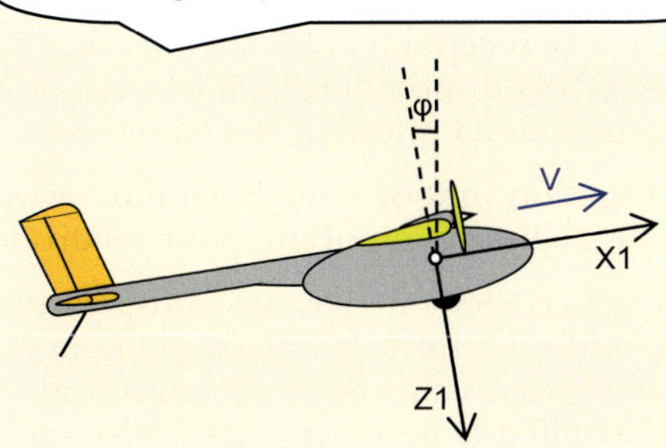


**Vol de croisière**

Les capteurs de l'accéléromètre mesurent :

- g sinφ sur l'axe de roulis ;
- 0 sur l'axe de tangage ;
- g cosφ sur l'axe de lacet.

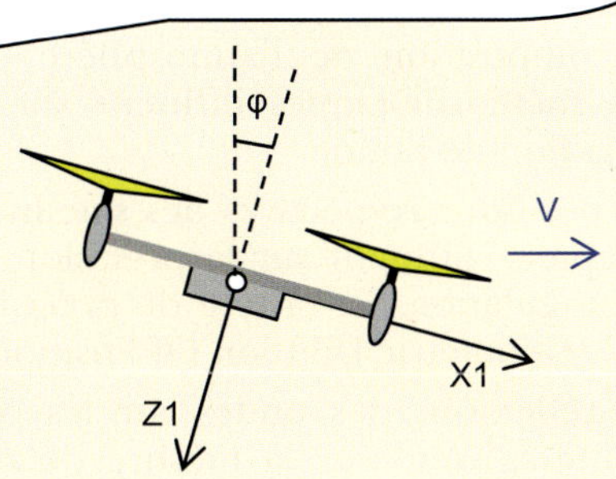

# LE GNSS

## Présentation

Le système de positionnement par satellites, en anglais GNSS ou Global Navigation Satellite System, est un ensemble constitué par une constellation de satellites, des stations de contrôle et des récepteurs individuels. Le système historique et mondialement utilisé est le système américain GPS. Le système européen GALILEO devient progressivement opérationnel et ses signaux sont compatibles avec le système GPS. Le système russe GLONASS est de nouveau utilisable. Le système chinois COMPASS complète le dispositif. Le système indien IRNSS est en développement.

## Le principe

Chaque satellite entretient ses éphémérides, c'est-à-dire sa position dans le référentiel terrestre et son heure. Les décalages entre l'heure de réception et l'heure d'émission du signal émis par au moins 4 satellites permettent de synchroniser l'heure du récepteur et de donner sa position.

L'horloge du récepteur doit être resynchronisée régulièrement sur les horloges atomiques des satellites. La résolution du problème de positionnement nécessite au minimum 4 satellites (4 équations pour 4 inconnues : l'heure et les 3 coordonnées). Pour tenir compte du déplacement du récepteur au fil des mesures, plusieurs stratégies sont utilisées (observation des positions successives, effet doppler dû à la vitesse de déplacement, déphasage de l'onde).

Comme le mot « positionnement » l'indique, l'information de base fournie par le récepteur est une information de position : longitude, latitude et altitude. Cette position est fournie dans le système géodésique WGS 84. À partir de cette information de position, le calculateur peut déterminer, par dérivations successives, le vecteur-vitesse et le vecteur-accélération du récepteur par rapport à la Terre. De même le tracé des positions successives fournit la trajectoire du mobile dans lequel est embarqué le récepteur.

## Les phénomènes influents

Les effets relativistes dus à la vitesse du satellite et les variations du champ gravitationnel influent sur la mesure du temps.

La composition de l'atmosphère et les phénomènes météorologiques influent sur la vitesse de propagation de l'onde.

Les positions respectives des satellites visibles par le récepteur influent sur la précision de la mesure par triangulation. Ce critère de précision est appelé GDOP (Geometric Dilution Of Position).

Les réflexions des ondes sur les obstacles alentour interagissent sur la mesure de distance entre le récepteur et le satellite. C'est le phénomène du « multitrajet ».

## La précision

L'ensemble des sources d'erreur d'origine physique modulées par le coefficient caractérisant le GDOP génère une incertitude dans la mesure de l'ordre de +/- 10 m à +/- 5m lorsque les conditions d'observation sont bonnes.

Il existe des systèmes dits « d'augmentation » qui diffusent des corrections pour améliorer la précision ou l'intégrité du signal. Leur principe consiste à mettre des récepteurs GPS à des endroits dont la position est connue, à mesurer le signal qu'ils reçoivent du satellite, et à en déduire les perturbations. Dès lors, cette information peut être communiquée à tous les récepteurs voisins dont on suppose que le signal qu'ils reçoivent subit à peu près les mêmes perturbations. Ces informations complémentaires d'intégrité sont transmises soit par des satellites géostationnaires (WAAS pour Wide Area Augmentation System et EGNOS), soit par des stations au sol (GBAS pour Ground-Based Augmentation System).

Selon les modes de correction, la précision peut être de l'ordre de 3 à 5 m sur des distances de plusieurs centaines de kilomètres. Mais avec des récepteurs voisins d'environ 20 km, on peut atteindre des précisions centimétriques en mesurant le déphasage du signal (la longueur d'onde du signal GPS à 1 575 MHz est de 19 cm, et les systèmes électroniques arrivent à détecter la position sur la phase à environ 1% près, soit 1.9 mm de précision maximum en théorie...). Ce mode de correction est appelé RTK (Real Time Kinematic) lorsque les corrections sont effectuées en temps réel, et PPK lorsque ces corrections sont effectuées a posteriori.

## L'intégrité

L'intégrité qualifie la fiabilité de la mesure du système GNSS. Cette qualité est majeure du point de vue opérationnel. Les systèmes d'augmentation de type EGNOS peuvent fournir une information complémentaire pour garantir ou non l'intégrité du signal GNSS.

## La disponibilité

La disponibilité du système est liée à la couverture et à la réception des satellites. Il est évident qu'en cas de masque entre le récepteur et les satellites, il n'y a plus de donnée GNSS disponible. Typiquement, le GNSS ne fonctionne pas à l'intérieur des bâtiments.

La « navigation indoor » sur la base de waypoints est donc un challenge important pour les drones.

Les systèmes GNSS sont devenus indispensables. La synchronisation des horloges des récepteurs sert par exemple dans les réseaux de télécommunication. Il y a plus de 3 milliards de récepteurs GNSS sur Terre. La grande majorité est constituée de téléphones.

## Le GNSS en quelques mots

**En théorie…**

Quatre inconnues : la longitude, la latitude et l'altitude du récepteur GPS mais aussi la dérive de son horloge interne !

Quatre équations : une par mesure faite sur chacun des quatre satellites en visibilité du récepteur.

Une solution qui donne l'heure précise au récepteur et sa distance par rapport à chacun des satellites.

Et l'intersection de trois sphères centrées sur leur satellite respectif donne un point dans l'espace !

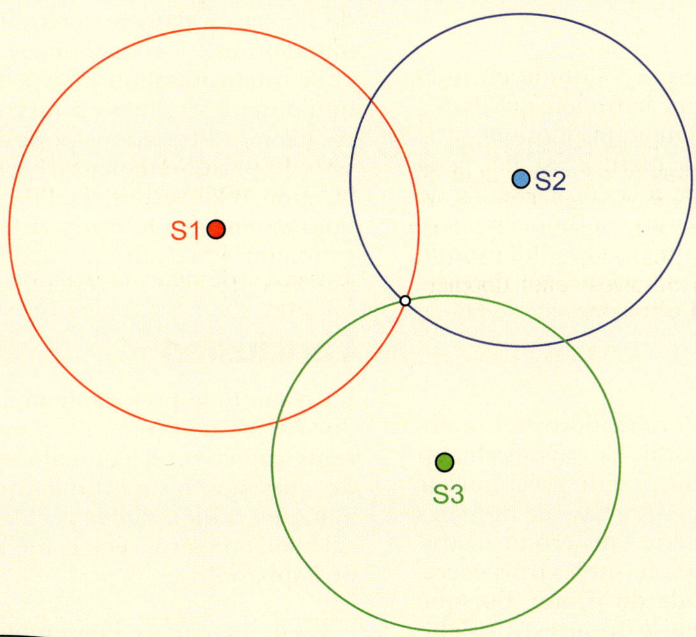


**En pratique**

Plusieurs facteurs interviendront sur la précision de la mesure…

Plus l'intersection des sphères sera « franche », meilleure sera la mesure. C'est le « GDOP ».

Les perturbations ionosphériques et atmosphériques sur la propagation de l'onde peuvent modifier le temps du trajet.

Les réflexions de l'onde sur les obstacles alentour provoqueront le phénomène du « multi-trajet ».

# L'INTÉGRATION DES DIFFÉRENTS CAPTEURS DANS LE SYSTÈME DE DRONE

## L'intégration des mesures

Le positionnement du drone dans l'espace est le fruit d'un processus complexe utilisant la contribution de tous les capteurs. Chaque capteur a un rôle spécifique, un principe physique de fonctionnement et des limitations qui lui sont propres.

L'autopilote intègre, tout au long du vol, les mesures de chaque capteur et estime, avec des modèles mathématiques élaborés, la meilleure position possible du drone. Sont présentés ci-dessous les capteurs classiques auxquels peuvent s'ajouter une sonde anémométrique, une sonde altimétrique ou une caméra. Plus nombreux sont les capteurs et mieux ils sont choisis, plus précis sera le travail mathématique de détermination, au cours du temps, de la position et de l'attitude du drone.

## L'altimètre

L'altimètre barométrique mesure l'altitude en utilisant la formule du nivellement barométrique basée sur la diminution de la pression atmosphérique avec l'altitude. La précision de la mesure est liée à la précision du calage au départ, à la connaissance de la température et à la stabilité des conditions météorologiques en vol. La chaîne de mesure altimétrique peut intégrer un capteur barométrique, un thermomètre, le GPS et un capteur à ultrason.

## Le magnétomètre

Le magnétomètre mesure l'orientation et l'intensité du champ magnétique local. Ce même champ magnétique est connu avec une grande précision sur l'ensemble de la planète. Avec cette base de données issue du WMM, le magnétomètre sans erreur instrumentale fournit deux informations sur les trois nécessaires à la mesure de l'attitude du drone. Lorsque d'autres capteurs indiquent que le drone est à assiette et inclinaison nulles, la mesure du magnétomètre permet de déduire le cap magnétique et, connaissant la déclinaison magnétique du lieu, l'autopilote déduit le cap vrai du drone.

## Le gyromètre

Le gyromètre mesure, à intervalles de temps réguliers, les vitesses de rotation du drone autour de chacun des axes de roulis, de tangage et de lacet. Connaissant l'attitude initiale du drone, le calculateur de l'autopilote peut déduire, par intégration, l'attitude de l'appareil au fil du temps. La précision de la mesure du gyromètre dépend étroitement de la stabilité du biais. Une fois cette erreur connue, elle pourra être corrigée.

## L'accéléromètre

L'accéléromètre est un système « masse-ressort » qui mesure, à intervalle de temps régulier, les composantes du vecteur « Accélération du drone plus Accélération de la pesanteur » sur les 3 axes de référence de l'appareil. Si d'autres capteurs permettent de connaître l'attitude du drone, les composantes de l'accélération de la pesanteur sont connues, ce qui permet de déduire l'accélération du drone par rapport à la Terre et, par intégration, sa vitesse et sa position à chaque instant connaissant sa position au départ. De même, si d'autres capteurs permettent de connaître l'accélération du drone, son attitude peut être déduite.

## Le GNSS

Le GNSS mesure la latitude, la longitude et l'altitude de l'appareil dans le référentiel WGS 84. La détermination des 3 coordonnées spatiales du récepteur et la synchronisation de son horloge nécessitent au minimum 4 satellites en réception pour résoudre ce problème (4 équations pour 4 inconnues). La précision du positionnement dépend du nombre et de la position relative des satellites en visibilité. Le positionnement sera affecté par les conditions de propagation du signal ainsi que par la présence d'obstacles pouvant masquer ou réfléchir l'onde.

## Conclusion

En résumé, le positionnement est la base du travail du système de drone. La complémentarité des différents capteurs, la comparaison et l'enrichissement de leurs mesures par l'utilisation de modèles mathématiques toujours plus perfectionnés permettent de calculer, en temps réel, la meilleure position possible de l'appareil.

C'est bien dans l'ensemble de ces qualités que réside la précision du pilotage des drones.

Tableau de synthèse des différents capteurs

| Capteur | Objectif | Principe de fonctionnement | Limitations |
|---|---|---|---|
| Altimètre barométrique | Mesure de la hauteur du drone en fonction de la pression atmosphérique et de la pression de calage avec une correction de température faite par l'autopilote. | Décroissance de la pression atmosphérique avec l'altitude à la verticale d'un lieu selon la formule du nivellement barométrique : $\Delta p = \rho\, g\, \Delta z$ | Variation de la pression atmosphérique dans l'espace et dans le temps en fonction des conditions météorologiques.<br>Prise en compte nécessaire de la température pour estimer la valeur de la masse volumique de l'air intervenant dans la formule du nivellement barométrique. |
| Magnétomètre | Mesure des composantes du vecteur champ magnétique terrestre par rapport aux axes de référence de l'appareil et, en conséquence, contribution à l'estimation de l'attitude de l'appareil. | Le vecteur champ magnétique terrestre étant connu en chaque lieu, la mesure de ses composantes sur les axes de référence du drone contribue à estimer l'attitude de l'appareil dans l'espace en donnant 2 angles sur les 3 nécessaires. | Il y a un degré d'indétermination sur l'attitude du drone qui doit être levé par la mesure d'autres capteurs.<br>Il faut prendre aussi en compte les perturbations magnétiques autour du capteur.<br>Le Hard Iron Effect est dû à un champ magnétique créé par un aimant ou un matériau ferro magnétique lié au véhicule. Le Soft Iron Effect est lié à une distorsion du champ magnétique par un métal comme le fer ou le nickel . |
| Gyromètre | Mesure des composantes de la vitesse de rotation du drone autour du centre de gravité.<br>Connaissant l'attitude initiale du drone et sa vitesse de rotation au fil du temps, l'autopilote calcule l'attitude de l'appareil. | Dans la technologie MEMS, on mesure la force d'inertie de Coriolis due à la rotation du drone autour de son centre d'inertie. | Erreurs de biais dues à la température et aux vibrations.<br>La fréquence d'échantillonnage des mesures du gyromètre doit être cohérente avec l'ensemble des éléments de la chaîne de mesure et de contrôle du drone. |
| Accéléromètre | Mesure des composantes de l'accélération du centre de gravité de l'appareil par rapport aux axes de référence du drone. | Sur chacun des axes de référence du drone, on mesure l'élongation d'un système « masse-ressort » qui est sollicité par la composante de la gravité **g** et la composante de l'accélération du drone **a** sur l'axe considéré. On obtient ainsi les composantes du vecteur « **a - g** » sur chacun des axes. | Si l'attitude du drone est inconnue, les composantes de l'accélération de la pesanteur par rapport aux axes de référence sont inconnues et la seule mesure de l'accéléromètre ne peut donner l'accélération.<br>La mesure de l'accéléromètre doit donc être associée aux mesures des autres capteurs pour estimer l'accélération de l'appareil et, plus généralement, pour estimer l'attitude et la position de l'appareil. |
| GNSS | Mesure de la position du drone (latitude, longitude, altitude) dans le référentiel WGS 84. | Mesure de la distance par rapport à des satellites dont la position est connue à chaque instant. L'intersection des sphères issues de chaque satellite permet d'estimer la position du récepteur GNSS.<br>Le recalage de l'horloge du récepteur et la détermination de la position du drone par ses 3 coordonnées nécessitent, au minimum, 4 satellites en visibilité pour faire le point. | La précision de la mesure dépend du nombre et de la position des satellites en visibilité du récepteur (GDOP) ainsi que de la qualité de la propagation du signal. |

# DISPOSITIFS DE LIMITATION D'ESPACE

## Les exigences réglementaires

Pour permettre le développement de l'activité drone et assurer la sécurité de l'aviation habitée, la réglementation a adopté le principe de la ségrégation des trafics. Dans ce but, la réglementation impose, outre la vigilance du télépilote, qu'un dispositif de limitation verticale soit embarqué à bord du drone pour garantir que l'appareil ne dépassera pas une hauteur limite définie.

De plus, pour les opérations du drone « hors vue » du télépilote, la réglementation demande qu'un dispositif de limitation d'espace soit implémenté pour garantir que l'appareil ne franchira pas les limites horizontales du volume de vol prédéfini.

## Contrôle et limitation verticale

Les capteurs contribuant à la mesure de la hauteur fournissent des mesures brutes. Ces mesures rentrent dans un estimateur. Connaissant les caractéristiques de chaque capteur, l'estimateur élabore la meilleure estimation possible de la hauteur, notée Ze.

Le module de contrôle a en entrée une hauteur consigne Zc, qui peut venir du télépilote ou du plan de vol. En comparant la consigne avec l'estimation de la hauteur courante, le contrôleur définit une commande pour les actuateurs. Sur un aéronef à voilure tournante de type multirotor, il faudra agir sur la vitesse de rotation de l'ensemble des rotors. Sur un aéronef à voilure fixe, il faudra agir sur le braquage de la gouverne de profondeur.

En plus de la boucle « normale » de contrôle de la hauteur, un dispositif de limitation de la hauteur est implémenté avec pleine autorité sur la boucle de pilotage normale.

Dans ce but, un second système de contrôle indépendant et dédié à la sécurité est implémenté. Ce contrôleur de sécurité, utilise une consigne, notée Zlimite, et les données de l'estimateur pour fournir une commande de sécurité. Ce système de contrôle de sécurité peut être plus simple que le contrôleur de pilotage donc plus fiable et plus robuste, en se contentant par exemple de faire descendre l'aéronef s'il dépasse la limite, sans chercher à s'en rapprocher.

Un dispositif synthétiseur de commande reçoit les consignes calculées par les deux contrôleurs et choisit laquelle envoyer vers les actuateurs en fonction de la hauteur de l'aéronef.

## Contrôle et limitation horizontale

L'objectif est de contrôler la position horizontale de l'appareil et de garantir le non-franchissement des limites programmées.

Le principe de fonctionnement est le même que celui vu précédemment. Le capteur de mesure de la position est essentiellement le GNSS. Les capteurs inertiels contribuent également, mais, en général, plus faiblement.

## Exigences communes

Dans les deux cas, il est important d'assurer la validité des zones limites mises en entrée des modules de contrôle de sécurité. La source des données doit être fiable et tenue à jour. Par exemple, si on veut interdire de manière permanente les aérodromes, il faut tenir à jour leur emplacement. De plus, la manière de transférer ces données au drone doit être fiable.

La réglementation impose que les limites soient programmables et paramétrables par le télépilote.

Il faut donc s'assurer que la transmission de ces paramètres vers le drone est fiable, ce qui peut être fait avec des mécanismes d'accusé de réception dont l'objectif est de vérifier que le drone a bien reçu et appliqué les données transmises par la station sol. Ce processus peut être décrit de la manière suivante. La station sol envoie au drone les coordonnées des points définissant les limites horizontales du volume de vol ainsi que la hauteur limite. Le drone reçoit le message et intègre les nouveaux paramètres dans sa base de données. Le drone renvoie à la station sol les paramètres qu'il a intégrés. La station sol vérifie la cohérence entre ce qu'elle a envoyé et ce que le drone a renvoyé.

Les performances de l'ensemble des systèmes de contrôle de la hauteur et de limitation d'espace dépendent étroitement de la qualité des capteurs concernés et des performances de l'estimateur.

Le contrôle de la hauteur du drone nécessite, d'une part, d'avoir la meilleure estimation possible de la position en temps réel et, d'autre part, de donner les ordres de commande les plus appropriés. Connaissant les caractéristiques de chaque capteur (bruit faible, biais fort et fréquence élevée pour le baromètre, bruit fort, biais faible et fréquence faible pour le GPS) et utilisant des modèles mathématiques appropriés, l'estimateur élabore la meilleure estimation possible de la hauteur. Les stratégies les plus répandues de contrôle des actuateurs sont dites PID (Proportionnel, Intégrale, Dérivation). Les ordres de commande sont établis en fonction de l'écart entre la position et la consigne, de l'écart cumulé au cours du temps, et de la dérivée de cet écart au cours du temps. Dans la réalité l'aéronef "tourne" autour de sa consigne. S'il est trop haut, il va descendre, jusqu'à se retrouver trop bas, et dès lors remonter et ainsi de suite.

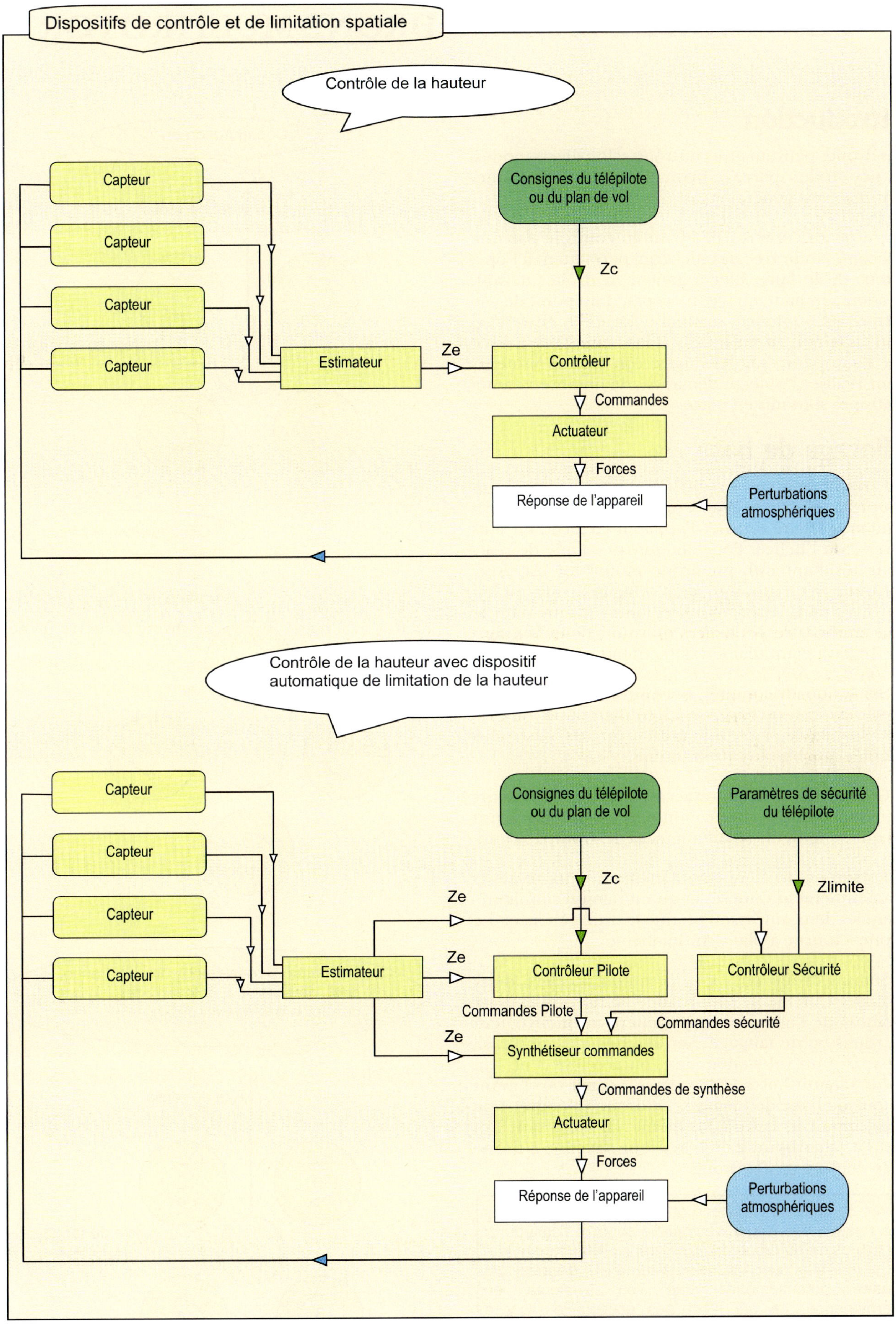
Dispositifs de contrôle et de limitation spatiale
Contrôle de la hauteur
Capteur
Capteur
Capteur
Capteur
Consignes du télépilote ou du plan de vol
Zc
Estimateur
Ze
Contrôleur
Commandes
Actuateur
Forces
Réponse de l'appareil
Perturbations atmosphériques
Contrôle de la hauteur avec dispositif automatique de limitation de la hauteur
Capteur
Capteur
Capteur
Capteur
Consignes du télépilote ou du plan de vol
Paramètres de sécurité du télépilote
Zc
Zlimite
Ze
Estimateur
Ze
Contrôleur Pilote
Contrôleur Sécurité
Commandes Pilote
Commandes sécurité
Ze
Synthétiseur commandes
Commandes de synthèse
Actuateur
Forces
Réponse de l'appareil
Perturbations atmosphériques

# PILOTAGE DE BASE DU DRONE MULTIROTOR

## Introduction

Les drones peuvent être contrôlés selon divers modes. La notion de « pilotage manuel » ou « pilotage automatique » est généralement très mal comprise.

Un quadricoptère DJI Phantom contrôlé par une télécommande avec des sticks qui permettent à l'opérateur de le faire aller à gauche, à droite, devant, derrière, en haut, en bas, n'est pas, d'un point de vue formel, en « pilotage manuel ». En effet, entre l'action du télépilote sur le stick et la commande réalisée par l'autopilote sur les quatre contrôleurs moteurs pour réaliser l'objectif demandé, de nombreux automatismes sont mis en place.

## Pilotage de base

Le couple moteur exercé sur l'hélice génère un couple de réactions égal et opposé sur le drone qui a tendance à faire tourner l'appareil en lacet, en sens inverse de l'hélice. Pour obtenir un couple de réactions résultant nul, un drone multirotor est donc constitué d'un nombre pair d'hélices, une moitié tournant dans le sens horaire, l'autre moitié dans le sens antihoraire, les hélices ou rotors de même sens de rotation étant diamétralement opposés.

Sur les quadricoptères, on trouve deux configurations : en « x » ou en « + ». La configuration en « x » est plus stable. La configuration en « + » est plus adaptée aux besoins acrobatiques.

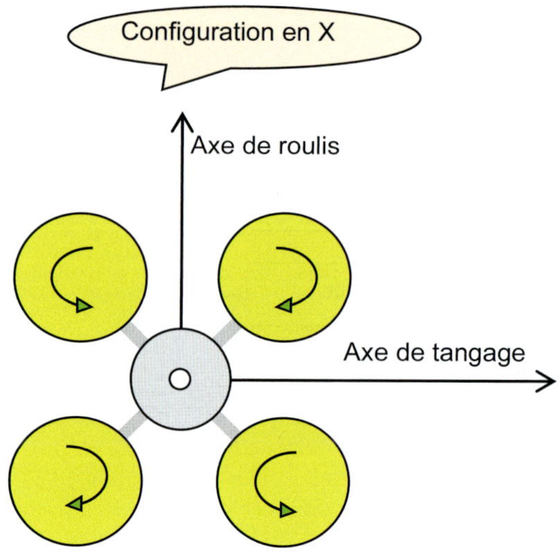


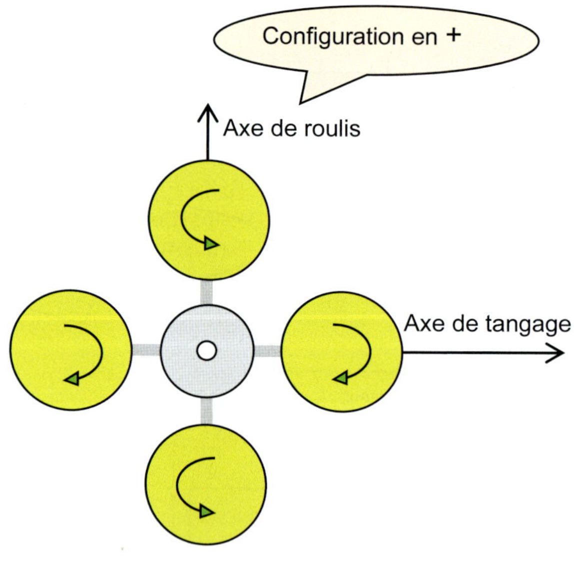


Globalement, lorsqu'on accélère les quatre moteurs simultanément, le drone monte, et lorsqu'on ralentit les quatre moteurs simultanément, le drone descend.

Lorsqu'on accélère simultanément deux moteurs diamétralement opposés et qu'on ralentit simultanément les deux autres, on oriente le drone en lacet. Le drone « tourne à plat » sur lui-même.

Sur un drone en « x », lorsqu'on accélère deux moteurs d'un même côté et que l'on ralentit les deux moteurs de l'autre côté, on génère un mouvement de roulis ou de tangage. Sur le schéma ci-contre, si, à partir d'un vol stationnaire, on accélère 3 et 4 et qu'on ralentit 1 et 2, le drone va s'incliner vers l'avant autour de l'axe de tangage. Le drone va opérer une translation vers l'avant. De même, en accélérant 1 et 3 et en ralentissant 2 et 4, le drone s'incline à droite et se déplace vers la droite.

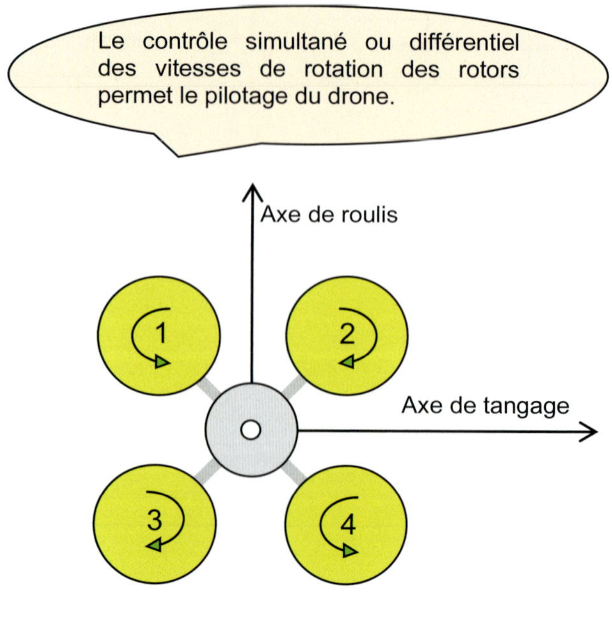


> Avec un contrôle simultané ou différentiel des vitesses de rotation des rotors, l'autopilote contrôle l'attitude et la trajectoire du drone. Mais un vrai « pilotage manuel » pour un quadricoptère nécessiterait de disposer de quatre potentiomètres que l'on ajusterait en permanence, ce qui n'est pas acceptable. Il y a toujours des automatismes, plus ou moins nombreux, intégrés au système de pilotage de l'appareil.

# PILOTAGE DU DRONE À VOILURE FIXE

## Introduction

Sur un drone à voilure fixe, le mode manuel « direct » est possible, à ceci près qu'il y a encore un automatisme dans le contrôleur du moteur.

## Pilotage de base

L'aérodyne est un aéronef à six degrés de liberté.

Trois degrés de liberté correspondent aux trois angles définissant l'attitude de l'appareil dans l'espace. En pilotage, ces angles sont respectivement l'assiette, l'inclinaison et le cap.

Trois degrés de liberté correspondent aux trois coordonnées définissant la position de l'appareil dans l'espace : latitude ; longitude et altitude. La trajectoire, qui est l'objectif principal du pilotage est, par définition, la courbe formée par l'ensemble des positions successives du centre de gravité de l'appareil au fil du temps.

Bien évidemment, ces notions de cinématique sont générales et valables pour tous les objets mobiles, quels qu'en soient leurs types.

Les inventeurs ont découvert et la mécanique du vol le confirme, que le contrôle d'attitude et le contrôle de la puissance suffisent pour réaliser l'ensemble des manœuvres nécessaires au pilotage. Il y a un couplage entre les mouvements du drone autour du centre de gravité et les mouvements du centre de gravité.

La gouverne de profondeur permet le contrôle de l'équilibre et des mouvements de l'appareil autour de l'axe de tangage. Cette gouverne permet, par les variations d'incidence que cela entraîne, de contrôler la trajectoire dans le plan vertical.

Les ailerons permettent le contrôle de l'équilibre et des mouvements de l'appareil autour de l'axe de roulis. Ces gouvernes permettent, par les variations d'inclinaison de l'appareil que cela entraîne, de contrôler la trajectoire dans le plan horizontal. L'inclinaison de la portance génère le virage.

La gouverne de direction permet le contrôle de l'équilibre et des mouvements de l'appareil autour de l'axe de lacet. Cette gouverne permet, par le moment de lacet généré, de contrôler la symétrie du vol (vent relatif dans le plan de symétrie).

La commande de puissance permet le contrôle de la puissance mécanique fournie à l'avion. Ainsi, le contrôle de la puissance permet, si besoin, de faire varier la vitesse-air de passer du vol en palier au vol en montée ou en descente.

L'aéronef est équipé, pour cela, d'une télécommande avec deux sticks. Quatre configurations sont possibles selon le rôle que l'on attribue à chaque mouvement de base sur chacun des sticks.

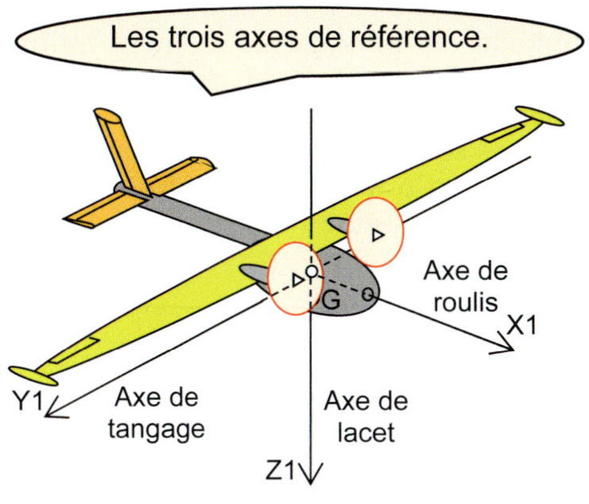


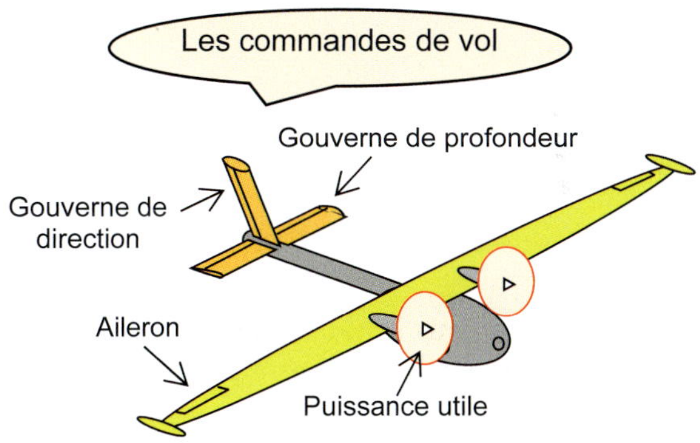


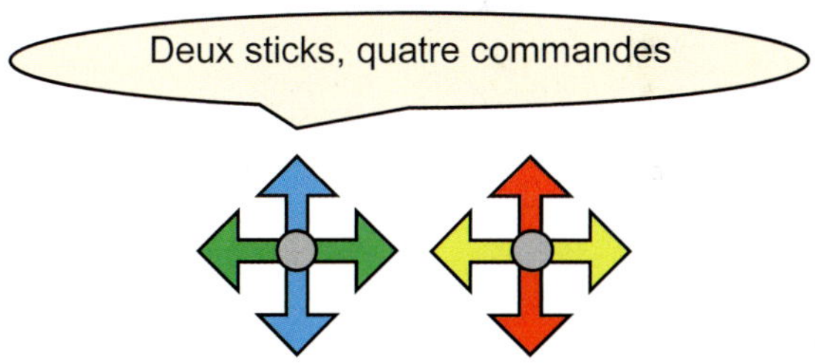


Mode le plus répandu
Rouge → Profondeur Jaune → Inclinaison
Bleu → Puissance Vert → Direction

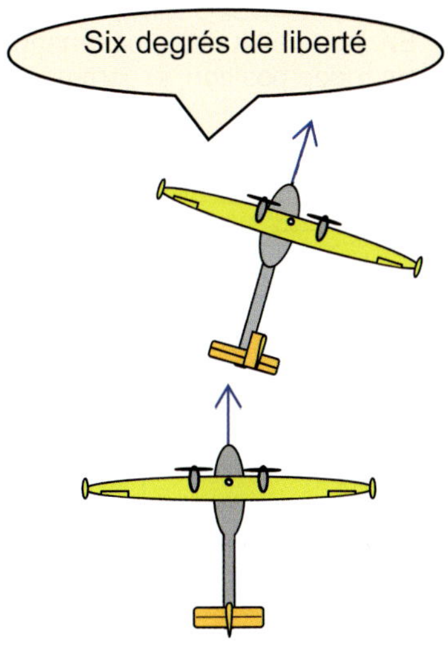

# LES ASSERVISSEMENTS

## L'asservissement

La complexité du pilotage du drone à voilure tournante nécessite d'implémenter des automatismes prenant en charge les actions de base. Si le pilotage manuel d'un drone à voilure fixe est possible, l'implémentation des mêmes automatismes déchargera le télépilote des actions basiques au profit de la gestion de la mission. Ces automatismes sont appelés asservissements. L'asservissement consiste à confier à un automatisme le contrôle et la réalisation d'une consigne donnée. On considérera deux catégories d'asservissement : l'asservissement en attitude et l'asservissement en position.

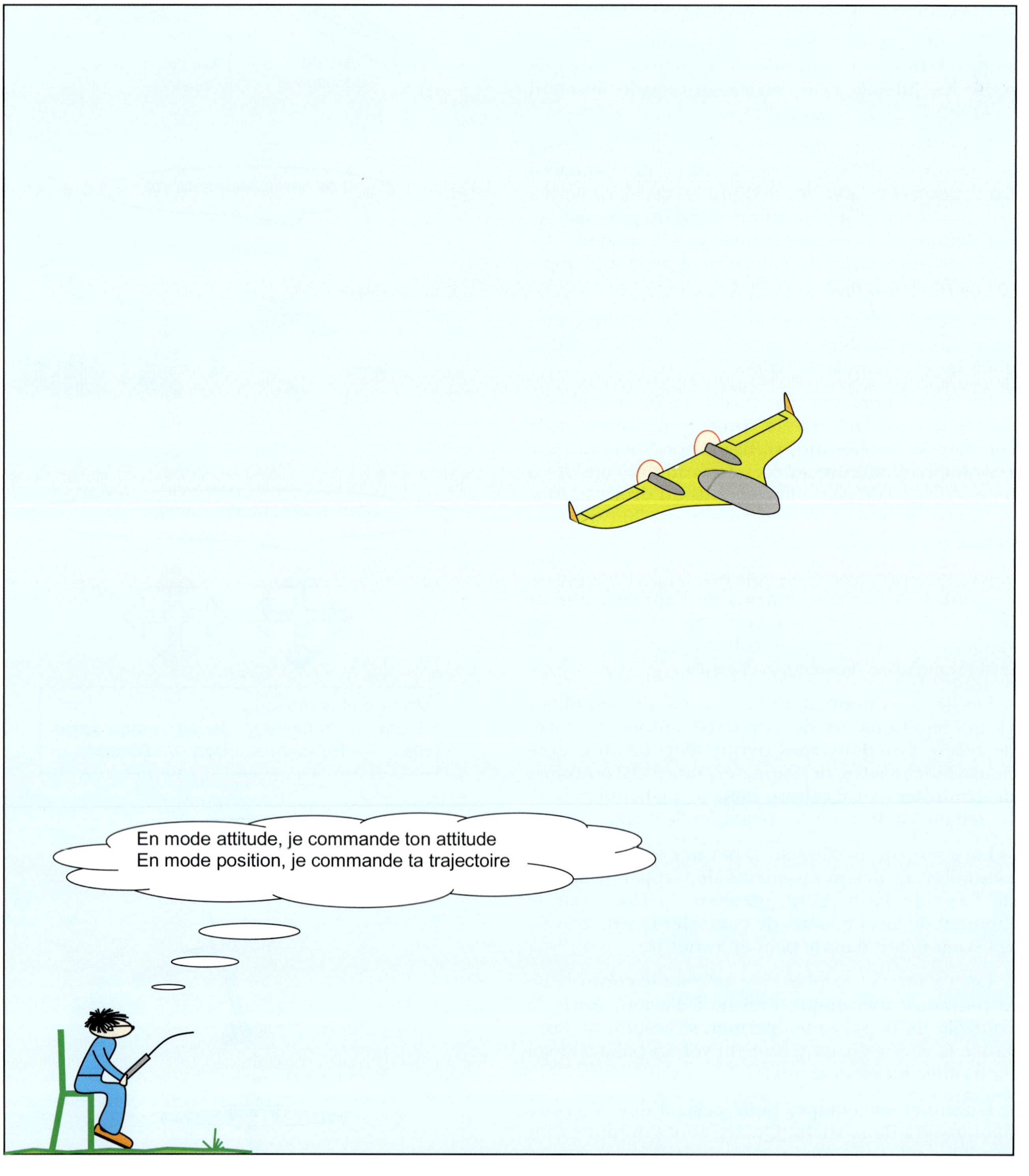

# L'ASSERVISSEMENT EN ATTITUDE

## Introduction

L'asservissement en attitude est un automatisme dont l'objectif est de contrôler l'attitude de l'appareil (l'assiette, l'inclinaison et le cap) en référence aux consignes d'attitude qui sont données en entrée de l'asservissement. L'objectif évident du processus est que l'attitude de l'aéronef soit la plus proche possible de l'attitude demandée.

Le contrôle en attitude est typiquement le mode de contrôle par défaut des avions de ligne modernes. Ainsi, le mini manche d'un Airbus commande l'attitude de l'avion, mais pas directement les gouvernes.

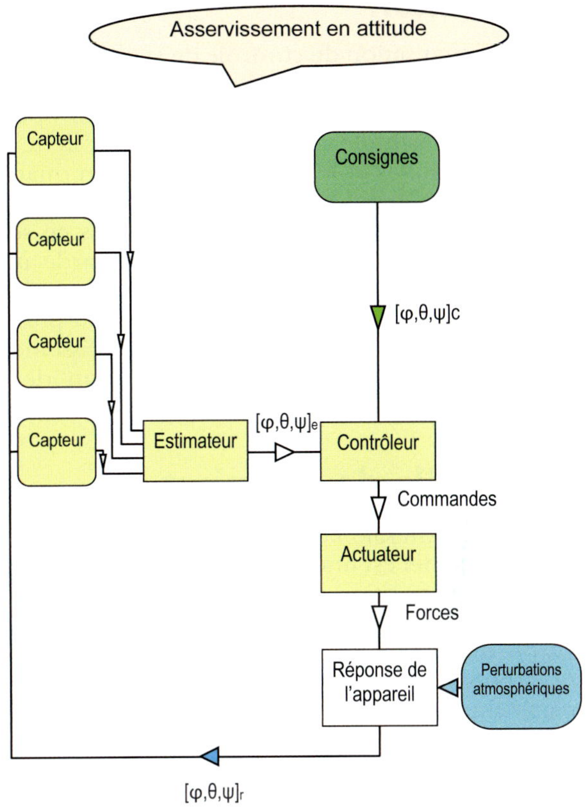


## Principe de fonctionnement

Le principe de fonctionnement d'un asservissement en attitude est représenté dans le schéma ci-contre. À un instant donné, l'aéronef a une attitude réelle $[\varphi,\theta,\psi]_r$. Les capteurs d'attitude réalisent des mesures. Ces mesures ne sont pas directement les angles de l'aéronef, mais typiquement la vitesse de rotation pour le gyromètre, les accélérations pour les accéléromètres, le vecteur champ magnétique terrestre pour le magnétomètre qu'ils transmettent à l'estimateur.

À partir de modèles mathématiques, l'estimateur calcule une orientation estimée $[\varphi,\theta,\psi]_e$ qui est transmise au contrôleur.

Le contrôleur a une consigne $[\varphi,\theta,\psi]_c$ qui est l'objectif à atteindre. En comparant l'orientation estimée avec la consigne, le contrôleur calcule et envoie une commande vers les actuateurs. Pour un drone quadrirotor, ces actuateurs sont les quatre moteurs. Pour un drone à voilure fixe, les actuateurs sont le moteur et les servomoteurs de gouverne de profondeur, d'ailerons, et de gouverne de direction.

Les actuateurs réalisent la commande sur les moteurs et les gouvernes. L'attitude de l'aéronef évolue donc en permanence en fonction des commandes de l'asservissement et des perturbations atmosphériques. Par exemple, pour une consigne fixe donnée sur l'assiette, on pourra observer une évolution de l'assiette en fonction du temps comme la présente la figure ci-contre.

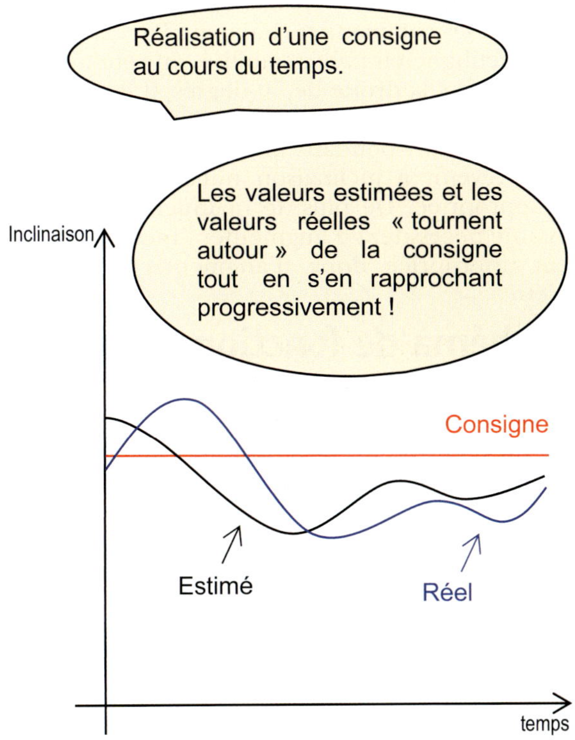


Le contrôleur ajuste ses commandes pour faire coller le mieux possible l'estimation à la consigne. La performance globale de l'asservissement dépend étroitement de la qualité de la mesure faite par les capteurs et l'estimateur et de la qualité du contrôle des actuateurs faite par le contrôleur. Le but est que l'attitude du drone se rapproche, le mieux possible, de sa consigne.

L'objectif est que l'attitude du drone se rapproche, le mieux possible, de sa consigne.

# L'ASSERVISSEMENT EN POSITION

## Introduction

Dans l'automatisation du contrôle de la trajectoire de l'aéronef, le contrôle d'attitude est nécessaire, mais il n'est pas suffisant pour répondre à l'objectif opérationnel. Par exemple, pour maintenir l'assiette et l'inclinaison nulles et le cap constant sur un quadricoptère, les moteurs sont accélérés, ralentis… ce qui modifie la hauteur du drone. De fait, dans ce seul mode de contrôle en attitude, le drone garde une attitude fixe, mais monte et descend d'une manière qui semble aléatoire. Si on veut contrôler en plus la hauteur du drone, il faut ajouter un asservissement avec les capteurs nécessaires à l'estimation de la hauteur du drone. Cet asservissement est l'asservissement en position.

## Le contrôle de la trajectoire

De manière générale la boucle de contrôle de l'attitude de l'aéronef est une boucle courte. La boucle de contrôle de la position de l'aéronef est une « boucle longue » qui fait appel à la « boucle courte » de contrôle d'attitude. Par exemple, avec un quadricoptère, si on veut effectuer une translation vers l'avant à partir du stationnaire, il faut afficher une assiette « à piquer » appropriée puis maintenir cette assiette. La consigne « avancer » de la boucle de contrôle en position nécessite donc de modifier la consigne « assiette nulle » de la boucle de contrôle d'attitude en consigne « assiette de telle valeur ».

Sur un drone à voilure fixe, l'objectif et le principe sont les mêmes. Seules les lois de pilotage, donc les actions sur les commandes changent. Par exemple, si, en vol rectiligne en palier stabilisé, on veut augmenter le cap vers la droite de 50 degrés, il faut incliner le drone à droite d'une valeur appropriée, maintenir cette inclinaison pendant un laps de temps approprié et revenir à inclinaison nulle avec l'anticipation appropriée. De plus, le maintien de l'altitude constante nécessitera d'augmenter l'incidence d'une valeur appropriée donc d'augmenter légèrement l'assiette.

## Le schéma de fonctionnement

Le schéma de principe de l'asservissement en position est à « boucles imbriquées ». Dans l'asservissement du contrôle de la trajectoire, une boucle de haut niveau reçoit en entrée les consignes [x,y,z]c du télépilote ou du plan de vol. La position réelle [x,y,z]r est mesurée par les capteurs de position, par exemple le baromètre, le GPS et la caméra. Ces mesures sont transmises à l'estimateur qui en déduit une estimation [x,y,z]e de la position de l'aéronef. Le contrôleur, connaissant le modèle de vol de l'aéronef, cherche à « se rapprocher de la consigne » en donnant des consignes d'attitude [φ,θ,ψ]c en entrée de la boucle de contrôle en attitude de l'aéronef.

## Fonctionnement

L'asservissement en position nécessite des capteurs supplémentaires permettant d'estimer la position de l'aéronef (baromètre pour estimer l'altitude, GPS pour estimer la position, caméra pour estimer la position du drone relative au sol…). Sur les multicoptères, lorsque ce mode est implémenté, plusieurs fonctions sont alors disponibles. La fonction de base consiste à maintenir le drone immobile, voire juste à une altitude constante lorsque le télépilote n'intervient pas. Des fonctions plus avancées consistent à faire suivre un plan de vol au drone, par exemple passer par le point 1 de coordonnées géographiques données, puis aller au point 2 de coordonnées géographiques données, tourner autour de ce point pendant une minute puis revenir au point de départ. Dans ce cas, lorsque le plan de vol est activé, le drone suit sa trajectoire automatiquement sans que le télépilote n'intervienne. On peut aussi utiliser ce type d'asservissement pour suivre une cible mobile dont on peut estimer la position courante grâce à une caméra ou en y fixant un autre GPS transmettant ses informations au drone. Le champ des possibles en matière d'asservissement de haut niveau est très grand !

Pour illustrer cela de manière concrète, regardons ce que propose un drone DJI MAVIC.

Modes de pilotage DJI MAVIC

- P-mode : mode de base dans lequel le télépilote peut déplacer le drone vers le haut, bas, gauche, avec des commandes ou consignes en vitesse de déplacement. Lorsque le stick est à fond à droite, le drone part vite droite, et lorsque le stick est au milieu, le drone reste immobile.
- GPS : utilise le GPS, une caméra qui regarde le sol et le baromètre pour réaliser le contrôle en position et le reste des capteurs pour réaliser le contrôle en attitude.
- OPTI : n'utilise pas le GPS. La position est contrôlée uniquement par les observations de la caméra et du baromètre.
- ATTI : n'utilise pas le GPS ni la caméra. La position n'est pas contrôlée dans le plan horizontal et seules la hauteur ou l'altitude sont contrôlées avec la chaîne de contrôle altimétrique partielle dont on connaît la dérive au cours du temps.
- TAPFLY : le pilote donne une consigne de position au drone. Pour rentrer cette consigne, le pilote désigne un point sur l'écran de la vidéo renvoyée par le drone. Connaissant sa propre position (grâce à l'estimateur associé), l'orientation et les caractéristiques de la caméra (il y a un estimateur), le système en déduit la position géographique de ce point, et envoie cette consigne de position au drone.
- FOLLOW ME : la télécommande du drone comporte un GPS. Elle envoie sa propre position au drone comme consigne
- POI (Point of Interest) : le pilote définit un point particulier et un rayon de cercle autour de ce point. Le système contrôle alors le drone en position pour qu'il parcoure ce cercle. À chaque instant une nouvelle consigne de position, le long de ce cercle, est calculée et utilisée.

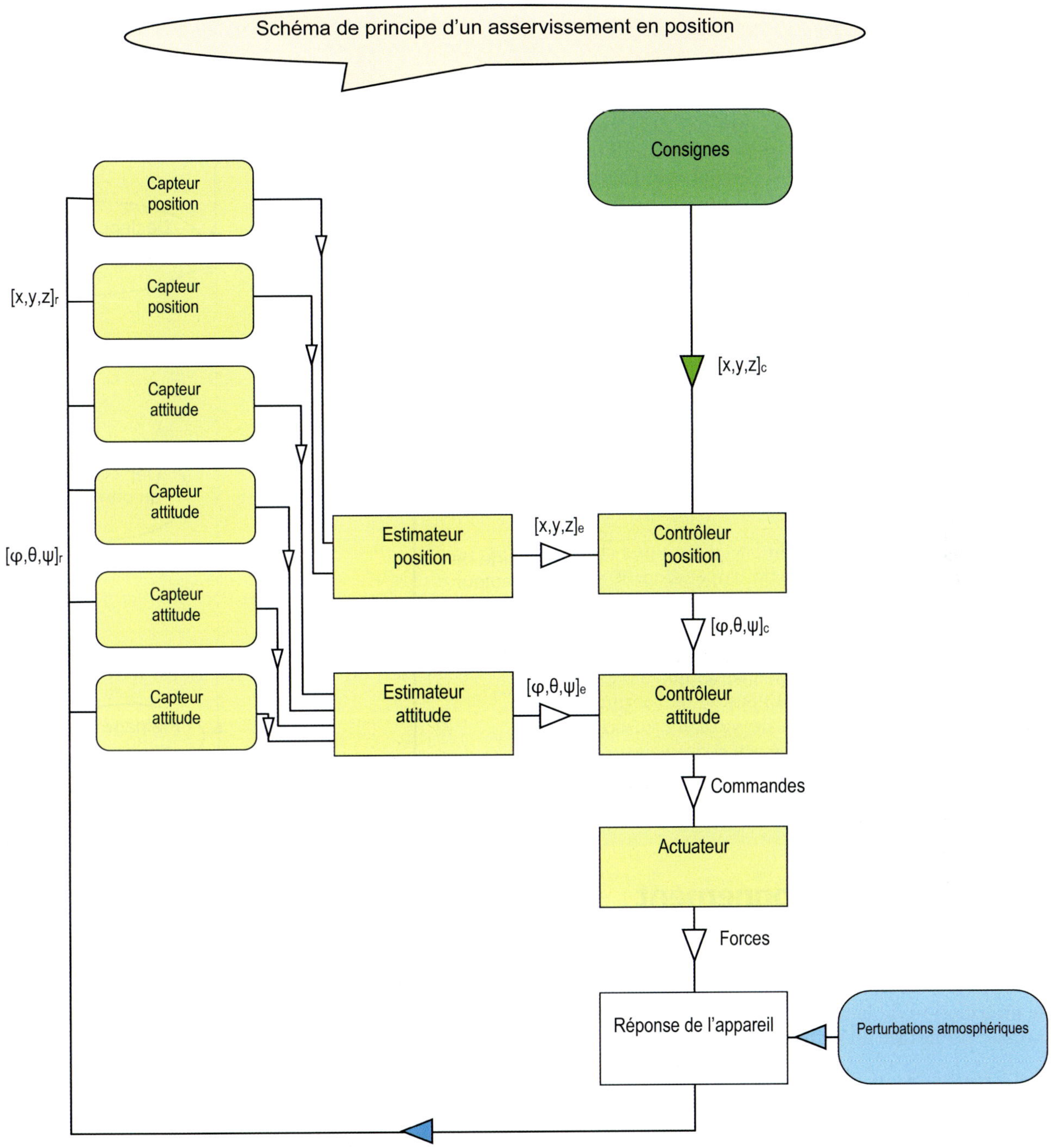


Lors de la conception d'un automatisme, le constructeur doit envisager les pannes associées et le télépilote doit savoir quelles sont les actions appropriées effectuer. Les pannes et leurs conséquences diffèrent selon la conception de chaque drone et les automatismes qui y sont implémentés, et combinés entre eux. Il est important pour le télépilote de comprendre, derrière les dénominations commerciales, le type de contrôle (attitude, position ou combinaison des deux) du mode de pilotage, et les capteurs qu'il utilise pour réaliser ce contrôle (caméra, GPS, baromètre, gyromètre, magnétomètre…). Les problèmes rencontrés sur le contrôle d'attitude peuvent rapidement faire tomber le drone. Les problèmes rencontrés sur le contrôle de position peuvent conduire le drone à ne plus être où l'on voudrait qu'il soit. Ce sont deux classes différentes de problèmes. Le détail des algorithmes de contrôle n'est généralement pas accessible, et le télépilote doit donc faire confiance au constructeur quant à leur qualité. Ces systèmes fonctionnent tous correctement en conditions normales. Mais c'est leur robustesse de fonctionnement dans les situations complexes que le télépilote devra prendre en considération par sa vigilance et en fixant des limites d'utilisation lorsque c'est nécessaire. C'est le cas, par exemple, d'un vent fort, de la turbulence, du vol en montagne, d'une température élevée, de la faible luminosité, d'une batterie faible, d'un champ magnétique perturbé…

# DISPOSITIF DE PROTECTION DES TIERS

## L'objectif

La nécessité d'assurer la protection des personnes a conduit le législateur à fixer des règles sur l'obligation d'emport d'un dispositif de limitation d'énergie à l'impact en cas de dysfonctionnement majeur du drone. Ce dispositif s'appelle dispositif de protection des tiers.

*Extrait de la réglementation*

Les aérodynes non captifs de masse supérieure à 2 kg utilisés dans le cadre du scénario S3 sont équipés d'un dispositif de protection des tiers. Le dispositif de protection des tiers est automatiquement activé dans le cas d'un atterrissage automatique à la suite d'une perte de la liaison de commande et de contrôle sauf si cet atterrissage automatique peut être programmé de façon à garantir qu'aucun tiers ne se trouve dans la zone de posé.

Il limite à 69 joules l'énergie d'impact suite à une chute libre depuis la hauteur maximale d'opération. Il peut être déclenché sur commande du télépilote même en cas de dysfonctionnement des automatismes embarqués de contrôle de la trajectoire de l'aéronef. Si ce dispositif est constitué d'un parachute, le temps nécessaire pour son déploiement et la stabilisation de l'aéronef à la vitesse de chute permettant de satisfaire au critère de limitation de l'énergie d'impact ci-dessus entraîne une perte de hauteur de l'aéronef inférieure ou égale à 15 mètres, depuis une position de vol stationnaire ou de vol en palier à vitesse minimale.

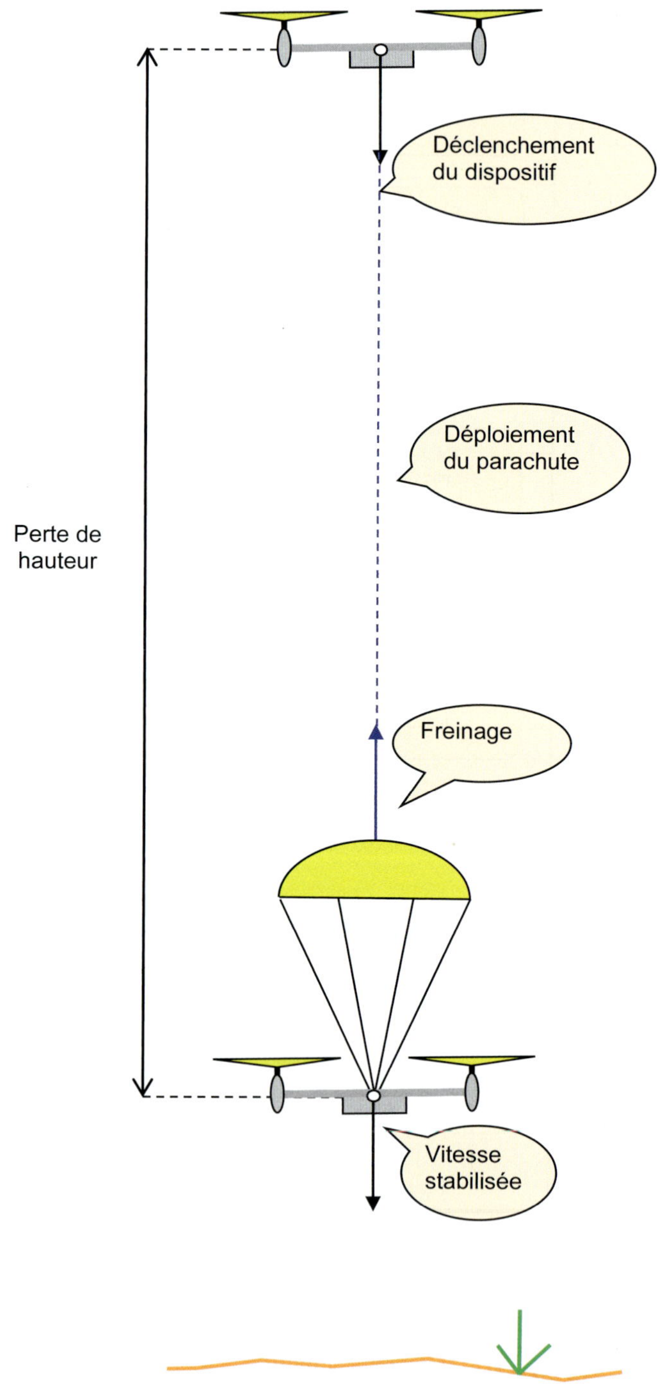


## Dispositif et fonctionnement

L'énergie cinétique Ec à l'impact est proportionnelle à la masse m du drone et au carré de la vitesse V, soit $Ec = ½ m V^2$. Ceci permet de calculer la vitesse maximale en fonction de la masse pour respecter la valeur maximale d'énergie à l'impact.

Cette valeur de la vitesse permet de calculer les caractéristiques du parachute (surface et coefficient de traînée Cx) générant une traînée égale au poids du drone.

Pendant la phase de déclenchement du dispositif et de déploiement du parachute, on considère que le drone est en chute libre. L'accélération verticale du drone est donc égale à l'accélération de la pesanteur « g ». La vitesse atteinte « V » et la hauteur de chute « h » du drone dépendent de la durée « t » du déploiement, soit : « $V = gt$ » et « $h = ½ g t^2$ ».

Lorsque le parachute est déployé, la traînée aérodynamique du parachute stabilise la vitesse verticale à la valeur voulue. La durée de la phase de déclenchement du parachute permet de calculer l'intervalle de hauteur de vol présentant un danger en cas de dysfonctionnement du drone.

*Exemple numérique*

*Énergie à l'impact :* $Ec = ½ m V^2$
*Vitesse à l'impact pour* $Ec = 69$ J : $V^2 = 138 / m$
*Traînée du parachute* $T = ½ \rho V^2 S C_x$
$SC_x$ *du parachute :* $SC_x = 2 m^2 g / 138 \rho$
*Hauteur de chute libre* $h = ½ g t^2$
*Vitesse en fin de chute libre* $V = gt$
*Avec t = temps de déploiement du parachute*

# DISPOSITIF DE RETOUR VIDÉO

## L'objectif opérationnel

Dans certaines utilisations opérationnelles du drone, il est utile, voire nécessaire que le télépilote dispose d'une information visuelle en temps réel de l'environnement, dans le but notamment d'assurer la protection des personnes et des biens.

Le dispositif de retour vidéo permet ainsi au télépilote d'avoir un point concret de la situation. Ce dispositif permet aussi au télépilote de disposer d'une information sur l'attitude de l'aéronef, voire sa position, s'il connaît les lieux, et ce, de manière indépendante de l'autopilote et de ses capteurs. Mais il faut néanmoins tenir compte des limites de cet équipement.

## Solutions et limitations

La qualité de l'image peut varier, car un signal vidéo nécessite un débit de transmission minimum, de quelques centaines de kilobits par seconde à quelques mégabits par seconde. Or, toutes choses égales par ailleurs, plus le débit à transporter est grand, plus la portée est faible. Le contrôle commande du drone qui a un débit beaucoup plus faible que la vidéo a donc généralement une bien meilleure portée que le retour vidéo. En cas de mauvaise communication, le lien vidéo peut d'ailleurs être saccadé, ou avoir du retard. Le protocole de liaison vidéo doit donc être à la fois simple et robuste.

À titre de comparaison, sur Internet, la plupart des vidéos sont diffusées en utilisant une mémoire tampon pour éviter une visualisation saccadée lorsque le débit de la transmission devient inférieur au débit du flux vidéo. Ainsi, le début de la vidéo est transmis au récepteur et est stocké, dans un premier temps, dans la mémoire tampon. La visualisation s'opère, en temps différé mais avec une grande régularité, par la lecture de la mémoire tampon. Si cette solution est parfaitement adaptée pour la visualisation d'un film, elle n'est pas acceptable pour une utilisation opérationnelle en temps réel, du fait du retard entre l'émission et l'utilisation des données transmises.

Certaines transmissions vidéo sont dites analogiques. Historiquement, cette transmission analogique utilise des équipements de modélisme à bas coût. Une caméra analogique (signal PAL ou NTSC) transmet le signal au récepteur. Ce dispositif n'implémente pas de protocole sophistiqué, est dédié à la transmission vidéo « temps réel » et ne présente pas les inconvénients d'une transmission numérique mal adaptée. Cette solution est donc perçue comme robuste et fiable par les amateurs.

Mais dans une transmission analogique, au fur et à mesure que le signal reçu s'approche du seuil de bruit du récepteur, le signal devient de plus en plus bruité et moins visible ou interprétable. C'est typiquement ce qu'on voit sur l'écran d'une ancienne télévision avec une antenne mal réglée. On voit l'image, mais avec des perturbations.

Dans une transmission numérique, le signal reçu est une suite de bits. Cette solution présente un avantage majeur dans l'interprétation du signal reçu. Soit le récepteur arrive à lire les bits, car le niveau de signal est suffisant par rapport au bruit et l'information est alors entièrement reçue, soit le récepteur n'arrive pas à lire les bits, car le niveau de bruit est trop important par rapport au signal et l'information n'est pas interprétable.

De plus, pour des raisons de sécurité, les protocoles de transmission numérique incluent des contrôles d'erreurs.

En théorie, la transmission numérique, c'est du « tout ou rien ».

Ce caractère de « tout ou rien » explique pourquoi les liaisons numériques sont parfois perçues comme « moins bonnes ».

En réalité, les liaisons numériques utilisent de manière bien plus efficace le spectre radio, car on peut faire passer beaucoup plus d'information dans une bande de fréquence donnée. De plus, les ingénieurs ont développé et continuent de développer des stratégies pour s'adapter à un contexte d'utilisation le plus large possible. La transmission par paquet avec une vitesse de transmission réglée dynamiquement en est un exemple.

Mais une liaison numérique mal faite ou inadaptée au temps réel peut poser des problèmes.

Aujourd'hui, la plupart des drones modernes ont une vidéo numérique « de bout en bout », c'est-à-dire de la caméra jusqu'au récepteur, ce système étant bien adapté à la transmission « temps réel ».

Il n'en reste pas moins vrai que, dans le contexte opérationnel du pilotage « à grande distance » le contrôle du drone à travers un lien vidéo n'est pas simple, nécessite de l'entraînement et des modes de commande adaptés.

Il n'y a pas de réglementation sur le protocole de liaison vidéo. Une liaison de type TCP avec acquittement et réexpédition des messages en cas de problème peut engendrer un retard de plusieurs minutes sur un long vol. Dans ce cas, le télépilote observera un décalage incompréhensible entre les informations d'attitude et de position du drone fournies par l'autopilote et les informations vidéo. Il faut donc vérifier que le dispositif de retour vidéo utilise des protocoles adaptés au temps réel, de type UDP dans lequel les messages sont transmis sans acquittement.

# LA TRANSMISSION DE DONNÉES

## Introduction

Sur un système de drone, on doit établir une communication entre le calculateur embarqué dans le drone et le calculateur de la station sol. L'éloignement et la liberté de mouvement offerte au drone imposent d'utiliser une technologie sans fil, en l'occurrence des ondes électromagnétiques, dites « ondes radio », capables de se propager sur de grandes distances.

## La fréquence

Le premier composant de la chaîne est un oscillateur qui permet de générer une onde à une fréquence appropriée qui servira de support à la transmission. La sensibilité du réglage de l'oscillateur est un critère majeur de qualité, aussi bien pour assurer la transmission avec le drone que pour éviter tout risque d'interférence ou de brouillage avec d'autres transmissions radio.

## La modulation

Le rayonnement électromagnétique est un phénomène ondulatoire de nature physique. Le signal véhiculé par l'onde électromagnétique est donc « analogique ». Or les ordinateurs travaillent et communiquent entre eux avec des informations « logiques » ou « numériques » basées sur des combinaisons de bits prenant la valeur « 0 » ou « 1 ». Il faut donc convertir l'information logique en un signal analogique approprié au transport de l'information. Comme son nom l'indique, le modulateur module l'onde porteuse en fonction de l'information à transmettre. La modulation en amplitude joue sur l'amplitude de l'onde. La modulation en fréquence joue sur sa fréquence. La modulation en phase joue sur son déphasage.

## L'amplification

Pour propager le signal dans l'espace. Il faut amplifier à une valeur appropriée la puissance du signal analogique généré par le modulateur. C'est le rôle de l'amplificateur. La puissance du signal devra être suffisante pour rayonner vers le récepteur tout en ne dépassant pas les limites imposées par la réglementation. C'est encore un critère majeur de qualité du système de transmission.

## L'antenne

Une antenne, connectée à l'émetteur, rayonne le signal en faisant converger la puissance d'émission dans une direction privilégiée. On parle alors de directivité ou de gain, qui est la directivité multipliée par le rendement de l'antenne. Dans le cas contraire, l'antenne serait omnidirectionnelle. Les caractéristiques de l'antenne et sa bonne orientation sont, là aussi, des facteurs importants dans la qualité de la transmission radio.

## La propagation

L'onde se propage dans l'espace. Mais différents facteurs, comme la distance, la fréquence de l'onde radio, le type de milieu rencontré, la présence d'obstacles vont jouer leur rôle dans ce phénomène de propagation. Un équipement adapté à l'utilisation opérationnelle est évidemment une condition majeure. Mais la connaissance par le télépilote des facteurs environnementaux intervenant sur la propagation et les mesures qu'il devra prendre en fonction de la situation sont indispensables à la réalisation de la mission en sécurité.

## La réception

L'onde est reçue par une antenne réceptrice qui concentre la puissance reçue vers un récepteur. Un ensemble de filtres permet de sélectionner la fréquence attendue. La sensibilité et la sélectivité du récepteur sont évidemment des qualités majeures que l'on attend du récepteur.

## La démodulation

Un démodulateur extrait les informations issues de l'onde radio pour en faire un signal logique, qui est interprété par l'ordinateur à la réception.

## Le protocole

Nous avons présenté l'ensemble des composants contribuant à la transmission physique de l'information. Ces composants jouent chacun leur rôle dans l'émission et la réception du signal. Cette fonction de base constitue ce que l'on appelle la couche physique de l'interconnexion entre les calculateurs.

Mais le système d'interconnexion doit assurer des services supplémentaires pour assurer la sécurité, et la performance de la communication. Il en est ainsi de la détection et du contrôle d'erreurs, des mécanismes d'arrêt et de reprise de la communication, de l'acquittement d'un message et de son interprétation et enfin du traitement approprié desdits messages.

Des modèles de communication, structurés en couches, ont été définis au niveau international. Chaque couche de communication joue un rôle particulier selon un protocole prédéfini. Les deux systèmes en interconnexion sont construits sur le même modèle, chaque couche de communication étant servie par les composants matériels ou logiciels de chacun des systèmes. Ce modèle peut être représenté par un « U ». En haut des deux branches, se trouvent les applications systèmes distantes. Chaque étage intermédiaire apporte le service attendu de lui, par exemple l'interprétation, l'acquittement ou le contrôle d'erreur. Et l'on retrouve « en bas du U » la couche physique, physiquement indispensable à la transmission.

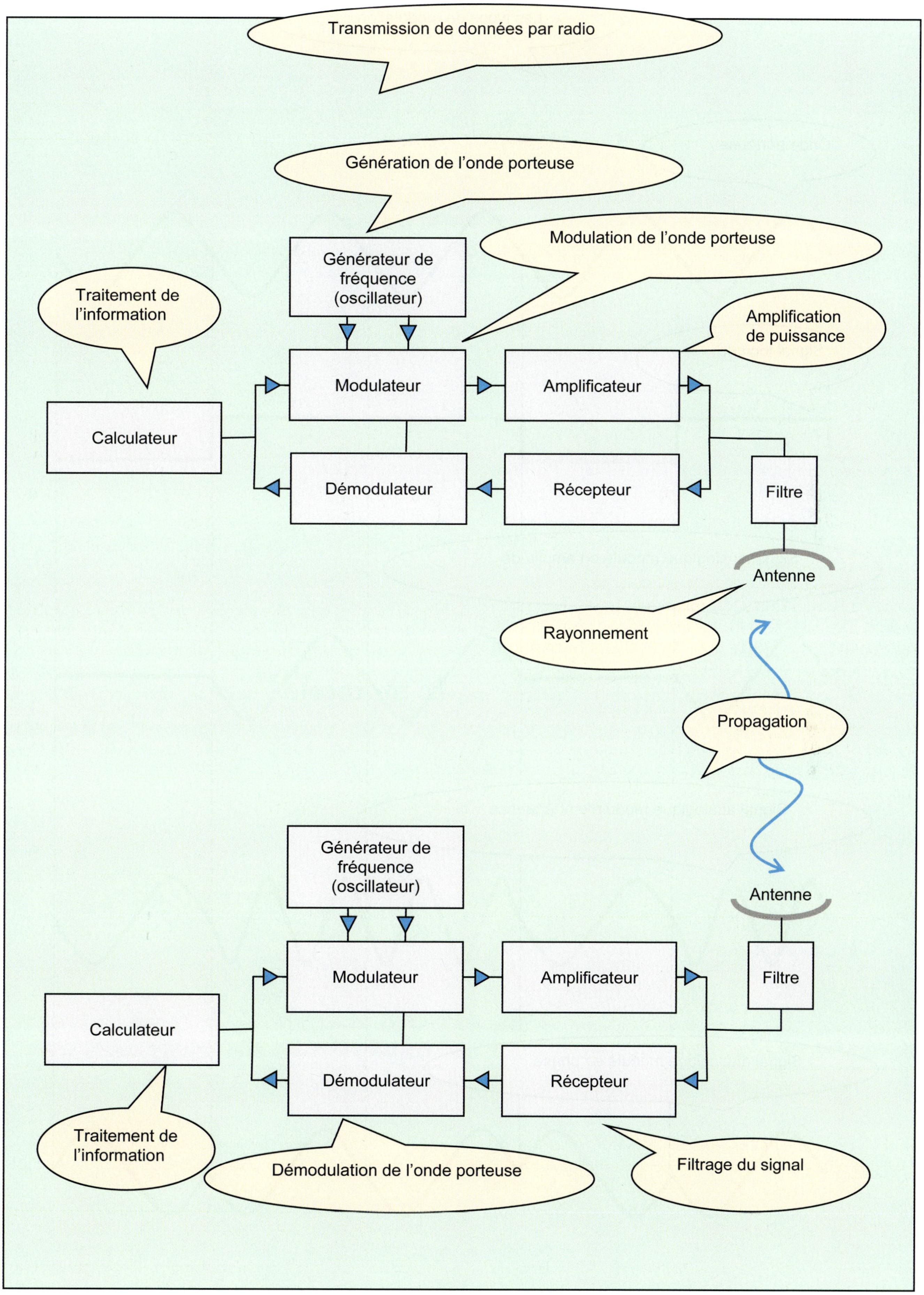
Transmission de données par radio
Génération de l'onde porteuse
Modulation de l'onde porteuse
Générateur de fréquence (oscillateur)
Traitement de l'information
Amplification de puissance
Modulateur
Amplificateur
Calculateur
Démodulateur
Récepteur
Filtre
Antenne
Rayonnement
Propagation
Générateur de fréquence (oscillateur)
Antenne
Modulateur
Amplificateur
Filtre
Calculateur
Démodulateur
Récepteur
Traitement de l'information
Démodulation de l'onde porteuse
Filtrage du signal

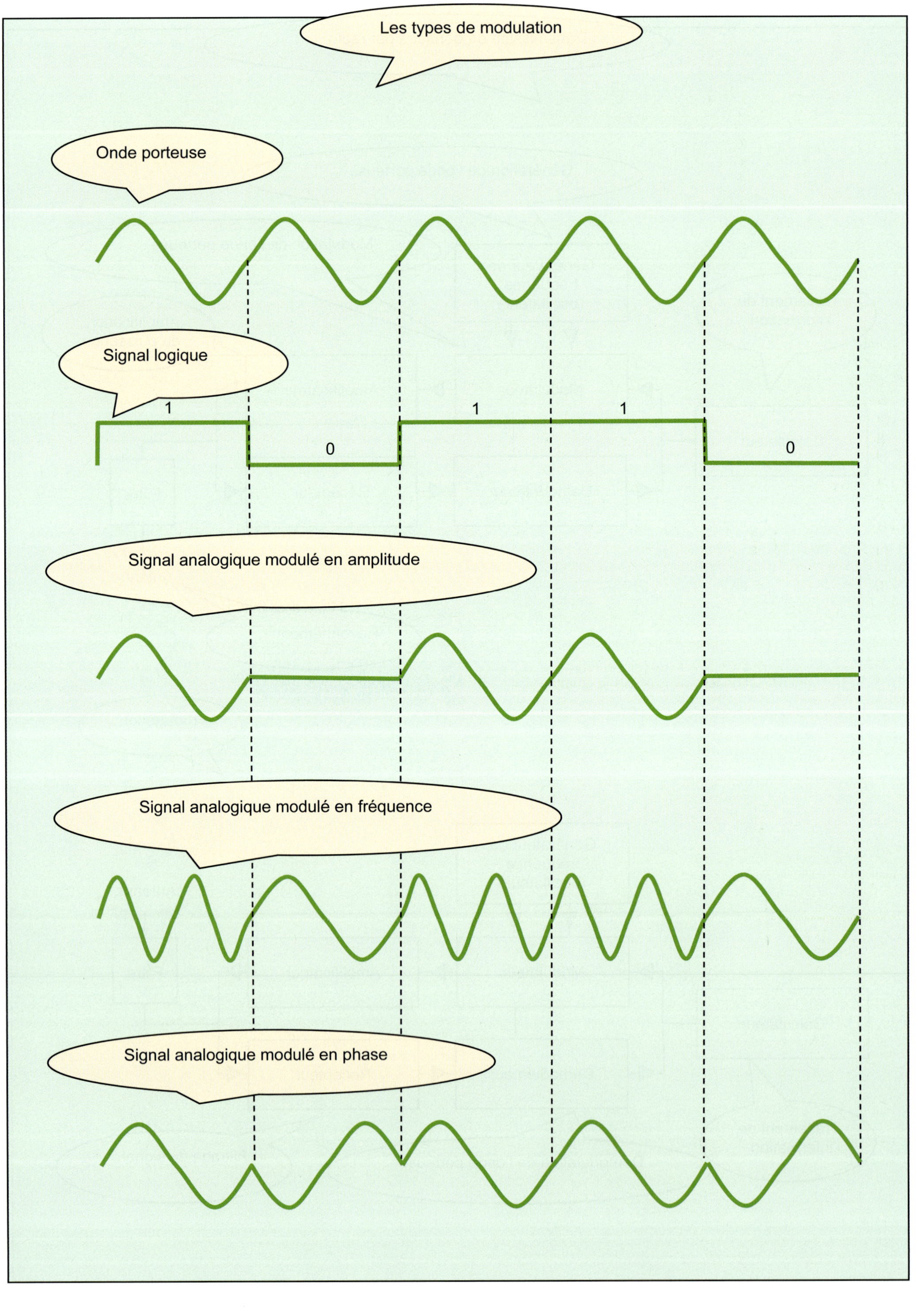
Les types de modulation
Onde porteuse
Signal logique
1
0
1
1
0
Signal analogique modulé en amplitude
Signal analogique modulé en fréquence
Signal analogique modulé en phase

Les fréquences, les puissances et les antennes

## Les fréquences et les puissances

La puissance des émetteurs utilisés sur les drones est contrainte par l'énergie disponible à bord et par la réglementation. La réglementation des télécommunications limite les puissances d'émission en fonction de la fréquence de transmission et de son utilisation. L'ensemble des limitations est indiquée dans un document officiel, le TNRBF (Tableau National de Répartition des Bandes de Fréquence), maintenu à jour par l'ANFR.

Les puissances de l'émetteur sont généralement exprimées en dBm ou décibel de milliwatt $X_{dBm} = 10.\log(1000 \times P_W)$. Par exemple : 0 dBm = 1 mW ; 10 dBm = 10 mW ; 20 dBm = 100 mW ; 27 dBm = 500 mW ; 30 dBm = 1 W. En pratique les puissances utilisées sur les drones sont comprises entre 20 dBm et 30 dBm, soit 100 mW à 1 W.

## Les antennes

L'onde électromagnétique rayonnée par l'émetteur dépend de la forme physique du matériau conducteur. Le gain d'une antenne donnée, exprimé en dBi, représente la puissance émise dans une direction particulière relativement à la puissance théorique émise par l'antenne omnidirectionnelle de référence. Les antennes utilisées sur les drones sont passives. L'énergie totale rayonnée, somme de l'énergie rayonnée dans toutes les directions, est égale à l'énergie totale rayonnée par l'émetteur moins quelques pertes de câblage. Une antenne directionnelle ne fait donc que concentrer l'énergie dans une direction privilégiée. Plus une antenne est directive, plus le gain dans cette direction est important, mais plus la puissance rayonnée dans les autres directions est faible. Pour une puissance rayonnée donnée, plus le gain de l'antenne est important dans une direction donnée, plus l'ouverture est petite et plus le faisceau est étroit.

Pour augmenter le gain d'une antenne, il faut augmenter sa taille. La taille des antennes est liée aussi à la longueur d'onde. Pour un gain donné, plus la fréquence est basse, plus l'antenne est grande.

Pour les antennes à bord, comme on ne connaît pas à l'avance l'orientation du drone, on privilégie des antennes omnidirectionnelles, qui rayonnent dans toutes les directions avec la même intensité. Sans cela, au moindre virage le signal télécom diminuerait drastiquement. Pour une antenne fouet, le rayonnement est quasi-uniforme partout, sauf dans l'axe de l'antenne, où il diminue.

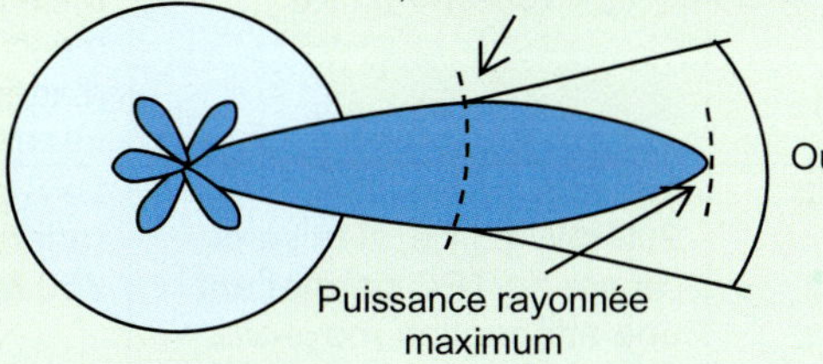


## La propagation

Pour une puissance d'émission donnée, la puissance reçue diminue lorsque la distance augmente. Typiquement, doubler la distance revient à diminuer de 6 dB le signal reçu. On constate alors que ce sont les « premiers kilomètres » qui sont les plus durs à gagner. De 1 km à 2 km de portée, la puissance reçue diminue de 6 dB. Mais de 25 km à 50 km, la puissance reçue diminue aussi de 6 dB.

Pour une puissance d'émission donnée, la puissance reçue diminue lorsque la fréquence du signal augmente. Concrètement, doubler la fréquence revient exactement à doubler la distance. Donc passer de 2900 MHz à 5800 MHz revient à perdre 6dB. Passer de 868 MHz à 5800 MHz revient à perdre 16 dB.

Il est donc plus simple de transporter loin des ondes à basse fréquence, pour un gain d'antenne donné. Mais, comme on l'a vu, les basses fréquences nécessitent aussi de plus grandes antennes pour avoir un gain équivalent. Pour donner un ordre de grandeur, la taille de l'antenne est de l'ordre d'une fraction ( ½ ou ¼ ) de la longueur d'onde utilisée. C'est pourquoi il est difficile de travailler avec des ondes de quelques dizaines de Hertz. Pour avoir un gain d'environ 3 dBi, il faudrait une antenne d'environ 10 km !

Les principes physiques intervenant sur les antennes d'émission et de réception sont les mêmes. On voit souvent deux types d'antennes : les antennes Yagi en forme de râteau et les paraboles. En 868 MHz, une antenne Yagi d'environ 50cm a un gain de l'ordre de 12dBi et une ouverture de l'ordre de 60°.

En 5800 MHz, une antenne patch ou parabole de l'ordre de 30 cm a un gain de 23 dBi et une ouverture de l'ordre de 10°. Pour donner une idée, à cette fréquence, une antenne de 85cm donne un gain de 30 dBi, mais l'ouverture se réduit à environ 3°. Or plus l'ouverture est fine, plus le pointage de l'antenne doit être précis. Donc augmenter la taille de l'antenne sans rien modifier par ailleurs n'est pas toujours la bonne solution pour augmenter la portée de la liaison.

Mais la réglementation impose des limitations de la puissance rayonnée par l'antenne. La puissance p.a.r. est la puissance apparente rayonnée, c'est-à-dire la puissance rayonnée par l'antenne en tenant compte de son gain en dBd. La puissance p.i.r.e est la puissance isotrope rayonnée équivalente exprimée en dBi.

## Extraits du tableau national de répartition des fréquences

### Dispositifs de commande pour modèles réduits

| Bande de fréquences | Puissance maximale | Paramètres additionnels | Références / observations |
|---|---|---|---|
| 26,81 à 26,92 MHz | 100 mW p.a.r. | Canalisation : 10 kHz | |
| 26,995 MHz<br>27,045 MHz<br>27,095 MHz<br>27,145 MHz<br>27,195 MHz | 100 mW p.a.r. | Canalisation : 10 kHz | |
| 34,995 à 35,055 MHz | 100 mW p.a.r. | Canalisation : 10 kHz | Modèles réduits de type aéromodélisme |
| 40,66 à 40,70 MHz | 100 mW p.a.r. | Canalisation : 10 kHz | |
| 12 41,055 à 41,205 MHz | 100 mW p.a.r. | Canalisation : 10 kHz | |
| 72,2 à 72,5 MHz | 100 mW p.a.r. | Canalisation : 20 kHz | |

### Équipements de transmission de données large bande

| Bande de fréquences | Puissance maximale | Paramètres additionnels | Références / observations |
|---|---|---|---|
| 2 400 à 2 483,5 MHz | 100 mW p.i.r.e. | Mise en œuvre de techniques d'accès au spectre et d'atténuation des interférences. | |
| 5 150 à 5 350 MHz | 100 mW p.i.r.e.<br>200 mW p.i.r.e. si mise en œuvre du TPC permettant une atténuation moyenne de la puissance émise de 3 dB minimum. Uniquement à l'intérieur des bâtiments | DFS pour la protection des radars dans la bande 5 250-5 350 MHz | |
| 5 470 à 5 725 MHz | 500 mW p.i.r.e. ou 1 W p.i.r.e. si mise en œuvre du TPC permettant une atténuation moyenne de la puissance émise de 3 dB minimum. | DFS pour la protection des radars | |
| 57 à 71 GHz | 40 dBm p.i.r.e. Densité spectrale : 23 dBm/MHz p.i.r.e. | | Installations extérieures fixes exclues |

### Équipements non spécifiques

| Bande de fréquences | Puissance maximale | Paramètres additionnels | Références / observations |
|---|---|---|---|
| 868 à 868,6 MHz | 25 mW p.a.r. | Coefficient d'utilisation limite : 1% ou mise en œuvre de techniques d'accès au spectre et d'atténuation des interférences. | |
| 5 725 à 5 875 MHz | 25 mW p.i.r.e. | | |

Le brouillage et la cybersécurité

## Le brouillage

Schématiquement, le brouillage est la superposition en un même lieu de plusieurs ondes de même fréquence. Dans ce cas, à chaque instant, l'amplitude du signal résultant est égale à la "somme" des amplitudes de chacun des signaux individuels et l'onde résultante a la même fréquence que les ondes individuelles avec un certain déphasage. Un récepteur calé sur cette fréquence recevra non pas l'onde initiale souhaitée mais l'onde résultante. Ainsi, le signal reçu par chacun des récepteurs est brouillé et inutilisable.

C'est la raison pour laquelle la réglementation, internationale et nationale établit une répartition des fréquences qu'il faut impérativement respecter. De même, deux émetteurs rayonnant dans un même espace devront travailler sur des canaux de fréquence distincts.

Ce brouillage peut aussi se produire par le phénomène de multi-trajet. Dans ce cas le récepteur peut recevoir d'une part l'onde directe émise par l'émetteur et une onde réfléchie sur un obstacle. Ces deux ondes de même fréquence et déphasées se superposent et, comme dans le cas précédent, le récepteur reçoit un signal illisible. Ce phénomène a été observé notamment à proximité des éoliennes dont les pales en rotation réfléchissent les ondes dans toutes les directions.

Une autre cause de brouillage est due aux harmoniques générées par un émetteur calé sur une fréquence différente de celle du système de drone. Dans ce cas ce sont les harmoniques qui génèrent les interférences.

Le brouillage peut être causé par un émetteur de forte puissance qui va saturer les circuits électroniques en entrée du récepteur.

Le brouillage peut aussi être généré par un circuit électrique qui peut émettre des ondes en HF.

Le brouillage volontaire est généré par des émetteurs de forte puissance rayonnant sur une large gamme de fréquences.

Principe du brouillage par superposition de deux émissions de même fréquence.

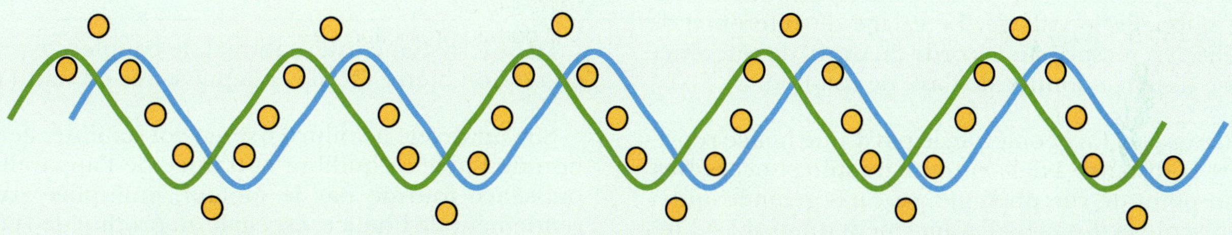

Émission 1

Émission 2

Émission résultante

Deux émetteurs émettent sur la même fréquence. L'émission résultante a la même fréquence. Par exemple, avec une modulation en amplitude, l'amplitude du signal résultant à un instant donné est la somme des amplitudes des deux émissions. Les deux récepteurs filtrent cette nouvelle modulation très différente des modulations de chacun des émetteurs !

## La cybersécurité

La qualité de la transmission est une condition nécessaire à l'exploitation du drone en sécurité, mais ce n'est pas une condition suffisante.

Il faut de plus, veiller à protéger la transmission et le traitement des données des actes malveillants. Cette précaution indispensable relève de la cybersécurité.

Ainsi, la transmission doit être protégée contre les tentatives d'intrusion ou de prise de contrôle à distance.

De même, les logiciels et les bases de données doivent être protégés pour préserver leur intégrité et leur confidentialité. Cet objectif majeur nécessite que des solutions techniques et procédurales adaptées soient mises en œuvre.

# LES HÉLICES

## Description

D'un point de vue physique, l'hélice est constituée de pales fixées sur un moyeu avec une disposition offrant une symétrie axiale par rapport au moyeu. Le plan de référence est le plan perpendiculaire au moyeu. Le diamètre de l'hélice est le diamètre du cercle décrit par les bouts de pales en rotation autour de l'axe du moyeu. La section de la pale a un profil typique, analogue à un profil d'aile avec un bord d'attaque arrondi, un bord de fuite acéré, un intrados et un extrados. La corde du profil est le segment le plus long reliant le bord d'attaque au bord de fuite. La forme en plan de la pale est souvent de type elliptique, parfois rectangulaire, voire de forme complexe.

Mais pour que l'objet ainsi présenté s'appelle hélice et puisse générer une force de traction, il est nécessaire que la corde de profil ne soit pas dans le plan de l'hélice ! L'angle entre le plan de rotation de l'hélice et la corde de profil s'appelle le calage. De plus, et c'est aussi une caractéristique familière, le calage du profil diminue du moyeu vers le bout de pale dans le but d'harmoniser le comportement aérodynamique de chaque profil et d'avoir une incidence quasi constante, considérant que la vitesse tangentielle du profil augmente lorsque sa distance à l'axe augmente. Cette forme caractéristique de l'hélice s'appelle le vrillage. Le calage de référence de l'hélice est mesuré sur la corde du profil de référence à une distance donnée de l'axe de rotation.

***Remarque :*** En géométrie, le pas d'une hélice représente la distance axiale entre deux spires successives. D'un point de vue physique, ce « pas géométrique » représente la distance d'avancement du profil si l'hélice « se visse » dans l'air. Le pas géométrique est lié au calage par la formule suivante :

Pas géométrique = 2π r tan(calage)

Distance à l'axe du profil de référence (r) — Calage de référence (calage)

*Les constructeurs donnent souvent les caractéristiques de l'hélice avec deux valeurs : le diamètre et le pas géométrique. Par exemple, une hélice 11x7 a un diamètre de 11 pouces et un pas géométrique de 7 pouces. La formule permet de calculer le calage correspondant.*

## Vitesse et sens de rotation

La vitesse de rotation est une vitesse angulaire qui s'exprime en radians par seconde (rad/s) dans le Système International. Souvent, cette vitesse de rotation s'exprime en tours par minute (tr/min). La formule de conversion est : 1 tr/min = (2 π/60) rad/s.

Le sens de rotation est déterminé « vu du moteur ». Ce sens de rotation est, selon le cas, « horaire » ou « CW » ou bien « antihoraire » ou « CCW ».

## Principe de fonctionnement

La fonction de l'hélice est de générer une traction sur l'aéronef. Cette traction de l'hélice assure la propulsion de l'aéronef à voilure fixe ou la sustentation et la propulsion de l'aéronef à voilure tournante. Dans ce deuxième cas, l'hélice est aussi appelée rotor.

Le principe de fonctionnement de l'hélice et du rotor est présenté en détail dans la phase suivante. La rotation de l'hélice génère un vent relatif sur chaque élément de pale. Ce vent relatif est égal, en intensité, au produit de la vitesse de rotation par la distance de l'élément de pale par rapport à l'axe. L'angle de la corde du profil avec le plan de rotation, appelé calage, offre une incidence au vent relatif. Une résultante aérodynamique élémentaire est générée sur cet élément de pale. Cette force aérodynamique élémentaire a une composante perpendiculaire au plan de rotation qui apporte sa contribution à la traction de l'hélice et une composante dans le plan de l'hélice qui contribue au couple résistant. L'ensemble de ces forces aérodynamiques élémentaires produit la traction de l'hélice ainsi qu'un couple résistant que le couple du moteur doit équilibrer. La puissance fournie par le moteur sur l'arbre d'hélice est donc égale au produit du couple résistant par la vitesse de rotation.

Dans le système international, le couple s'exprime en newton.mètre (N.m) et la puissance en watt (W).

Sur un drone à voilure fixe en vol stabilisé, la traction de l'hélice équilibre la traînée de l'appareil. La puissance fournie par le moteur, multipliée par le rendement de l'hélice, est égale au produit de la traction par la vitesse-air.

Sur un drone à voilure tournante en vol stationnaire, la résultante des tractions des hélices ou des rotors est égale au poids du drone.

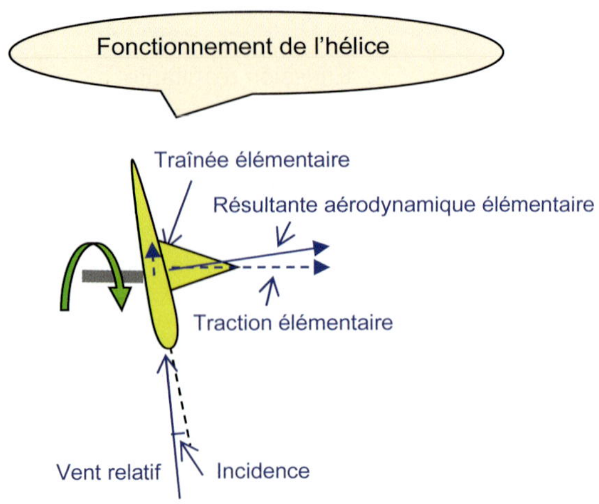

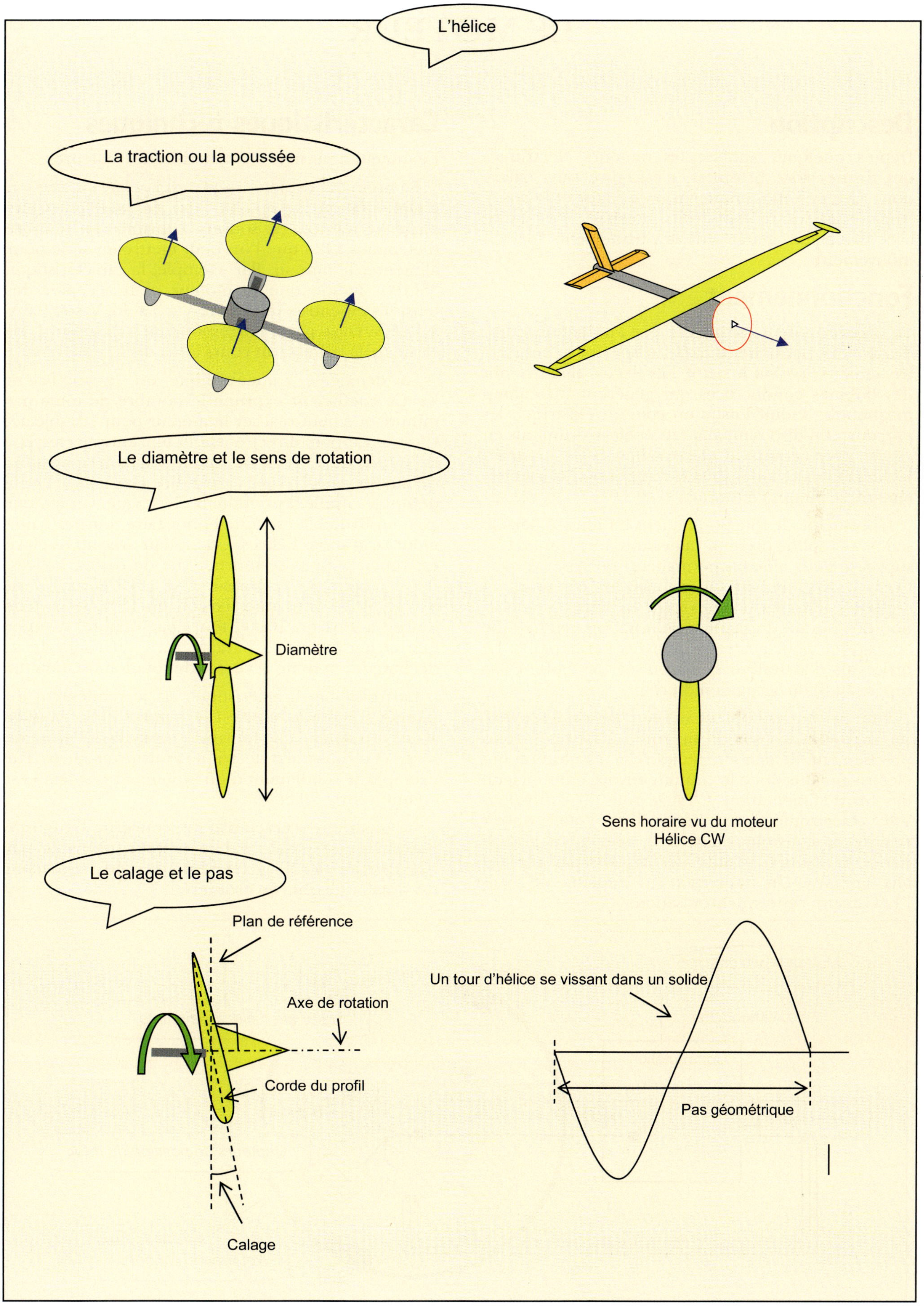
L'hélice
La traction ou la poussée
Le diamètre et le sens de rotation
Diamètre
Sens horaire vu du moteur
Hélice CW
Le calage et le pas
Plan de référence
Axe de rotation
Corde du profil
Calage
Un tour d'hélice se vissant dans un solide
Pas géométrique

# LE MOTEUR

## Description

Depuis quelques années, les moteurs électriques des drones sont brushless, c'est-à-dire sans balais, donc sans lien mécanique entre le stator et le rotor. Auparavant les moteurs, dits brushed, c'est-à-dire avec des balais, généraient des frottements lors du mouvement.

## Fonctionnement

Le couple moteur est généré par l'attraction entre des aimants permanents fixés sur le rotor et des électro-aimants fixés sur le stator. Les électro-aimants sont des bobines conductrices qui génèrent un champ magnétique induit lorsqu'un courant électrique les parcourt. En disposant aimants et électro-aimants en cercle, et en activant les électro-aimants les uns après les autres, les aimants, toujours attirés par un électro-aimant, se mettent à tourner.

Le principe de fonctionnement est illustré dans le schéma simplifié présenté ci-dessous. Le rotor en vert supporte deux aimants permanents polarisés respectivement Nord et Sud. On fait circuler le courant en séquence dans les bobines avec un sens de circulation du courant donnant la polarisation magnétique appropriée pour attirer les aimants permanents. Le processus d'activation synchronisée des bobines se répète au fil de la rotation du rotor.

Pour activer les bobines au bon moment et maîtriser la vitesse de rotation du rotor, il faut contrôler précisément, de manière temporelle, l'activation des électro-aimants donc le courant envoyé dans chacun des fils d'alimentation. C'est le rôle du contrôleur ESC (Electronic Speed Controller). Pour pouvoir réaliser ce contrôle, l'ESC doit estimer en permanence la position relative des aimants par rapport aux bobines. Un asservissement implémenté dans l'ESC assure cette synchronisation.

## Caractéristiques techniques

Le moteur a plusieurs caractéristiques majeures.

La première caractéristique est la plage de tension d'alimentation acceptable par le moteur. Cette plage de tension est souvent exprimée en nombre d'éléments LiPo que l'on peut mettre en série pour alimenter le moteur. Par exemple, la caractéristique 3SLiPo signifie que le moteur peut accepter des tensions en entrée de 3 x 3.2 V à 3 x 4.2 V, soit 9.6 V à 12.6 V, cette plage correspondant aux tensions en sortie de la batterie au cours de sa décharge.

La deuxième caractéristique est le coefficient Kv. Ce coefficient exprime le nombre de tours par minute que peut réaliser le moteur pour 1 V injecté. C'est le rapport direct entre la tension injectée par la batterie et la vitesse de rotation maximale possible du moteur sans charge, c'est-à-dire sans hélice. Le Kv définit le couple d'un moteur électrique. Un moteur avec un Kv faible est conçu pour faire tourner lentement de grandes hélices. Un moteur avec un Kv élevé est conçu pour faire tourner vite de petites hélices. Par exemple, sur le moteur AXI 2217/20, le Kv est 840 RPM/V : sous une tension de 12 V, le moteur tourne à environ 10000 tours par minute. À noter que la tension de la batterie varie au cours de sa décharge… et donc la vitesse de rotation du moteur.

La troisième caractéristique est le rendement du moteur. Le rendement est le rapport entre la puissance mécanique que fournit le moteur sur l'arbre de sortie et la puissance électrique fournie en entrée. Par exemple, le rendement d'un moteur « brushless » est compris entre 70 et 80%.

La quatrième caractéristique concerne l'intensité maximale acceptable par le moteur, utilisable par exemple au décollage et l'intensité de rendement maximal, utilisable en croisière.

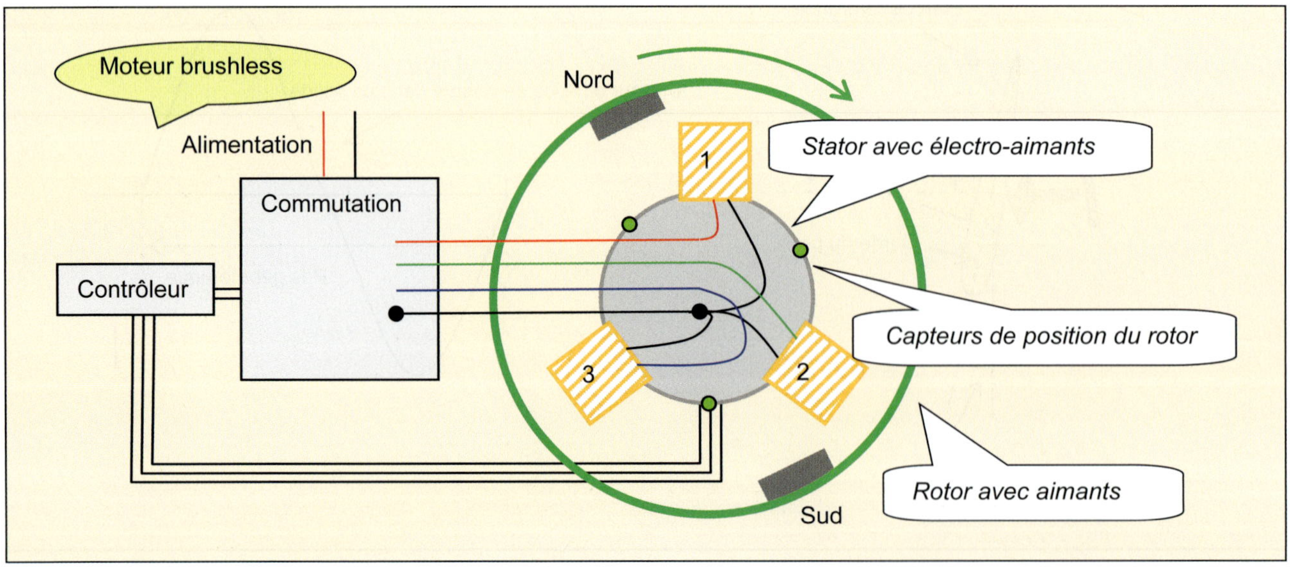

# LE CONTRÔLEUR ESC

## L'objectif

Comme nous venons de le voir, le moteur doit être associé à un contrôleur électronique ESC dont le premier rôle est d'assurer la synchronisation de l'activation des électro-aimants en fonction de la vitesse de rotation du moteur. C'est le rôle technique de l'ESC. Mais, cet ESC a un rôle majeur dans le pilotage de l'appareil puisqu'il commande la vitesse de rotation du moteur, donc celle de l'hélice ou du rotor et, par voie de conséquence, la traction de l'hélice ou la portance du rotor. En particulier, sur un drone multirotor, le contrôleur ESC est réellement la seule commande de vol. Toutes les commandes générées par le contrôleur de l'asservissement en attitude arrivent sur l'ESC de chaque moteur qui va accélérer ou ralentir ledit moteur pour assurer le contrôle de l'aéronef.

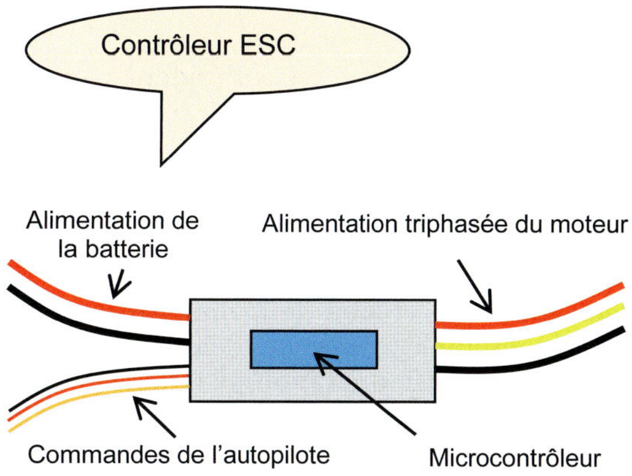


## Fonctionnement

L'ESC reçoit de la batterie un courant continu et fournit un courant commuté au moteur. Ce courant est modulé en fonction de la commande envoyée par l'autopilote sur un bus de communication. Sur la figure ci-contre, sont représentés les fils rouge et noir d'alimentation, les fils rouge, jaune et noir du courant commuté alimentant le moteur et les trois fils fins noir, rouge et orange du signal de commande en provenance de l'autopilote.

L'ESC ajuste, à fréquence élevée, les commutations du courant pour activer les bobines du moteur au bon moment afin de faire tourner ledit moteur à la vitesse commandée par l'autopilote.

La fréquence à laquelle l'autopilote ajuste sa consigne est également importante. Plus la fréquence est élevée, meilleur est le contrôle du drone ! Sachant que l'autopilote définit sa consigne en fonction des mesures reçues de l'estimateur dont la source provient des capteurs de position et d'attitude, il est important que toute la chaîne, du capteur à l'ESC, soit homogène et fonctionne à fréquence élevée. Si cette fréquence est de l'ordre de 1 kHz, soit 1 000 mesures par seconde, le contrôle global du véhicule sera bien réalisé, car la dynamique physique d'un drone est plus lente que cette fréquence de 1 kHz.

En revanche, si un des éléments de la chaîne de contrôle a une fréquence de travail trop basse, par exemple si le microcontrôleur de l'ESC devient trop lent, le pilotage de l'appareil ne se fera plus correctement… et le drone peut alors « tomber » !

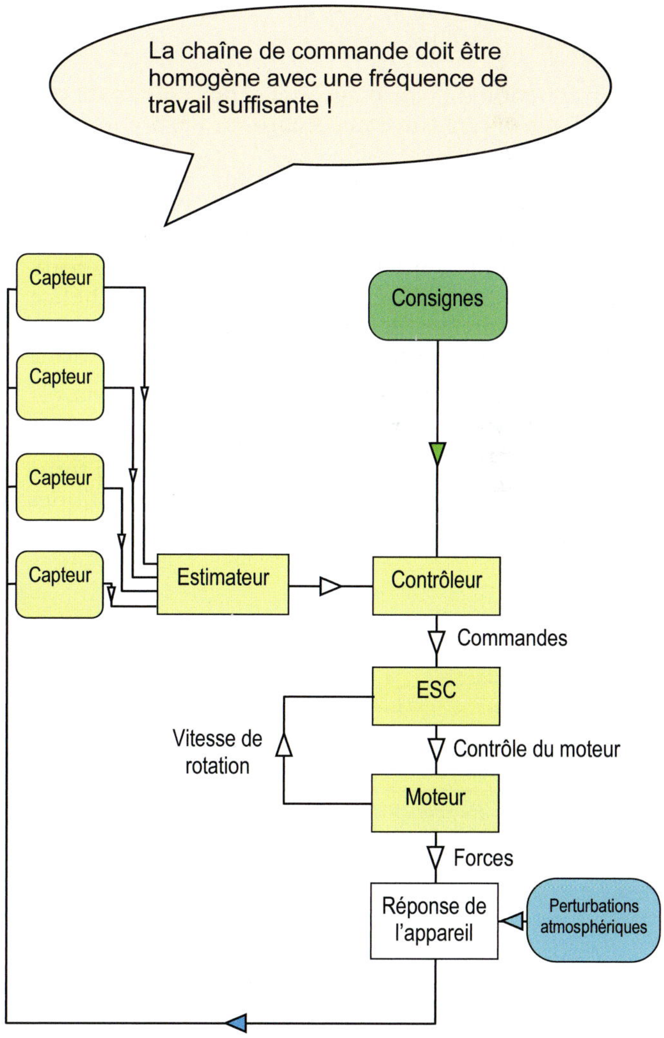


L'ESC contient un firmware qui constitue le logiciel du microcontrôleur. En modifiant ce logiciel, on peut ajouter ou modifier des fonctions, par exemple modifier le sens de rotation du moteur ou implémenter un protocole de communication sécurisé, avec acquittement, entre l'autopilote et l'ESC. Le bon fonctionnement de l'ESC est critique pour la fiabilité du système. Il est donc impératif de respecter les caractéristiques de ce composant : tension maximale, intensité maximale, intensité en fonctionnement continu.

# COMMENT DIMENSIONNER LA CHAÎNE DE PROPULSION ?

## Le problème

La chaîne de propulsion est à l'évidence un sous-ensemble majeur de l'aéronef.

Cette chaîne va de la source d'énergie jusqu'à l'hélice ou le rotor en passant par le circuit de distribution et de contrôle et le moteur.

Dimensionner la chaîne de propulsion consiste à choisir un ensemble cohérent d'éléments capables de réaliser l'objectif opérationnel attendu, c'est-à-dire de fournir la puissance demandée dans l'ensemble des phases de vol, pendant la durée prévue en incluant des marges de sécurité. S'ajoute au problème, la recherche d'un bon rendement global et d'une masse totale et d'un encombrement aussi faibles que possible !

En fonction du type d'aéronef et de la phase de vol, on calcule la puissance nécessaire sur l'arbre moteur.

La puissance à fournir au drone à voilure fixe est égale au produit de la traction de l'hélice par la vitesse-air, sachant que la traction de l'hélice est d'intensité égale à la traînée de l'appareil en vol rectiligne en palier stabilisé. On cherche alors une hélice adaptée. Connaissant le rendement de l'hélice, on déduit la puissance que doit fournir le moteur donc la puissance électrique consommée.

Sur un drone à voilure tournante, la puissance à fournir sur chaque arbre-rotor sera calculée en fonction du poids de l'appareil et des caractéristiques géométriques du rotor, notamment son diamètre.

## Le circuit électrique

Connaissant la tension nominale de l'installation électrique, on déduit l'intensité du courant à fournir.

Cette intensité permet de dimensionner chaque composant du circuit électrique : la batterie, les conducteurs et le contrôleur notamment.

La batterie devra avoir une capacité de décharge en continu compatible avec la puissance que doit fournir le moteur à l'hélice en croisière.

La même batterie devra avoir une capacité de décharge en pic permettant de gérer les phases transitoires, le décollage par exemple.

L'ensemble des conducteurs et des composants du circuit, le contrôleur en particulier, devront être dimensionnés en fonction de cette demande en courant.

## La recherche de compromis

Comme toujours, tout est question de compromis ! La relation P = U.I montre déjà que la même puissance peut être obtenue en jouant sur les grandeurs relatives de la tension et de l'intensité. Ce choix conditionnera le dimensionnement des éléments électriques : la batterie, le contrôleur et le moteur, ce qui aura une incidence sur la vitesse de rotation du moteur, donc sur le choix de l'hélice… L'optimisation est un processus « en boucle » nécessitant une approche de la chaîne de propulsion dans son ensemble.

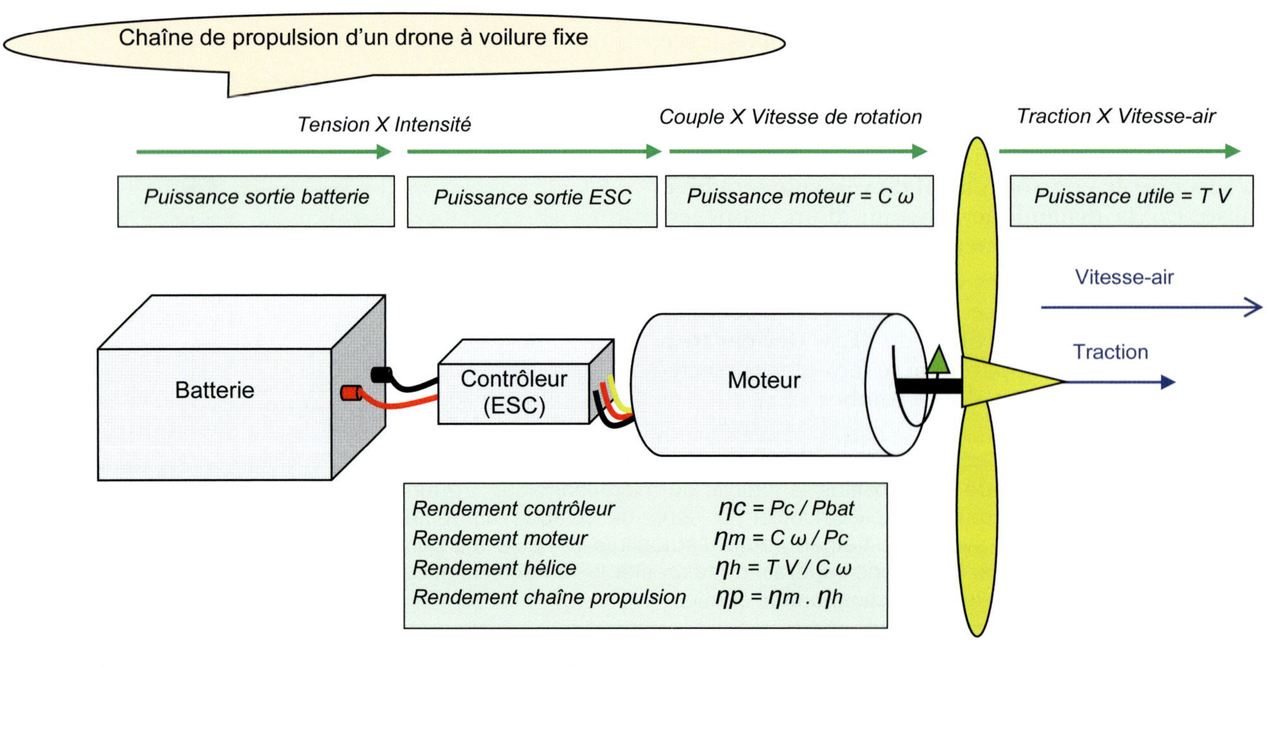

# Principes du vol

## PHASE 2

### Objectif de la phase :

***Le vol de l'aéronef garde toujours sa part de magie aux yeux du grand public. Le drone dans la famille des aéronefs n'échappe pas à ce regard. Mais, pour le télépilote de drone, connaître et comprendre les phénomènes et les principes qui fondent le vol de son appareil est indispensable à son opération et à sa conduite en sécurité.***
***Cette phase vous présente les phénomènes principaux et les lois de la physique qui modélisent le vol.***

# DES ÉCOULEMENTS DIVERS

L'interaction du vent et du relief génère tous les types d'écoulement dont Dame Nature a le secret!

En fonction de la vitesse du vent et des caractéristiques du sol et du relief, la zone d'influence, appelée zone perturbée, peut s'étendre à plus ou moins grande hauteur. Dans les basses couches, le vent est ralenti à cause du frottement du sol et de la viscosité de l'air. Cette zone de fort gradient de vitesse, appelée couche limite, peut être laminaire ou turbulente. Au-dessus de la couche limite, dans une situation météorologique donnée et en dehors des zones de turbulence, l'écoulement est permanent. Les particules fluides décrivent des lignes de courant fixes dans l'espace. Les reliefs et les changements de pente peuvent générer des tourbillons dans lesquels les particules fluides suivent une trajectoire circulaire. Dans un tourbillon, les lignes de courant sont circulaires et concentriques. La vitesse d'une particule fluide est inversement proportionnelle à sa distance à l'axe du tourbillon et proportionnelle à l'intensité du tourbillon. Ces phénomènes, présentés ici dans le domaine de l'aérologie, sont bien évidemment omniprésents sur un aéronef en vol, en particulier sur et à proximité de la surface mouillée de la cellule.

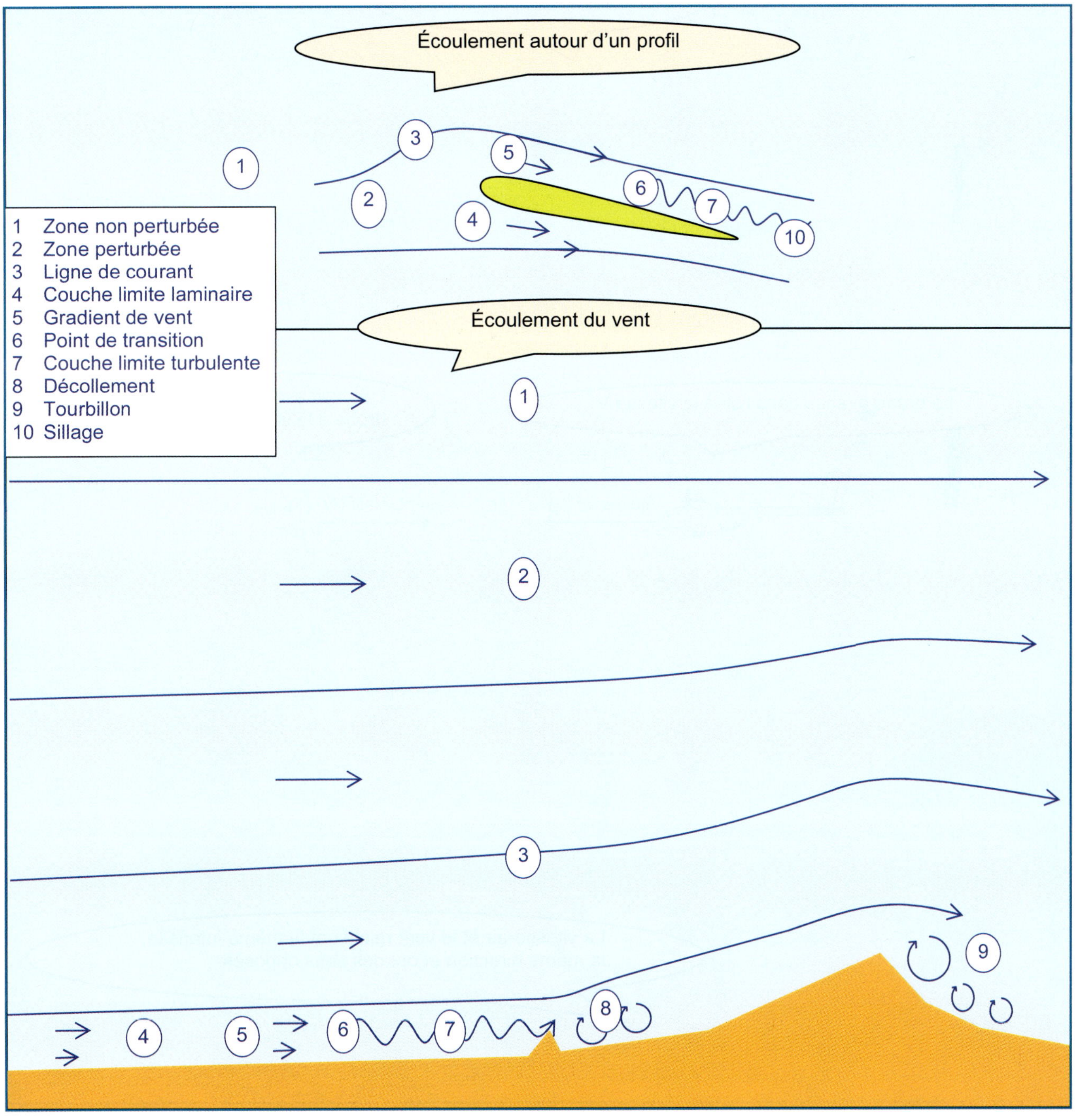


*Fig. 1 - Diverses formes d'écoulement.*

# LA VITESSE-AIR ET LE VENT RELATIF

Tout obstacle à l'écoulement d'un fluide est source de perturbation.

Il en est ainsi du déplacement d'un objet par rapport à la masse d'air. Il en est de même du déplacement de la masse d'air par rapport audit objet. Les phénomènes aérodynamiques générés dépendent uniquement de la forme de l'objet et de l'orientation et de l'intensité du vent relatif auquel l'objet est soumis. Pour caractériser ces phénomènes, il faudra donc connaître la forme de l'objet et le mouvement de l'objet par rapport à la masse d'air non perturbée par la présence de l'objet (l'infini amont) ou, ce qui revient au même, le mouvement relatif de la masse d'air par rapport à l'objet. On pourra ainsi mesurer la vitesse de l'objet par rapport à la masse d'air c'est la vitesse-air ou bien mesurer la vitesse de la masse d'air par rapport à l'objet, c'est le vent relatif. Vitesse-air et Vent relatif sont des vecteurs d'intensités égales, de même direction et de sens opposés.

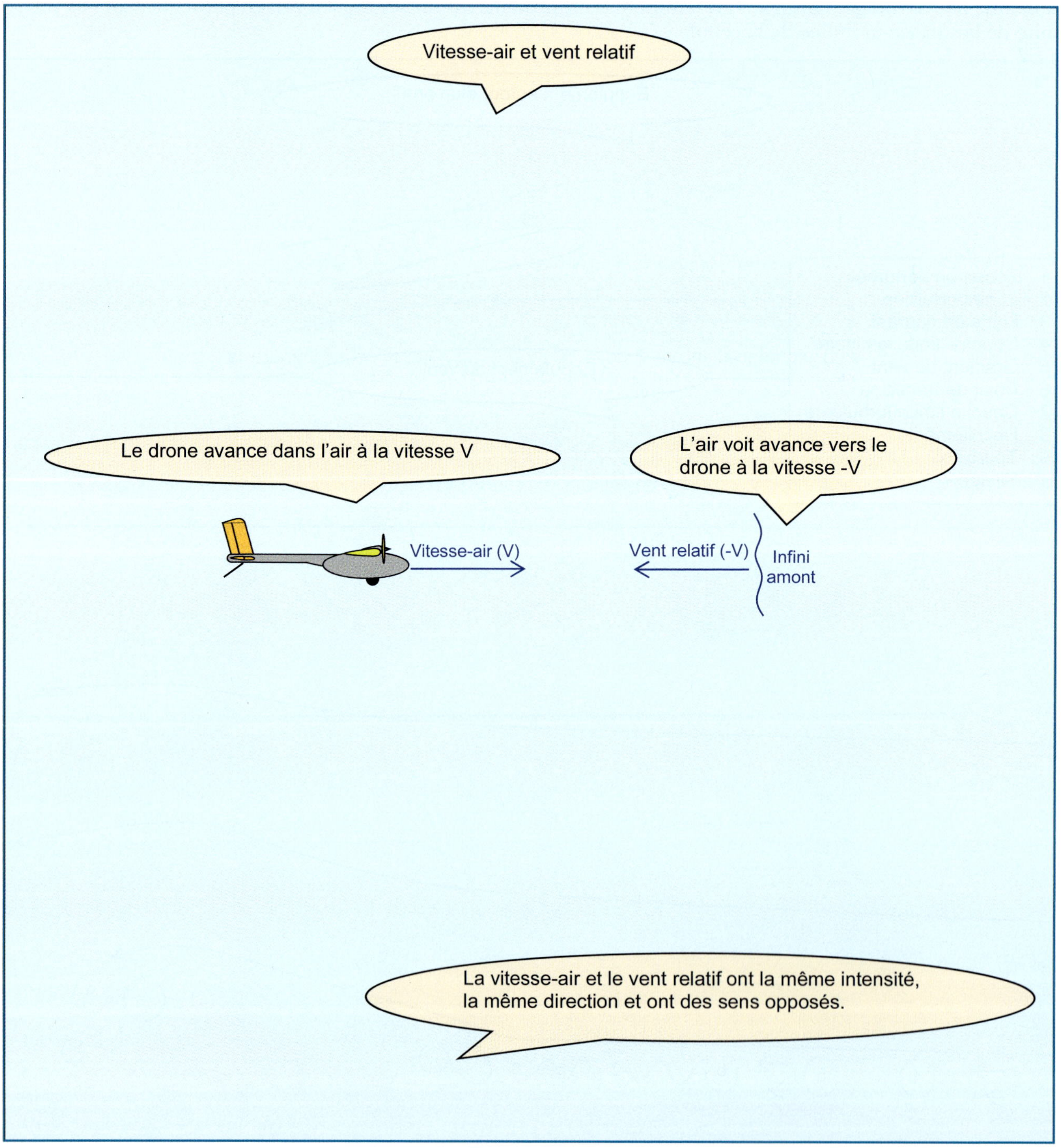


*Fig. 2 - La vitesse-air et le vent relatif.*

# FORCES DE PRESSION ET FORCES DE VISCOSITÉ

Selon le principe fondamental de la dynamique, le mouvement d'une particule d'air découle de l'action des forces extérieures exercées sur elle par le milieu environnant.

Ces forces qui s'exercent au sein du fluide et sur les surfaces en contact avec le fluide en mouvement s'appellent les forces aérodynamiques. Ces forces aérodynamiques sont de deux natures bien différentes. Les forces de pression s'exercent perpendiculairement à la surface en contact. Ces forces résultent de la multitude des chocs élastiques des molécules d'air sur la surface concernée. Les forces de viscosité s'exercent parallèlement à la surface. Ces forces sont dues au frottement visqueux sur la surface.

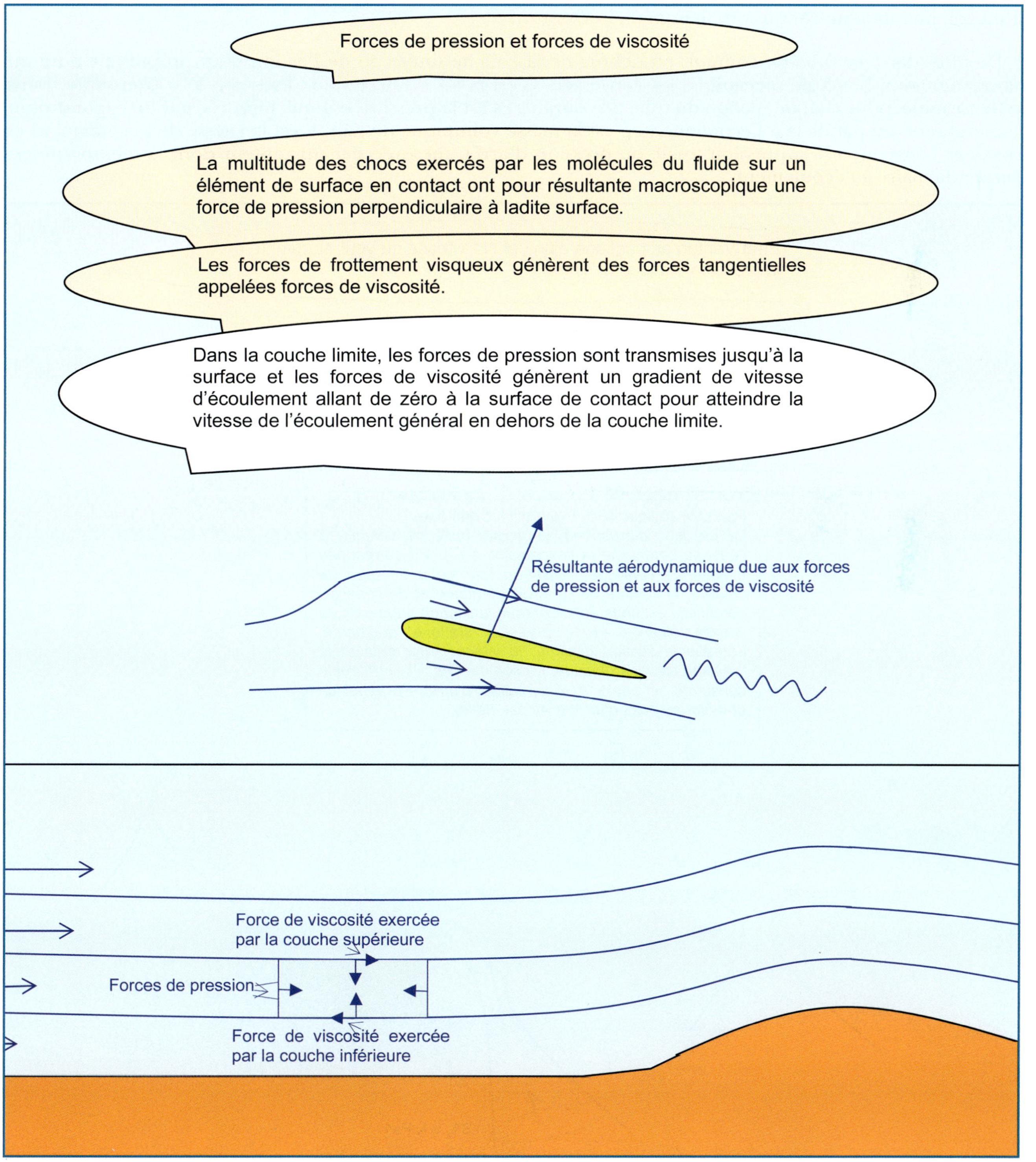


*Fig. 3 - Les forces aérodynamiques.*

# LES LOIS DE CONSERVATION

Souvent, dans la nature, les écoulements sont permanents, c'est-à-dire qu'ils se reproduisent indépendamment du temps. En écoulement permanent, les particules fluides se suivent à la queue leu leu sur une même ligne de courant et les lignes de courant contiguës constituent une veine de courant, appelée tube de courant.

Dans un tube de courant, le débit massique transporté à travers chaque section est constant. La masse volumique de l'air étant considérée constante dans un écoulement à faible vitesse, le produit « S.V » de la section par la vitesse de l'écoulement est constant. La vitesse de l'écoulement est inversement proportionnelle à la section du tube de courant. Ceci explique l'accélération du vent dans les resserrements des vallées ou au franchissement d'un col, phénomène connu sous le nom d'effet Venturi.

De plus, dans un tube de courant, en dehors de la couche limite ou de l'action d'un propulseur ou d'un aérogénérateur, l'énergie mécanique est conservée. C'est la loi de Bernoulli : $Ps + \frac{1}{2} \rho V^2 = \text{Constante}$. Dans cette formule, pour chaque section du tube de courant, Ps est la pression statique mesurée par un capteur dont la membrane est parallèle à l'écoulement, ρ est la masse volumique de l'air, V est la vitesse de l'écoulement et la valeur constante est la pression totale ou pression d'arrêt, mesurée par un capteur dont la membrane est perpendiculaire à l'écoulement.

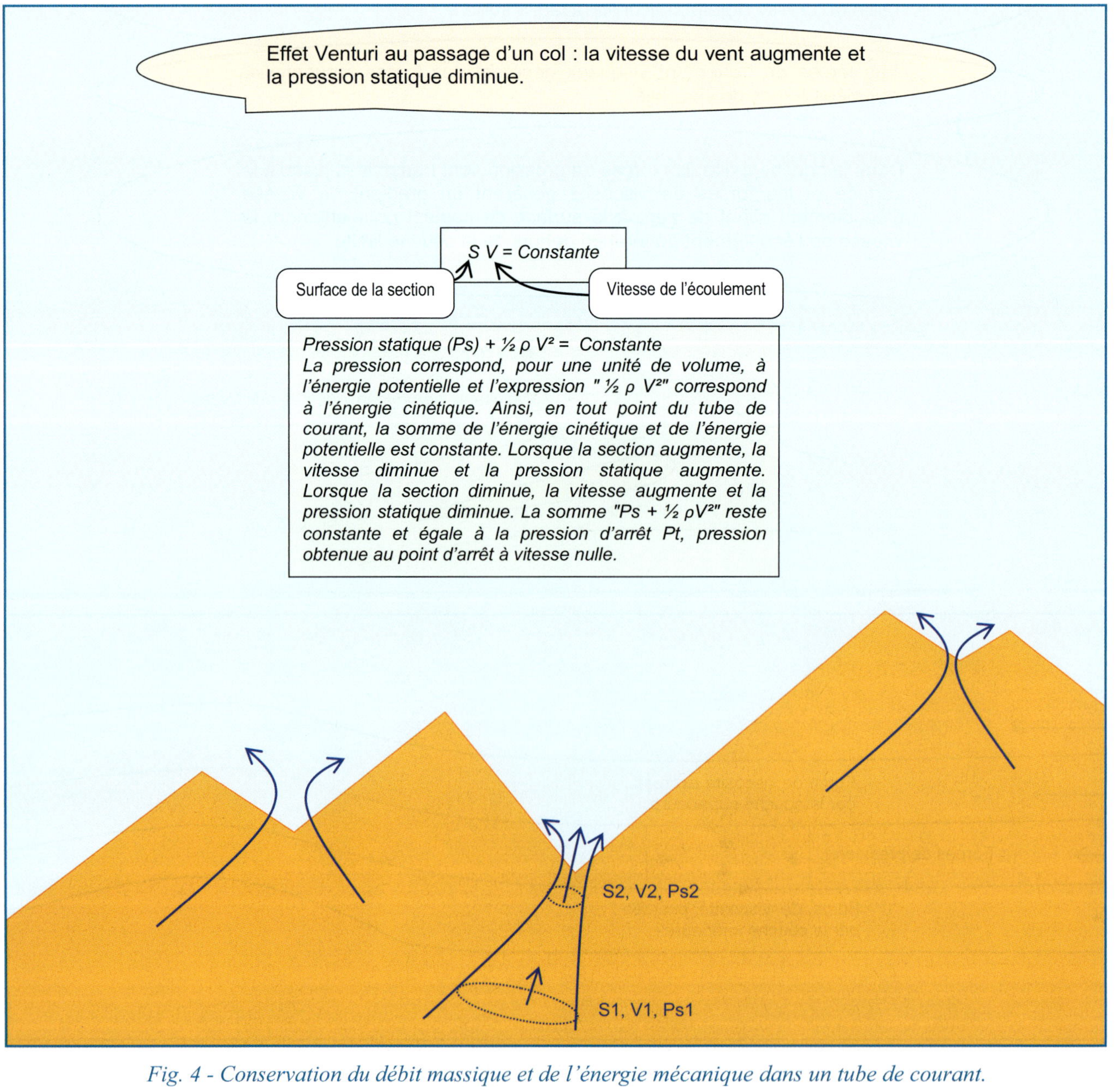


*Fig. 4 - Conservation du débit massique et de l'énergie mécanique dans un tube de courant.*

# L'AILE

Une aile reçoit le vent relatif **-V** avec une incidence α raisonnable. Une zone de sous-vitesse relative apparaît sur l'intrados. Une zone de survitesse relative apparaît sur l'extrados. En dehors de la couche limite, la relation entre la vitesse et la pression statique sur une ligne de courant est régie par la loi de Bernoulli. Une surpression relative apparaît sur l'intrados. Une dépression relative apparaît sur l'extrados.

Ce différentiel de pression sur l'ensemble de la surface de l'aile génère une portance perpendiculaire au vent relatif **-V**. En bout d'aile, un tourbillon marginal est généré qui est à l'origine de la traînée induite. De plus la viscosité de l'air génère la traînée de profil. La résultante de ces forces résistantes constitue la traînée de l'aile parallèle au vent relatif.

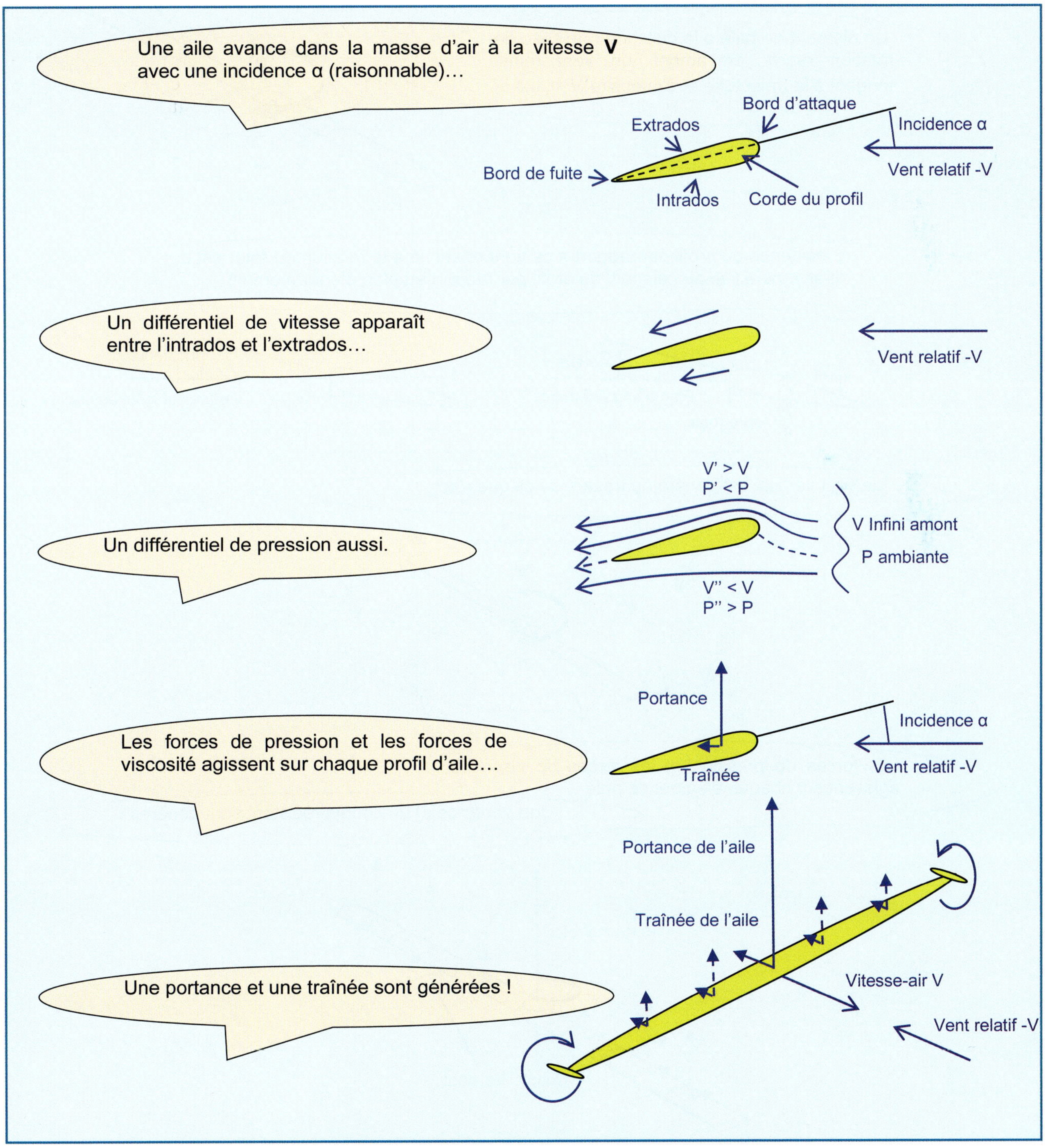


*Fig. 5 - La portance et la traînée de l'aile.*

# LE ROTOR

Le rotor d'un drone multirotor en vol stationnaire tourne à la vitesse angulaire ω (oméga). Un élément de pale à la distance r de l'axe de rotation reçoit, avec de l'incidence, un vent relatif résultant du vent relatif dû à la rotation du rotor d'intensité V = ω.r et d'un vent relatif vertical dû au souffle rotor. Une surpression relative apparaît sur l'intrados. Une dépression relative apparaît sur l'extrados.

Ce différentiel de pression sur l'ensemble de la surface des pales génère la portance rotor perpendiculaire au plan de rotation. La résultante des traînées élémentaires de chaque élément de pale est un couple qui s'oppose à la rotation du rotor. C'est le couple résistant que le couple moteur devra équilibrer.

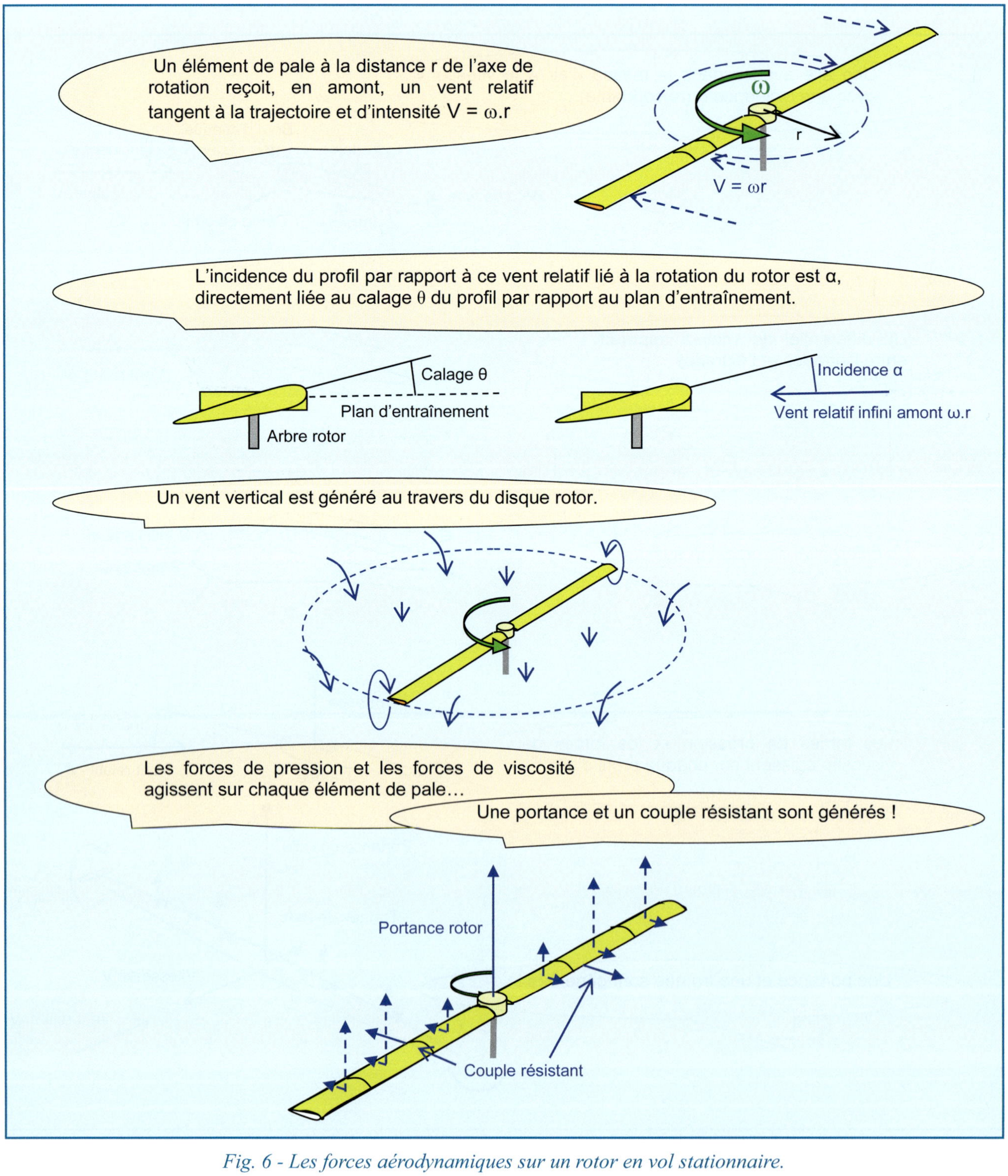


*Fig. 6 - Les forces aérodynamiques sur un rotor en vol stationnaire.*

# L'HÉLICE PROPULSIVE

Un drone à voilure fixe est en vol à la vitesse-air V. Un élément de pale d'hélice à la distance r de l'axe de rotation reçoit, en amont, un vent relatif résultant de la rotation de l'hélice et de la vitesse du drone.

Une surpression relative apparaît sur l'intrados. Une dépression relative apparaît sur l'extrados. Des forces de viscosité s'exercent dans la couche limite.

Ce différentiel de pression sur l'ensemble de la surface des pales génère la traction de l'hélice perpendiculaire au plan de rotation. La résultante des traînées élémentaires de chaque élément de pale est un couple qui s'oppose à la rotation de l'hélice. C'est le couple résistant que le couple moteur devra équilibrer.

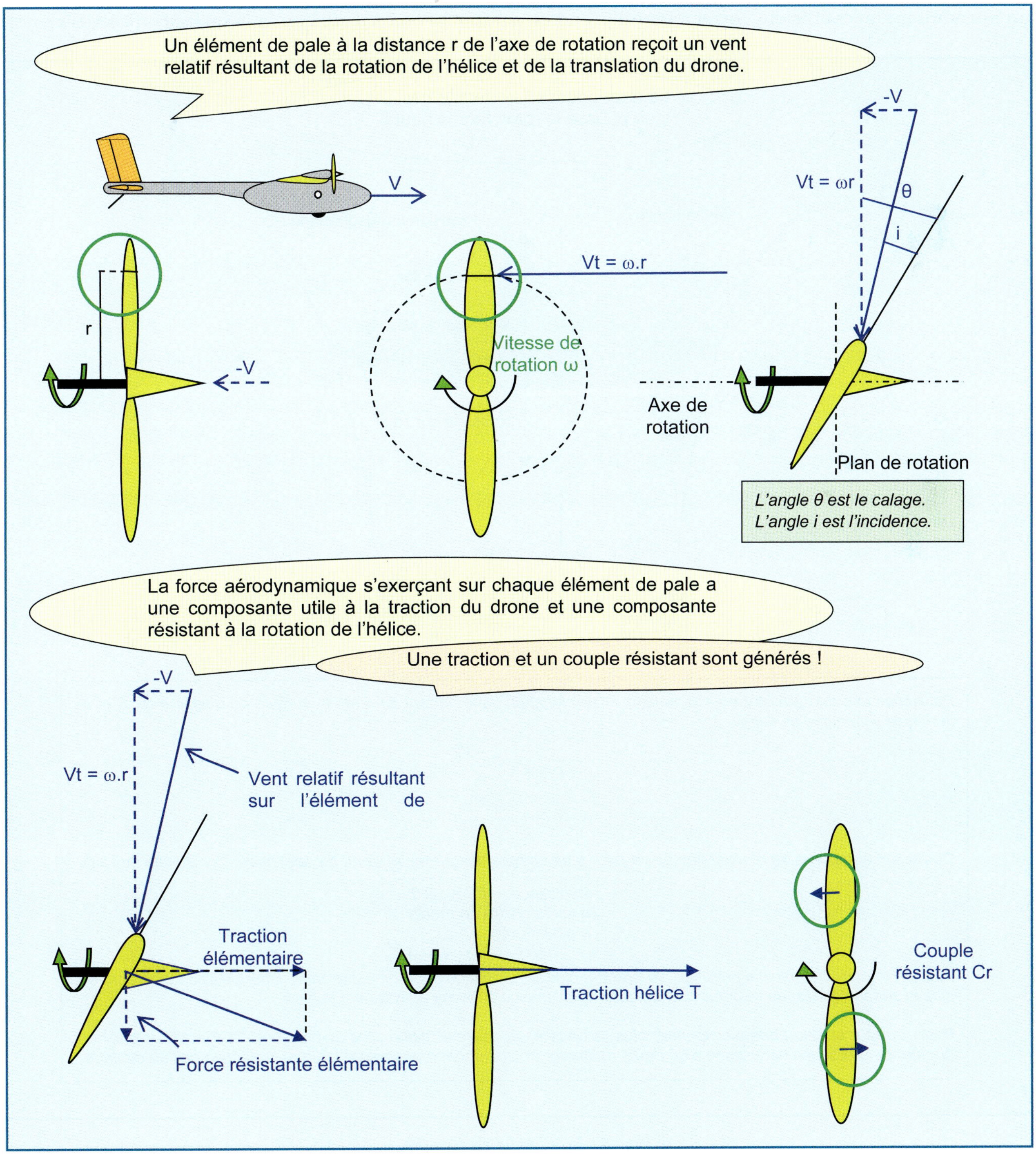


*Fig. 7 - Le fonctionnement de l'hélice propulsive.*

# LA THÉORIE DE FROUDE

L'incontournable souffle vertical généré par un drone rotorique en vol stationnaire suggère une approche particulière du phénomène de la portance. C'est la théorie de Froude.

Schématiquement, on peut considérer le rotor comme un disque perméable générant une discontinuité de pression. Sur la face supérieure, la pression est inférieure à la pression atmosphérique. Sur la face inférieure, la pression est supérieure à la pression atmosphérique. Ce disque se comporte comme un « accélérateur de particules fluides ». Le rotor exerce sur l'air une force vers le bas, l'air exerce sur le rotor une force égale et opposée : c'est la portance rotor ! Pour générer cette portance, il faut fournir à l'air une puissance que l'on retrouvera sous forme d'énergie cinétique des particules fluides en aval du rotor. Cette considération permet de calculer la puissance théorique à fournir au rotor pour générer une portance donnée. Ce premier résultat sera corrigé en introduisant un coefficient correcteur qui prend en compte la viscosité de l'air et la surface efficace du rotor.

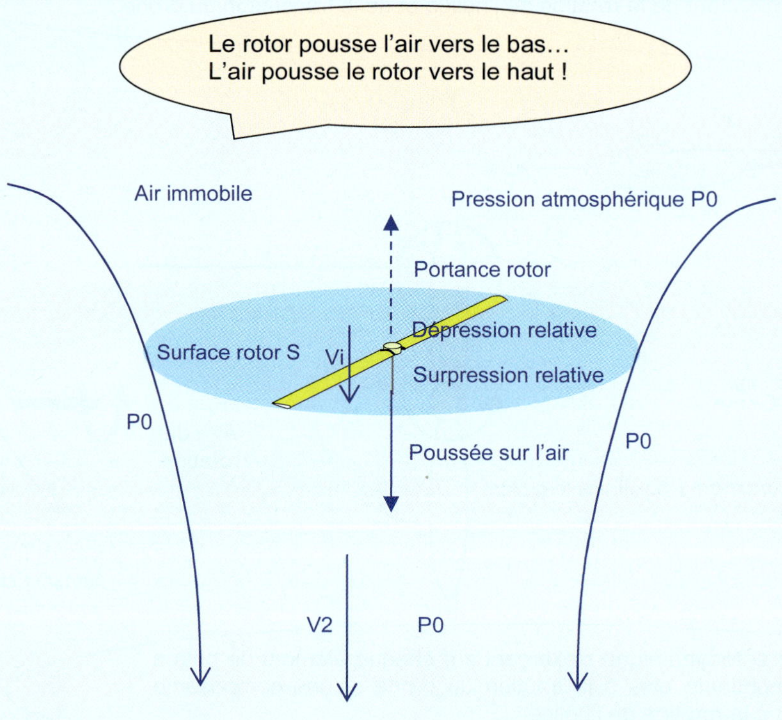


*Puissance à fournir au rotor en stationnaire Pi0 en fonction de la portance Fn, de la surface du disque rotor S et de la masse volumique de l'air $\rho$.*

$$Pi0 = \frac{Fn^{3/2}}{\sqrt{2\rho S}}$$

*Correction à apporter au résultat précédent pour tenir compte des pertes en bout de pale et de la viscosité de l'air.*

*Puissance = $(1/\eta)$ . Pi0*
*$\eta$ est le chiffre de mérite*
*$\eta$ est inférieur à 1*

*Pour un rotor donné, plus la portance est grande, plus la puissance à fournir est grande. Pour une portance donnée, plus la surface du disque rotor est grande, plus la puissance à fournir au rotor est faible.*

*Pour un rotor et une portance donnés, plus la densité de l'air est faible, plus la puissance à fournir au rotor est grande. La puissance nécessaire d'un drone multirotor en stationnaire augmente lorsque la densité de l'air diminue.*

*Fig. 8 - La théorie de Froude.*

# LE VOL DU DRONE À VOILURE FIXE

Un drone à voilure fixe est en vol rectiligne en palier stabilisé à la vitesse-air V avec l'incidence α (angle entre la projection de V dans le plan de symétrie de l'appareil et l'axe de référence du fuselage).

La portance du drone est perpendiculaire à la vitesse-air. La traînée du drone est parallèle à la vitesse-air. L'équilibre du vol rectiligne en palier stabilisé est réalisé lorsque la résultante des forces extérieures est nulle. La portance équilibre le poids et la traction équilibre la traînée. Pour une masse donnée, à chaque vitesse-air stabilisée correspond une puissance nécessaire que la puissance utile « Traction x Vitesse » doit équilibrer.

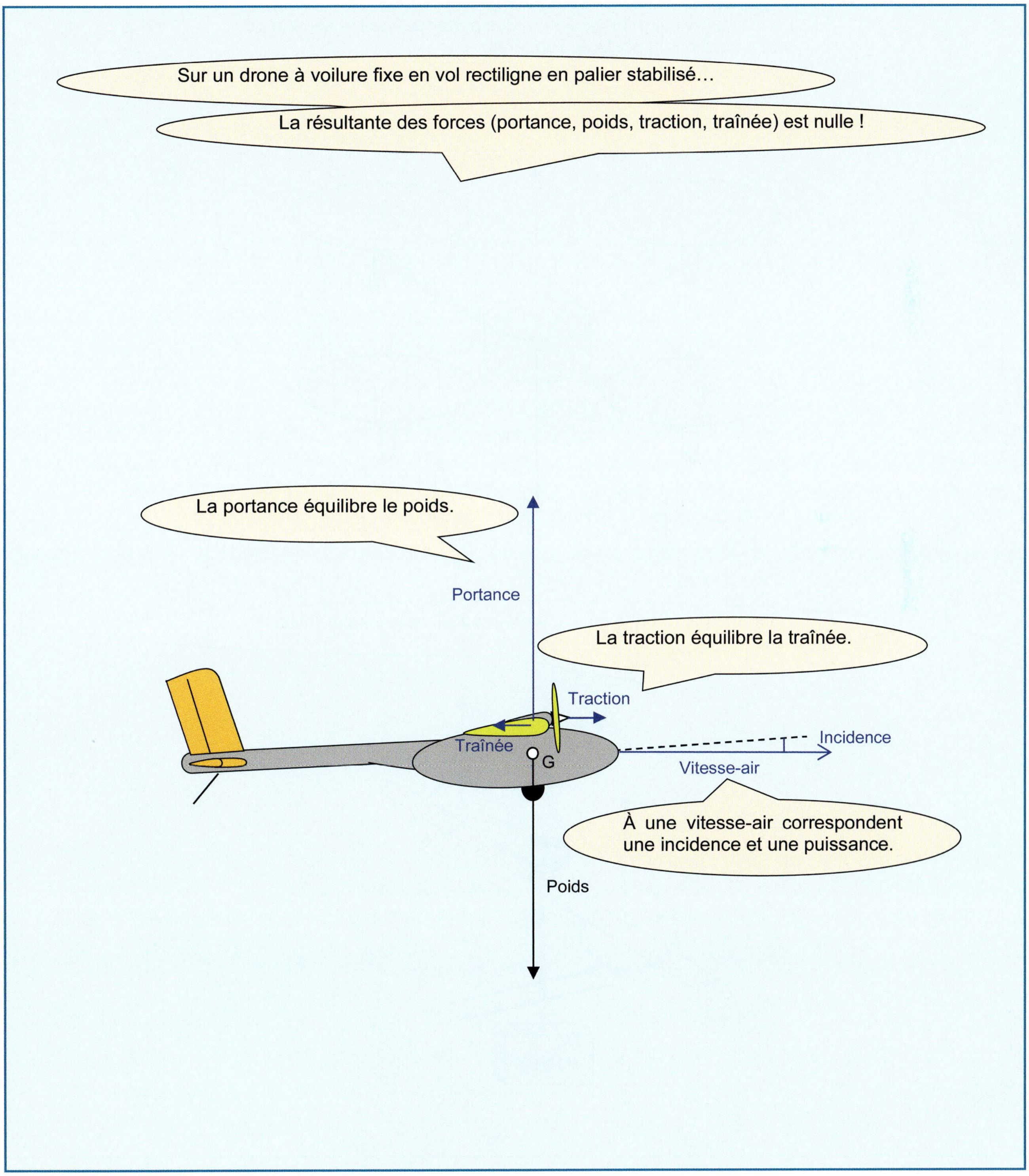


*Fig. 9 - Les forces aérodynamiques sur un appareil à voilure fixe.*

# LE VOL DU DRONE À VOILURE TOURNANTE

Un drone multirotor est en vol stationnaire. La résultante des portances de chaque rotor est verticale. Chaque rotor exerce un couple résistant sur l'arbre moteur. L'équilibre dynamique et énergétique est réalisé lorsque la résultante des portances des rotors équilibre le poids du drone et lorsque la puissance totale fournie par les moteurs équilibre la puissance consommée par la traînée des pales.

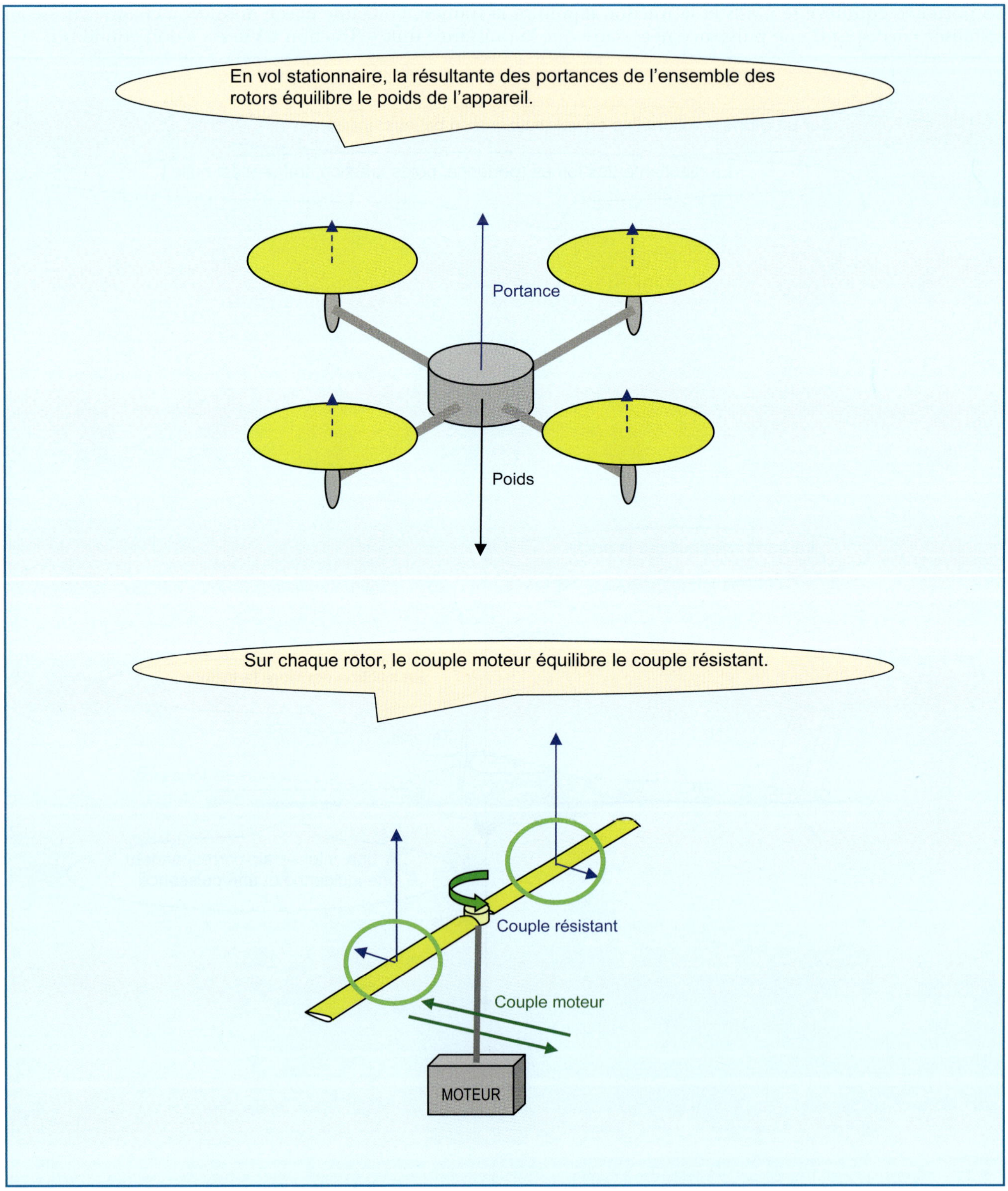


*Fig. 10 - Les forces aérodynamiques sur un appareil à voilure tournante.*

# LA POSITION ET L'ATTITUDE

Le mouvement du drone est à six degrés de liberté. Trois coordonnées, la longitude, la latitude et l'altitude définissent la position de son centre de gravité. Trois angles, l'assiette, l'inclinaison et le cap définissent son attitude. L'assiette est l'angle entre l'axe de roulis et le plan horizontal. L'inclinaison est l'angle entre l'axe de tangage et le plan horizontal. Le cap vrai est l'angle entre la projection horizontale de l'axe de roulis et le Nord vrai.

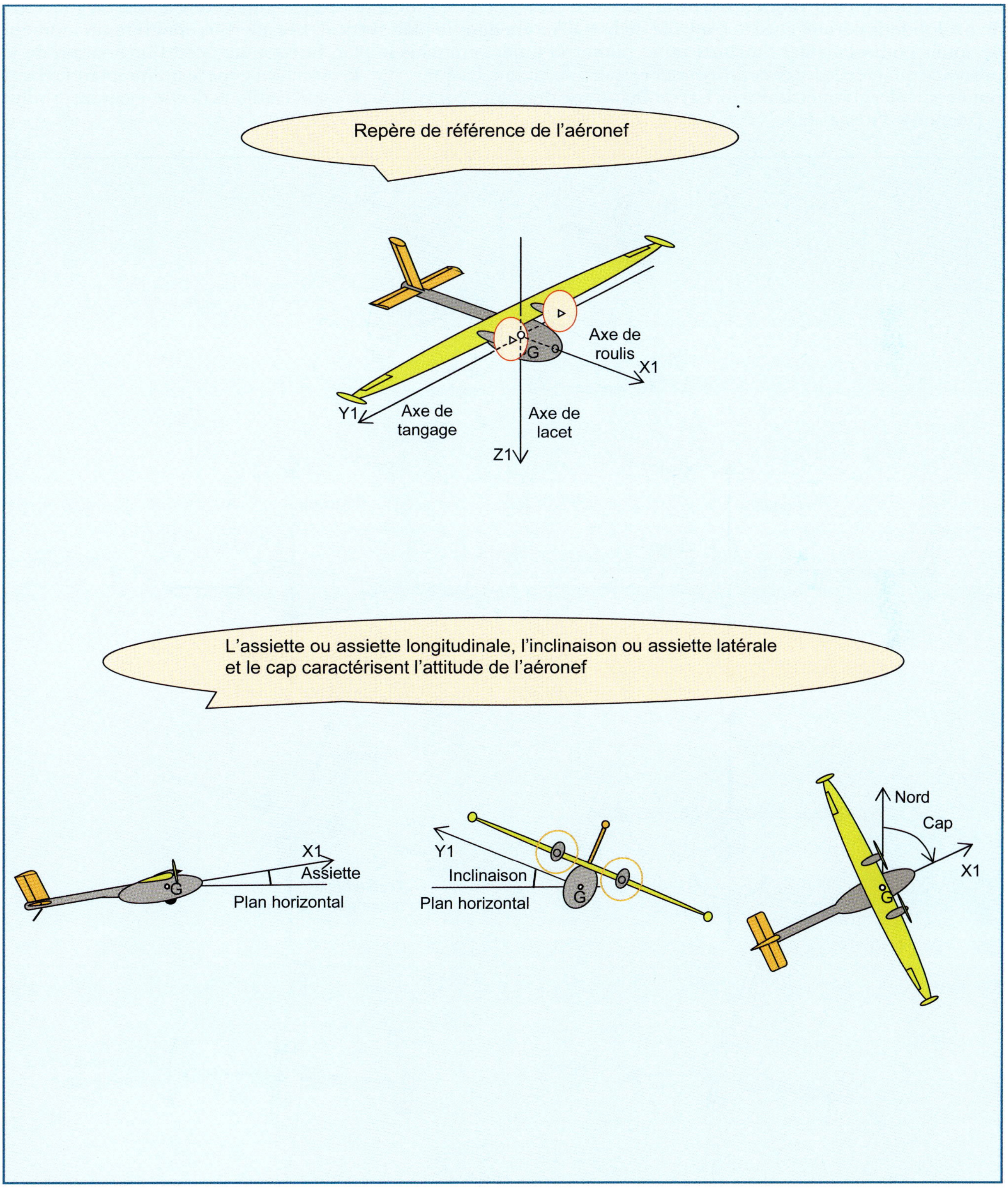


*Fig. 11 - La position et l'attitude de l'aéronef.*

# CONTRÔLE DU DRONE À VOILURE FIXE

Le contrôle de l'attitude du drone permet, par couplage, le contrôle de la trajectoire.

La gouverne de profondeur contrôle l'équilibre en tangage. À partir de l'équilibre une action sur la gouverne de profondeur provoque, dans une phase transitoire, un moment de tangage à cabrer ou à piquer, ce qui initie une rotation en tangage à cabrer ou à piquer et entraîne une augmentation ou une diminution d'incidence et une augmentation ou une diminution de la portance : la trajectoire s'incurve vers le haut ou vers le bas. La gouverne de profondeur permet ainsi le contrôle de la trajectoire dans le plan vertical. Les ailerons génèrent un moment de roulis pour contrôler l'inclinaison et piloter la trajectoire dans le plan horizontal. C'est l'inclinaison de la portance qui crée la force centripète nécessaire au virage. La gouverne de direction génère un moment de lacet pour contrôler la symétrie du vol. La commande de puissance contrôle la puissance utile au drone, égale au produit « Traction x Vitesse-air ».

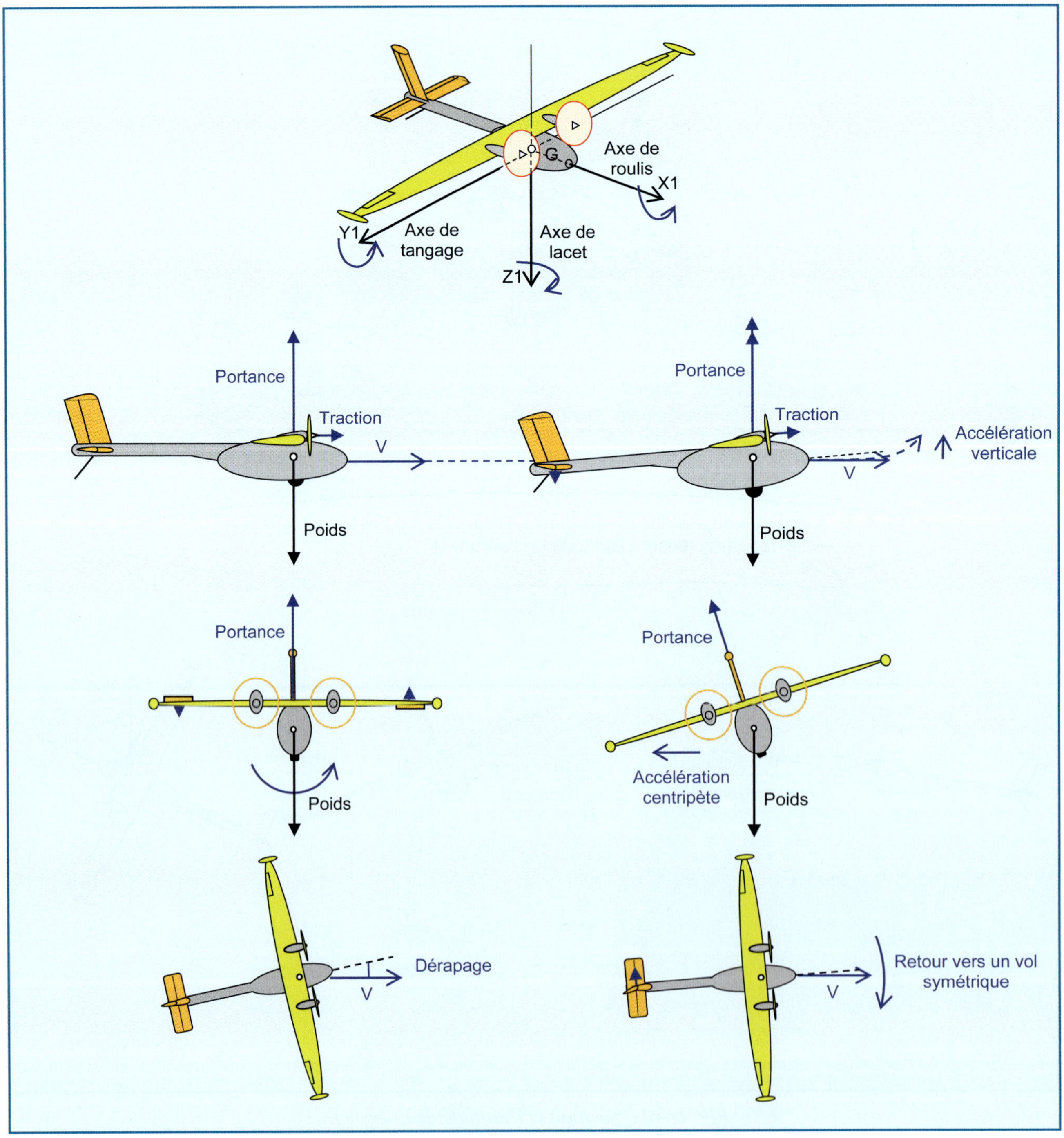


*Fig. 12 - Du contrôle d'attitude au contrôle de la trajectoire.*

# CONTRÔLE DU DRONE À VOILURE TOURNANTE

Le contrôle simultané ou différentiel de la portance des rotors permet de piloter le drone multirotor.

Le contrôle de la portance totale des rotors permet de piloter la trajectoire du drone dans le plan vertical. Ceci est réalisé par le contrôle simultané de la vitesse de rotation des rotors. Le contrôle autour de l'axe de roulis permet de piloter l'inclinaison et la trajectoire du drone dans le plan horizontal. Ceci est réalisé par le contrôle différentiel des vitesses de rotation des rotors droits et gauches. Le contrôle autour de l'axe de tangage permet de piloter la vitesse de l'appareil. Ceci est réalisé par le contrôle différentiel des vitesses de rotation des rotors avant et arrière. Le contrôle autour de l'axe de lacet se fait par un contrôle différentiel des vitesses de rotation des rotors horaires et des rotors antihoraires, ce qui entraîne un déséquilibre des couples de réactions sur le fuselage, la portance totale restant constante.

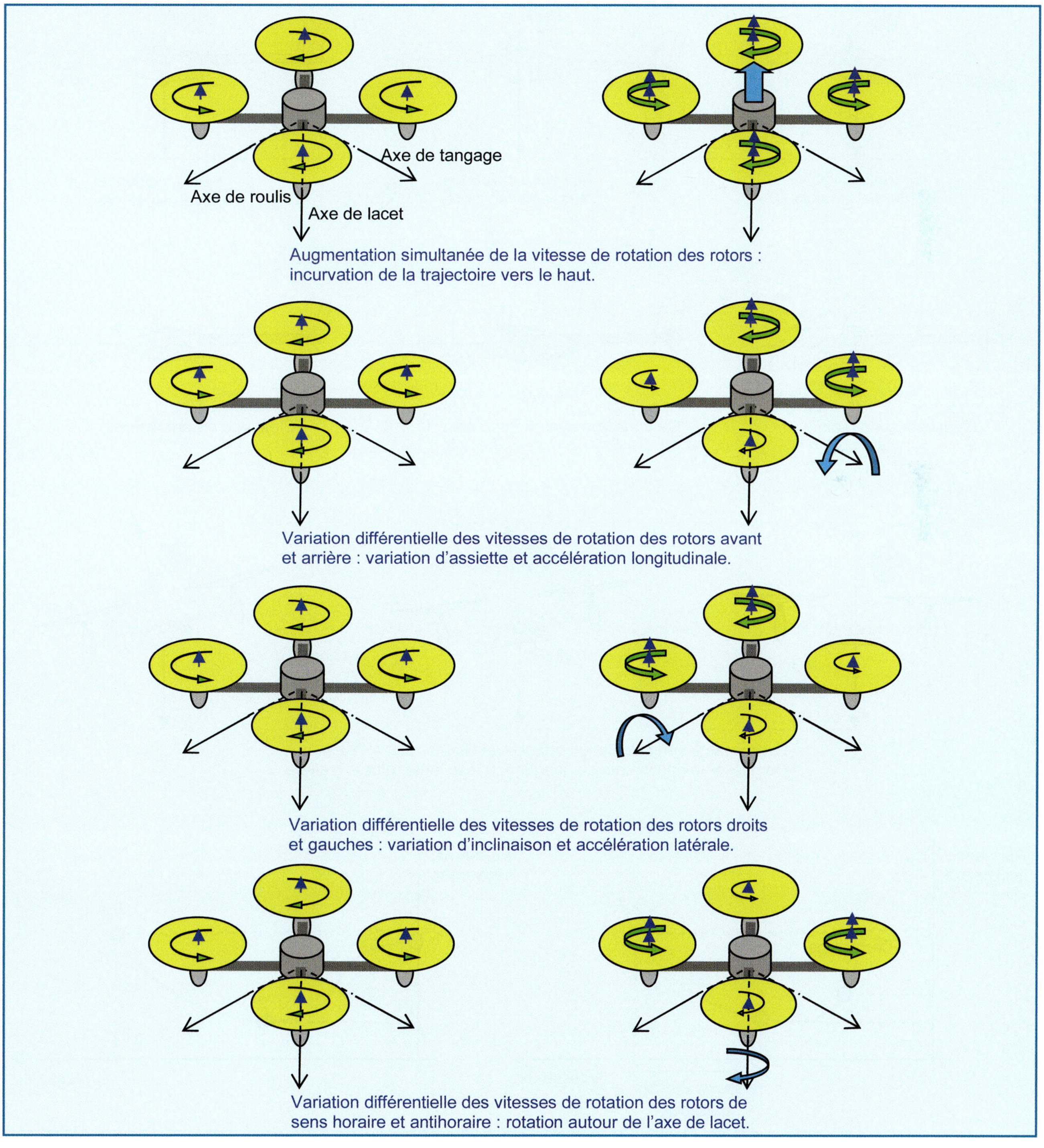


*Fig. 13 - Le contrôle d'attitude d'un drone multirotor.*

# LE VOL RECTILIGNE EN PALIER STABILISÉ

Pour réaliser un vol rectiligne en palier stabilisé, il faut que la résultante des forces appliquées sur l'appareil soit nulle. Pour un drone à voilure fixe, la portance équilibre le poids et la traction équilibre la traînée. Pour un drone multirotor, la composante verticale de la portance résultante rotor équilibre le poids et la composante horizontale de la portance résultante rotor équilibre la traînée. Pour chaque vitesse de vol, il y a une puissance à fournir sur le ou les moteurs. Cette puissance nécessaire au vol augmente lorsque la masse du drone augmente.

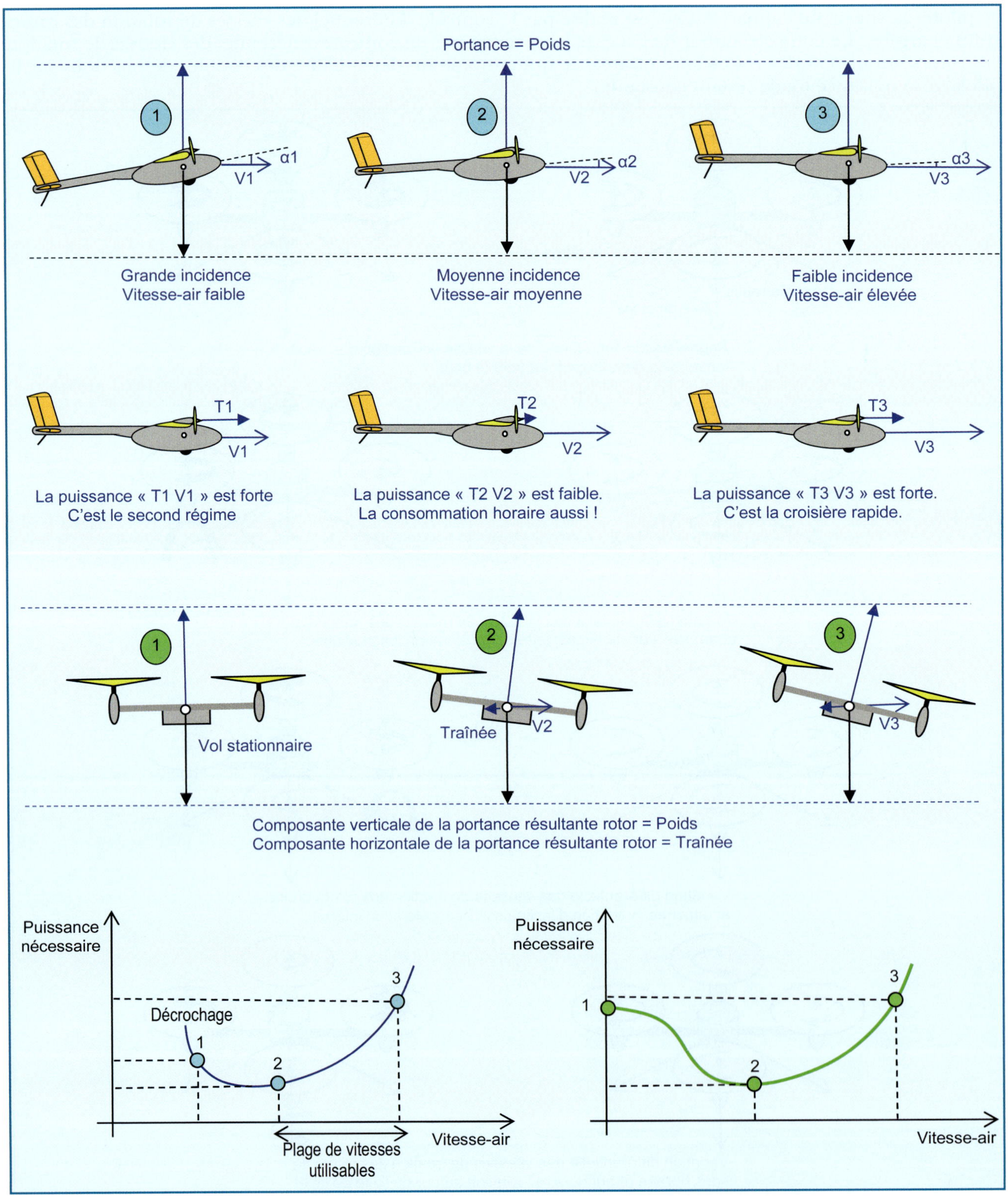

# LA MONTÉE STABILISÉE

En montée, l'aéronef reçoit progressivement de l'énergie potentielle. En admettant que, pour une même vitesse-air, la traînée en montée soit égale à la traînée en palier, le supplément de puissance pour passer du palier à la montée, à vitesse-air constante, est égal à l'augmentation d'énergie potentielle par unité de temps.

| |
|---|
| *Puissance utile (montée vitesse-air V) – Puissance nécessaire (palier vitesse-air V) = m g Vz*<br>*Puissance en W, masse en kg, vitesse verticale en m/s, accélération de la pesanteur en m/s²* |

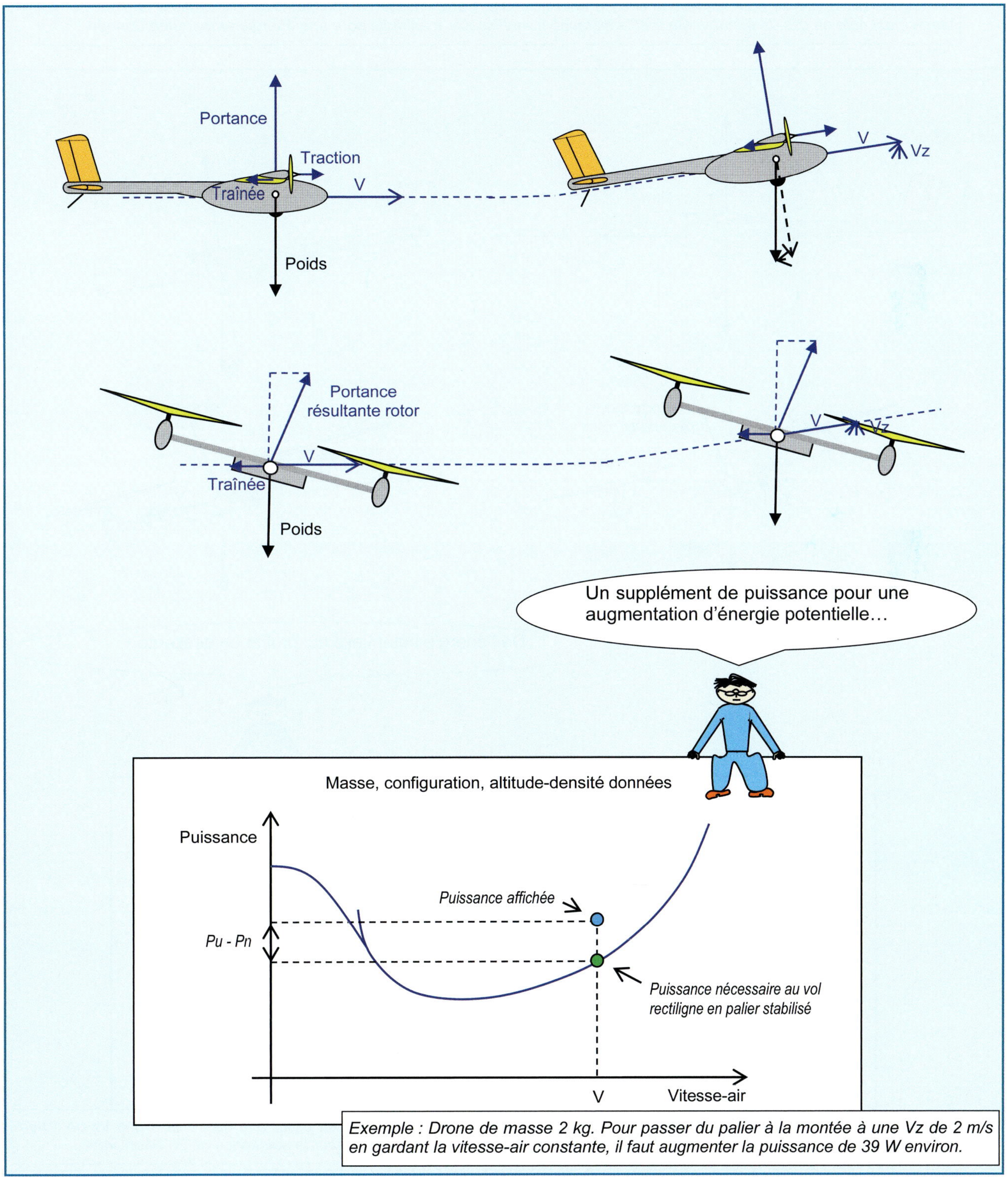


*Fig. 14 - La montée stabilisée.*

# LA DESCENTE STABILISÉE

En descente, l'aéronef restitue progressivement de l'énergie potentielle. En admettant que, pour une même vitesse-air, la traînée en descente soit égale à la traînée en palier, la réduction de puissance pour passer du palier à la descente, à vitesse-air constante, est égale à la diminution d'énergie potentielle par unité de temps.

> *Puissance utile (descente vitesse-air V) – Puissance nécessaire (palier vitesse-air V) = m g Vz*
> *Puissance en W, masse en kg, vitesse verticale en m/s, accélération de la pesanteur en m/s²*
> *Moteur coupé, la puissance utile est nulle. Il existe alors une vitesse particulière pour laquelle la pente de descente est minimale, ou, ce qui revient au même, le rapport V / Vz, appelé finesse, est maximal. Chaque appareil possède une valeur particulière de la vitesse pour laquelle la finesse est maximale. Cette vitesse de finesse maximale procure la distance de plané maximale en cas de panne moteur et la distance franchissable maximale pour une énergie embarquée donnée.*

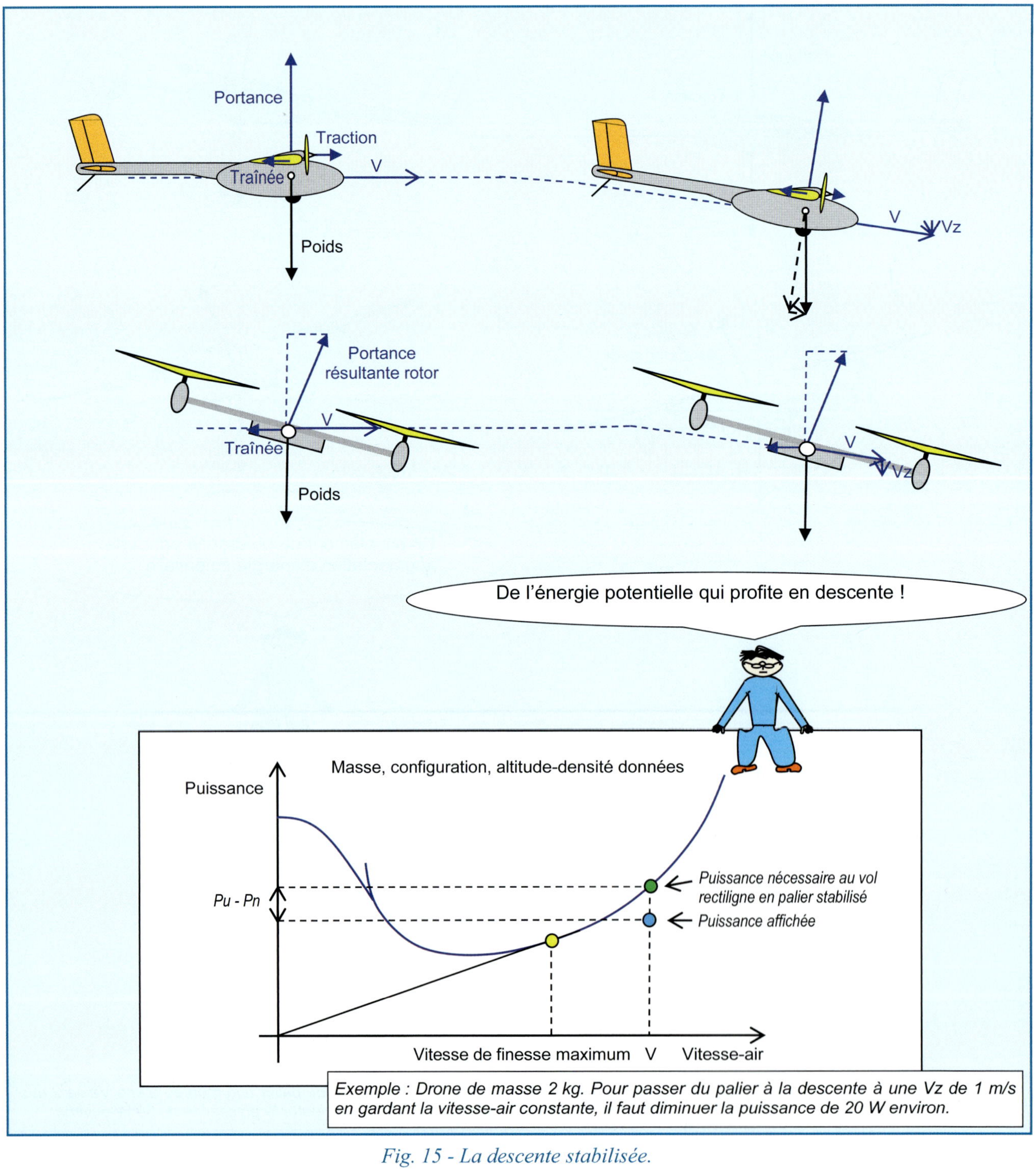


*Fig. 15 - La descente stabilisée.*

# LA DENSITÉ DE L'AIR ET LA PUISSANCE NÉCESSAIRE

Pour un drone à voilure fixe donné, à une vitesse-air donnée, plus la densité de l'air est faible, plus la puissance nécessaire est grande. Pour un drone à voilure fixe donné, plus la densité de l'air est faible, plus la vitesse-air de décrochage est grande. Pour un drone à voilure tournante donné, la théorie de Froude montre que la puissance nécessaire au vol stationnaire augmente lorsque la densité de l'air diminue.

Puissance nécessaire d'un drone à voilure fixe

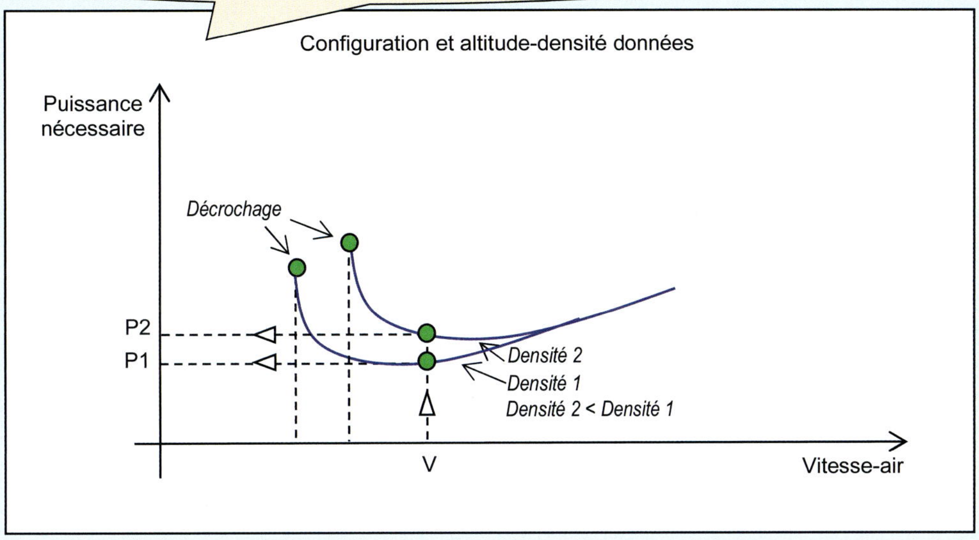


Puissance nécessaire d'un drone multirotor en stationnaire

*Puissance à fournir au rotor en stationnaire Pi0 en fonction de la portance Fn, de la surface du disque rotor S et de la masse volumique de l'air $\rho$.*

$$Pi0 = \frac{Fn^{3/2}}{\sqrt{2\rho S}}$$

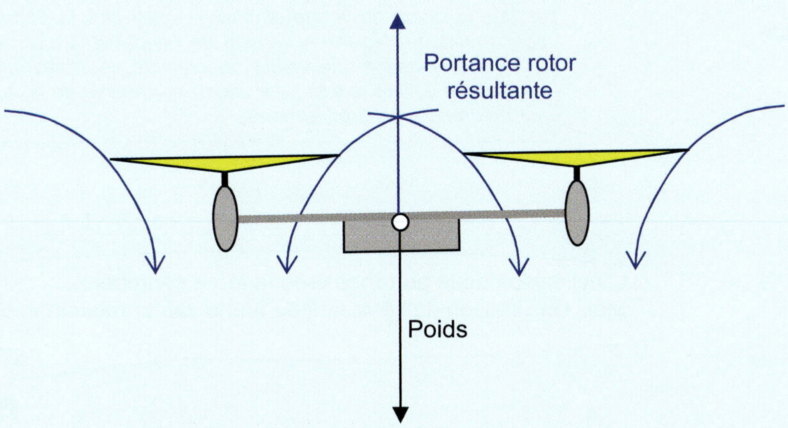


*Exemple : Si, au niveau de la mer en atmosphère type ($\rho$ = 1,225 kg/m³) la puissance nécessaire d'un drone multirotor en vol stationnaire est égale à 200 W, à 1500 m d'altitude et t = 30°C, la puissance nécessaire devient égale à 225 W environ.*

# LE VIRAGE

Virer, c'est incurver la trajectoire en générant une accélération tournée vers le centre de courbure. Ainsi, en virage en palier stabilisé, la résultante des forces est horizontale et dirigée vers le centre du virage. Les forces à exercer sur l'appareil découlent des trois conditions suivantes :

- créer une force centripète en inclinant la portance ;
- maintenir l'équilibre vertical en adaptant son intensité ;
- inscrire le mouvement de la cellule dans la trajectoire.

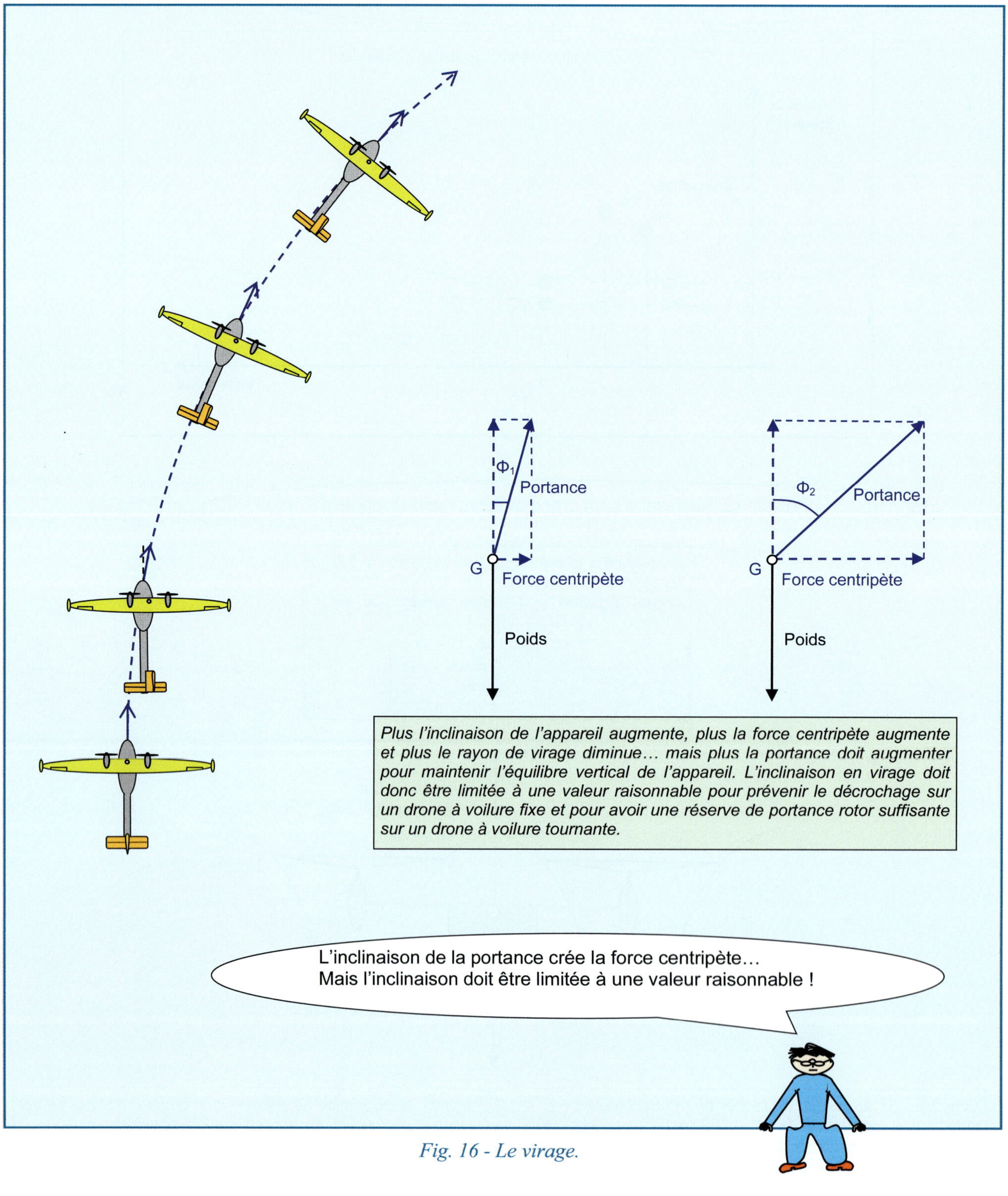


*Fig. 16 - Le virage.*

# L'ÉQUILIBRE, LA STABILITÉ, LA MANIABILITÉ

L'équilibre du vol rectiligne stabilisé est réalisé lorsque la résultante des forces extérieures appliquées sur l'appareil est nulle et le moment résultant des forces extérieures par rapport au centre de gravité G est nul.

La stabilité du vol est réalisée lorsque l'appareil est « rappelé » vers son attitude d'équilibre en cas de perturbation. La maniabilité est satisfaisante lorsque l'appareil peut effectuer toutes les manœuvres nécessaires à une utilisation opérationnelle en sécurité. Avoir un appareil équilibré, stable et maniable à la fois, c'est tout l'art de la conception d'un aéronef !

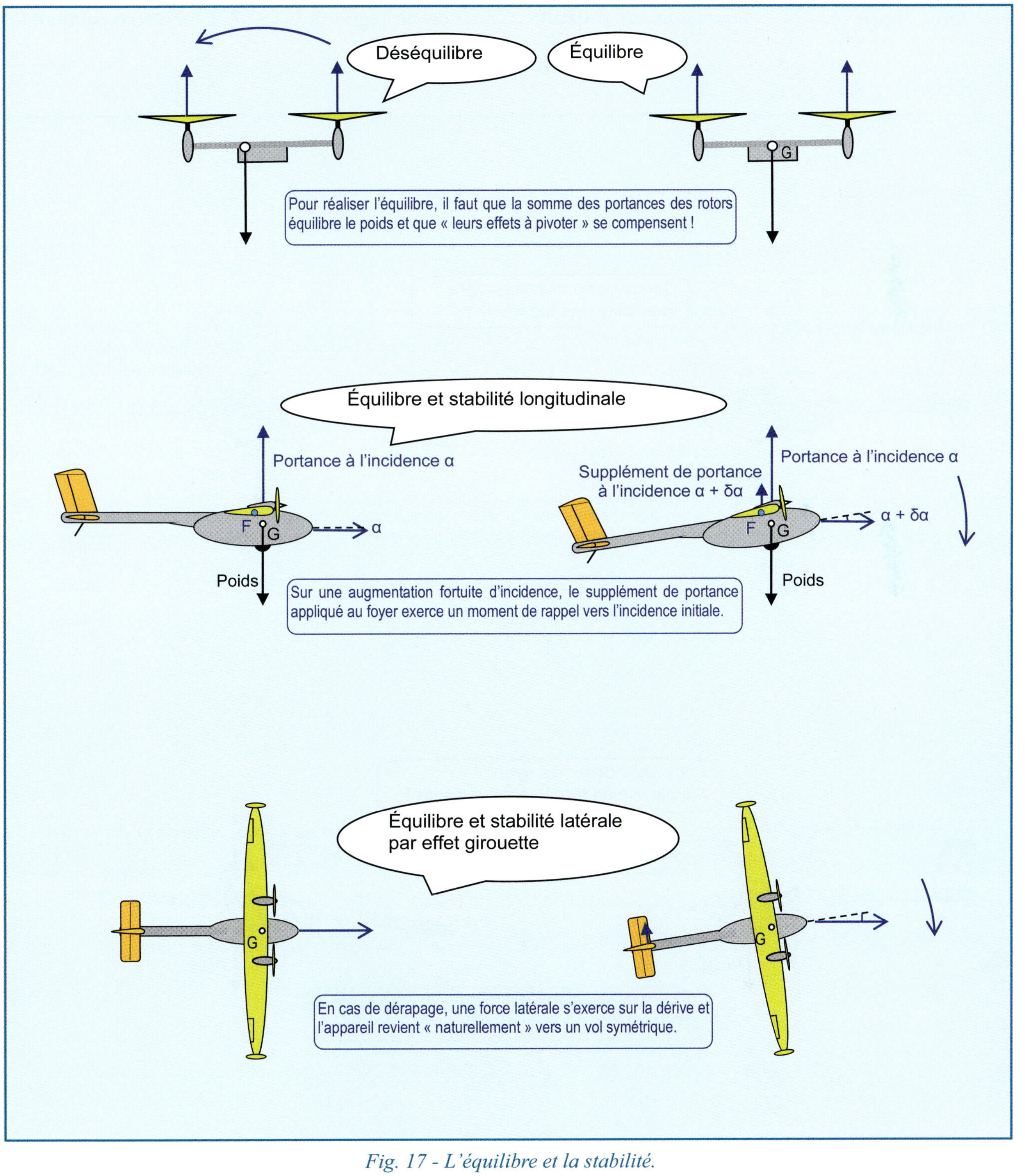


*Fig. 17 - L'équilibre et la stabilité.*

# LE CENTRAGE DU DRONE À VOILURE FIXE

Chaque aéronef à voilure fixe possède un point particulier appelé foyer dont la position longitudinale dépend de la géométrie du drone (aile + fuselage + empennage horizontal). Ce point est le point d'application de la variation de portance suite à une variation d'incidence.

Pour que cette propriété se traduise en stabilité, il est nécessaire que la variation de portance suite à une variation d'incidence exerce un « moment de rappel » vers l'incidence initiale et que ce moment de rappel soit significatif pour que la stabilité soit significative… mais sans exagération pour que la maniabilité soit suffisante !

Le centre de gravité de l'appareil doit donc être situé en avant du foyer et la distance entre le centre de gravité et le foyer, appelée marge statique, doit être suffisante… mais pas trop grande ! Ces deux limites constituent les limites de centrage.

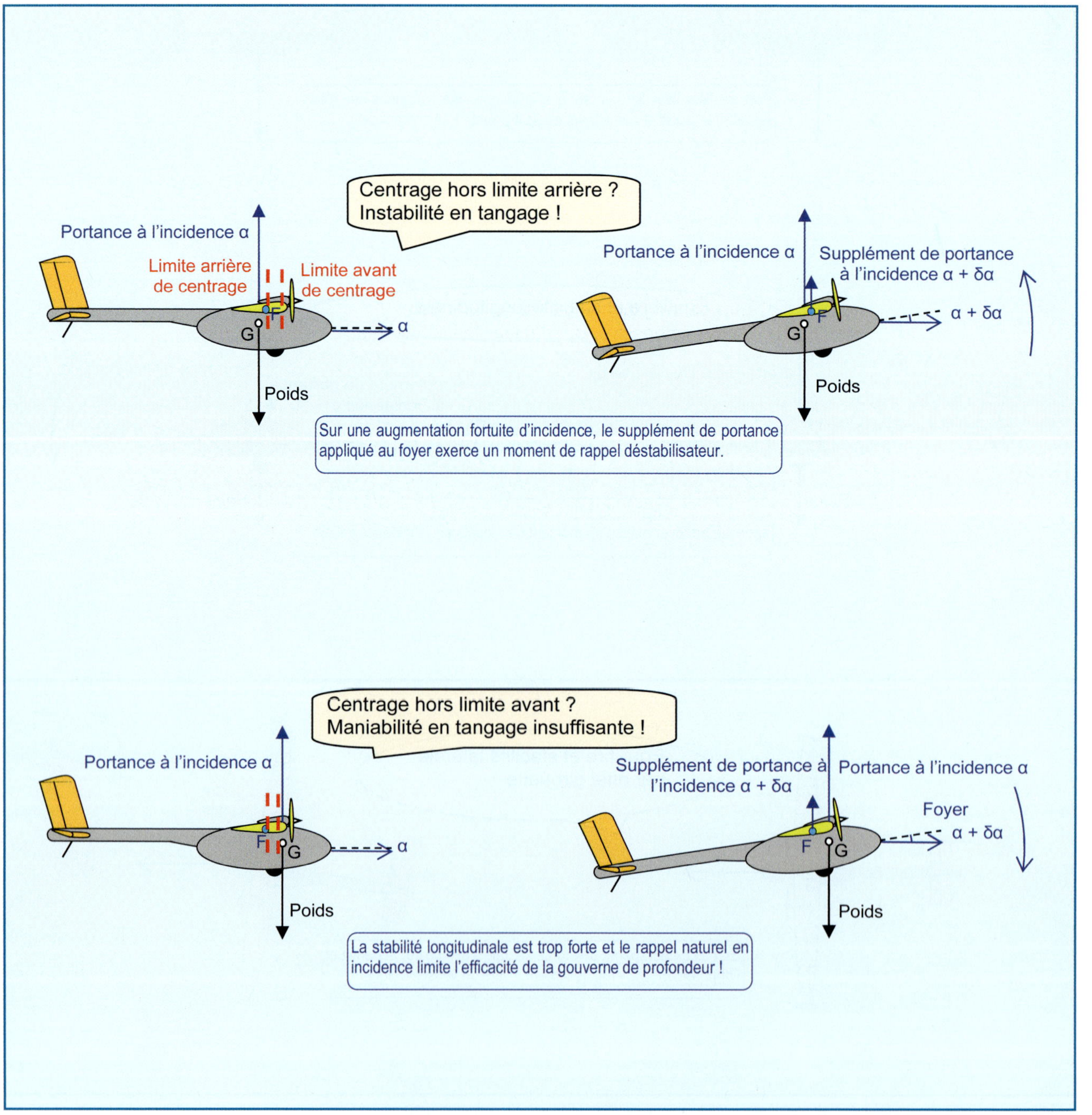


*Fig. 18 - Les limites de centrage du drone à voilure fixe.*

# LE CENTRAGE DU DRONE MULTIROTOR

Sur un drone à voilure tournante de type multirotor en vol stationnaire, l'équilibre en roulis, l'équilibre en tangage et les manœuvres autour de cet équilibre sont assurés par le contrôle différentiel des portances, donc des vitesses de rotation de chaque rotor, ce contrôle différentiel dépendant du centrage. Par exemple, un centre de gravité décalé vers l'avant de l'appareil nécessitera d'augmenter la vitesse de rotation des rotors à l'avant et de diminuer la vitesse de rotation des rotors à l'arrière. Mais ce processus a ses limites !

Le concepteur de l'appareil établit donc une plage de centrage longitudinal et latéral à l'intérieur de laquelle le centre de gravité de l'appareil, prêt pour sa mission, doit se situer.

Ainsi, l'équilibre du vol pourra être réalisé dans l'ensemble du domaine de vol prévu et la maniabilité de l'appareil sera satisfaisante.

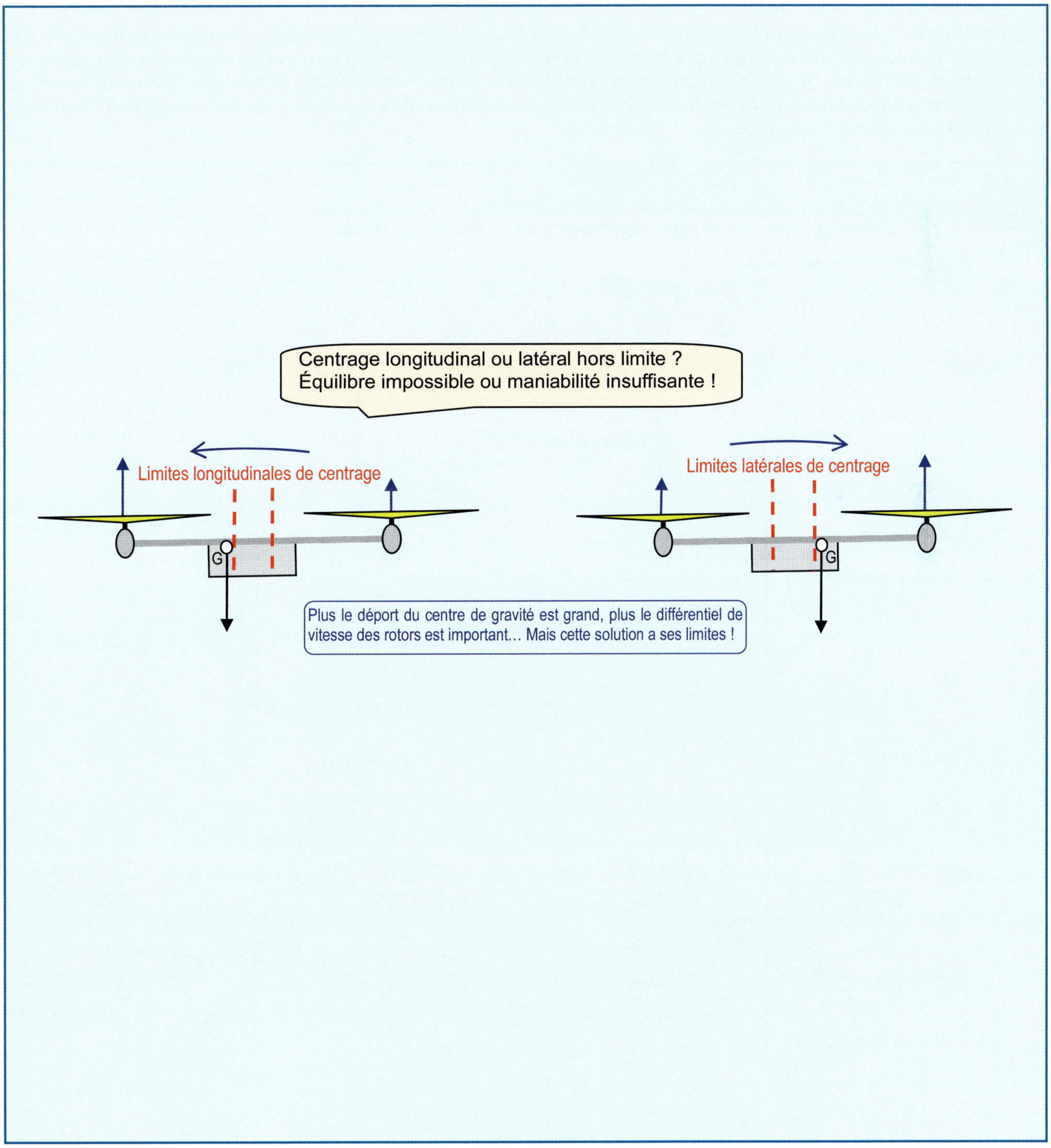


*Fig. 19 - Les limites de centrage du drone multirotor.*

# LA LIMITATION DE MASSE

Plus la masse de l'appareil augmente, plus les contraintes mécaniques subies par la cellule augmentent. Par exemple, sur un drone à voilure fixe, des efforts de flexion et des efforts tranchants s'exercent à l'emplanture des ailes. Plus la masse de l'appareil augmente et plus ces efforts augmentent. Le vol en atmosphère agitée ne fera qu'aggraver le phénomène. Sur un drone multirotor, les mêmes efforts de flexion et efforts tranchants s'exercent en particulier sur les bras de liaison.

De manière générale, l'ensemble des contraintes structurales subies par l'appareil augmente en proportion de la masse et des accélérations provoquées, soit par une manœuvre brusque, soit par la turbulence. Ce facteur multiplicatif est appelé facteur de charge. Pour chaque appareil est fixée une valeur maximale de la masse au décollage à ne pas dépasser. Cette limitation, appelée masse maximale structurale, est fixée pour des raisons de contraintes structurales.

Il est impératif, lors de la préparation du vol, de calculer la masse de l'appareil, cette masse étant égale à la somme de la masse à vide équipée, des batteries et de la charge utile. Il faudra alors vérifier que la masse au décollage est inférieure ou égale à la masse maximale structurale, sans oublier de vérifier que cette masse au décollage est compatible avec les performances de l'appareil ainsi qu'à la masse maximale réglementaire pour le scénario opérationnel envisagé.

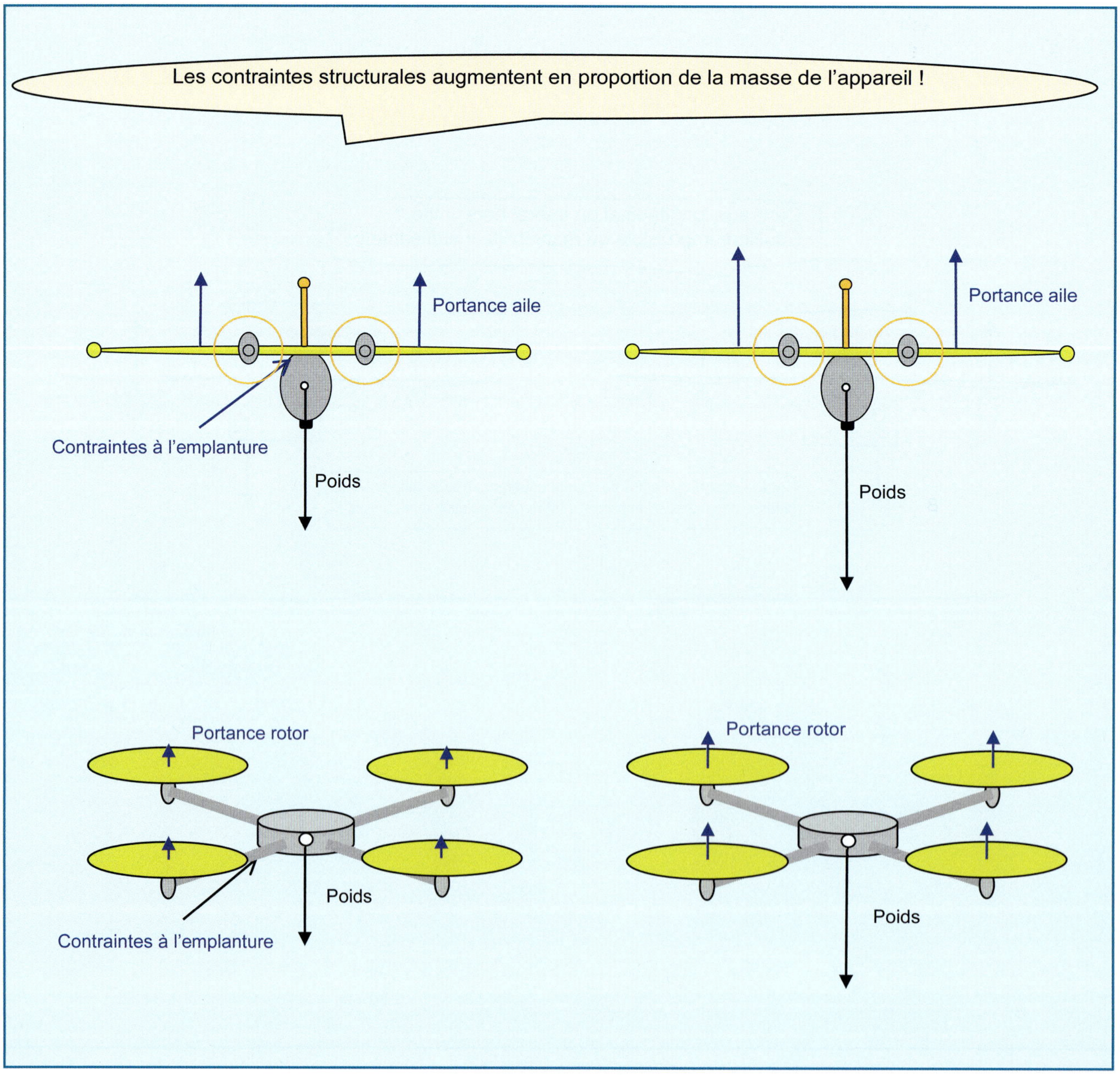


*Fig. 20 - Les contraintes structurales en fonction de la masse de l'appareil.*

# LE DEVIS DE MASSE ET DE CENTRAGE

## La méthode

Cherchons, par la méthode de la balance, la position du centre de gravité d'un objet constitué de trois masselottes fixées sur une tige de masse négligeable.

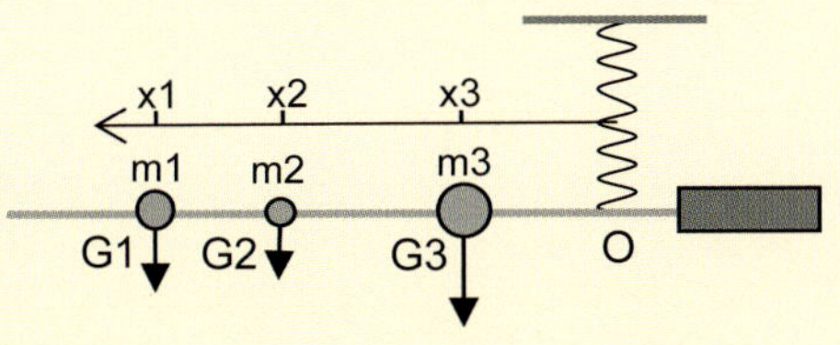


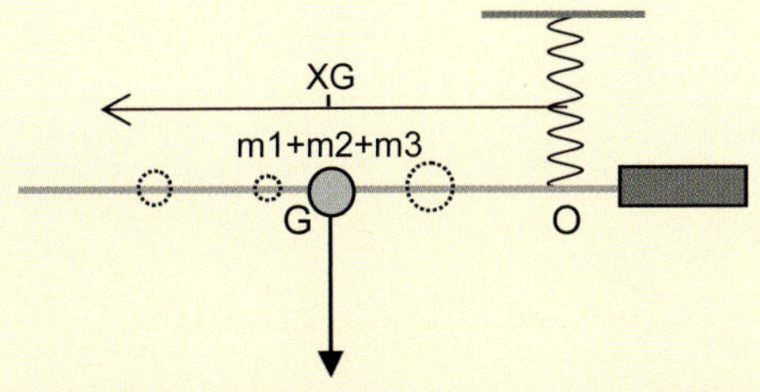


Du point de vue de l'équilibre, les deux représentations précédentes sont équivalentes. Le système constitué par les trois poids élémentaires est équivalent à un poids unique, égal à la somme des trois poids et appliqué au centre de gravité G de l'ensemble des masselottes. La somme des moments par rapport à O des poids élémentaires est égale au moment par rapport à O du poids total, appliqué au centre de gravité G de l'ensemble des masselottes.

$$m1\ g\ OG1 + m2\ g\ OG2 + m3\ g\ OG3 = (m1 + m2 + m3)\ OG$$

L'abscisse XG du centre de gravité du système des trois masselottes est donc égale à :

$$XG = \frac{m1\ x1 + m2\ x2 + m3\ x3}{m1 + m2 + m3}$$

← Somme des moments (numérateur)
← Somme des masses (dénominateur)

## Application

On peut ainsi calculer la position longitudinale du centre de gravité d'un drone en fonction de son chargement comme dans l'exemple ci-dessous.

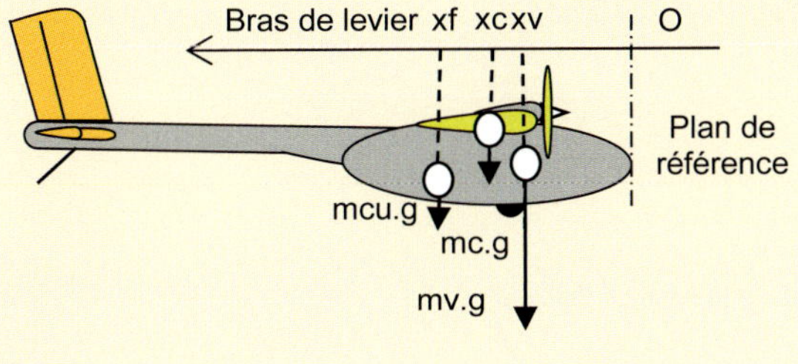


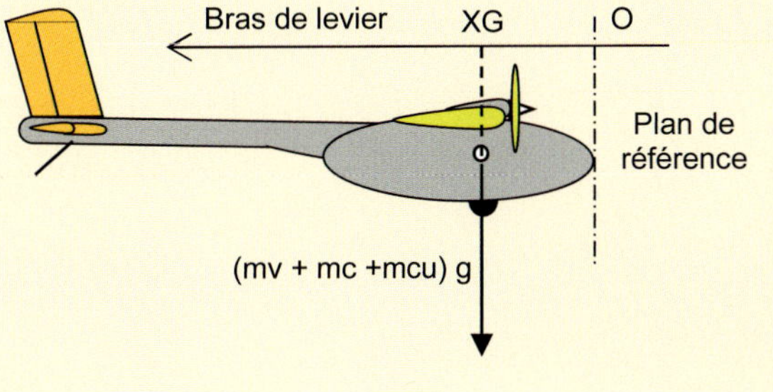


Les bras de levier du centre de gravité du drone à vide et de chaque poste de chargement sont définis par rapport au plan de référence. Connaissant la masse à vide et les masses embarquées, on calcule le centrage par la « Méthode des moments ».

| | Masse | Distance | Moment |
|---|---|---|---|
| Masse à vide | mv | xv | mv.xv |
| Batterie | mc | xc | mc.xc |
| Charge utile | mcu | xcu | mcu.xcu |

Somme des masses = mv + mc + mf
Somme des moments = mv.xv + mc.xc + mcu.xcu
Centrage OG = Total Moments / Masse totale

Devis de masse et de centrage à confronter aux limitations de masse et de centrage !

En pratique, un outil graphique permet de calculer le centrage.

# Météorologie

## PHASE 3

### Objectif de la phase :

***Quelle que soit l'utilisation que vous ferez de votre drone, les connaissances météorologiques de base vous sont indispensables à la stratégie et à la conduite du vol.***

***Cette phase vous apporte les connaissances utiles en météorologie et les applique aux principaux « paysages aérologiques » dans lesquels vous conduirez vos opérations et vous présente les principales sources d'information météorologique pour préparer votre mission en sécurité.***

# L'ATMOSPHÈRE

## L'environnement météorologique

L'environnement atmosphérique joue un rôle majeur dans les performances et l'utilisation d'un aéronef. Il en est ainsi de la température, de la pression, de la densité de l'air, du vent, de la turbulence, de la visibilité, des précipitations, du givrage, de l'orage.

## La machine thermodynamique

L'atmosphère en interaction avec son environnement est une machine thermodynamique planétaire ! L'énergie reçue du soleil et la répartition inégale de cette énergie sur la Terre génèrent les sources chaudes et froides du système. Les mouvements de l'atmosphère, le vent et la turbulence, sont la manifestation de l'énergie mécanique. Les climats, les saisons et la diversité des températures sont la manifestation de l'énergie thermique. L'eau passe par tous ses états et en tous lieux.

## Composition chimique de l'air

L'atmosphère est l'enveloppe gazeuse qui entoure la Terre. L'air atmosphérique est constitué d'air sec, de vapeur d'eau, d'impuretés et de particules microscopiques.

L'air sec est constitué principalement d'azote dans la proportion de 78 % environ, d'oxygène pour 21 % environ, de dioxyde de carbone et d'argon pour environ 1 %, de gaz carbonique et de gaz rares sous forme de traces et dans des proportions variables selon l'altitude.

La vapeur d'eau est un gaz invisible provenant de l'évaporation de l'eau, de la sublimation de la glace ou de l'évapotranspiration du milieu végétal. La vapeur d'eau est présente dans l'air atmosphérique dans des proportions variables et est à l'origine de phénomènes météorologiques majeurs.

## Les nuages

Par refroidissement, la vapeur d'eau présente dans l'atmosphère peut changer d'état, de l'état vapeur à l'état liquide par condensation ou à l'état solide par solidification et former alors un nuage.

Un nuage est un ensemble visible de minuscules particules d'eau liquide ou de glace en suspension dans l'atmosphère.

## Les précipitations

Au sein du nuage, les particules d'eau peuvent être amenées à grossir et atteindre une taille suffisante pour tomber au sol. Ce phénomène, appelé précipitation, boucle le cycle de l'eau.

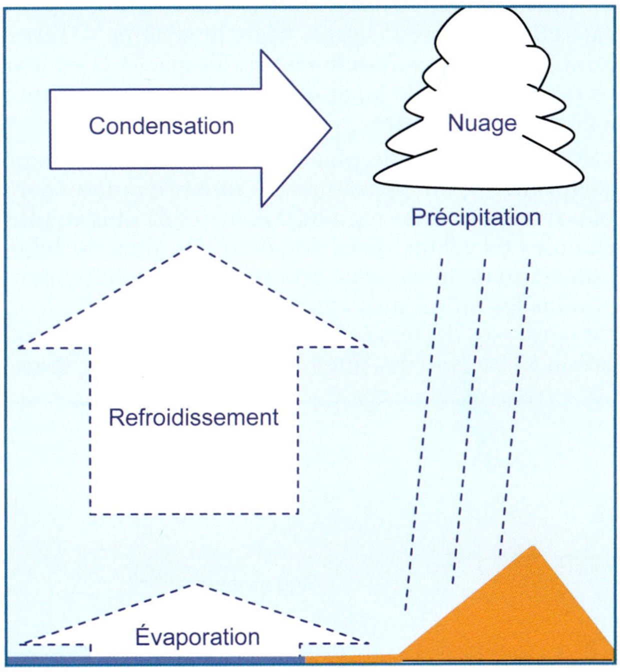


*Fig. 22 - Le cycle de l'eau.*

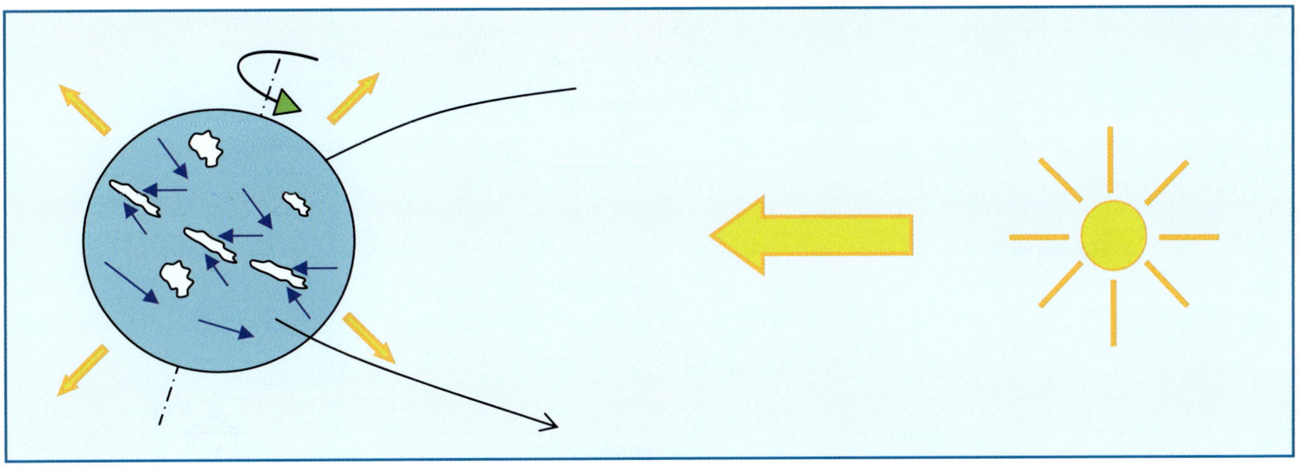

*Fig. 21 - La machine thermodynamique.*

# LES ÉCHANGES DE CHALEUR

## Les échanges d'énergie

Les échanges d'énergie thermique jouent un rôle majeur dans les phénomènes météorologiques. Ces échanges s'opèrent entre l'atmosphère et son environnement et au sein de l'atmosphère.

## Le rayonnement

Le rayonnement est un mode de transport d'énergie sans support matériel. Le rayonnement est un phénomène de nature ondulatoire. Le spectre de fréquence est très large comprenant notamment l'infrarouge, le visible et l'ultraviolet. Tous les corps rayonnent en fonction croissante de leur température. C'est le cas du soleil, de l'atmosphère et de la Terre.

C'est par rayonnement que l'énergie solaire est transmise vers l'atmosphère et la Terre. Une part de ce rayonnement solaire est absorbée. L'autre part est réfléchie vers l'espace. Mais le système « Terre-atmosphère » rayonne aussi vers l'espace ! C'est par ce processus que le bilan radiatif moyen est équilibré à l'échelle planétaire.

Mais à une échelle plus fine, une grande diversité se dessine. Les températures d'équilibre radiatif sont plus froides dans les régions polaires et de plus en plus chaudes en allant vers l'équateur. De plus, le bilan radiatif en un lieu donné évolue avec l'ensoleillement et dans les différentes couches à la verticale du lieu. Ce contraste déclenche des mécanismes de compensation à l'origine des phénomènes météorologiques.

## La convection

De l'air en contact avec une surface plus chaude se dilate. Sa densité devient plus faible que l'air environnant. Cet air s'élève, comme l'explique le principe d'Archimède.

Ainsi, les différences de température dans une masse d'air génèrent un brassage vertical. Le transport d'énergie thermique qui en découle s'appelle la convection.

## La conduction

La conduction est le mode de transfert de la chaleur entre deux corps en contact, la chaleur se transmettant du corps le plus chaud vers le corps le plus froid.

L'air est un mauvais conducteur de la chaleur. Néanmoins, la conduction intervient entre le sol ou l'eau et l'air en contact.

## Les changements d'état de l'eau

C'est un phénomène bien connu, les changements d'état de l'eau s'accompagnent d'une émission ou d'une captation de chaleur.

Ainsi, la condensation de l'eau libère de la chaleur et la vaporisation de l'eau absorbe de la chaleur appelée chaleur latente. Ce phénomène thermodynamique intervient de manière importante dans les échanges de chaleur dans l'atmosphère.

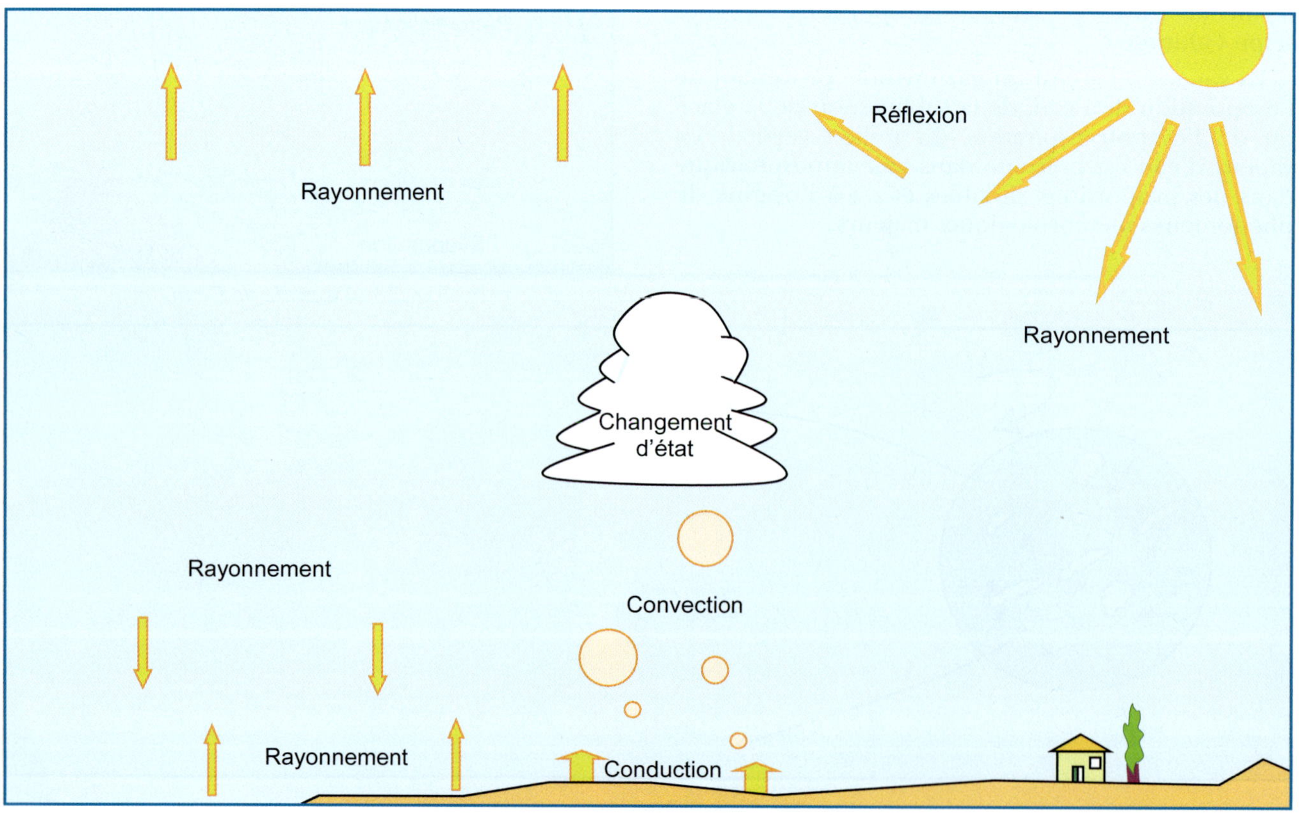


*Fig. 23 - Les transferts de chaleur.*

# LA TEMPÉRATURE

## La température

La température est le premier paramètre définissant l'état de l'atmosphère. Dans le Système International (SI), la température, appelée température absolue, est exprimée en kelvin (K). En météorologie, la température est exprimée en degrés Celsius (°C).

T (K) = t(°C) + 273,15

## Variation de la température

L'atmosphère est un espace de diversité. Les grandes variations temporelles et spatiales de la température en témoignent !

La température varie tout au long de la journée : c'est la variation diurne ou nycthémérale. Cette variation diurne est directement liée au mouvement apparent du soleil. Dans une situation idéale, la température minimale est atteinte ½ heure après le lever du soleil et la température maximale est atteinte environ 2 heures après le passage du soleil au méridien.

La température varie avec les saisons.

La température varie avec la couverture nuageuse, les précipitations, les changements de masse d'air au passage des perturbations et les changements de flux d'air (flux océanique, flux méridien par exemple).

La température varie avec le lieu, plus froide dans les régions polaires et de plus en plus chaude en allant vers l'équateur, du fait de l'hétérogénéité du flux radiatif solaire.

La température varie avec l'altitude. Dans la partie inférieure de l'atmosphère, la température diminue avec l'altitude avec un gradient moyen de 6,5 °C par 1 000 m. Cette couche s'appelle la troposphère et sa limite supérieure s'appelle la tropopause.

Au-dessus de la tropopause, dans la couche appelée stratosphère, la température diminue moins vite avec l'altitude ou reste constante ou, le plus souvent, augmente avec l'altitude.

La tropopause est le niveau le plus bas (au-dessus de 5 000 m) où la température diminue de moins de 2 °C par 1 000 m sur une épaisseur d'au moins 2 000 m.

L'altitude de la tropopause est différente selon le lieu et selon la situation météorologique. Mais en moyenne, la tropopause est plutôt basse dans les régions polaires (8 000 m par exemple) et s'élève en allant vers l'équateur (15 000 m par exemple).

Dans certaines situations météorologiques, on peut rencontrer des couches de la troposphère dans lesquelles la température diminue très faiblement, reste constante voire augmente avec l'altitude. C'est le phénomène de l'inversion. Cette couche particulière s'appelle couche d'inversion.

L'atmosphère est constituée de multiples couches, chacune étant définie par ses propriétés physiques. Dans cette structure, la troposphère est le lieu de la majorité des phénomènes météorologiques et le domaine du vol habituel des aéronefs. C'est bien évidemment aussi l'objet principal de cette phase.

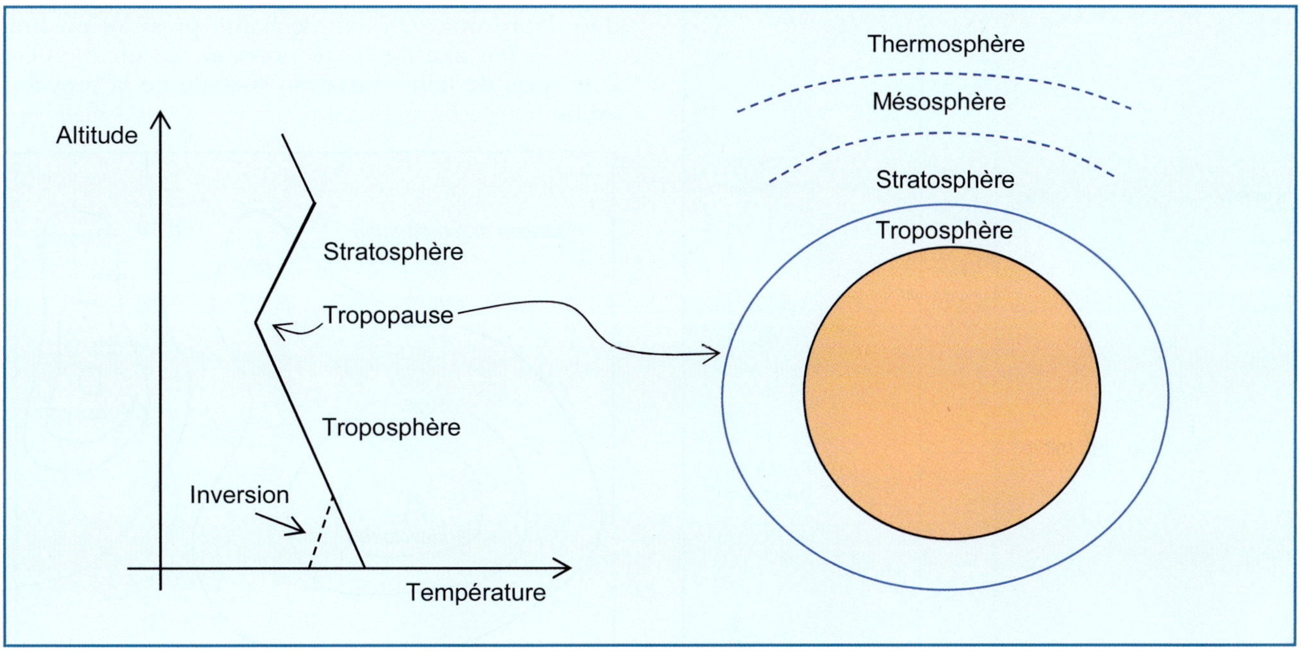


*Fig. 24 - Structure verticale de l'atmosphère.*

# LA PRESSION

## La pression

La pression atmosphérique est la force exercée par l'air sur une paroi de surface unité.

L'unité de mesure de la pression dans le Système International (SI) est le Pascal (Pa). En météorologie, l'unité employée est un multiple de cette unité: l'hectopascal (hPa).

## La pression atmosphérique et l'altitude

À la surface de la Terre en un lieu donné, la pression atmosphérique est égale au poids, par unité de surface, de la colonne d'air à la verticale de ce lieu.

À la verticale d'un lieu, la pression décroît lorsque l'altitude augmente car, à chaque étage, le poids de la colonne d'air à supporter diminue.

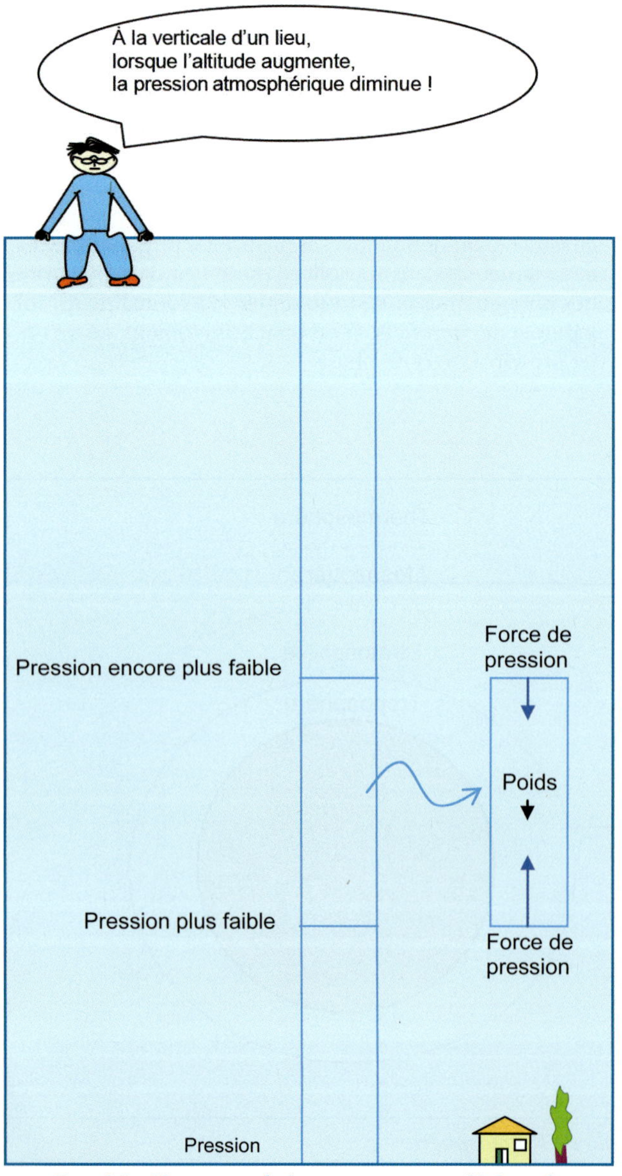


*Fig. 25 - Variation de la pression avec l'altitude.*

La loi de variation de la pression avec l'altitude dépend précisément du poids de chaque élément de la colonne d'air.

## La pression atmosphérique et les conditions météorologiques

La pression atmosphérique en un lieu donné dépend de l'état de la masse d'air, donc des conditions atmosphériques.

On observe des variations régulières de la pression atmosphérique au cours de la journée et en fonction des saisons.

On observe aussi des variations irrégulières de la pression atmosphérique en fonction des conditions météorologiques. Ces variations peuvent être lentes et de longue durée, par exemple plusieurs dizaines d'hectopascals sur 10 à 15 jours. Ces variations peuvent être rapides, par exemple une baisse suivie d'une hausse de la pression sur une période de 24 à 48 heures.

## Le champ de pression

L'ensemble des valeurs de la pression atmosphérique mesurées en un instant donné dans l'atmosphère constitue le champ de pression dont la connaissance est majeure en météorologie.

Ce champ de pression peut être représenté sur les cartes météorologiques.

Une méthode consiste à représenter les valeurs de la pression atmosphérique ramenées au niveau moyen de la mer. Les lignes d'égale pression, appelées isobares, pour des valeurs multiples de 5 hPa figurent sur ces cartes. Un centre de haute pression est un anticyclone. Un centre de basse pression est une dépression. Un axe de haute pression est une dorsale. Un axe de basse pression est un thalweg. Une zone de faible variation spatiale de la pression est un marais barométrique.

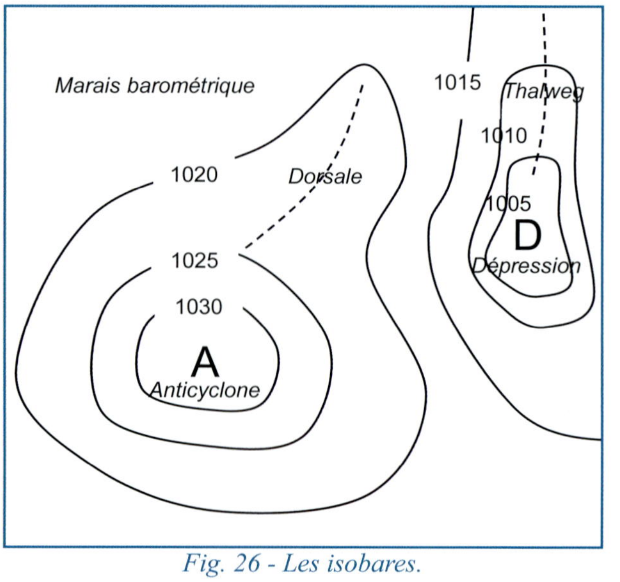


*Fig. 26 - Les isobares.*

# PRESSION, TEMPÉRATURE ET MASSE VOLUMIQUE DE L'AIR

## La masse volumique de l'air

La masse volumique de l'air (ρ) représente la masse par unité de volume. La masse volumique est exprimée en kilogramme par mètre cube (kg/m³) dans le Système International.

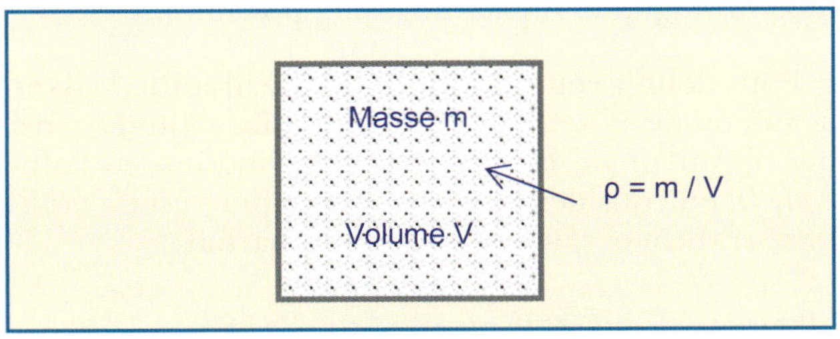


*Fig. 27 - La masse volumique.*

## Lois de Mariotte et de Gay-Lussac

Deux expériences historiques mettent en évidence les relations entre la pression, la température et la masse volumique de l'air.

Si l'on enferme une masse d'air donnée dans un récipient cylindrique muni d'un piston, on observe qu'à température donnée, la pression est inversement proportionnelle au volume, ou, ce qui revient au même, la pression est proportionnelle à la masse volumique. C'est la loi de Mariotte.

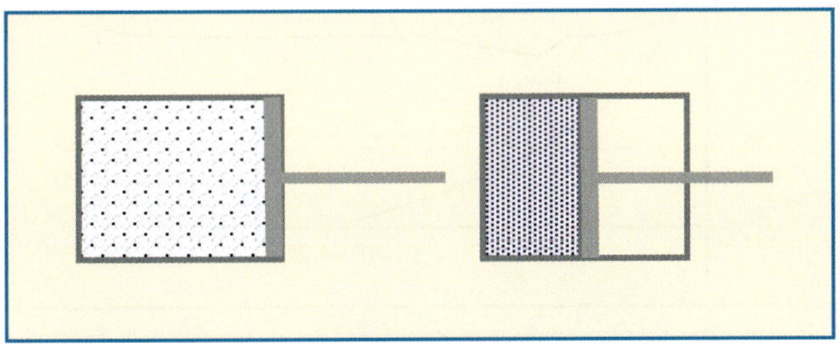

*Fig. 28 - À température donnée, la pression est proportionnelle à la masse volumique.*

Si l'on modifie la température d'une masse d'air donnée dans un volume donné, donc à masse volumique donnée, on observe que la pression est proportionnelle à la température absolue. C'est la loi de Gay-Lussac.

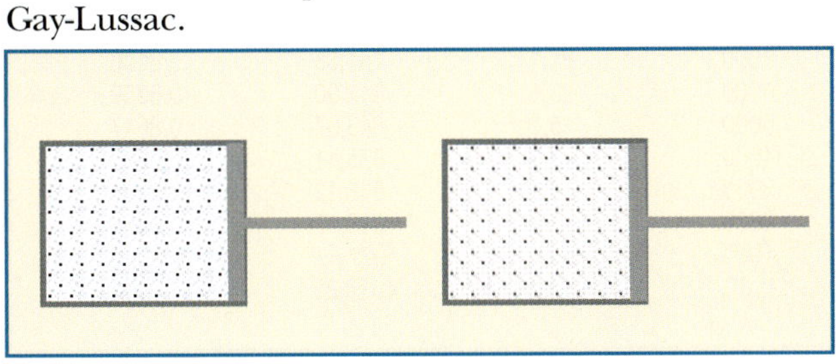

*Fig. 29 - À masse volumique donnée, la pression est proportionnelle à la température absolue.*

## L'équation d'état des gaz parfaits

L'air vérifie, en très bonne approximation, l'équation d'état des gaz parfaits.

La pression, la température et la masse volumique de l'air sont liées par la relation suivante :

$$\rho = \rho 0 \cdot \frac{P}{P0} \cdot \frac{T0}{T}$$

Avec :
$T(K) = t(°C) + 273,15$
$P0 = 1013,25$ hPa
$T0 = 288,15$ K
$\rho 0 = 1,225$ kg/m³

La densité de l'air σ étant, par définition, égale au rapport de la masse volumique ρ à la masse volumique ρ0, la relation précédente devient :

$$\sigma = \frac{P}{P0} \cdot \frac{T0}{T}$$

## Applications pratiques

Pour une température donnée, la masse volumique de l'air est proportionnelle à la pression.

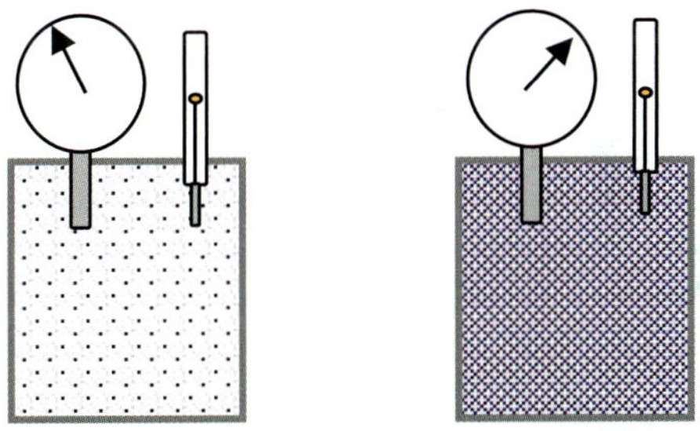

| | |
|---|---|
| $t = 20°C$, $P = 753$ hPa<br>$\rho = 0,895$ kg/m³ | $t = 20°C$, $P = 812$ hPa<br>$\rho = 0,965$ kg/m³ |

Pour une pression donnée, la masse volumique de l'air est inversement proportionnelle à la température absolue.

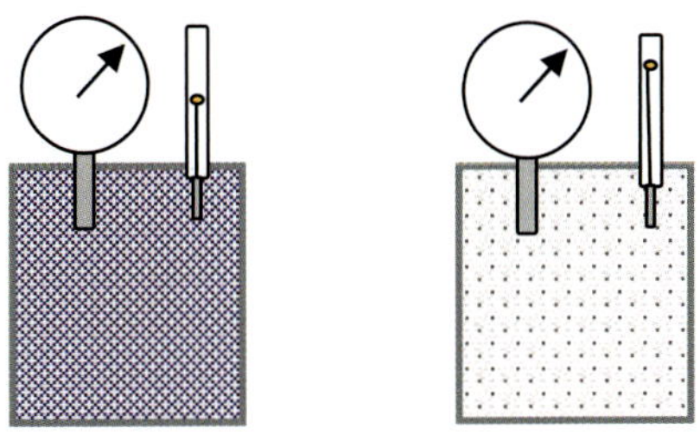

| | |
|---|---|
| $t = 20°C$, $P = 812$ hPa<br>$\rho = 0,965$ kg/m³ | $t = 35°C$, $P = 812$ hPa<br>$\rho = 0,918$ kg/m³ |

# LA DIVERSITÉ DE L'ATMOSPHÈRE

## Introduction

Nous avons vu qu'à la verticale d'un lieu donné, la pression atmosphérique diminue lorsque l'altitude augmente. Mais les valeurs précises de la pression à chaque altitude dépendent de la valeur de la masse volumique de l'air à chaque altitude.

Si l'on effectue un sondage à la verticale d'un même lieu à deux instants différents ou à la verticale de deux lieux différents, on trouvera des lois de variation de la pression et de la température avec l'altitude différentes.

Pour illustrer le propos et pour faire suite à ce qui a été évoqué en phase 1, comparons deux situations aérologiques sur une très faible hauteur au niveau de la mer : une atmosphère chaude et une atmosphère froide avec une pression atmosphérique à l'altitude 0 identique dans les deux cas.

La masse volumique moyenne de l'air d'un petit cylindre situé entre les altitudes 0 et z est plus faible dans l'atmosphère chaude que dans l'atmosphère froide. La pression à l'altitude z est plus forte en atmosphère chaude que la pression en atmosphère froide. En atmosphère chaude, la pression atmosphérique diminue donc moins vite avec l'altitude qu'en atmosphère froide.

Cet exemple peut être généralisé. La loi de variation de la pression atmosphérique avec l'altitude dépend de la pression à l'altitude 0 et de la loi de diminution de la température avec l'altitude. À une pression à l'altitude 0 et une répartition verticale de la température données correspond une et une seule loi de variation de la pression avec l'altitude.

Il y a donc autant de structures verticales de l'atmosphère que de situations météorologiques !

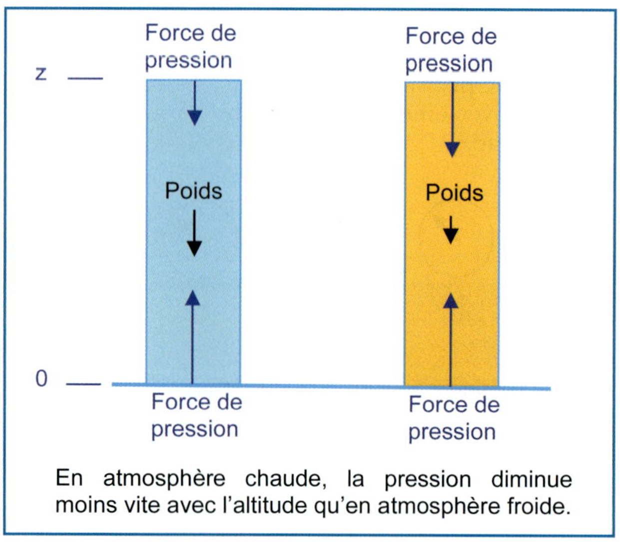


*Fig. 30 - Effet de la température sur la variation verticale de la pression.*

## L'atmosphère type

Devant cette infinie diversité, il s'est avéré utile de définir une atmosphère de référence. Cette atmosphère conventionnelle, appelée atmosphère type ou atmosphère ISA, doit être à la fois plausible et se situer « à la moyenne » de l'infinité des situations météorologiques ou aérologiques possibles.

Pour définir cette atmosphère type, il suffit de fixer la valeur de la température à chaque altitude ainsi que la valeur de la pression atmosphérique à l'altitude 0, en considérant que l'atmosphère est en équilibre vertical et que l'air est un gaz parfait :

> Pression à l'altitude 0 → P0 = 1 013,25 hPa
>
> Température à l'altitude 0 → t0 = 15 °C
>
> Décroissance de la température 6,5 °C par 1 000 m entre 0 et 11 000 m (altitude tropopause = 11 000 m)

Ayant fixé ces quatre hypothèses, l'équation d'état des gaz parfaits et la relation fondamentale de l'hydrostatique permettent de déduire les valeurs de la pression et de la masse volumique de l'air, donc de la densité, à chaque altitude.

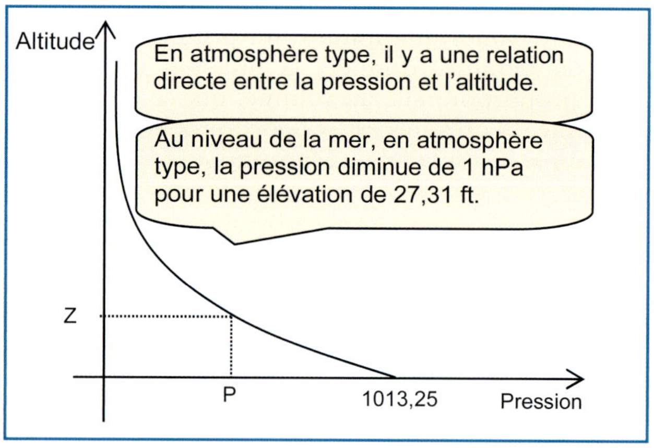


| Altitude (ft) | Température (°C) | Pression (hPa) | Densité (ρ/ρ0) |
|---|---|---|---|
| 15000 | -14,7 | 571,82 | 0,6292 |
| 14000 | -12,7 | 595,24 | 0,6500 |
| 13000 | -10,8 | 619,43 | 0,6713 |
| 12000 | -8,8 | 644,41 | 0,6932 |
| 11000 | -6,8 | 670,20 | 0,7156 |
| 10000 | -4,8 | 696,82 | 0,7385 |
| 9000 | -2,8 | 724,28 | 0,7620 |
| 8000 | -0,8 | 752,62 | 0,7860 |
| 7000 | +1,1 | 781,85 | 0,8106 |
| 6000 | +3,1 | 812,00 | 0,8359 |
| 5000 | +5,1 | 843,07 | 0,8617 |
| 4000 | +7,1 | 875,11 | 0,8881 |
| 3000 | +9,1 | 908,12 | 0,9151 |
| 2000 | +11,0 | 942,13 | 0,9428 |
| 1000 | +13,0 | 977,17 | 0,9711 |
| 0 | +15,0 | 1013,25 | 1,0000 |

*Fig. 31 - L'atmosphère type.*

# L'ALTITUDE-PRESSION ET L'ALTITUDE-DENSITÉ

## Définitions

En aéronautique, il est d'usage d'exprimer la pression et la densité de l'air en se référant à l'atmosphère type.

Ayant mesuré, en un lieu donné et à un instant donné, une valeur de la pression atmosphérique et une valeur de la densité de l'air, on peut traduire ces valeurs en altitude-pression Zp et en altitude-densité Zσ.

L'altitude-pression Zp est l'altitude à laquelle règne, en atmosphère type, la pression ambiante mesurée.

L'altitude-densité Zσ est l'altitude à laquelle règne, en atmosphère type, la densité ambiante mesurée.

Cette représentation est parlante pour le pilote. Ainsi, dire qu'à 1 500 m d'altitude, en été en montagne, la densité de l'air ambiante correspond à une altitude-densité de 2 400 m est représentatif !

## Exemples

Si la pression atmosphérique est égale à 812 hPa, l'altitude-pression, lue dans la table de l'atmosphère type, est égale à 6 000 ft. La pression ambiante est égale à la pression régnant à 6 000 ft en atmosphère type.

Un jour, à 110 m d'altitude, avec une pression atmosphérique égale à 1 013,25 hPa et une température égale à 15 °C, la masse volumique de l'air, calculée avec la formule présentée précédemment, est égale à 1,225 kg/m³. La densité de l'air est égale à 1. Dans ces conditions ambiantes, l'altitude-densité est égale à 0. Du point de vue des performances, tout se passe comme si l'aéronef volait au niveau de la mer en atmosphère type.

En montagne, en été à 1 550 m d'altitude, avec une pression ambiante égale à 832 hPa et une température égale à 28 °C, la densité de l'air est égale à 0,786 et l'altitude-densité est égale à 2 440 m.

Attention aux vols en montagne en été !

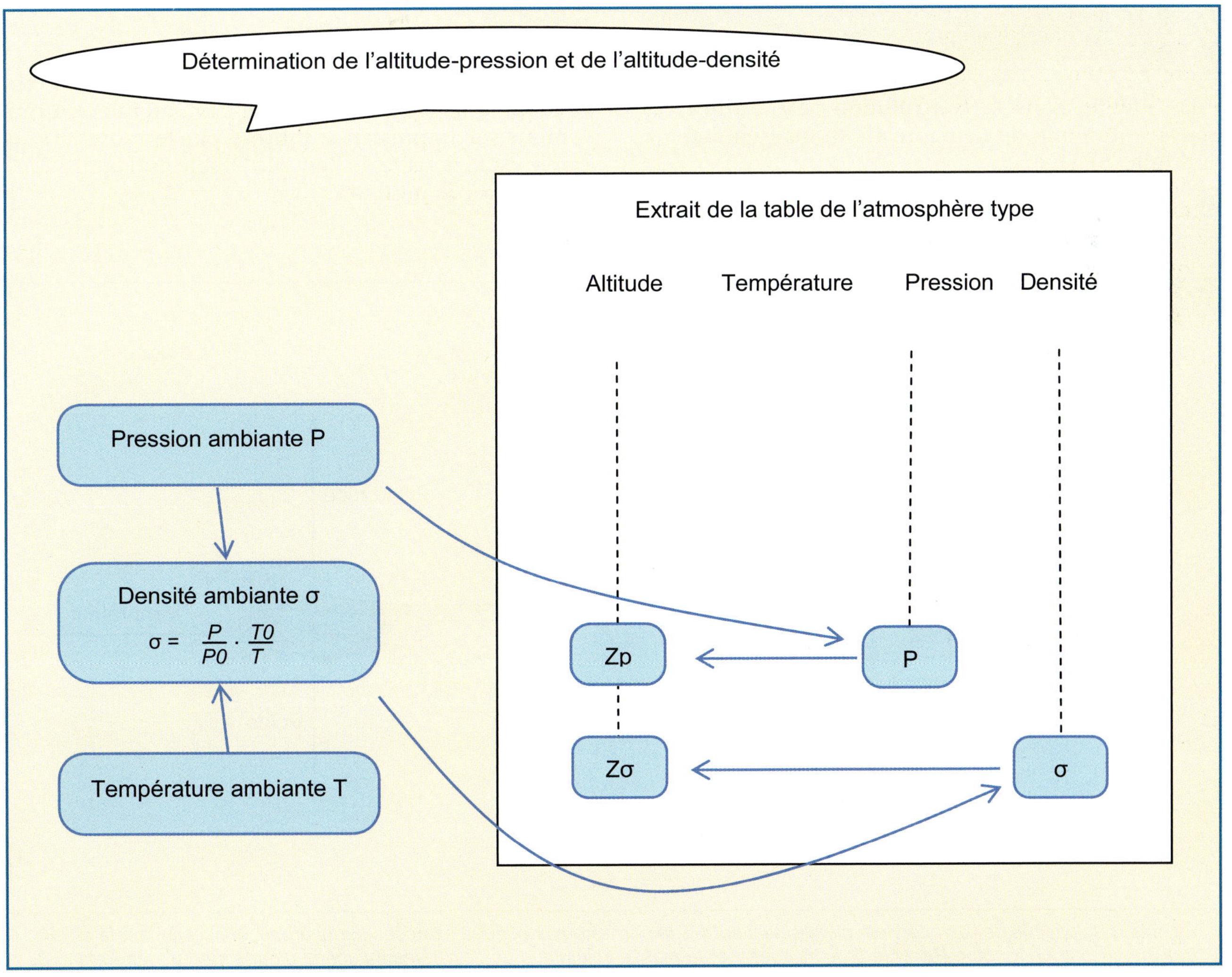


*Fig. 32 - De la pression et la densité de l'air à l'altitude-pression et l'altitude-densité.*

# LA DENSITÉ DE L'AIR ET LES PERFORMANCES

## Introduction

La pression et la température de l'air interviennent dans l'ensemble du processus du vol d'un aéronef, de la sustentation à la propulsion.

La pression et la température déterminent en particulier la masse volumique de l'air, c'est-à-dire la masse d'air par unité de volume.

## La sustentation

En aérodynamique, la masse volumique de l'air $\rho$ intervient du point de vue « inertie ». La présence, visible ou cachée, de ce paramètre $\rho$ dans les formules exprimant l'intensité des forces aérodynamiques l'atteste.

Ainsi, dans la contribution à la portance, la masse volumique de l'air intervient en facteur multiplicatif. Pour un profil d'aile donné recevant un vent relatif donné à une incidence donnée (Cz donné), la portance générée est proportionnelle à la masse volumique de l'air.

$$\text{Portance d'un profil} = \frac{1}{2} \rho V^2 S C_z$$

De même, dans la contribution à la traînée, la masse volumique de l'air intervient aussi en facteur multiplicatif.

$$\text{Traînée d'un profil} = \frac{1}{2} \rho V^2 S C_x$$

## La puissance nécessaire

La puissance nécessaire, comme son nom l'indique, est la puissance qu'il faut fournir à l'aéronef pour assurer l'équilibre du vol à une vitesse-air donnée.

En vol rectiligne en palier stabilisé, cet équilibre est réalisé lorsque la portance est égale au poids et lorsque la traction de l'hélice est égale à la traînée.

Or le calcul montre, en utilisant les formules de la portance et de la traînée, qu'aux vitesses usuelles de vol, la puissance nécessaire augmente lorsque la masse volumique de l'air diminue.

## La propulsion

La traction ou la poussée des rotors est le fruit de la portance des pales en rotation dans l'air. La traction ou la poussée qu'ils exercent sur l'aéronef pour une puissance moteur donnée à une vitesse-air donnée, dépend de la masse volumique de l'air. Un ensemble « Moteur-hélice » donné possède une altitude-densité à laquelle le rendement est optimal. En règle générale, les performances diminuent lorsque l'altitude-densité augmente.

Pour un moteur thermique, plus rare sur les drones, la masse volumique de l'air intervient directement sur la puissance fournie par le moteur. Plus faible est la densité de l'air, plus faible est la puissance fournie par le moteur.

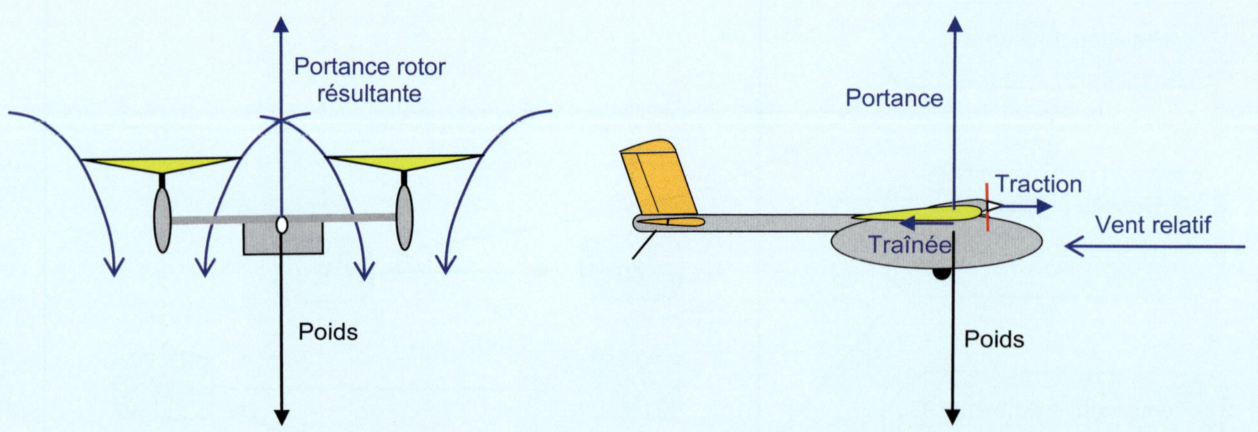


*La masse volumique de l'air intervient directement sur les forces aérodynamiques exercées sur le drone, aussi bien sur la cellule que sur l'hélice ou le rotor. Par voie de conséquence, la masse volumique de l'air a une influence directe sur les performances de l'appareil. Attention aux vols en montagne en été !*

*Fig. 33 - Influence de la masse volumique de l'air sur les performances.*

# L'ALTIMÉTRIE EN AÉRONAUTIQUE

## Altitude et hauteur

L'altimétrie est un procédé de mesure de la distance verticale entre l'instrument et un niveau de base prédéfini.

Si le niveau de base est une référence générale, notamment le niveau moyen des mers, on mesurera une altitude.

Si le niveau de base est celui d'un point particulier, naturel ou artificiel, par exemple le sommet d'une montagne, le seuil de piste ou le sommet d'une antenne, on mesurera une hauteur par rapport au point choisi.

Ainsi, l'altitude d'un aéronef à la verticale d'un lieu est égale à la somme de sa hauteur par rapport à ce lieu et de l'altitude du lieu figurant sur une carte topographique.

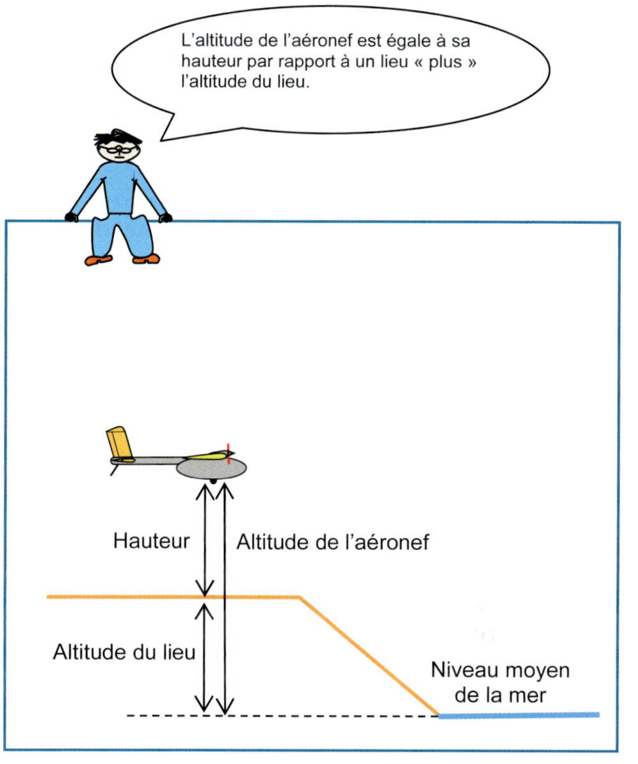


*Fig. 35 - L'altitude et la hauteur.*

## L'altimètre barométrique

Les drones sont dotés d'une chaîne de mesure altimétrique dont la précision répond aux exigences opérationnelles de cette activité. Le dispositif a été décrit en phase 1.

Dans l'aviation « classique », l'altimètre est un baromètre gradué en altitude selon une loi de calibration standard. L'instrument est constitué d'un capteur de pression, d'un dispositif de calage et d'un mécanisme de traduction de ces valeurs selon la loi de l'atmosphère type avec un recalage de zéro en fonction de la pression de calage.

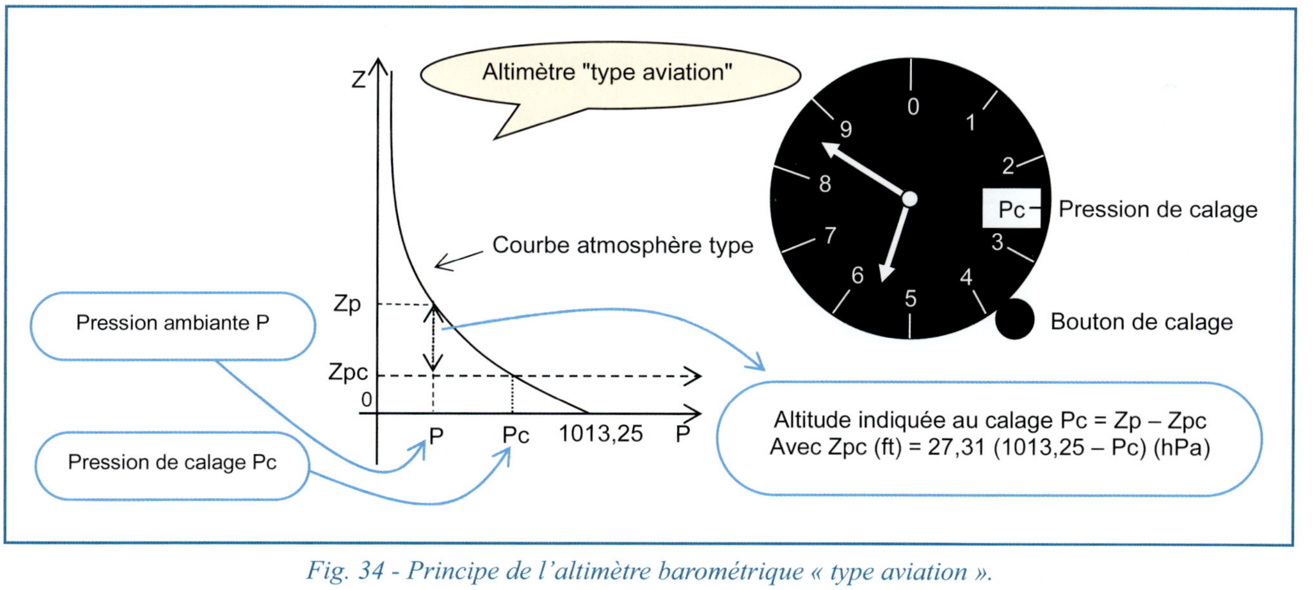


*Fig. 34 - Principe de l'altimètre barométrique « type aviation ».*

Il est utile de connaître les trois valeurs particulières de la pression de calage de l'altimètre utilisées en aéronautique : le QFE, le QNH et la pression 1 013,25 hPa. Le calage QFE est le calage qu'il faut afficher pour que l'altimètre indique 0 à un point particulier de l'aérodrome (point le plus élevé de l'aire d'atterrissage, ou seuil de piste pour les approches de précision). En vol, à ce calage, l'altimètre indiquera donc une hauteur par rapport à ce point. Le calage QNH est le calage qu'il faut afficher pour que l'altimètre indique l'altitude de l'aérodrome lorsque l'aéronef est posé sur celui-ci. Le QNH est déterminé au même point que le QFE. Le calage 1 013,25, ou calage standard, est utilisé par tous les aéronefs volant au-dessus d'une altitude spécifiée par la réglementation. Au calage 1 013,25, l'altimètre indique l'altitude-pression Zp. Le niveau de vol (FL) correspondant est exprimé en multiple de 100 ft. Par exemple, lorsque l'altimètre au calage 1 013 indique 8 500 ft, on vole au FL 85.

# LES FORCES ET LE MOUVEMENT DE L'AIR

## Le mouvement de l'air

Les forces de pression sont à l'origine de la mise en mouvement des particules d'air.

Une fois le mouvement initié, d'autres forces peuvent interagir. En particulier, la force d'inertie de Coriolis liée au fait que le référentiel Terre est un référentiel tournant et les forces d'interaction à la surface de la Terre.

En fonction de la situation (relief, obstacles, stabilité de l'atmosphère) et de l'échelle d'observation, le mouvement des particules d'air pourra être laminaire ou turbulent.

Un écoulement laminaire est caractérisé par un vent constant en force et en direction à l'échelle d'observation considérée, c'est-à-dire, dans notre cas, à l'échelle du vol de l'appareil.

Un écoulement turbulent se caractérise par des variations, dans l'espace et dans le temps, de la vitesse et de la direction du vent. Ce phénomène, potentiellement dangereux, a des conséquences sur le comportement de l'appareil. Plus forte est la turbulence, plus difficile est le pilotage ! La présence de turbulence est donc un critère majeur de décision d'entreprendre ou de poursuivre le vol.

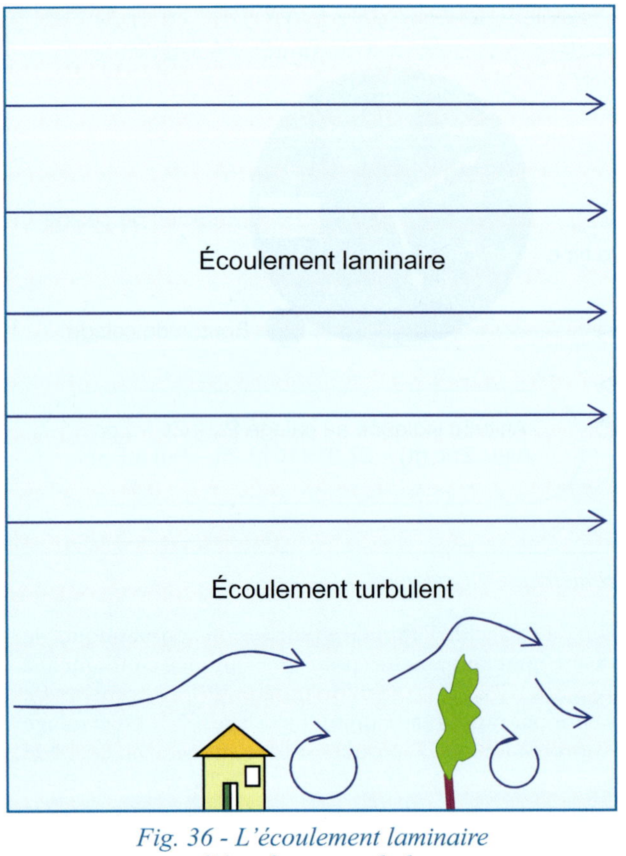


*Fig. 36 - L'écoulement laminaire et l'écoulement turbulent.*

## Le vent en météorologie

Les deux instruments de la mesure du vent en météorologie, la girouette et l'anémomètre, illustrent la notion de vent pour le météorologiste.

En météorologie, le vent est la composante horizontale du vecteur-vitesse de l'air par rapport au sol. Le vent est représenté par la direction d'où il souffle, exprimée en degrés par rapport au Nord géographique, et par son intensité ou sa vitesse, exprimée dans l'unité de mesure choisie (mètre par seconde (m/s) dans le Système International et nœud (kt) en aéronautique). Les valeurs présentées dans les bulletins météo sont des valeurs moyennes dont l'échantillonnage dépend du besoin opérationnel.

Par exemple, un vent du « 360° 10 kt » est un vent soufflant du Nord et dont la vitesse moyenne est égale à 10 nœuds, soit 18 520 mètres par heure. En conversion rapide, on prendra la formule : $1 \text{ m/s} \approx 2 \text{ kt}$.

Dans le message d'observation météorologique METAR, la moyenne d'échantillonnage est égale à 10 minutes et la valeur de la direction du vent est arrondie à la dizaine de degrés la plus proche. Lorsque le vent est irrégulier, c'est-à-dire lorsque le vent souffle en rafales, le message indique ce phénomène avec la valeur maximale instantanée de la vitesse si celle-ci est supérieure d'au moins 10 kt à la vitesse moyenne ainsi que la plage de variation de la direction du vent.

Par exemple, dans un message METAR, 18010G20KT exprime que le vent souffle de la direction 180° (vent de Sud) et que sa vitesse est de 10 nœuds avec des rafales (Gust en anglais) à 20 nœuds.

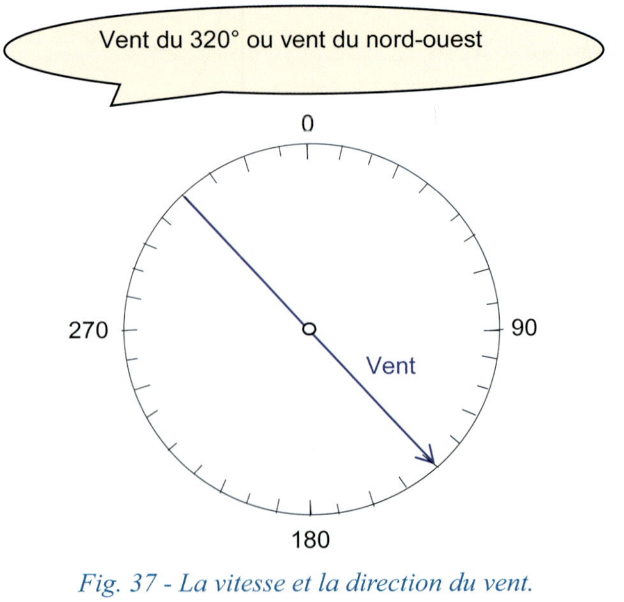


*Fig. 37 - La vitesse et la direction du vent.*

# LES VENTS MODÈLES

## Le vent géostrophique

En altitude, loin de toute influence du sol, et en l'absence d'instabilité verticale liée à la convection, le vent est souvent très régulier.

Sur les cartes météorologiques, on observe alors que la direction du vent est parallèle aux isobares. On observe aussi que le vent laisse les basses pressions à sa gauche et les hautes pressions à sa droite. C'est la règle de Buys-Ballot. On remarque également que la vitesse du vent est d'autant plus grande que les isobares sont resserrées.

Ce vent, issu d'un modèle très réaliste, est appelé vent géostrophique. La vitesse des particules d'air est constante, en équilibre sous l'action des forces de pression et de la force de Coriolis.

## Le vent à basse hauteur

À basse hauteur, dans la couche d'interaction avec le sol ou la mer, les forces de frottement interviennent. En régime permanent, dans le plan horizontal, un nouvel équilibre s'opère. La composante des forces de pression, perpendiculaire à la vitesse, équilibre la force de Coriolis. La composante des forces de pression, parallèle à la vitesse, équilibre la force de frottement. La vitesse et la direction du vent à basse hauteur résultent de ce nouvel état d'équilibre.

Dans les basses couches, par rapport au vent en altitude, le vent est ralenti et légèrement convergent autour d'une dépression et légèrement divergent autour d'un anticyclone. Le phénomène de frottement étant plus important sur terre que sur mer, la convergence, la divergence et le ralentissement sont plus forts sur terre que sur mer.

La loi de Buys-Ballot énonce que, dans l'hémisphère Nord, un observateur qui se place « dos au vent » a la dépression à sa gauche et l'anticyclone à sa droite et inversement dans l'hémisphère Sud.

Les pilotes et les habitants du sud-est de la France connaissent tous ce vent violent mais qui procure un ciel très dégagé : Le Mistral. Ce phénomène provient d'un puissant anticyclone situé sur les Açores (à l'Ouest du Portugal) et d'une dépression sur le Golfe de Gênes. Grâce à l'effet combiné de la rotation des vents dans le sens des aiguilles d'une montre autour de l'anticyclone, de la rotation des vents dans le sens antihoraire autour de la dépression et du relief creusé dans la vallée du Rhône provoquant un effet Venturi, il n'est pas rare de relever des vents au sol atteignant 50 kt. L'orientation des pistes dans cette région tient naturellement compte de cette particularité.

L'influence du frottement sur le vent dans les basses couches est bien observable. D'un point de vue statistique, la convergence ou la divergence et le ralentissement à la surface ont les valeurs moyennes suivantes : 10° et ⅔ du vent géostrophique sur mer et 30° et ½ du vent géostrophique sur terre.

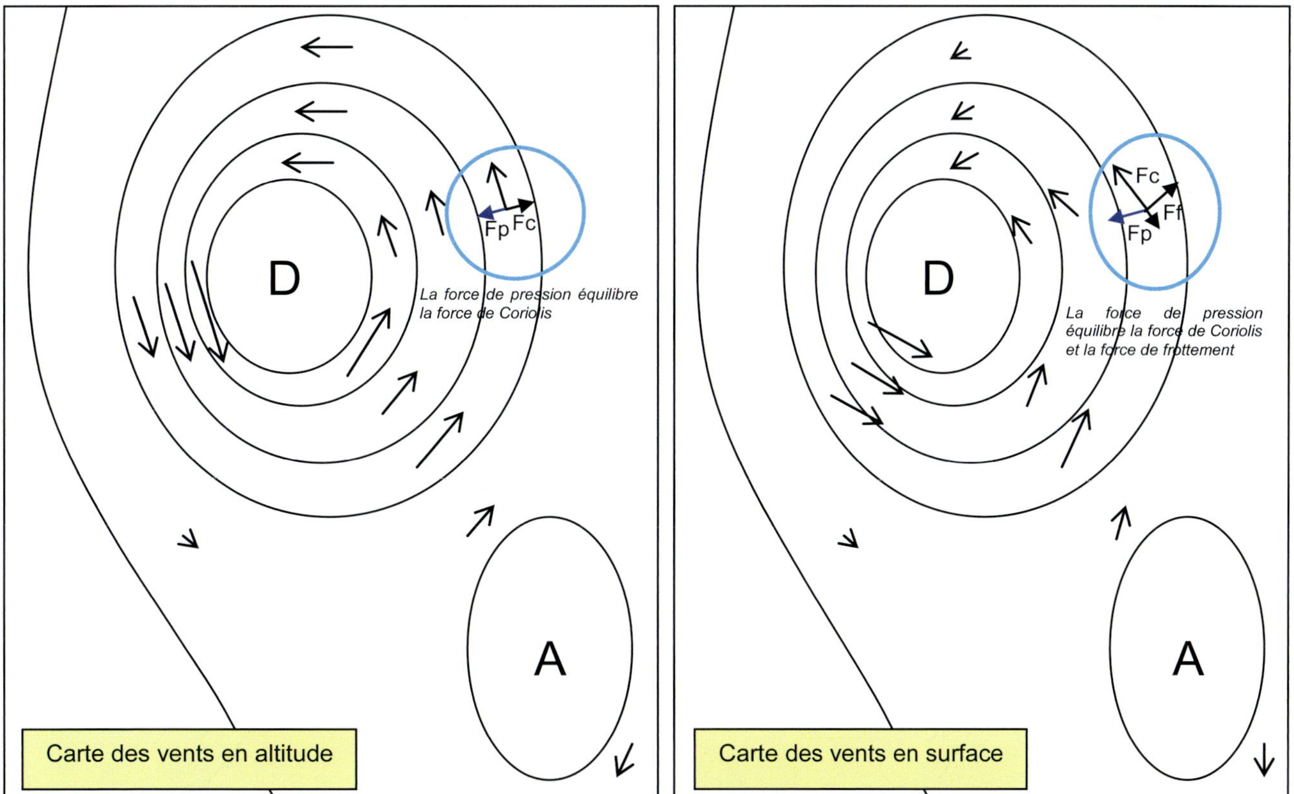


*Fig. 38 - Vent en altitude et vent en surface.*

# LA BRISE

## Définition

La brise est un vent local qui est généré par le contraste thermique entre deux zones contiguës en situation faiblement anticyclonique ou de marais barométrique. Au-dessus de la surface chaude, un phénomène de convection s'opère. Une dépression relative est générée. Une circulation d'air se met en place. C'est le phénomène de la brise.

## Le phénomène

En journée ensoleillée, la brise de mer est observée à proximité des côtes, soufflant de la mer vers la terre avec une vitesse de 10 à 15 kt. De même, la brise de vallée et la brise de pente ascendantes sont observées en montagne soufflant à une vitesse de 5 à 10 kt.

La nuit, par ciel clair, en l'absence de vent synoptique significatif, la brise de terre est observée à proximité des côtes soufflant de la terre vers la mer avec une vitesse de 5 à 10 kt. La brise de vallée et les brises de pente descendantes sont observées en montagne.

La brise est un phénomène à petite échelle. La force de Coriolis occupe une place mineure dans l'équilibre des forces. Néanmoins, on observe une rotation des vents à l'Ouest au fil de la journée dans le cas de la brise de mer.

Pour se rappeler facilement si la brise de mer souffle de la côte vers le large ou du large vers la côte, lors d'une belle journée ensoleillée, il suffit de se dire que la nature est bien faite… La journée, les matelas pneumatiques et bouées de nos enfants auront tendance à revenir vers la plage, et inversement la nuit !

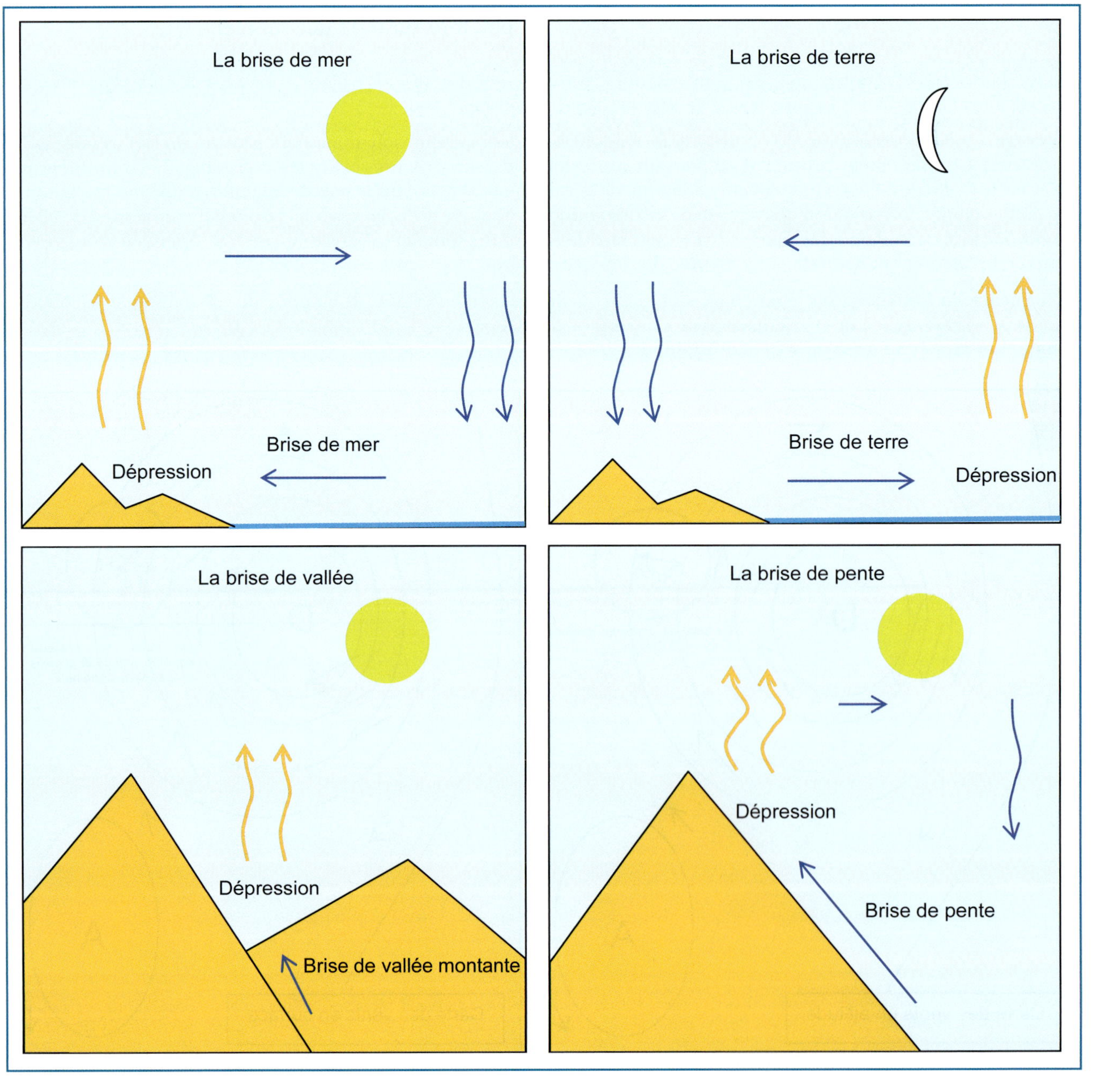


*Fig. 39 - Les différents types de brise.*

# LA TURBULENCE DE FROTTEMENT

## Les phénomènes

Un vent, laminaire en altitude, prendra, dans les basses couches, des caractéristiques parfois très différentes à cause des forces d'interaction avec le sol.

Ce phénomène potentiellement dangereux s'appelle la turbulence de frottement.

Dans la couche limite d'interaction avec le sol, appelée couche limite atmosphérique, couche turbulente ou couche de frottement, on peut observer des tourbillons, des ascendances, des rabattants, et une grande variation spatiale de la force et de la direction du vent, ce dernier phénomène étant appelé cisaillement de vent. Au fur et à mesure que l'on s'approche du sol, dans une couche de faible épaisseur appelée couche limite, la vitesse du vent diminue progressivement. Ce phénomène, associant frottement du sol et viscosité de l'air, est appelé gradient de vent.

L'importance de la turbulence de frottement dépend de la vitesse du vent, de la topographie du terrain, de la présence d'obstacles et de la nature du sol et du relief. Plus le vent est fort ou plus le sol est rugueux, plus la turbulence est forte.

## Précautions

Les drones évoluant à faible hauteur, et souvent à proximité d'obstacles naturels ou artificiels, le télépilote devra être attentif à l'ensemble des phénomènes aérologiques liés à la turbulence de frottement. Cette prise de conscience interviendra dans la préparation de la mission, dans la prise de décision avant décollage et dans la conduite de l'appareil.

En fonction des prévisions météorologiques et des résultats de l'observation sur le terrain, le télépilote définira avec précision son plan de vol, hauteur de vol et zone d'évolution notamment, et pourra juger nécessaire de reporter la mission à une période plus favorable.

Plus le vent est fort, plus la turbulence de frottement est forte. Plus le relief et les obstacles sont marqués, plus la turbulence de frottement est forte. Plus la hauteur de vol est élevée, plus la vitesse du vent est grande. Le vent et l'instabilité convective conjugueront leurs effets sur la turbulence. De même, l'extension verticale de la couche turbulente dépend de l'ensemble de ces facteurs.

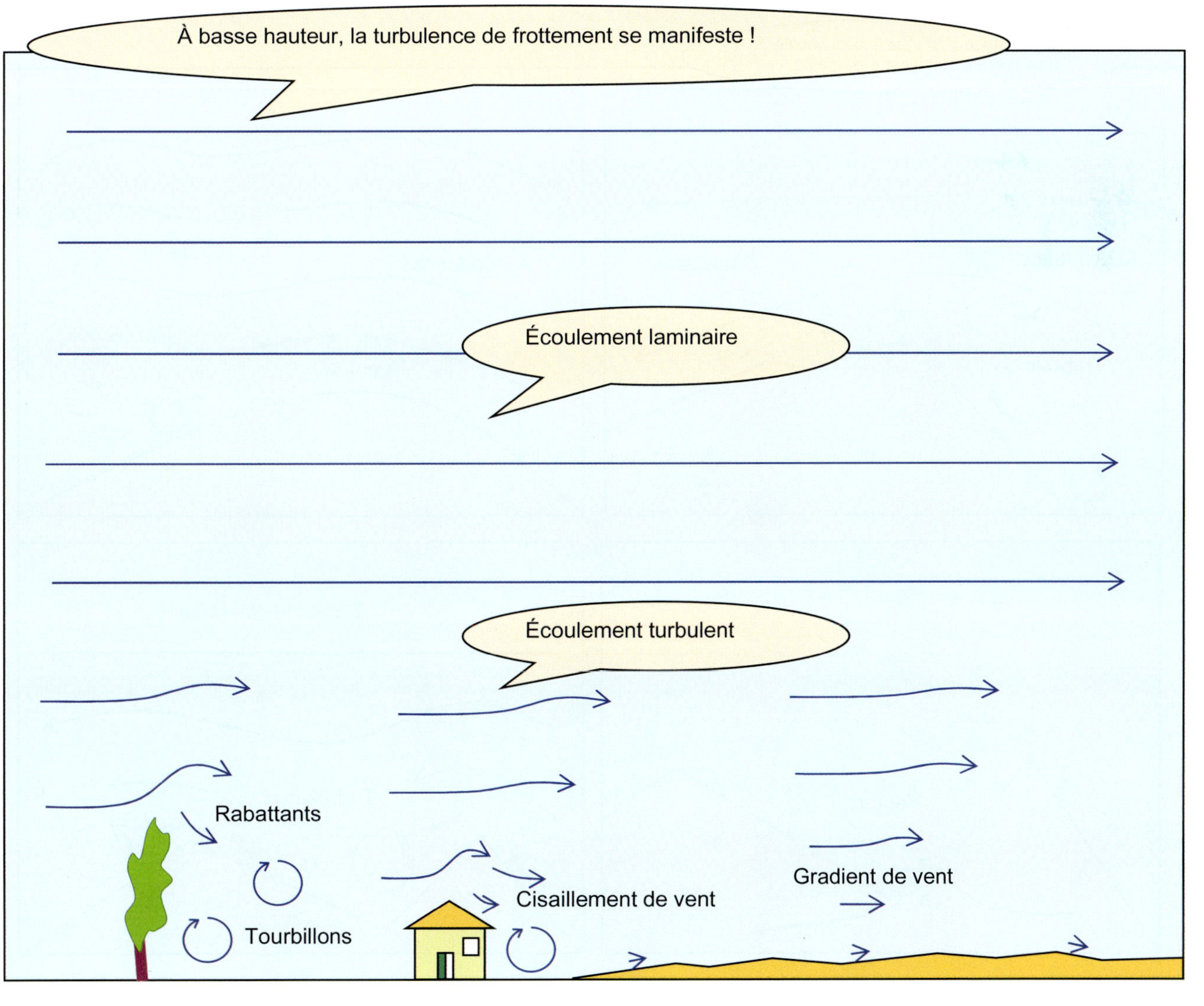


*Fig. 40 - Turbulence de frottement*

# LA TURBULENCE DE RELIEF

## Le phénomène

Un vent parfaitement laminaire en altitude générera, à proximité du relief, un ensemble de phénomènes potentiellement dangereux pour l'aéronautique. Ces phénomènes entrent dans le cadre de la turbulence de relief ou turbulence orographique.

Au vent du relief se formeront les ascendances. Ces ascendances pourront prendre un caractère laminaire ou turbulent en fonction de la topographie du terrain et de la nature de la végétation.

Sur les crêtes, au passage des cols et dans les vallées orientées dans l'axe du vent, la vitesse du vent pourra augmenter de manière importante. C'est l'effet Venturi caractérisé par une augmentation de la vitesse du vent lorsque la section de la veine d'air diminue.

Sous le vent du relief et dans toutes les aspérités du terrain se formeront des tourbillons, des rabattants, de la turbulence, du cisaillement de vent.

Plus le vent est fort, ou plus le relief est accidenté, plus la turbulence de relief est forte.

## Précautions

Le télépilote devra être attentif à ces phénomènes tout d'abord dans la prise de décision et dans la conduite de son appareil et ce, d'autant plus que le relief est marqué et que le vent est significatif.

Les caractéristiques de l'écoulement dépendent de la force et de la direction du vent, de la nature du sol et des caractéristiques du relief. Ainsi, sur le versant « au vent » de la montagne, le vent sera laminaire et ascendant pour des pentes faibles et plutôt « lisses ». Pour une pente forte et sur des cassures de pente, on trouvera, sur le même versant, des tourbillons à axe horizontal que l'on appelle parfois rouleaux ou rotors, ces phénomènes étant dangereux pour le vol. Le versant « sous le vent » sera toujours le siège de rabattants et de turbulence d'autant plus forts que le vent et la pente sont forts. Un vent fort perpendiculaire à une chaîne de montagnes provoquera un phénomène ondulatoire perceptible à grande hauteur et loin sous le vent de la montagne. Ce phénomène est appelé l'onde. À basse hauteur, sous l'onde, l'écoulement est tourbillonnaire et turbulent.

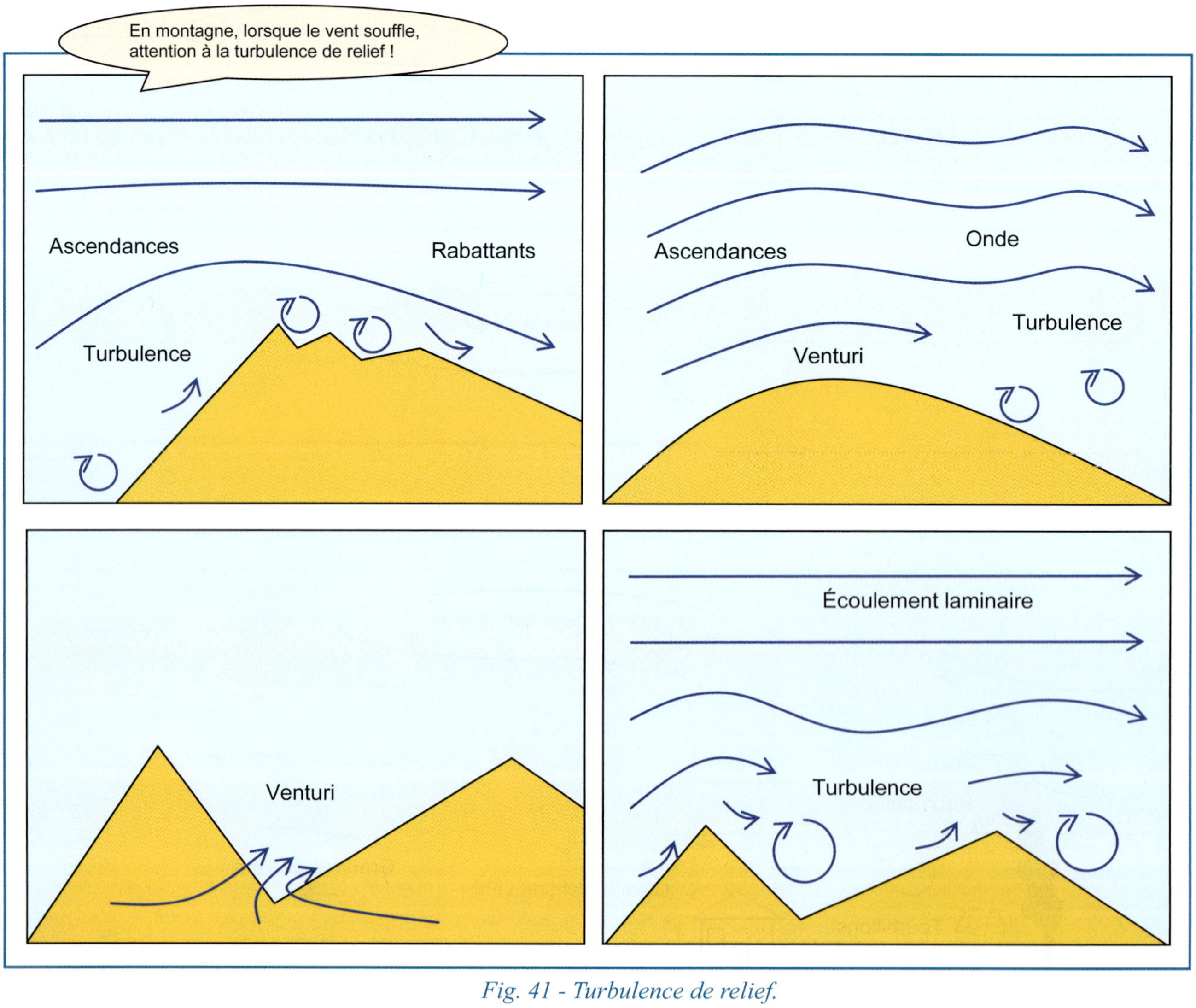


*Fig. 41 - Turbulence de relief.*

# LA STABILITÉ, L'INSTABILITÉ DE L'ATMOSPHÈRE

## Le phénomène

La stabilité verticale ou l'instabilité verticale de l'atmosphère conditionne sa propension à transporter de l'énergie ou de la vapeur d'eau entre les différentes couches de l'atmosphère.

Une tranche d'atmosphère est stable si, après un soulèvement fortuit, une particule d'air tend à revenir à son altitude initiale. Si la particule se maintient à la nouvelle altitude, l'équilibre est indifférent. Si la particule tend à s'élever encore, la tranche d'atmosphère est instable.

Principe d'Archimède oblige, si la densité de la particule d'air après soulèvement est supérieure à la densité de l'air environnant, la particule d'air aura tendance à revenir à son altitude initiale : la tranche d'atmosphère est stable. Si la densité de la particule d'air après soulèvement est inférieure à la densité de l'air ambiant, la tranche d'atmosphère est instable. Puisque la pression de la particule d'air est égale à la pression ambiante, la condition précédente peut s'écrire de la manière suivante.

Si, après soulèvement, la température de la particule d'air est inférieure à la température ambiante, la tranche d'atmosphère considérée est stable.

Si, après soulèvement, la température de la particule d'air est supérieure à la température ambiante, la tranche d'atmosphère considérée est instable.

## Le critère de la stabilité

La stabilité ou l'instabilité de l'atmosphère est donc directement liée à la répartition verticale de la température et aux phénomènes thermiques intervenant lors du soulèvement de la particule d'air, la condensation éventuelle de la vapeur d'eau notamment.

Lors du soulèvement de la particule d'air, sa pression diminue pour rester égale à la pression ambiante. Cette transformation est une détente et l'expérience montre que cette détente se fait sans échange de chaleur. C'est une détente adiabatique. Lors de cette détente adiabatique, la température de la particule d'air diminue comme l'illustre l'expérience très simple de la pompe à vélo dont l'orifice resterait fermé. La variation de température pour une détente donnée dépendra de la condensation ou non de la particule d'air. Par exemple, pour une particule d'air non saturée, un soulèvement de 100 m, au niveau de la mer en atmosphère type, entraîne une diminution de température de 0,98 °C environ. En conséquence, en air non saturé, l'atmosphère sera en équilibre indifférent si le gradient vertical de température est égal à 0,98 °C par 100 m. L'équilibre sera stable pour un gradient inférieur en valeur absolue à 0,98 °C par 100 m. Pour une particule d'air saturée, la diminution de température est plus faible car, au cours de la détente, une partie de la vapeur d'eau se condense, ce qui libère de la chaleur (chaleur latente). Avec le même gradient vertical de température de 0,98 °C par 100 m, l'atmosphère est donc instable.

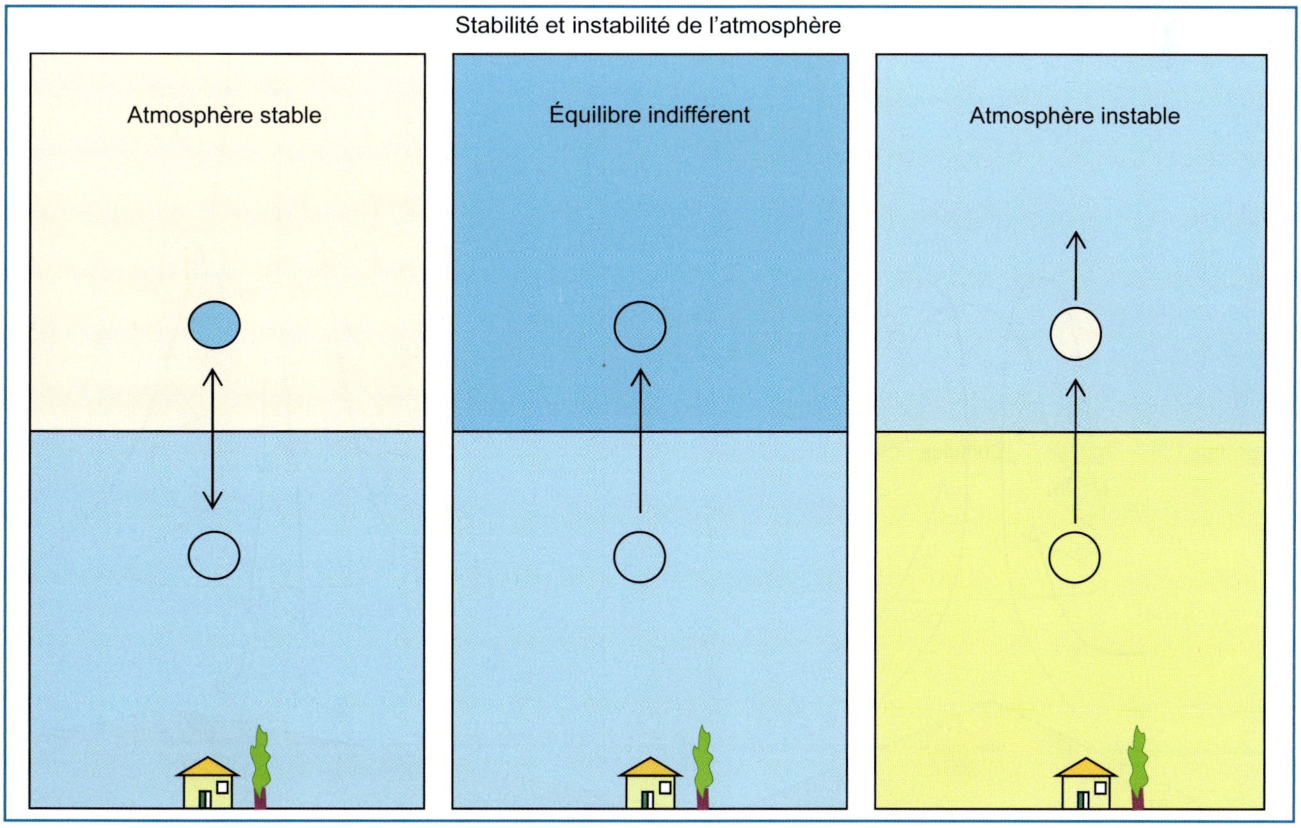


*Fig. 42 - Stabilité et instabilité de l'atmosphère.*

# LA TURBULENCE CONVECTIVE

## Le phénomène

La convection est un des trois processus de transfert de chaleur.

Ce processus fait intervenir les mouvements verticaux engendrés par les différences de densité entre des particules chaudes et un milieu ambiant plus froid. Le phénomène démarre classiquement par un réchauffement de la masse d'air à sa base. Un sol chaud va réchauffer par conduction les particules d'air en contact avec la surface. La formation de bulles d'air plus chaudes, donc moins denses, que l'air ambiant va déclencher leur ascension.

Du point de vue de la stabilité de la tranche d'atmosphère concernée, ce phénomène est typiquement instable. C'est le phénomène d'instabilité convective.

La convection est directement liée à l'échauffement de la surface terrestre par l'insolation ou au passage d'une masse d'air froid sur un sol chaud.

## Les conséquences opérationnelles

L'instabilité convective est associée à une turbulence modérée à forte indiquée sur les cartes météorologiques.

Selon le degré d'humidité de l'air et l'amplitude verticale du phénomène, la convection peut conduire la particule d'air à saturation. Le caractère d'instabilité est renforcé et la convection est matérialisée par des nuages de formes caractéristiques manifestant le caractère turbulent du phénomène : les cumulus et les cumulonimbus.

> Le cumulonimbus est le siège d'un phénomène très dangereux pour l'aéronautique : l'orage accompagné de foudre, de turbulence forte, d'averses de pluie ou de grêle, de givrage, de trombe et tornade.

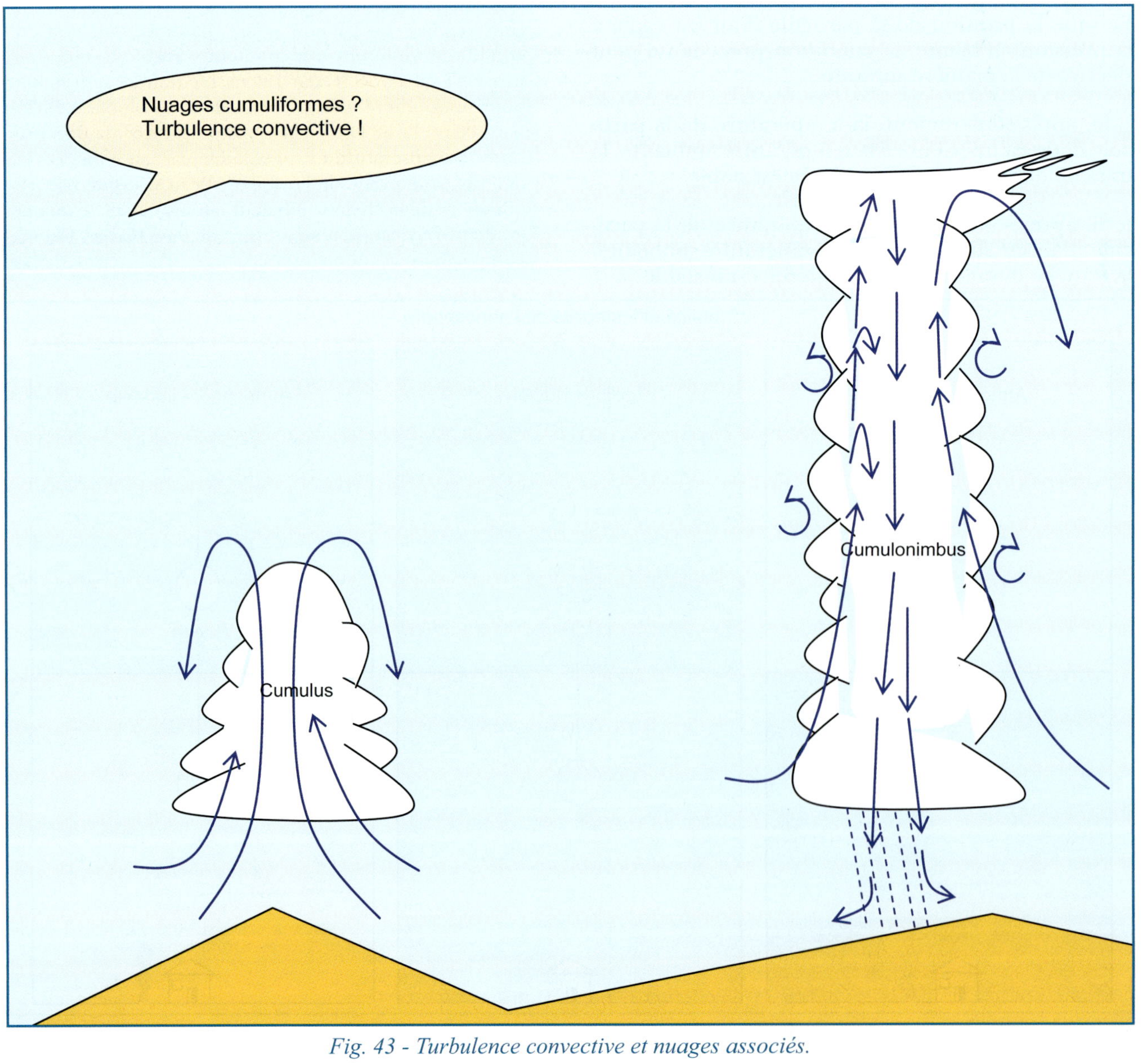


*Fig. 43 - Turbulence convective et nuages associés.*

# LES NUAGES

## La formation des nuages

La condensation de la vapeur d'eau est à l'origine de la formation des nuages et du brouillard.

Le soulèvement des particules d'air humide entraîne leur refroidissement par détente, la pression atmosphérique diminuant avec l'altitude. Selon le degré d'humidité initial et l'ampleur du soulèvement, la vapeur d'eau se condense. Les gouttelettes d'eau se formeront sur les particules solides en suspension dans l'air que l'on appelle noyaux de condensation.

Dans le cas d'une atmosphère instable, les nuages formés sont de type cumulus ou cumulonimbus. La forme de ces nuages est symptomatique du caractère bouillonnant du mouvement interne des particules d'air. C'est le cas par exemple des cumulonimbus qui se forment par convection les après-midi d'été dans une atmosphère humide. Dans le cas d'une atmosphère stable, les nuages sont de types stratus, nimbostratus, altostratus ou cirrostratus. La forme de ces nuages, en strates ou en couches, témoigne de la faible activité verticale des particules d'air.

Le refroidissement sans soulèvement ou refroidissement isobare peut conduire les particules d'air humide à la saturation et à leur condensation. Ce processus est à l'origine de la formation du brouillard. C'est le cas du brouillard de rayonnement qui se forme avec le refroidissement nocturne. C'est le cas aussi du brouillard d'advection qui se forme avec le déplacement d'une masse d'air humide sur un sol plus froid.

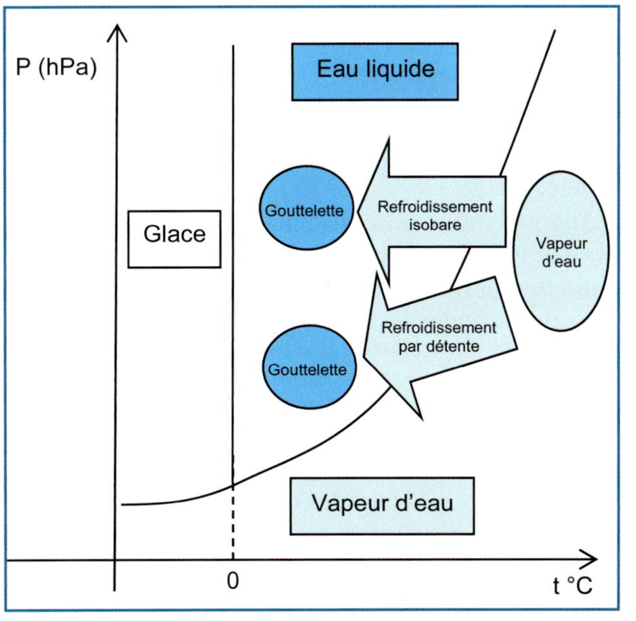


## Classification des nuages

La classification des nuages est basée sur :

- l'étage inférieur (hauteur < 2 km), moyen (2 à 7 km) ou supérieur (5 à 13 km) ;
- la forme et l'aspect du nuage : nuage stratiforme (atmosphère stable), nuage cumuliforme (atmosphère instable).

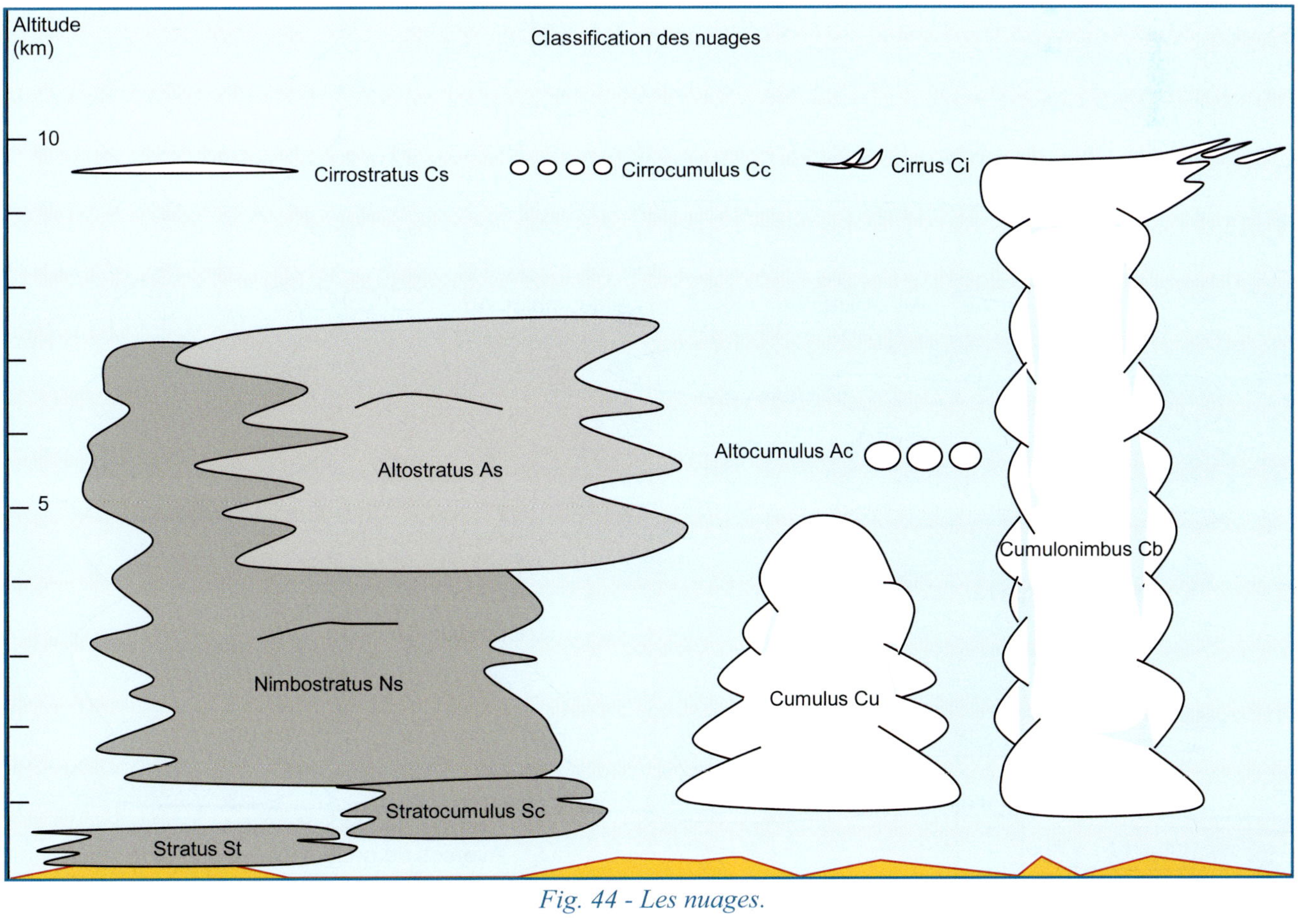


*Fig. 44 - Les nuages.*

# LES PRÉCIPITATIONS

## Le phénomène

À très petite taille, les gouttelettes d'eau ou les petits cristaux de glace flottent en suspension dans le nuage.

Deux phénomènes principaux, l'effet Bergeron et la coalescence, conduisent les gouttelettes à grossir.

L'effet Bergeron est le processus conduisant les flocons de neige à grossir par transfert de vapeur d'eau des gouttelettes d'eau vers les cristaux. La coalescence est le grossissement des particules par collision.

Lorsque la taille des gouttelettes ou des cristaux est suffisante, les gouttelettes ou les cristaux tombent vers le sol. Les météorologues appellent ces phénomènes les précipitations ou hydrométéores.

Pour précipiter, un nuage doit avoir une épaisseur minimale de 500 m pour un stratus et de 1 500 m pour un cumulus ou un altostratus.

## Les types de précipitation

Selon la taille des gouttes ou des cristaux et selon la température, les précipitations seront sous forme de bruine, de pluie ou de neige, d'averses de pluie, de neige ou de grêle.

La bruine, la pluie, la neige en grains et la neige sont constituées de gouttes ou cristaux de petit diamètre issus des nuages stables de types stratus (pour la bruine et la neige en grains), nimbostratus et altostratus (pour la pluie et la neige).

Les averses de pluie, de neige ou de grêle sont constituées de gouttes ou cristaux de grand diamètre produits par le brassage vertical dans les nuages convectifs, cumulus et cumulonimbus.

Au sol, l'eau ruisselle vers les lacs, la mer ou les océans.

L'évaporation intervient.

Le cycle de l'eau est accompli !

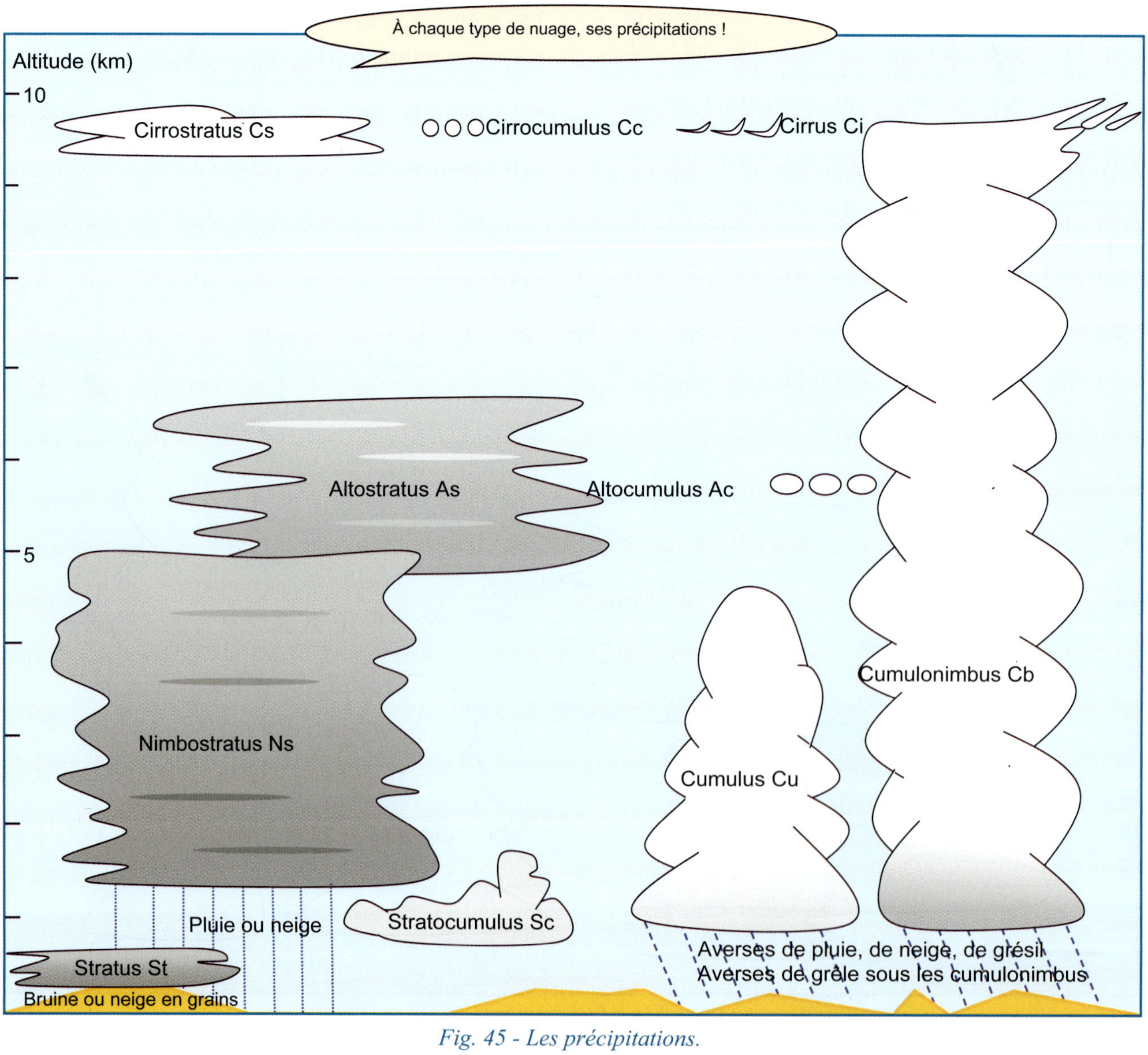


*Fig. 45 - Les précipitations.*

# L'ORAGE

## Le phénomène

L'orage regroupe l'ensemble des phénomènes dangereux générés par le cumulonimbus : phénomènes thermiques ; dynamiques et électriques.

Le brassage convectif de l'air génère de fortes turbulences, de fortes rafales de vent, du cisaillement de vent, du cisaillement de vent dans un rayon de 10 à 20 NM autour du cumulonimbus.

Les précipitations prennent la forme d'averses, de pluie, de neige ou de grêle.

Les phénomènes électriques produisent la foudre.

## Les conséquences opérationnelles

L'orage est un phénomène particulièrement dangereux pour l'aéronautique.

Comme télépilote, vous ferez preuve de responsabilité en prenant, devant ce phénomène, les décisions qui s'imposent. Au sol, vous reporterez le décollage et protégerez l'appareil. En vol, vous réaliserez un déroutement avec une anticipation suffisante.

> Les phénomènes dangereux associés à l'orage peuvent être significatifs dans un rayon de 5 à 10 NM. Sachez reconnaître les situations à risque.

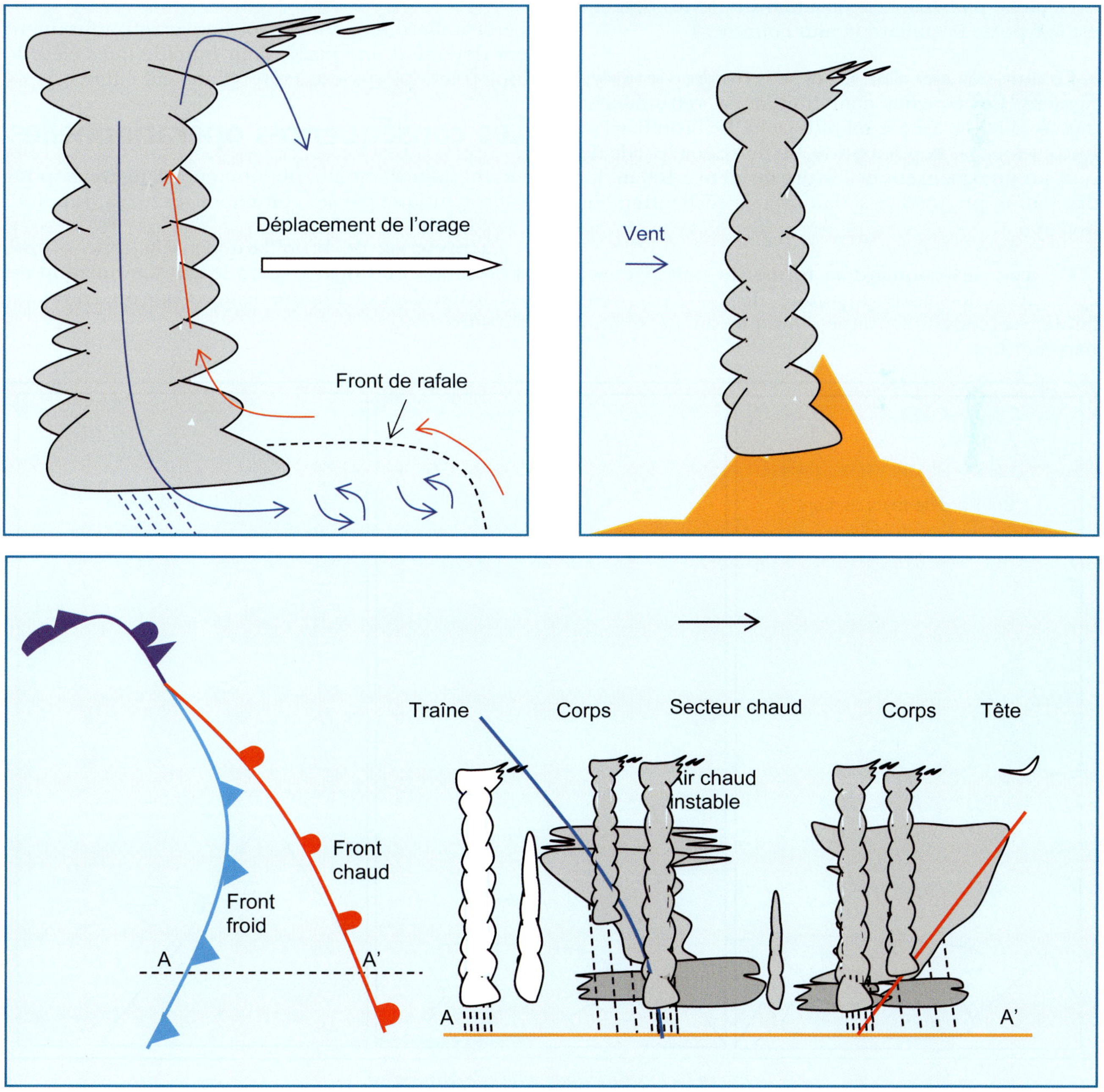


*Fig. 46 - L'orage.*

# LA BRUME ET LE BROUILLARD

## Définitions

La brume est caractérisée par la suspension dans l'atmosphère de microscopiques gouttelettes d'eau ou de particules hygroscopiques humides réduisant la visibilité à la surface du globe. La visibilité horizontale est comprise entre 1 km et 5 km.

Le brouillard est caractérisé par la suspension dans l'atmosphère de très fines gouttelettes d'eau ou de particules glacées réduisant la visibilité horizontale à la surface du globe à moins de 1 km.

## Le brouillard de rayonnement

À l'échelle planétaire, le brouillard de rayonnement est le type de brouillard le plus courant.

La nuit, par ciel clair, le sol se refroidit par rayonnement. Les couches d'air humide se refroidissent par conduction avec le sol plus froid. Le brouillard se forme alors par condensation, en deuxième partie de nuit sur une épaisseur de l'ordre de 50 m à 100 m. La dissipation progressive se fait avec le réchauffement diurne.

Ce type de brouillard se forme de nuit par ciel clair, avec une forte humidité de l'air, par vent faible, en conditions anticyclonique ou de marais barométrique.

## Le brouillard d'advection

Le brouillard d'advection est produit par le déplacement d'une masse d'air humide sur une surface froide.

Le brouillard côtier se forme avec une forte humidité de l'air, avec une différence significative de température entre l'air et le sol plus froid et une vitesse du vent suffisante.

C'est le cas notamment du brouillard côtier qui se forme, en hiver, sur le continent et, en été, en mer.

## Le brouillard de pente

Le brouillard de pente se forme par refroidissement par détente d'une masse d'air humide qui s'élève le long d'une pente sous l'effet d'un vent faible.

## Les conséquences opérationnelles

Le brouillard est un phénomène dangereux pour l'aéronautique par ses conséquences sur la visibilité.

La présence de brouillard dans la zone prévue d'évolution entraînera, selon le cas, l'annulation du vol, le décalage de l'heure de décollage ou, en vol, un déroutement.

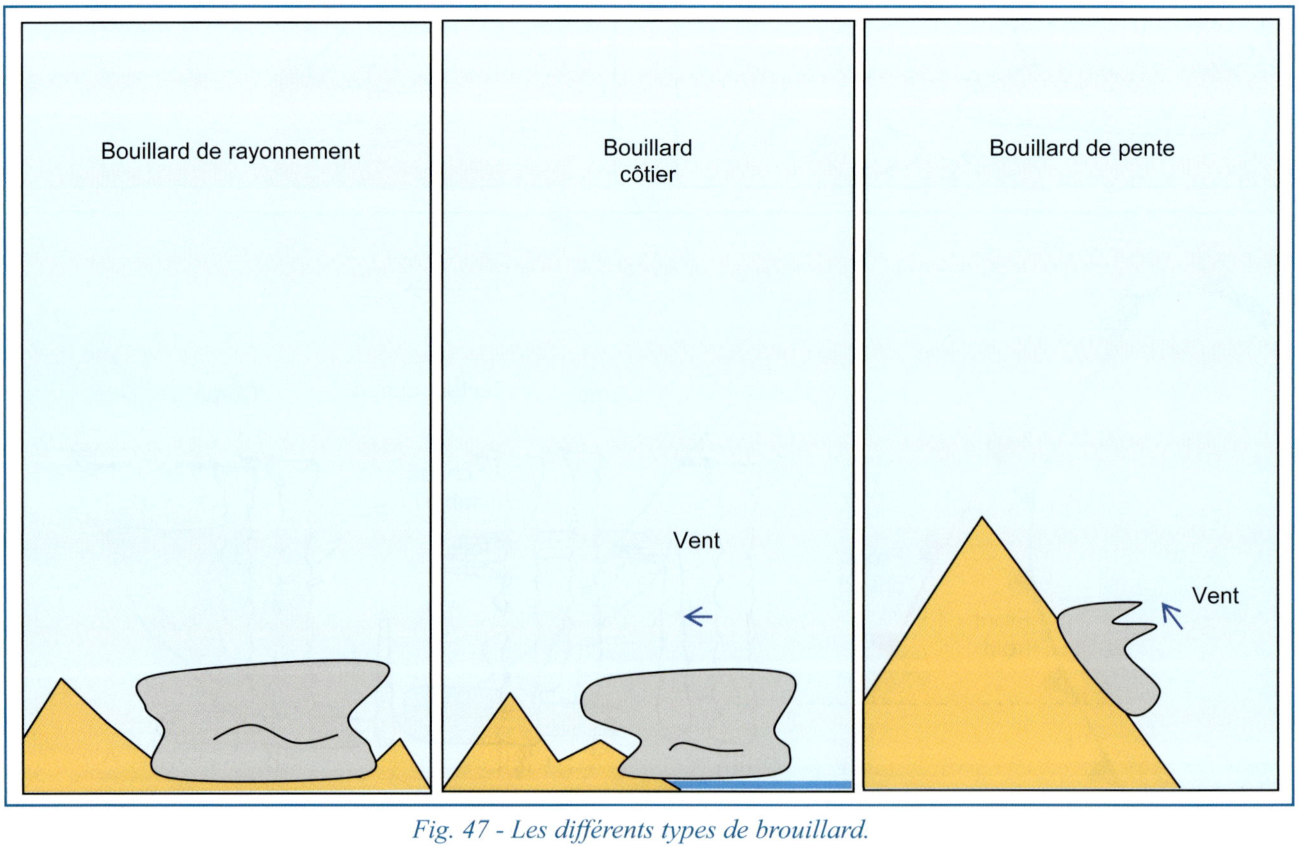


*Fig. 47 - Les différents types de brouillard.*

# LES MASSES D'AIR

## Les masses d'air

À l'échelle du Globe, l'atmosphère est constituée de masses d'air identifiables par leurs caractéristiques propres de température, d'humidité, de stabilité ou d'instabilité. Ces propriétés sont le fruit du positionnement en latitude de la masse d'air et de la nature de la surface sous-jacente.

Mais cette cartographie est loin d'être figée ! La machine thermodynamique planétaire est en marche.

Les masses d'air sont mouvantes et en interaction permanente. Il en est ainsi, dans l'hémisphère Nord, de l'interaction entre l'air froid provenant des régions septentrionales, maritimes ou continentales et de l'air chaud provenant des régions tropicales. Cette interaction gouverne le climat de nos régions tempérées. Plus généralement, notre hémisphère est concerné par quatre grandes masses d'air, l'air arctique, l'air polaire, l'air tropical et l'air équatorial avec leurs interactions respectives.

## Les perturbations

Lorsque l'interaction entre deux masses d'air devient conflictuelle, des phénomènes particuliers sont générés. C'est une perturbation qui se déplace tout en évoluant dans sa forme.

Schématiquement, la surface frontale est la surface de séparation entre les deux masses d'air. Le front est la trace au sol de cette surface frontale.

Lorsqu'une masse d'air chaud en mouvement rencontre une masse d'air froid, la ligne de partage au sol est un front chaud.

Lorsqu'une masse d'air froid en mouvement rencontre et soulève une masse d'air chaud, la ligne de partage au sol est un front froid. Lorsque la vitesse de déplacement du front est négligeable, le front est stationnaire.

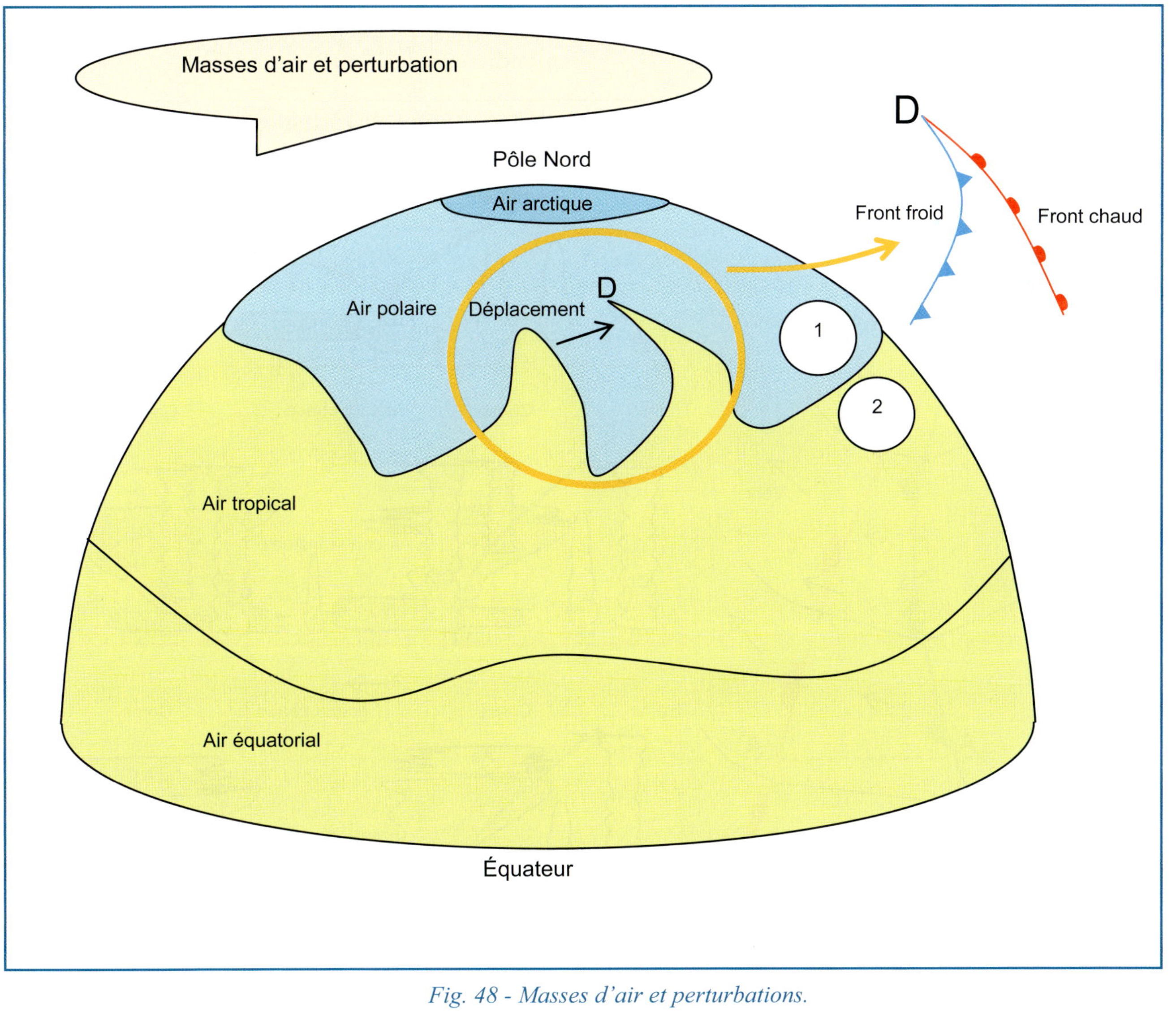


*Fig. 48 - Masses d'air et perturbations.*

# LES PERTURBATIONS

## Le phénomène

Sur les animations satellites de l'hémisphère Nord aux moyennes latitudes, apparaissent souvent de grands tourbillons tournant dans le sens antihoraire, se déplaçant d'Ouest en Est et dans lesquels s'enroulent de grandes masses nuageuses. Une dépression est à l'origine de ce phénomène météorologique majeur que l'on appelle une perturbation.

À la surface, la perturbation se caractérise par un front chaud suivi d'un front froid. La perturbation se déplace d'Ouest en Est à une vitesse mentionnée sur les cartes météorologiques. Au cours de l'évolution de la perturbation, le front froid rattrape le front chaud. L'air chaud est soulevé en altitude. C'est une occlusion. Le front associé est occlus.

L'avant du système nuageux associé à la perturbation s'appelle la tête. Ensuite, pour un observateur au sol, viennent successivement le corps associé au front chaud, le secteur chaud, le corps associé au front froid et la traîne. Le passage de cette perturbation s'accompagne d'une rotation du vent: vent de SO à l'arrivée de front chaud, rotation à l'O puis au NO après le passage du front froid.

## Les nuages associés

Les nuages associés à une perturbation sont étroitement liés aux caractéristiques des masses d'air, notamment leur degré d'instabilité, ainsi qu'à la dynamique de l'interaction, notamment la vitesse du soulèvement.

Le soulèvement lent d'une masse d'air stable conduira à la formation de nuages stratiformes alors que le soulèvement d'une masse d'air instable conduira à la formation de cumulonimbus.

## Conséquences opérationnelles

Lorsque le dossier météorologique annonce l'arrivée d'une perturbation, le télépilote devra considérer la position, l'étendue géographique ainsi que la vitesse de déplacement du phénomène et analyser ses interactions avec le vol prévu.

Il faudra avoir présent à l'esprit les phénomènes associés à cette perturbation (orages, vent, turbulence, nuages, précipitations, givrage), analyser les observations et les prévisions du dossier météo et prendre une décision.

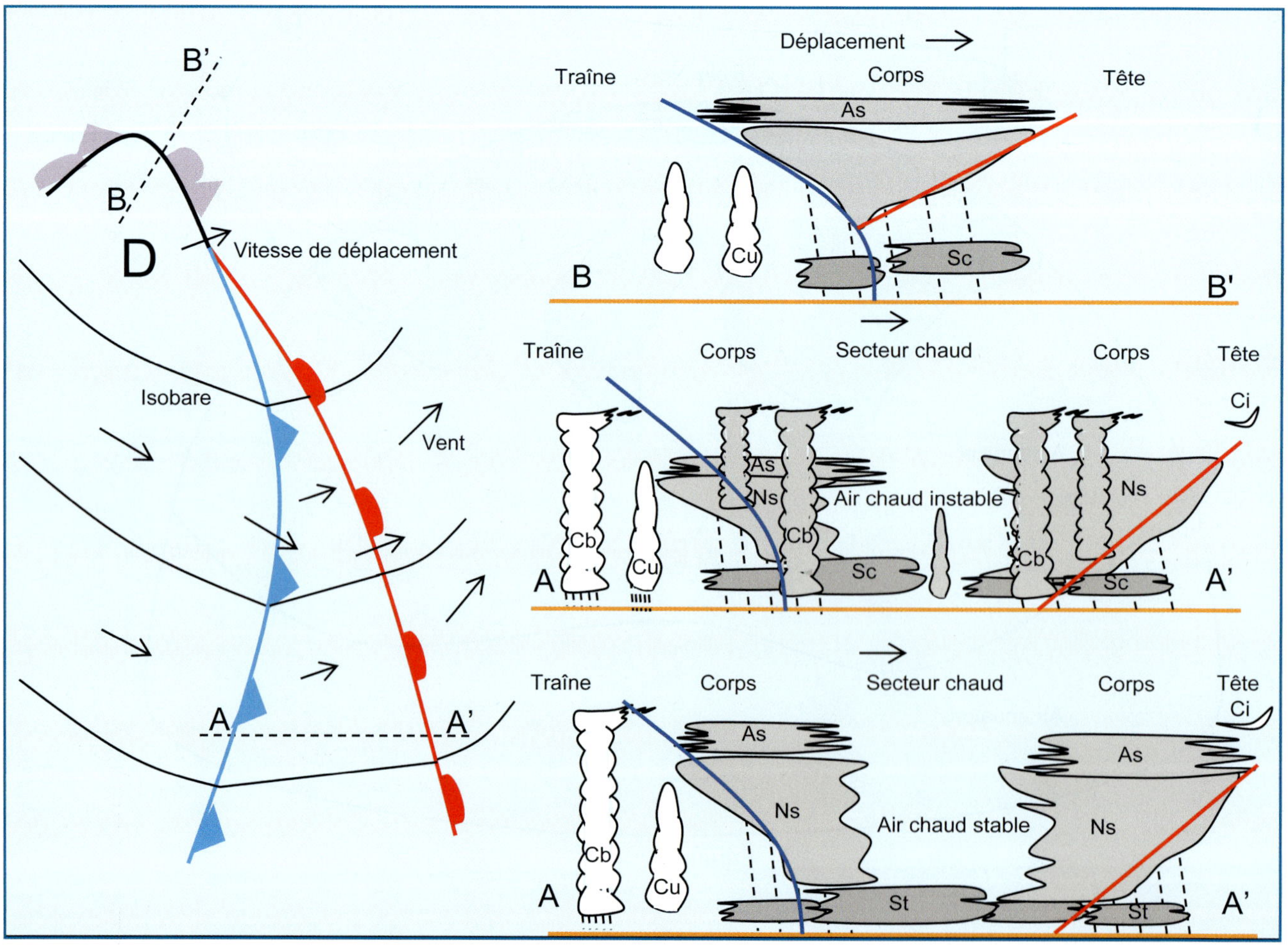


*Fig. 49 - Les fronts et les nuages.*

# L'INFORMATION MÉTÉOROLOGIQUE

## L'objectif de sécurité

Avant chaque vol, il est nécessaire de se renseigner sur la situation météorologique et sur les prévisions de son évolution. C'est une obligation réglementaire et c'est une nécessité pour la sécurité !

Le télépilote focalisera son attention sur les phénomènes météorologiques et aérologiques à l'échelle du vol projeté et notamment sur l'ensemble des phénomènes locaux et à basse hauteur.

L'objectif est de s'assurer que les conditions aérologiques, l'absence de précipitation et la visibilité permettent de réaliser le vol en sécurité.

Le brouillard, la brume, les nuages, les précipitations, le vent, la turbulence et les orages sont les principaux phénomènes qui interviendront dans la prise de décision.

## La préparation du vol

La connaissance de la situation météorologique se fera par la consultation des bulletins météorologiques et par l'observation de la situation sur le lieu du volet dans les zones alentour.

La constitution du dossier météorologique s'opérera facilement en consultant le site du Service de l'Information Aéronautique SIA, à la rubrique Préparation du vol, onglet AéroWeb, après avoir réalisé une procédure d'inscription très simple.

Le dossier météorologique de base sera constitué des METAR (observation d'aérodrome), des TAF (prévision d'aérodrome), du SIGMET (phénomène significatif), des cartes TEMSI (prévision) et des cartes WINTEM (vent).

**CONSULTATION**
https://www.sia.aviation-civile.gouv.fr/

# LE METAR

Le METAR est un message d'observation des conditions météorologiques sur un aérodrome. Le METAR est renouvelé toutes les demi-heures rondes. Voici la structure du message (expressions entre parenthèses facultatives).

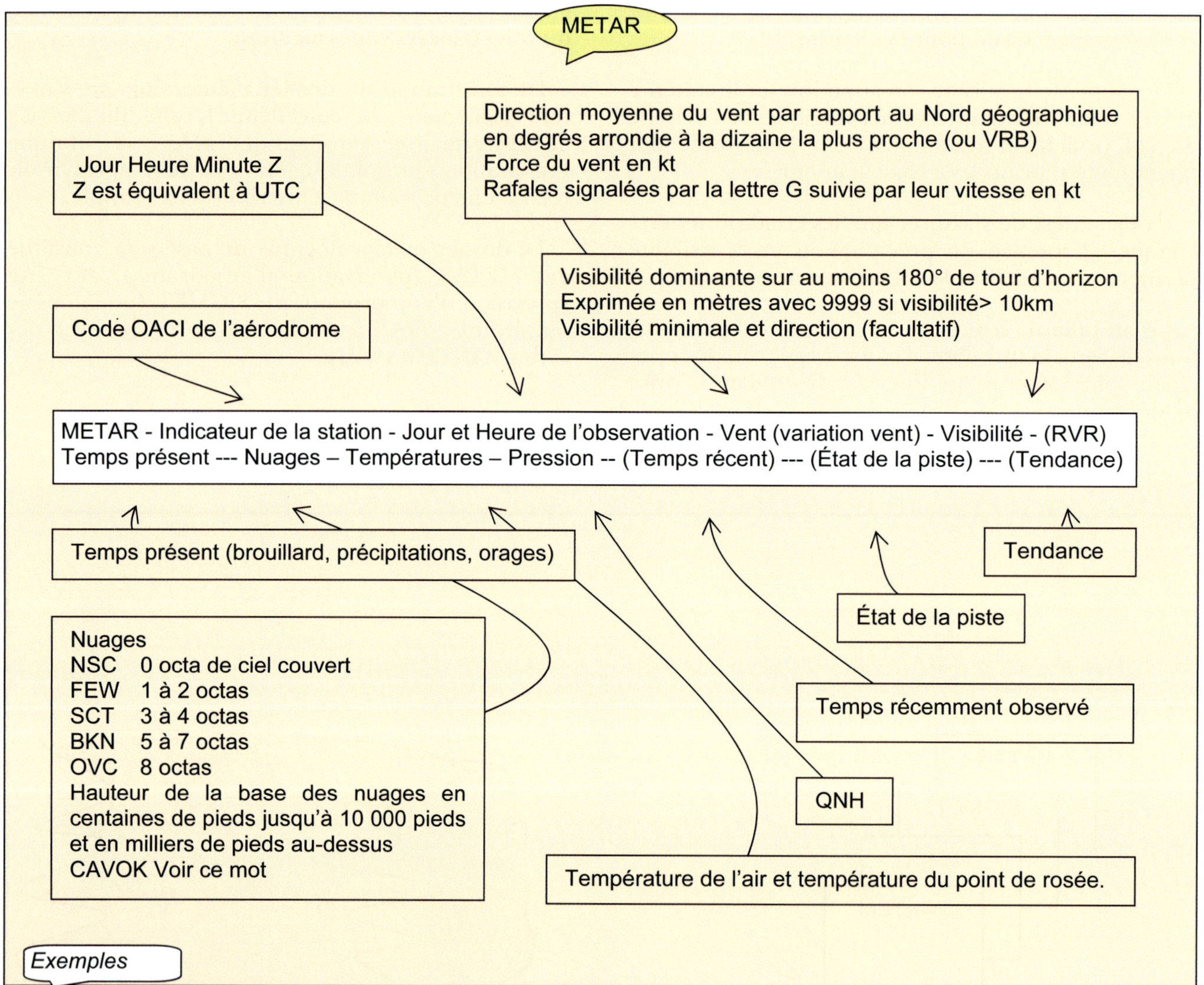


*METAR LFBA 031000Z 18010G20KT 3500 RA OVC023 03/M01 Q1015*

*C'est le METAR d'Agen le 3 à 10 h 00 UTC. Le vent est du 180° pour 10 kt avec des rafales à 20 kt. La visibilité dominante (dépassée dans au moins la moitié du cercle d'horizon) est de 3500 m. Il pleut. Le ciel est couvert à 2 300 ft. La température est 3°C. Le point de rosée est -1°C. Le QNH est égal à 1015 hPa.*

*METAR LFMT 020930Z AUTO 28025KT 9999 FEW036 OVC110 14/09 Q989 BECMG 30015KTG25KT*

*C'est le METAR AUTO de Montpellier le 2 à 9 h 30 UTC. Le vent est du 280° pour 25 kt. La visibilité est supérieure à 10 km. 1 à 2 octas à 3600 ft. Ciel couvert à 11 000 ft. La température est 14°C. Le point de rosée est 9°C. Le QNH est égal à 989 hPa. Le vent devient du 300° pour 15 kt avec des rafales à 25 kt.*

*METAR LFRB 060930Z AUTO 28007KT 230V320 9999 FEW017 BKN034 OVC040 16/12 Q1024 TEMPO SHRA FEW014 BKN020TCU*

*C'est le METAR AUTO de Brest le 6 à 9 h 30 UTC. Le vent est du 280° pour 7 kt, variant du 230° au 320°. La visibilité est supérieure à 10 km. 1 à 2 octas à 1700 ft. 5 à 7 octas à 3400 ft. Ciel couvert à 4000 ft. La température est 16°C. Le point de rosée est 12°C. Le QNH est égal à 1024 hPa. Temporairement, il y a des averses de pluie avec 1 à 2 octas à 1400 ft et 5 à 7 octas de cumulus congestus à 2000 ft.*

# LE TAF

Le TAF est un message de prévision météorologique à l'échelle de l'aérodrome. Le message couvre une période de validité de 9h, 24h ou 30h. Le message est émis 1h avant le début de la période de validité. Le TAF de 9h est émis toutes les 3h. Les TAF de 24h et 30h sont émis toutes les 6h. Voici la structure du message.

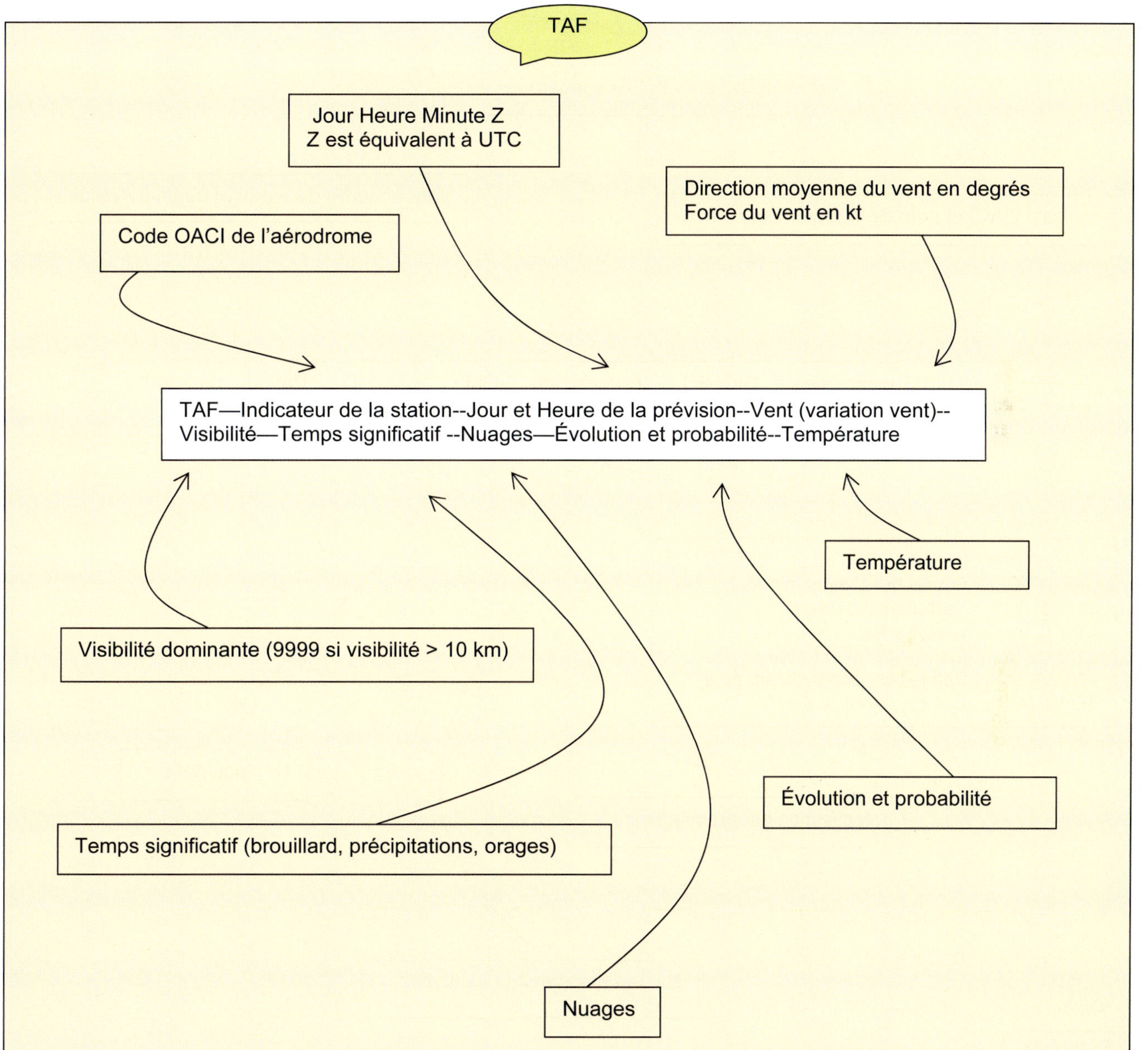


*Exemples*

*TAF LFBL 120500Z 1206/1215 34006KT CAVOK*

*TAF de LIMOGES rédigé le 12 à 05h 00 UTC valable le 12 de 06 h 00 UTC à 15 h 00 UTC. Le vent est du 340° pour 6 kt. CAVOK : visibilité dominante supérieure ou égale à 10 km, visibilité minimale supérieure à 5000 m, absence de nuages au-dessous de 1500 m (5000 ft), pas de cumulonimbus ou de cumulus bourgeonnant, pas de précipitations ni orages ni tempête de sable ou de poussières, ni brouillard mince.*

*TAF LFLN 151401Z 1515/1524 31006KT 9999 SCT045 SCT065 PROB40 TEMPO 1515/1519 FEW040TCU BKN055*
*TAF de Saint Yan rédigé le 15 à 14 h 01 UTC valable le 15 de 15 h 00 UTC au 15 24 h 00 UTC. Le vent est du 310° pour 6 kt. La visibilité est supérieure à 10 km. Les nuages sont épars à 4500 ft et épars à 6500 ft. Temporairement, le 15 de 15 h 00 UTC à 19 h 00 UTC, probabilité à 40%, les nuages sont peu nombreux à 4000 ft avec des cumulus congestus et fragmentés à 5500 ft*

# LE SIGMET

Le SIGMET est un message destiné à alerter ses destinataires de la présence, observée ou prévue, d'un phénomène météorologique pouvant impacter la sécurité de la circulation aérienne à l'intérieur d'une FIR ou d'une UIR. Voici la structure du message.

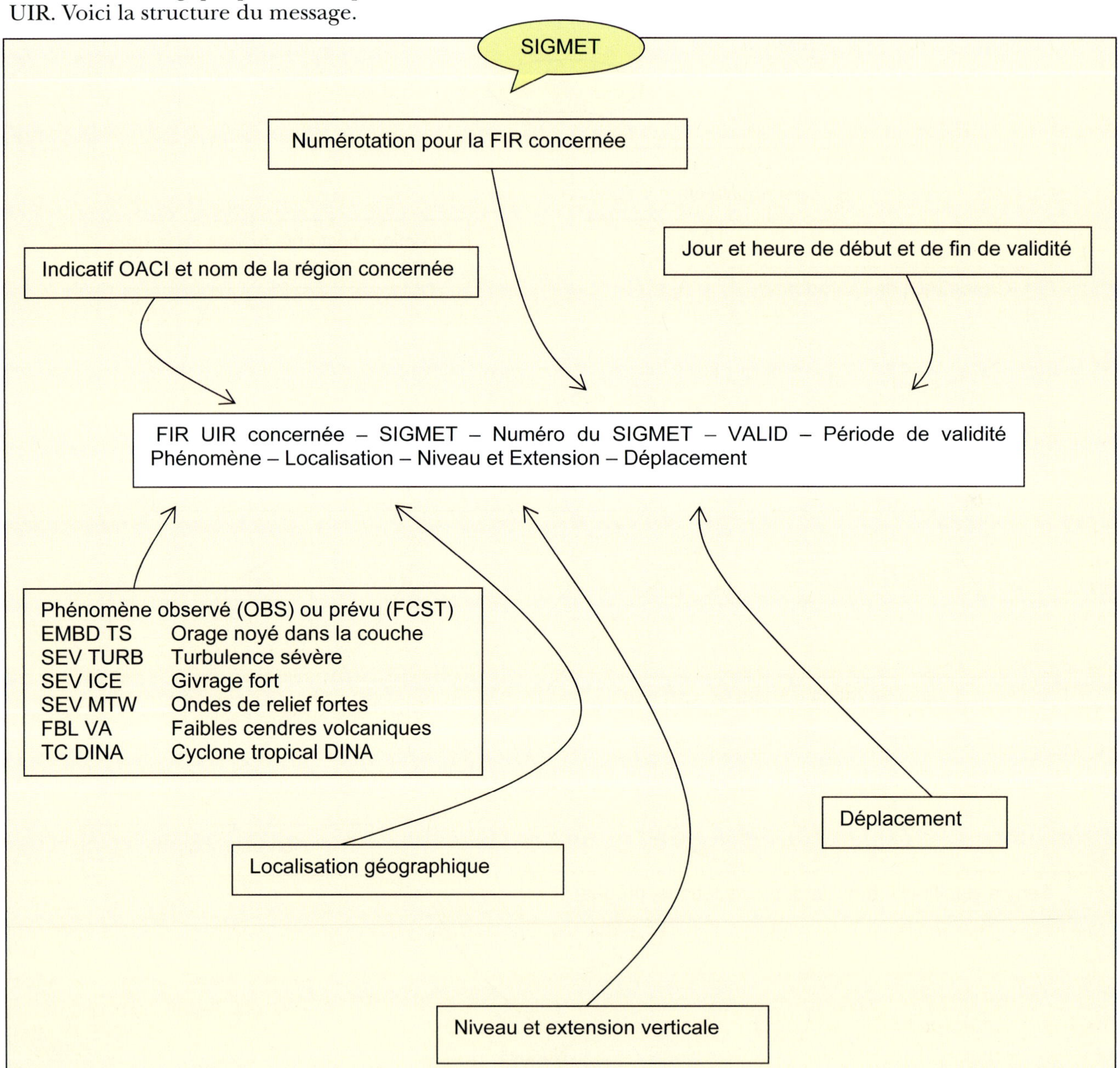


*Exemple*

*LFBB SIGMET 5 VALID 302000/310000 LFPW- LFBB BORDEAUX FIR /UIR SEV TURB OBS/FCST OVER MON PYRENEES BLW FL120 =*

*SIGMET émis par le centre de veille météorologique de Bordeaux*
*Cinquième message de la journée du 30 (pour la FIR de Bordeaux)*
*Message valable pour la FIR/UIR de Bordeaux, de 2000 UTC à 2400 UTC*
*Phénomène : fortes turbulences observées et prévues*
*Localisation : sur les Pyrénées*
*Niveau : sous le niveau de vol FL120*
*Déplacement prévu : aucun*
*Variation d'intensité : aucune*

# LA CARTE TEMSI

La carte de temps significatif rassemble, sur un front cartographique, les phénomènes météorologiques prévus à une date donnée et à une heure donnée. La carte TEMSI France couvre la France métropolitaine avec les heures de validité : 06, 09, 12, 15, 18, 21 UTC. La carte TEMSI EUROC couvre l'Europe occidentale avec les heures de validité : 00, 03, 06, 09, 12, 15, 18, 21 UTC. Sur la carte TEMSI, sont représentés notamment les centres d'action (anticyclone et dépression), les fronts, les nuages, les précipitations, l'isotherme 0 °C, les phénomènes dangereux (orage, turbulence, givrage), le courant jet, l'altitude et la température de la tropopause. Voir Codes météorologiques.

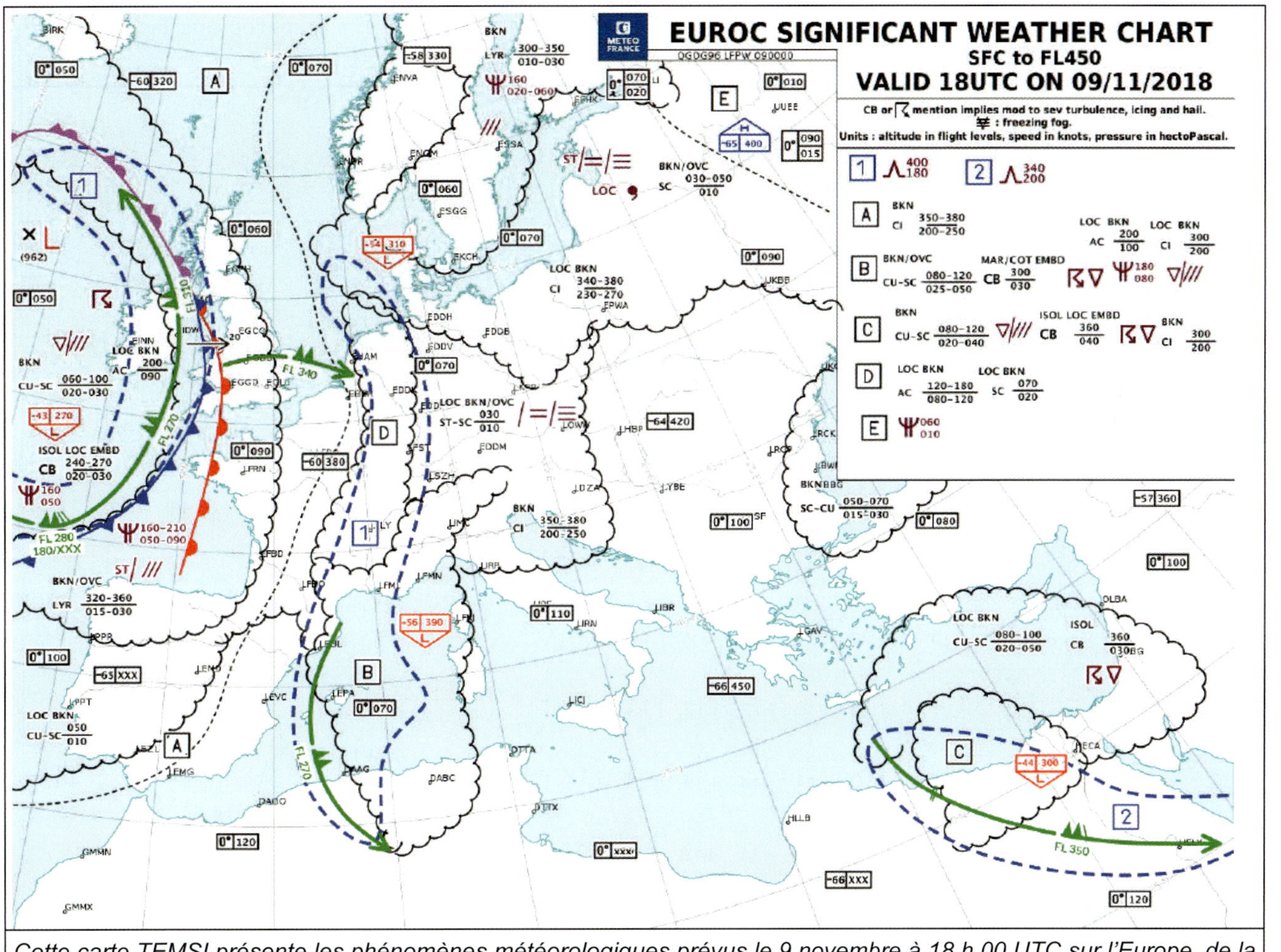


*Cette carte TEMSI présente les phénomènes météorologiques prévus le 9 novembre à 18 h 00 UTC sur l'Europe, de la surface jusqu'au FL 450.*
*Une perturbation se déplace d'Ouest en Est à la vitesse de 20 kt. La dépression associée est de 962 hPa. Le front chaud traverse la Bretagne et il est suivi d'un front froid. Les nuages associés sont des nuages en couches dont la base est aux niveaux FL 15 à FL 30 avec des stratus à basse altitude et de la pluie. Le sommet de la couche est aux niveaux FL 320 à FL 360. Du givrage sera rencontré à partir du FL 50. Dans la traîne, après le passage du front froid, il y a des nuages convectifs, cumulus et stratocumulus, parfois noyés dans la couche nuageuse. La base des nuages des étages inférieur et moyen est aux FL 020 à 030. Leur sommet est aux niveaux FL 60 à FL100. La base des cumulonimbus est aux niveaux FL 20 à FL 30 et leur sommet est aux niveaux FL 240 à FL 270. Les précipitations associées sont des averses de pluie.*
*Dans l'Est de la France (zone D), la nébulosité est constituée localement de 5 à 7 octas de stratocumulus du FL 20 au FL 70 et d'altocumulus du FL 80 au FL 180. L'isotherme 0°C est au FL 70.*
*En Méditerranée (zone B), la nébulosité est de 5 à 8 octas de stratocumulus et de cumulus du FL 25 au FL 120 et de cumulonimbus noyés dans la couche du FL30 au FL 300 sur la côte et en mer. L'isotherme 0°C est au FL 70.*
*Au FL 340, un courant-jet d'Ouest avec une vitesse de 100 kt précède le front chaud. Un deuxième courant-jet au FL 310 avec une vitesse de 100 kt est parallèle au front froid. Un troisième courant-jet est au FL 270 en Méditerranée. Un quatrième courant jet est au FL 350 avec une vitesse de 110 kt.*
*À l'avant de la perturbation, devant le front chaud, l'isotherme 0°C est au FL 90 et la tropopause est au FL 380 avec une température de -60°C. Dans la traîne qui correspond à la masse d'air froid à l'arrière de la perturbation, l'isotherme 0°C est au FL 50 et la tropopause la plus basse est au FL 270 avec une température de -43°C, ce qui correspond au sommet des cumulonimbus.*

# LA CARTE WINTEM

La carte WINTEM donne les vents et les températures à une surface isobare donnée ou à un niveau de vol donné.

Cette carte WINTEM présente les vents et les températures prévus le 10 novembre à 12 UTC au FL 20. Sur la façade atlantique, les vents sont du Sud-Ouest de 20 kt à 25 kt sur la côte landaise et de 30 kt à 35 kt en remontant vers la Bretagne. Sur la Manche et la mer du Nord, le vent est orienté plus au Sud faiblissant à 25 kt. Les températures vont de 12°C au Sud à 10°C au Nord. Sur la côte méditerranéenne, le vent est de Sud pour 30 kt sur le Roussillon, de Sud-Est pour 20 kt sur le Languedoc et 15 kt sur la Provence. Sur ces régions, la température est respectivement 18°C, 12°C et 14°C.

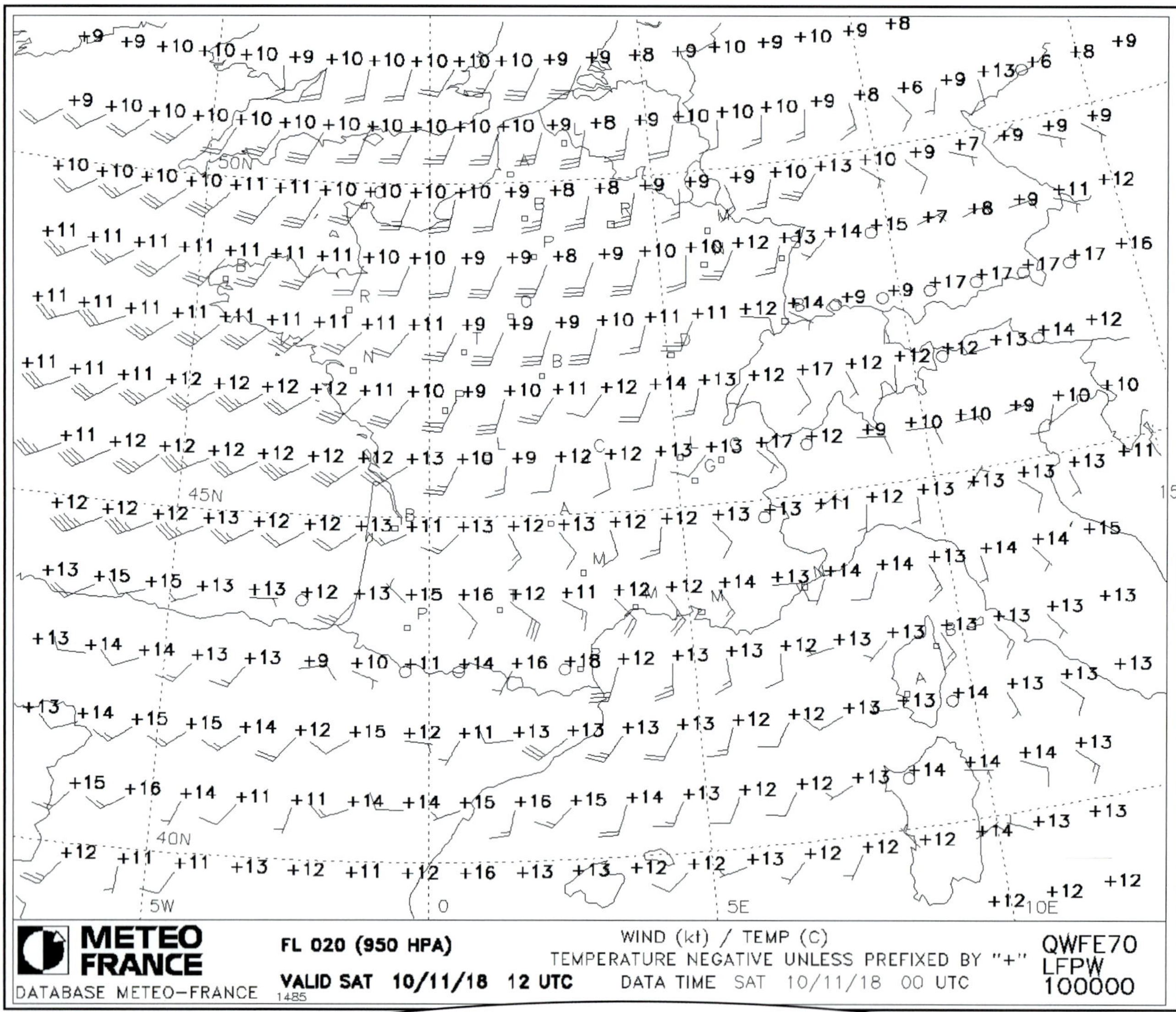


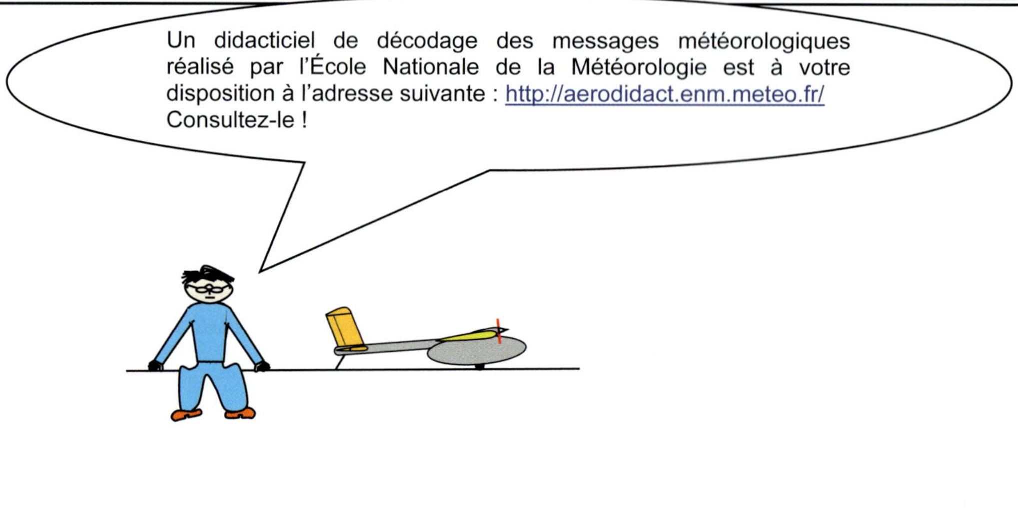

# CODES MÉTÉOROLOGIQUES

Symboles utilisés dans les messages et cartes météorologiques (Source Météo France) :

Visibilité dominante : Valeur de la visibilité atteinte ou dépassée dans au moins la moitié du cercle d'horizon ou au moins la moitié de la surface de l'aérodrome.

CAVOK : Toutes les conditions suivantes sont remplies :
Visibilité dominante supérieure ou égale à 10 km et visibilité minimale supérieure à 5000 m.
Absence de nuages au-dessous de 1500 m de hauteur ou de l'altitude minimale de secteur (valeur la plus élevée des deux).
Absence de cumulonimbus (CB) ou de cumulus congestus (TCU) quelle que soit la hauteur.
Absence de précipitations, d'orage, de tempête de sable ou de poussière, de brouillard mince, de chasse-poussière, de chasse-sable ou chasse-neige basse.

| Intensité ou proximité | Descripteur | Précipitations | Obscurcissement | Autres phénomènes |
|---|---|---|---|---|
| - : faible<br>+ : forte<br>VC : au voisinage (In vicinity)<br>Pas de symbole : modéré | MI : mince *(Shallow)*<br>PR : partiel *(Banks)*<br>BC : bancs *(Patches)*<br>DR : chasse-poussière sable neige basse *(Dirfting)*<br>BL : chasse-poussière sable neige élevée *(Blowing)*<br>SH : averse(s) *(Showers)*<br>TS : orage *(Thunderstorm)*<br>FZ : se congelant *(Freezing)* | DZ : bruine *(Drizzle)*<br>RA : pluie *(Rain)*<br>SN : neige *(Snow)*<br>SG : neige en grains *(Snow Grains)*<br>IC : cristaux de glace *(Ice Crystals)*<br>PL : granules de glace *(Ice pellets)*<br>GR : grêle *(Hail>5 mm)*<br>GS : grésil et/ou neige roulée *(Small hail or small pellets)* | BR : brume *(Mist)*<br>FG : brouillard *(Fog)*<br>FU : fumée *(Smoke)*<br>VA : cendres volcaniques *(Volcanic Ash)*<br>DU : poussière généralisée *(Dust)*<br>SA : sable *(Sand)*<br>HZ : brume sèche *(Haze)* | PO : tourbillons de poussière-sable *(Dust devils)*<br>SQ : grains *(Squalls)*<br>FC : nuages en entonnoir (trombe terrestre ou trombe marine) *(Funnel Clouds)*<br>SS : tempête de sable *(Sandstorm)*<br>DS : tempête de poussière *(Duststorm)* |

**Symboles du temps significatif**

| Symbole | Signification | Symbole | Signification |
|---|---|---|---|
|  | Pluie *(Rain)* |  | Tempête de sable ou de poussière de grande étendue *(Widespread sandstorm or duststorm)* |
|  | Bruine *(Drizzle)* |  | Brume sèche de grande étendue *(Widespread haze)* |
|  | Pluie se congelant *(Freezing rain)* |  | Turbulence modérée *(Moderate turbulence)* |
|  | Neige* *(Snow)* |  | Turbulence forte *(Severe turbulence)* |
|  | Averse* *(Shower)* | CAT | Turbulence en atmosphère claire *(Clear air turbulence)* |
|  | Grêle *(Hail)* |  | Ligne de grains forts *(Severe line squall)* |
|  | Givrage faible* *(Light icing)* |  | Orage *(Thunderstorm)* |
|  | Givrage modéré *(Moderate icing)* |  | Ondes orographiques *(Mountain waves)* - MTW |
|  | Givrage fort *(Severe icing)* |  | Cyclone tropical *(Tropical cyclone)* |
|  | Brume de grande étendue *(Widespread mist)* |  | Chasse-neige élevée de grande étendue *(Widespread blowing snow)* |
|  | Brouillard étendu* *(Widespread fog)* |  | Obscurcissement des montagnes |
|  | Fumée de grande étendue *(Widespread smoke)* | | |
|  | Forte brume de sable ou de poussière *(Severe sand or dust haze)* | | |
|  | Pollutions radioactives | | |
|  | Éruption volcanique | | |

**Localisation**

| | |
|---|---|
| COT | : sur la côte |
| LAN | : à l'intérieur des terres |
| LOC | : localement |
| MAR | : en mer |
| MON | : au-dessus des montagnes |
| SFC | : en surface |
| VAL | : dans les vallées |
| CIT | : à proximité ou au-dessus des villes importantes |

* Ces symboles ne sont pas utilisés pour les cartes destinées aux vols à haute altitude

| | |
|---|---|
| 0 ° \| 150 | Altitude en niveau de vol de l'isotherme 0 °C |
| 330 | Altitude en niveau de vol de la tropopause : sur certaines cartes nationales, on pourra aussi noter la représentation -50 ° \| 330 température et niveau de la tropopause |
| H 460 | Altitude maximale de la tropopause |
| 260 L | Altitude minimale de la tropopause |
| 40 | Vent de surface fort de grande étendue (pour des vitesses supérieures à 30 KT) |

| | |
|---|---|
| | Ligne festonnée : limite des zones de temps significatif |
| | Ligne épaisse discontinue : limite des zones de Turbulence en Air Clair |
| 2 | NB : un chiffre entouré d'un carré peut renvoyer à une légende indiquant les caractéristiques de la zone de CAT (turbulence en air clair). |

| | | | |
|---|---|---|---|
| | front froid (en surface) | | front quasi stationnaire (en surface) |
| | front chaud (en surface) | | ligne de convergence |
| | projection en surface du front occlus | | zone de convergence intertropicale |

| | |
|---|---|
| 25 | : le chiffre donne la vitesse prévue du déplacement (en nœuds) |
| → | : la flèche indique la direction prévue du déplacement |
| SLW | : déplacement lent |
| STNR | : stationnaire |
| L | : centre de basse pression |
| H | : centre de haute pression avec indication de la pression au centre en hectopascals (hPa) |

| | |
|---|---|
| FL350 → +30/-50 | Axe d'un courant jet avec indications sur le vent maximal (nœuds) et son niveau. |

La double barre indique des changements de niveau de 3 000 pieds au maximum et/ou des changements de vitesse du vent de 20 nœuds au minimum.

La mention au-dessous de la valeur maximale du jet d'un couple de valeurs (+aa/-bb) où aa représente la différence de hauteur entre le noyau du jet et l'isotache 80 KT située au-dessus du jet de bb est celle comprise entre le noyau du jet et l'isotache 80 KT au-dessous.

La mention ci-dessus signifie donc que l'axe du jet se situe au FL350 et que l'isotache 80 KT (associée à la limite de l'enveloppe du jet) se situe du niveau FL300 au niveau FL380.

Sur la production TEMSI française, l'extension verticale des jets n'est mentionnée que si la valeur maximale du jet dépasse ou égale 120 KT, et l'épaisseur vers le haut est limitée à la différence entre l'axe du jet et la limite supérieure de l'espace aérien décrite par le TEMSI (par ex : FL450 pour l'Euroc).

Sur le TEMSI du SMPZ, l'extension verticale des jets n'est mentionnée que si la valeur maximale du jet dépasse ou égale 120 KT, et l'épaisseur vers le haut est indiquée même si l'altitude de l'isotache 80 KT est située en dehors de l'espace aérien du TEMSI.

# Réglementation

## PHASE 4

### Objectif de la phase :

*Toute activité collective nécessite d'être pratiquée dans un cadre permettant d'assurer la sécurité des personnes et des biens. L'aéronautique en est un bel exemple ! La prise de conscience de la responsabilité individuelle de chacun des acteurs est la première condition majeure à la sécurité. La bonne compréhension et le respect de l'ensemble des règles internationales ou nationales sont tout aussi importants.*
*Cette phase vous présente le cadre réglementaire dans lequel s'inscrivent la mise en œuvre et l'utilisation des aéronefs sans équipage à bord ou UAS et communément appelés drones.*

# LE CADRE RÉGLEMENTAIRE

## Introduction

L'activité aéronautique est un système aux interactions complexes.

La réglementation s'adresse à chacun des acteurs du système « homme-machine » avec l'objectif essentiel de protéger les personnes et les biens.

La réglementation formulera des exigences sur :

- l'aptitude du pilote et du télépilote ;
- les capacités de l'aéronef ;
- les conditions d'utilisation.

La réglementation définira les conditions minimales du savoir, du savoir-faire, de l'expérience récente et de l'aptitude physique et mentale du pilote et du télépilote. Cette réglementation sera adaptée à chaque pratique et à chaque contexte d'utilisation.

La réglementation définira les conditions de navigabilité de l'aéronef concerné, aussi bien dans sa conception, sa construction que dans son utilisation et son entretien.

La réglementation définira le cadre opérationnel et environnemental dans lequel l'aéronef concerné pourra être utilisé.

L'objectif de haut niveau de la réglementation est donc de fixer un cadre des bonnes pratiques dans lequel l'activité aéronautique pourra se développer de manière harmonieuse en préservant la sécurité des personnes et des biens.

## La hiérarchie des normes

Le domaine juridique est structuré selon un ordre hiérarchique. Cette hiérarchie est fondée sur la portée géographique ou conceptuelle de chacun des textes.

Un texte en amont dessine un cadre. Un texte en aval précise… sans contredire. Ce qui donne une structure du droit pyramidale. C'est la hiérarchie des normes. Les sources du droit sont ainsi :

- les traités et accords internationaux ;
- le droit de l'Union Européenne ;
- le droit national.

Cette hiérarchie des normes se retrouve dans la réglementation aéronautique.

Au sommet se trouvent la Convention relative à l'aviation civile internationale et les normes et pratiques recommandées qui lui sont issues.

Ensuite se trouve le droit de l'Union européenne.

Le droit national est lui-même structuré dans un ordre hiérarchique avec, au sommet, la Constitution. Viennent ensuite les lois, les ordonnances et les règlements constitués des décrets, des arrêtés et des décisions.

Les textes sont codifiés selon le domaine d'application. Il en est ainsi du code de l'aviation civile. Les articles sont codés LO pour les lois organiques, L pour les lois, R pour les décrets en conseil d'État, D pour les décrets simples et A pour les arrêtés.

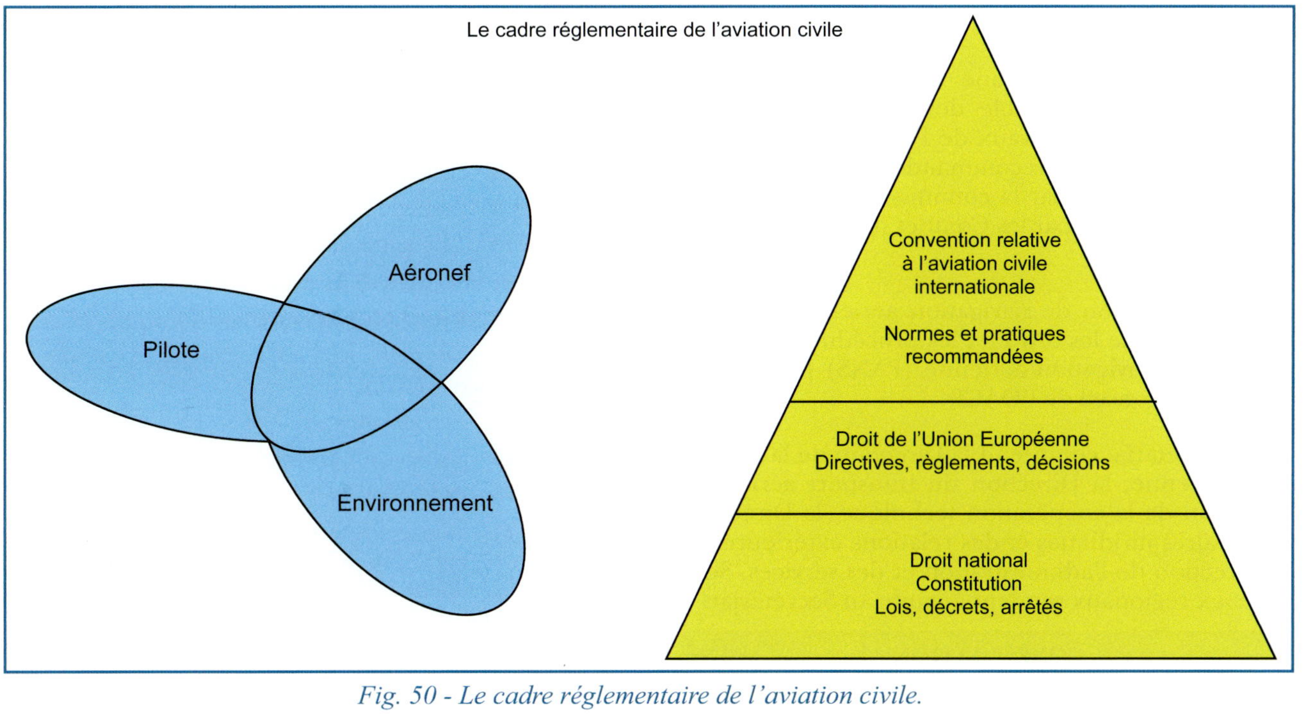


*Fig. 50 - Le cadre réglementaire de l'aviation civile.*

# L'OACI

## La Convention de Chicago

L'impérieuse nécessité de fonder le développement de l'aviation sur une base juridique internationale est apparue très tôt dans l'histoire de l'aéronautique.

Le 7 décembre 1944, à Chicago, fut signée la Convention relative à l'aviation civile internationale.

La Convention de Chicago est le texte fondateur de l'Organisation de l'aviation civile internationale (OACI).

L'OACI œuvre de concert avec les 192 États signataires et des groupes du secteur à l'établissement d'un consensus sur les normes et pratiques recommandées (SARP) ainsi que sur les politiques en matière d'aviation civile internationale servant de base à un secteur de l'aviation civile sûr et efficace.

## Souveraineté

Les États contractants reconnaissent que chaque État a la souveraineté complète et exclusive sur l'espace aérien au-dessus de son territoire.

## Territoire

Aux fins de la Convention, il faut entendre par territoire d'un État les régions terrestres et les eaux territoriales y adjacentes qui se trouvent sous la souveraineté, la suzeraineté, la protection ou le mandat dudit État.

## L'organisation de l'OACI

L'Assemblée, constituée de tous les membres de l'organisation se réunit tous les trois ans.

Le Conseil est l'organe directeur permanent de l'OACI et responsable devant l'Assemblée. Le Conseil oriente les travaux de l'OACI et adopte les normes et pratiques recommandées. Le Conseil est assisté notamment par la commission de navigation aérienne ainsi que par les Comités de la coopération technique.

La Commission de navigation aérienne examine et recommande les SARP et les procédures pour les services de navigation aérienne (PANS) pour adoption par le Conseil de l'OACI.

Le Secrétariat comprend la Direction de la navigation aérienne, la Direction du transport aérien, la Direction de la coopération technique, la Direction des affaires juridiques et des relations extérieures et la Direction de l'administration et des services. Sept bureaux régionaux rendent compte au Secrétariat.

**CONSULTATION**

https://www.icao.int/

## Les normes et les pratiques recommandées

Un des rôles majeurs de l'OACI est de produire des normes et pratiques recommandées (SARP) que les États contractants s'engagent à appliquer.

Une norme représente toute spécification dont l'application uniforme est reconnue nécessaire à la sécurité ou à la régularité de la navigation aérienne internationale et à laquelle les États contractants sont tenus de se conformer en application des dispositions de la Convention. En cas de non-conformité, une notification au Conseil est obligatoire aux termes de l'article 38 de la Convention.

Une pratique recommandée représente toute spécification dont l'application uniforme est reconnue souhaitable dans l'intérêt de la sécurité, de la régularité ou de l'efficacité de la navigation aérienne internationale et à laquelle les États contractants s'efforceront de se conformer en application des dispositions de la Convention. Les États qui ne se conforment pas aux pratiques recommandées sont invités à en informer le Conseil.

Cette Convention comporte 19 annexes.

**LES ANNEXES À LA CONVENTION DE CHICAGO**

| | |
|---|---|
| **Annexe 1** | Licences du personnel |
| **Annexe 2** | Règles de l'air |
| **Annexe 3** | Assistance météorologique à la navigation aérienne internationale |
| **Annexe 4** | Cartes aéronautiques |
| **Annexe 5** | Unités de mesure à utiliser dans l'exploitation en vol et au sol |
| **Annexe 6** | Exploitation technique des aéronefs |
| **Annexe 7** | Marques de nationalité et d'immatriculation des aéronefs |
| **Annexe 8** | Navigabilité des aéronefs |
| **Annexe 9** | Facilitation |
| **Annexe 10** | Télécommunications aéronautiques |
| **Annexe 11** | Services de la circulation aérienne |
| **Annexe 12** | Recherches et sauvetage |
| **Annexe 13** | Enquêtes sur les accidents et incidents d'aviation |
| **Annexe 14** | Aérodromes |
| **Annexe 15** | Services d'information aéronautique |
| **Annexe 16** | Protection de l'environnement |
| **Annexe 17** | Sûreté. Protection de l'aviation civile internationale contre les actes d'intervention illicite |
| **Annexe 18** | Sécurité du transport aérien des marchandises dangereuses |
| **Annexe 19** | Gestion de la sécurité |

# LE DROIT ET LE CITOYEN

## Les sources du droit

La citoyenneté mondiale n'est pas qu'une utopie ! Si le droit international est placé très haut dans la hiérarchie des normes, il s'agit d'un droit construit autour de traités et Conventions entre États qui, le plus souvent, s'applique au citoyen au travers du droit national.

Pour un état de l'Union européenne se conjugue une troisième source du droit. Le droit de l'Union européenne, fondé sur les traités, a non seulement primauté sur les législations nationales mais possède aussi une caractéristique importante pour le citoyen : certains textes, notamment les règlements, sont obligatoires et directement applicables dans tous les États de l'UE.

Un citoyen d'un État de l'UE appliquera :

- la réglementation communautaire lorsque celle-ci est à application directe, ce qui est le cas notamment des règlements de l'UE ;
- la réglementation nationale dont certaines sources peuvent avoir pour origine le droit international.

## La réglementation aéronautique

Cette articulation du droit se décline notamment dans la réglementation aéronautique. La sécurité et le développement harmonieux de l'activité l'impose.

Ainsi, la Convention de Chicago et les normes et pratiques recommandées qui lui sont issues s'expriment dans le droit interne de chaque État.

En Europe, le règlement du 16 décembre 1991 relatif à l'harmonisation des règles techniques et de procédures dans le domaine de l'aviation civile est l'acte fondateur de la construction d'un référentiel de haut niveau dans le domaine de la sécurité aérienne.

Le 15 juillet 2002, un règlement crée l'Agence Européenne pour la Sécurité Aérienne AESA (EASA en anglais).

L'agence a un rôle majeur dans l'élaboration de la réglementation et dans le contrôle de son application, ces textes s'inscrivant juridiquement dans la législation européenne.

En France, la réglementation aéronautique nationale repose sur les textes de loi, les décrets et les arrêtés.

Les textes de loi et les décrets d'application sont codifiés dans le code de l'aviation civile.

Les arrêtés et les textes réglementaires d'application sont consultables directement. En préambule de ces documents, sont présentés les textes de plus haut niveau (Convention de Chicago ou règlement de l'UE) auxquels le texte national se réfère.

## Exemples

Le règlement (UE) 923/2012 SERA fait référence à la Convention de Chicago. Ce règlement est à application directe par les usagers de l'aviation générale.

## Les autorités

L'Agence Européenne de la Sécurité Aérienne EASA est l'autorité pour les citoyens des États de l'UE dans les domaines aéronautiques de sa compétence. C'est le cas, par exemple de la certification en matière de navigabilité et d'environnement des aéronefs à l'exception des aéronefs désignés. Aujourd'hui, les ULM et les aéronefs sans pilote dont la masse est inférieure à 150 kg sont sous l'autorité des administrations nationales.

La Direction Générale de l'Aviation Civile est l'autorité compétente, en France, dans le domaine de l'aviation civile. La DGAC relève du Ministère de la Transition Écologique et Solidaire.

La Direction de la Sécurité de l'Aviation civile DSAC veille au respect des normes internationales, des réglementations européennes et nationales dans le domaine de l'aviation civile.

Le Service de l'Information Aéronautique SIA administre l'ensemble de la documentation utile.

## Où consulter la réglementation ?

Les sites Internet du droit de l'UE, de l'AESA, du droit national, du Ministère de la Transition Écologique et Solidaire et du SIA offrent l'accès à la réglementation. La DGAC, en particulier, a mis en place sur le site internet du ministère un dispositif de veille réglementaire et d'information des constructeurs, exploitants et télépilotes.

**CONSULTATION**

https://eur-lex.europa.eu/

https://www.easa.europa.eu/

https://www.legifrance.gouv.fr/

https://www.ecologique-solidaire.gouv.fr/

https://www.sia.aviation-civile.gouv.fr/

# LA RÉGLEMENTATION SUR LES UAS

## La source réglementaire

La source réglementaire relative aux UAS est constituée :

- de règlements européens sur l'exploitation ;
- du code de l'aviation civile ;
- d'un décret et d'un arrêté relatifs à l'immatriculation ;
- d'un arrêté relatif aux scénarios nationaux ;
- d'un arrêté relatif à l'utilisation de l'espace aérien ;
- de la loi drones relative à la sécurité ;
- d'un décret et d'un arrêté sur l'enregistrement ;
- d'un arrêté relatif aux télépilotes ;
- d'un décret et d'un arrêté sur les dispositifs de signalement électronique et lumineux.

## L'UAS, un aéronef particulier

Dans la réglementation, l'aéronef désigne tout appareil qui peut se soutenir dans l'atmosphère grâce à des réactions de l'air autres que les réactions de l'air sur la surface de la Terre.

L'appareil, communément appelé drone, est donc un aéronef qui peut-être un aérodyne ou un aérostat selon son mode de sustentation aérodynamique ou archimédien.

Pour le législateur, le terme de drone n'est pas utilisé. L'OACI, dans la convention de Chicago, article 8, emploie l'expression « aéronef sans pilote ». La réglementation européenne utilise l'expression « aéronef sans équipage à bord ». Cela correspond au sigle anglais « UAS » pour Unmanned Air System.

## La navigabilité

La navigabilité d'un aéronef mesure son aptitude à voler.

Tout d'abord, le drone doit être conçu et construit dans le respect des règles de l'art et des exigences réglementaires. C'est le domaine de la navigabilité initiale. Cette exigence d'homologation se traduit, dans de nombreux cas, par la délivrance par l'autorité d'une attestation de conception. De plus, toute modification ultérieure de l'appareil devra être compatible avec l'attestation initiale ou faire l'objet d'une nouvelle attestation de conception. Dans le cas où une homologation n'est pas requise, l'exploitant devra s'assurer que l'appareil est conforme aux conditions techniques de conception applicables.

Ensuite, l'appareil doit être exploité et entretenu conformément à son manuel d'utilisation et à son manuel d'entretien. C'est le domaine du maintien de la navigabilité.

## Le télépilote

Un aéronef doit être apte à voler. Mais cette aptitude au vol se mesure dans le contexte d'utilisation prévu pour ledit aéronef. La sécurité impose donc que le télépilote ait la maturité et les compétences théoriques et pratiques requises.

Un âge minimal est demandé. Les compétences théoriques du télépilote sont vérifiées par un examen organisé par la DGAC et par le contrôle continu des compétences par l'exploitant.

À l'exception des télépilotes d'aérostats captifs, le télépilote doit détenir une attestation de suivi de formation, ou une attestation d'aptitude aux fonctions de télépilote.

## L'exploitant

Toute activité humaine collective et complexe nécessite que soient partagés et définis les rôles et responsabilités respectifs de chacun des acteurs. Il est nécessaire en particulier qu'une personne gère son entreprise et la représente devant l'autorité et les tiers.

La réglementation demande donc qu'un exploitant soit déclaré à l'autorité. C'est à l'exploitant qu'il revient de gérer les télépilotes, les appareils, de réaliser la documentation d'exploitation, appelée MANEX, d'assurer le compte rendu, l'analyse et le suivi d'événement, de surveiller l'activité et d'en faire un bilan annuel.

## L'espace aérien

Par définition, dans l'espace aérien, cohabitent tous les appareils de la circulation aérienne générale CAG et de la circulation aérienne militaire CAM.

Pour assurer la sécurité, des règles communes et des règles spécifiques sont établies en fonction du type d'aéronef, des règles de vol et des espaces aériens concernés : hauteur de vol ; voisinage des aérodromes ; espaces aériens contrôlés ; espaces aériens à statut particuliers ; restrictions d'horaire.

## La préparation et la réalisation du vol

La sécurité des personnes et des biens est un impératif majeur à respecter dans la réalisation du vol.

La réglementation précise les responsabilités respectives de l'exploitant et du télépilote dans la préparation du vol et les minimas à respecter par le télépilote dans la réalisation du vol.

# LES CATÉGORIES D'OPÉRATION

## Le principe

La réglementation européenne classe les activités des UAS en trois catégories selon le niveau de risque associé à l'activité : catégorie ouverte ; catégorie spécifique et catégorie certifiée.

La catégorie Ouverte concerne les opérations à faible risque, notamment le vol en vue du télépilote dans des endroits qui représentent un faible risque pour la circulation aérienne et pour les personnes. Cette catégorie Ouverte est classée en trois sous-catégories A1, A2, A3, selon le niveau de risque associé.

La catégorie Spécifique concerne les opérations à risque modéré : vol à vue ou hors vue dans des conditions différentes de la catégorie Ouverte. Cette catégorie Spécifique est classée selon deux scénarios standards européens, STS 01 et STS 02, selon le niveau de risque associé. S'ajoutent à ces deux scénarios européens, trois scénarios standards nationaux, S1, S2 et S3 selon la zone survolée, la vue ou non du drone par le télépilote et la masse de l'appareil.

La catégorie Certifiée concerne les opérations à haut risque nécessitant un niveau élevé de fiabilité de l'aéronef et des opérations, par exemple le transport de personnes ou de marchandise dangereuse.

## Activité et catégorie d'opération

Chaque activité et chaque utilisation de l'UAS doivent se faire dans le cadre réglementaire défini en respectant les principes de la nouvelle réglementation et en prenant en considération l'application progressive de cette réglementation.

L'exploitation des drones pour le loisir ou la compétition dans le cadre d'une association d'aéromodélisme est soumise à une réglementation nationale basée sur le principe d'une autorisation d'activité délivrée aux fédérations représentatives.

L'exploitation des drones pour le loisir, hors cadre associatif, est soumise à la réglementation dans la catégorie Ouverte.

L'expérimentation des drones se fera en catégorie Ouverte pour un appareil de masse au décollage inférieure à 25 kg.

L'expérimentation des drones se fera en catégorie Ouverte (sous-catégorie OPEN A3) pour un appareil de construction privée et de masse au décollage inférieure à 25 kg et dans la catégorie Spécifique avec une autorisation de la DSAC dans les autres cas.

Dans les autres cas, l'exploitation du drone se fera en catégorie Ouverte ou en catégorie Spécifique selon la vue ou non du télépilote, la zone survolée et la masse de l'appareil.

## Les cas particuliers

Il y a des domaines d'utilisation des drones qui n'entrent pas dans le cadre de la réglementation européenne à cause de leur spécificité.

Les ballons libres, les ballons captifs utilisés à une hauteur inférieure à 50 m avec une charge utile d'une masse inférieure ou égale à 1 kg (ballon publicitaire ou d'éclairage) et les cerfs-volants n'entrent pas dans le cadre de cette réglementation.

Les vols d'aéronefs dans un « espace clos et couvert » sont soumis à des règles spécifiques sortant du champ de la réglementation européenne. Tout d'abord, il appartient dans ce cas au propriétaire du lieu et au télépilote de prendre toutes les précautions nécessaires pour assurer la sécurité des personnes présentes. Ensuite, les UAS de masse supérieure à 800 g sont soumis à l'obligation d'enregistrement par leur propriétaire. De plus, les manifestations aériennes, c'est-à-dire les spectacles en public, sont soumises au respect de règles de l'arrêté du 4 avril 1996 sur les conditions à respecter, les organismes à prévenir et la logistique à mettre en place. Une autorisation par arrêté du Préfet du département est notamment requise.

La réglementation européenne sur les aéronefs sans équipage à bord ne s'applique pas aux aéronefs lorsqu'ils exécutent des activités militaires, de douane, de police, de recherche et sauvetage, de lutte contre l'incendie, de contrôle des frontières, de surveillance côtière. Néanmoins, il demeure possible en France de réaliser ce type d'activités dans un cadre civil, en opérant en régime déclaratif selon les modalités des scénarios S1, S2 et S3 (et dans certains cas en dérogation à ceux-ci), ou en régime d'autorisation.

Les vols réalisés dans le cadre de la circulation aérienne militaire CAM sont soumis à des règles d'utilisation de l'espace aérien propres à leur activité.

# LA CATÉGORIE OUVERTE

La catégorie Ouverte concerne les opérations à faible risque. La catégorie Ouverte permet de faire voler des UAS de masse au décollage inférieure à 25 kg. Le drone doit être en vue du télépilote, à une hauteur maximale de 120 m, cette hauteur pouvant être réduite dans certaines zones. Le survol des rassemblements de personnes est interdit. Le largage, l'épandage et le transport de marchandises dangereuses sont interdits. Le télépilote doit être âgé au moins de 14 ans et avoir réussi un examen en ligne. L'enregistrement sur le portail Fox Alpha Tango est nécessaire. La catégorie Ouverte repose principalement sur l'utilisation de drones marqués CE avec une mention de classe (C0, C1, C2, C3, C4), chaque classe autorisant certains types d'utilisation. Les aéronefs construits à titre privé peuvent également voler en catégorie Ouverte, selon leurs caractéristiques. Trois sous-catégories d'opérations ont ainsi été créées précisant les modalités d'utilisation et les exigences associées. Plus la masse de l'aéronef est grande et plus les distances de sécurité avec les tiers, c'est-à-dire les personnes non impliquées, doivent être importantes. Le niveau de formation exigé pour le télépilote est lui aussi proportionnel au niveau de risque de l'opération.

Réglementation européenne

| Sous catégorie | Distance des tiers | Appareil | Fonctionnalités | Formation Examen |
|---|---|---|---|---|
| A1 | Survol toléré de personnes isolées Pas de survol de rassemblement de personnes | C0 (m < 250 g)<br>Construit à titre privé<br>(m < 250 g) | Non | Connaissance du manuel d'utilisation. Formation et examen sur Fox Alpha Tango recommandés |
| | Près des personnes | C1 (m < 900 g) | Non | Connaissance du manuel d'utilisation Formation et examen sur Fox Alpha Tango obligatoires |
| A2 | À distance des personnes :<br>30 m (5 m autorisé si fonction basse vitesse disponible et enclenchée sur l'aéronef) | C2 (m < 4 kg) | Identification directe à distance et géovigilance | Connaissance du manuel d'utilisation Formation et examen sur Fox Alpha Tango obligatoires<br>Autoformation en vol. Brevet d'aptitude de pilote à distance après examen. |
| A3 | Loin des personnes :<br>150 m des zones résidentielles, commerciales, industrielles et récréatives | Construction à titre privé (m> 250 g et < 25 kg)<br>Pas de mention de classe au marquage CE | Signalement électronique si aéronef > 800 g | Connaissance du manuel d'utilisation Formation et examen sur Fox Alpha Tango obligatoires |
| | | C2 (m < 4 kg) | Identification directe à distance et géovigilance | |
| | | C3 (m < 25 kg) | Identification directe à distance et géovigilance | |
| | | C4 (m < 25 kg) | Signalement électronique si aéronef > 800 g | |

***Remarques :***

La sous-catégorie A1 permet de voler près des personnes avec un UAS de classe C0 ou C1 ou avec un UAS de moins de 250 grammes. Survoler des personnes avec un aéronef de classe C0 ou de masse inférieure à 250 g est toléré, mais cela devrait être évité autant que possible. En cas de survol imprévu de personnes par un aéronef de classe C1, le télépilote doit réduire autant que possible la durée pendant laquelle l'aéronef survole ces personnes.

La sous-catégorie A2 permet de voler à 30 mètres minimum de distance horizontale par rapport à des tiers avec un UAS de classe C2. La distance de sécurité avec les tiers peut être réduite à 5 mètres si le drone dispose d'une fonction basse vitesse, et qu'elle est enclenchée. Télépiloter dans cette sous-catégorie A2 nécessite une technicité particulière, justifiant le suivi de la formation et la réussite de l'examen en ligne sur le site Fox AlphaTango, ainsi que d'une autoformation pratique déclarative, et de la réussite à un examen théorique complémentaire dans un centre DGAC. Après délivrance par la DGAC du brevet d'aptitude de pilote à distance, le télépilote peut alors opérer en sous-catégorie A2.

La sous-catégorie A3 permet de voler à une distance horizontale minimale de 150 mètres des zones résidentielles, commerciales, industrielles et récréatives, avec plusieurs classes de drones de masse inférieure à 25 kg : drone de classe C2 ; drone de classe C3 ; drone de classe C4 ; drone construit à titre privé de masse inférieure à 25 kg ; drone mis sur le marché avant le 1er juillet 2022. Pour opérer en sous-catégorie A3, il est nécessaire d'avoir suivi la formation et réussi l'examen théorique en ligne.

# LA NAVIGABILITÉ EN CATÉGORIE OUVERTE

## Les classes d'aéronefs

Cinq classes d'UAS ont été créées, permettant de répondre aux différents usages de la catégorie Ouverte.

L'exploitant doit identifier son besoin, notamment à quelle distance des tiers il souhaite faire voler son aéronef, et acquérir un UAS de classe correspondante.

Les UAS de classe C0 pèsent moins de 250 grammes. Ils peuvent être utilisés dans la sous-catégorie A1.

Les UAS de classe C1 pèsent moins de 900 grammes. Ils sont dotés de la fonction d'identification directe à distance et de la fonction de géovigilance. Ils peuvent être utilisés dans la sous-catégorie A1.

Les UAS de classe C2 pèsent moins de 4 kg. Ils sont dotés de la fonction d'identification directe à distance et de la fonction de géovigilance. Ils sont équipés d'un mode basse vitesse, sauf si l'aéronef est à voilure fixe. Ils peuvent être utilisés dans les sous-catégories A2 et A3.

Les aéronefs de classe C3 pèsent moins de 25 kg et ont une envergure inférieure à 3 m. Ils sont dotés de la fonction d'identification directe à distance et de la fonction de géovigilance. Ils peuvent être utilisés dans la sous-catégorie A3.

Les UAS de classe C4 pèsent moins de 25 kg et sont dépourvus de moyen de contrôle automatique. Ils peuvent être utilisés dans la sous-catégorie A3.

## Marquage CE

Le fabricant a plusieurs possibilités pour évaluer la conformité de l'aéronef produit aux exigences réglementaires et permettre au fabricant d'apposer le marquage CE sur l'UAS.

Pour les classes C0 et C4, le fabricant peut réaliser du contrôle interne de la fabrication et apposer le marquage CE si les résultats des tests sont satisfaisants.

Pour toutes les classes (C0, C1, C2, C3, C4), le fabricant peut soit faire réaliser des examens UE de type par des organismes notifiés soit démontrer la conformité sur la base de l'assurance complète de la qualité.

Les exigences techniques requises pour les aéronefs sans équipage à bord de classe C0 à C4 sont décrites en annexe du règlement (UE) 2019/945.

Les laboratoires français candidats pour devenir organismes notifiés doivent prendre contact avec la DSAC pour connaître les modalités d'évaluation. De plus, la DSAC assure la surveillance des produits mis sur le marché, en tant qu'autorité de surveillance de marché.

## Enregistrement des UAS

Tous les aéronefs de classes C1, C2, C3, C4, ainsi que tous ceux dont la masse, équipements et batterie ou carburant compris, est supérieure ou égale à 800 g ou nativement équipé d'un dispositif de signalement électronique doivent être enregistrés par leur propriétaire sur le portail AlphaTango. La durée de validité de l'enregistrement est de cinq ans.

## Dispositif de signalement

Un UAS de masse supérieure à 800 g doit être équipé d'un dispositif de signalement électronique ou numérique et d'un dispositif de signalement lumineux. Le signalement émis doit notamment contenir un identifiant propre à l'aéronef (dispositif intégré) ou propre à la balise ajoutée, qui est codé par le constructeur de l'aéronef ou de la balise. L'identifiant devra être renseigné dans AlphaTango par le propriétaire.

Sont exemptés de cette obligation, les aéronefs télépilotés à vue dans le cadre d'une association d'aéromodélisme, les aéronefs utilisés dans un espace clos et couvert, les aéronefs utilisés dans les missions de l'État.

## Identification directe à distance

La réglementation européenne impose que les UAS de classe C1 en sous-catégorie A1, de classe C2 en sous-catégorie A2 et A3, de classe C3 en sous-catégorie A3 soient dotés d'un dispositif d'identification directe à distance.

## Batteries au lithium

Des précautions particulières doivent être observées dans la manipulation des batteries au lithium en raison de leur propension à s'échauffer, voire à prendre feu lorsqu'elles sont endommagées.

Dans le cas d'un transport de l'aéromodèle par avion, une réglementation précise les conditions et les limitations à observer considérant que les batteries au lithium sont considérées comme une marchandise dangereuse. Ces restrictions concernent notamment : le nombre maximal de batteries ; l'énergie maximale ou la masse maximale de métal ; l'interdiction d'enregistrement en soute ; les règles de conditionnement.

Il est nécessaire de consulter les guides disponibles et de se renseigner auprès de la compagnie aérienne choisie.

## Notice d'information

Les constructeurs d'UAS doivent fournir une notice d'utilisation que le télépilote devra respecter pour garantir la navigabilité de l'aéronef.

# LE TÉLÉPILOTE ET L'EXPLOITANT EN CATÉGORIE OUVERTE

## Âge minimum

Dans le règlement européen, l'âge minimum du télépilote en catégorie Ouverte est de 16 ans mais chaque État peut définir un âge plus faible applicable uniquement sur leur territoire national.

En France, l'âge minimum est de 14 ans pour opérer en catégorie Ouverte. Il n'y a cependant pas d'âge minimum pour opérer en sous-catégorie A1, avec un aéronef de classe C0 considéré comme un jouet ou pour opérer un aéronef sans équipage à bord construit à titre privé, de masse au décollage inférieure à 250 g ou lorsque la personne est sous la supervision directe d'un télépilote âgé d'au moins 16 ans. Tous deux doivent répondre aux exigences de formation et détenteurs des examens requis.

## Enregistrement de l'exploitant

Toute personne désireuse de faire voler en catégorie Ouverte un UAS, autre qu'un drone jouet, de masse supérieure à 250 g, ou d'une énergie à l'impact supérieure à 80 Joules, ou d'une masse et d'une énergie inférieure à ces seuils, mais équipé d'une caméra doit s'enregistrer en tant qu'exploitant UAS.

L'enregistrement de l'exploitant d'UAS doit être réalisé en ligne sur le portail Alpha Tango. L'enregistrement est obligatoire, même si l'exploitant était déclaré selon les scénarios standards nationaux.

À l'issue du processus d'enregistrement, l'exploitant d'UAS reçoit deux numéros d'identification.

Un numéro d'exploitant d'UAS, sous la forme « FRA + 13 caractères », servira pour toutes les démarches administratives que l'exploitant aura à effectuer. Ce numéro d'exploitant d'UAS doit être apposé de manière lisible sur le drone.

Un numéro d'identifiant électronique, comprenant le numéro d'exploitant d'UAS suivi d'un code correcteur d'erreur doit être saisi dans l'application fournie par le constructeur en vue de l'émission du signal d'identification à distance, si le drone en est équipé.

## Formation

Sécurité oblige, la formation est nécessaire !

Une formation préalable est obligatoire pour opérer des UAS de classe C1, C2, C3 et C4 et des UAS construits à titre privé.

Le site de formation en ligne Fox Alpha Tango propose une formation dédiée à la catégorie Ouverte pour permettre d'acquérir les connaissances et compétences nécessaires pour faire voler des aéronefs sans équipage à bord de classe C1, C2, C3, C4, ainsi que ceux construits à titre privé. Cette formation est intitulée « Formation pour la catégorie Ouverte ».

La formation dispense les notions de base permettant de faire voler un UAS en toute sécurité. Les thèmes suivants sont abordés : la sécurité aérienne ; les restrictions d'espace aérien ; la réglementation aérienne en vigueur ; les limites des performances humaines ; les procédures opérationnelles ; les connaissances générales sur les UAS ; la protection des données et de la vie privée ; les assurances et la sûreté.

Un examen en ligne de 40 questions suit cette formation. Un taux de 75 % de bonnes réponses est exigé, mais le nombre de tentatives n'est pas limité.

Après avoir suivi la formation et réussi l'examen en ligne disponibles sur le site Fox Alpha Tango, le télépilote est autorisé à opérer un UAS en sous-catégorie A1 et A3. La durée de validité de cet examen est de 5 ans.

En complément du suivi de la formation et de la réussite à l'examen sur le site Fox Alpha Tango, une autoformation pratique et la réussite à un examen complémentaire dans un centre d'examen de la DGAC sont nécessaires pour opérer en sous-catégorie A2. À l'issue de la réussite à cet examen, un brevet d'aptitude de pilote à distance est remis au candidat, pour une durée de 5 ans.

Les télépilotes qualifiés au plus tard le 1er janvier 2022 pour une utilisation d'UAS dans le cadre des activités particulières et des expérimentations selon la réglementation nationale en vigueur en 2020 obtiennent, sans action de leur part, le brevet d'aptitude de pilote à distance, leur permettant de voler dans les trois sous-catégories A1, A2 et A3 de la catégorie Ouverte. Il s'agit notamment des télépilotes ayant obtenu leur certificat d'aptitude aux fonctions de télépilote et suivi la formation pratique ; ayant obtenu une attestation d'aptitude aux fonctions de télépilote au titre de la précédente grandpérisation ou ayant obtenu une équivalence de leurs titres militaires.

Ce brevet d'aptitude de pilote à distance est valable jusqu'au 31 décembre 2025. Les conditions de prorogation de ce brevet seront définies ultérieurement.

# PRÉPARATION DU VOL ET GESTION DU VOL EN CATÉGORIE OUVERTE

## La préparation du vol

La préparation du vol a pour objectif de s'assurer que l'ensemble des conditions opérationnelles sont réuni pour réussir la mission en assurant la sécurité des personnes et des biens et en respectant les exigences réglementaires. La préparation du vol concerne le télépilote, l'aéronef, l'environnement et la météorologie.

Le télépilote doit se munir des documents nécessaires : attestation de suivi de formation; toute pièce justifiant de ses compétences, notamment pour voler en sous-catégorie A2; attestation d'enregistrement d'exploitant d'UAS et extrait d'enregistrement de l'UAS.

Le télépilote doit être en bonne condition physique et mentale pour assurer la sécurité du vol. Il est notamment interdit de télépiloter sous l'influence de substances psychotropes ou d'alcool.

L'aéronef doit être apte au vol. Les réserves d'énergie doivent être suffisantes pour effectuer le vol prévu avec une marge de sécurité appropriée permettant de couvrir les aléas prévisibles. Les batteries du drone et de la télécommande doivent être en bon état et suffisamment chargées.

La masse au décollage doit être inférieure ou égale à la masse maximale autorisée.

Les contrôles préconisés par le constructeur dans son manuel d'utilisation doivent être réalisés. Les fonctionnalités de sécurité, notamment les limitations de hauteur ou d'éloignement, les fonctions de « retour à la maison » ou de « poser automatique » en cas de perte de liaison ou de batterie faible doivent être correctement paramétrées.

La position fournie par le GPS doit être cohérente et la couverture satellitaire doit être suffisante.

Le télépilote doit s'assurer de l'absence de brouillage du signal permettant de télépiloter l'aéronef.

Le télépilote doit s'assurer que le vol est possible sur le site envisagé, que les distances de sécurité avec les personnes sont respectées, que le vol est compatible avec toute autre activité aérienne et que la hauteur de vol prévue est inférieure à la hauteur maximale de vol autorisée sur ce site.

Le vol ne doit pas être entrepris si les conditions météorologiques sont incompatibles avec les limites d'utilisation de l'aéronef concernant le vent, la turbulence, la visibilité et les précipitations.

Le télépilote devra s'assurer que le vol prévu respecte la vie privée.

## Le vol

Le vol doit se réaliser sous le contrôle constant du télépilote. Le drone doit toujours rester en vue directe de son télépilote.

Le télépilote de prévenir tout risque de collision ou d'abordage. Il doit détecter visuellement et auditivement tout rapprochement d'aéronef, céder le passage à tout aéronef habité et appliquer vis-à-vis des autres UAS les dispositions de prévention des abordages prévues par les règles de l'air.

Le survol de rassemblement de personnes est interdit. Les distances de sécurité avec les personnes ne participant pas à l'exploitation doivent impérativement être respectées.

En sous-catégorie A1, le vol à proximité des personnes est autorisé mais en classe C1, le survol des personnes est interdit.

En sous-catégorie A2, la distance horizontale de sécurité par rapport aux personnes est de 30 mètres. Cette distance de sécurité peut être abaissée à 5 mètres si l'aéronef dispose d'une fonction basse vitesse, qu'elle est activée, et que le risque de survol de personnes est bien maîtrisé.

En sous-catégorie A3, le vol doit être réalisé dans une zone où le télépilote estime qu'aucune personne ne participant pas à l'exploitation ne sera mise en danger pendant toute la durée de l'opération. Une distance de sécurité de 150 mètres par rapport aux zones résidentielles, commerciales, industrielles ou récréatives doit être maintenue.

La hauteur maximale de vol, 120 m ou moins selon le site de vol doit être respectée.

Le largage de charges est interdit.

Le transport de marchandises dangereuses, en tant que charge utile, avec un aéronef sans équipage à bord est interdit.

Les prises de vues aériennes doivent se faire en respect du code de l'aviation civile.

La vie privée des personnes doit être respectée.

# LA CATÉGORIE SPÉCIFIQUE

## Les scénarios standards et les autorisations d'exploitation

La déclaration selon les scénarios standards permet à un exploitant d'UAS de réaliser une opération sans que cela nécessite une autorisation préalable de la DSAC. Pour utiliser un UAS dans le cadre de l'un de ces scénarios, il est nécessaire et suffisant de respecter les règles applicables à ce scénario.

Tout vol en catégorie Spécifique en dehors des scénarios standards prédéfinis nécessite, pour les exploitants ne détenant pas un certificat allégé d'exploitant d'UAS (LUC), une autorisation d'exploitation, après étude d'une évaluation des risques, incluant les mesures d'atténuation appropriées. Cette évaluation des risques, réalisée selon la méthodologie SORA Specific (Operations Risk Assessment), doit faire l'objet d'une étude de sécurité approuvée par la DSAC. Pour faciliter le travail des exploitants, l'AESA a réalisé des études de sécurité prédéfinies PDRA (Pre-Defined Risk Assessment).

## Les scénarios standards européens (non encore applicables en France)

La réglementation européenne a défini deux scénarios standards européens, nommés STS Standard scenarios.

Le scénario standard 1, STS-01, couvre les exploitations en vue directe (VLOS) effectuées avec un UAS de classe C5 (marquage CE) à une hauteur maximale de 120 m au-dessus d'une zone contrôlée au sol dans un environnement peuplé, le scénario pouvant cependant être utilisé en environnement non peuplé. Ce scénario présente de fortes similarités avec le scénario national S3.

Le scénario standard 2, STS-02, couvre les exploitations pouvant être effectuées hors vue (BVLOS), l'UAS se trouvant à une distance maximale de 1 km du télépilote. Cette distance peut être augmentée à 2 km si des observateurs de l'espace aérien sont présents. Les évolutions ont lieu à une hauteur maximale de 120 m au-dessus d'une zone contrôlée au sol dans un environnement à faible densité de population, avec un UAS de classe C6 (marquage CE). Ce scénario présente de fortes similarités avec le scénario national S2.

## Les scénarios standards nationaux

Trois scénarios standards nationaux sont utilisables en catégorie Spécifique jusqu'au 2 décembre 2023. Ces scénarios sont les scénarios S1, S2 et S3 avec l'abaissement de la hauteur maximale de vol à 120 m.

| Scénario | Zone peuplée (1) | Survol de tiers (2) | Vol en vue (3) | Distance du télépilote | Masse maximale (4) | Hauteur maximale |
|---|---|---|---|---|---|---|
| S1 | Non | Non | Oui | 200 m | Pas de limitation | 120 m |
| S2 | Non | Non | Non | 1 000 m | m <2 kg si hauteur> 50 m | 120 m |
| S3 | Oui | Non | Oui | 100 m | m <8 kg pour UAS non captif | 120 m |

### Zone peuplée (1)

Un aéronef est dit évoluer en zone peuplée lorsqu'il évolue au sein ou à une distance horizontale inférieure à 50 mètres d'une agglomération figurant sur les cartes aéronautiques ou à une distance horizontale inférieure à 150 mètres d'un rassemblement de personnes. Les agglomérations sont celles figurant sur les cartes aéronautiques diffusées par le SIA à l'échelle 1/500 000, 1/250 000 ou 1/100 000.

### Survol de tiers (2)

Pour les scénarios S1, S2 et S3, aucun tiers (personne étrangère à la mission) ne peut être survolé à moins d'une distance horizontale minimale fixée par la réglementation. En cas de vol hors vue (S2), toute la zone d'évolution de l'aéronef doit être vide pour toute la durée du vol.

### Vol en vue directe (3)

Un UAS évolue en vue directe lorsque le télépilote est capable de maintenir un contact visuel continu avec son appareil afin d'éviter les abordages et les collisions. Un UAS utilisé dans le cadre d'un « scénario en vue » (S1 ou S3) peut être piloté par une personne n'ayant pas la vue directe sur l'aéronef, vol en immersion ou en First Person Vision – FPV, sous réserve qu'une autre personne conserve à tout instant l'aéronef en vue directe. C'est alors cette seconde personne qui est réglementairement considérée comme le télépilote et qui est chargée d'assurer la sécurité du vol. Ce télépilote doit disposer de sa propre commande ou, à défaut, doit être en mesure à tout instant d'accéder au système de commande, dans des conditions permettant de maintenir la sécurité du vol. La consultation par le télépilote d'un retour vidéo sur écran, ou de tout autre écran de contrôle, n'est pas considérée comme du vol en immersion nécessitant une deuxième personne si le télépilote, par un circuit visuel approprié, conserve une perception suffisante de l'aéronef et de tout son environnement.

### Masse maximale (4)

Les limites de masse s'appliquent à la masse totale de l'aéronef au décollage, y compris les équipements et les batteries ou le carburant.

# LA NAVIGABILITÉ EN CATÉGORIE SPÉCIFIQUE

## Le contexte opérationnel

La navigabilité d'un aéronef est indissociable des conditions de son utilisation. Ainsi, la réglementation sur l'exploitation des UAS en catégorie Spécifique identifie deux scénarios standards européens STS 01 et STS 02, non encore applicables en France et trois scénarios standards nationaux S1, S2 et S3. Ces scénarios standards, décrits précédemment, sont utilisables en régime déclaratif de la part de l'exploitant.

Un vol en dehors des scénarios standards nécessite, pour les exploitants ne détenant pas un LUC, une autorisation d'exploitation de la DGAC après étude d'un dossier de sécurité justifiant le maintien des conditions de sécurité.

## Homologation des UAS

Les aéronefs répondant à au moins une des conditions suivantes ne peuvent être utilisés en catégorie spécifique qu'après obtention par l'exploitant d'une attestation de conception : aéronef de masse > 25 kg ; aéronef utilisé dans le scénario S2 et aéronef (sauf aérostat captif) de masse > 2 kg utilisé dans le scénario S3.

Des conditions techniques spécifiques de conception sont exigées selon le type d'aéronef et selon le scénario opérationnel.

L'exploitant pourra demander par lui-même l'attestation de conception à la DGAC ou bien pourra bénéficier, pour un aéronef de série, de l'attestation de conception, de type, détenue par le constructeur.

Les aéronefs pour lesquels une attestation de conception n'est pas requise ne peuvent être mis en œuvre que si leur exploitant s'est assuré, par lui-même, de la conformité de l'aéronef aux conditions techniques de conception applicables.

## Les documents de base

À chaque aéronef doit être associée une documentation composée d'un dossier technique et d'un dossier d'utilisation.

Le dossier technique recense les caractéristiques de l'appareil répondant aux exigences de conception.

Le dossier d'utilisation est requis pour tous les aéronefs télépilotés autres que les aérostats captifs. Ce dossier comprend un manuel d'utilisation et un manuel d'entretien.

Le manuel d'utilisation comprend :

- les vérifications de sécurité avant le vol ;
- les limitations de masse ;
- les limitations relatives aux conditions météo ;
- la programmation des dispositifs de protection ;
- les procédures d'urgence.

Le manuel d'entretien indique les vérifications périodiques nécessaires au maintien de la navigabilité.

## L'enregistrement

Les UAS de masse (équipements et batterie ou carburant compris) supérieure ou égale à 800 g doivent être enregistrés par leur propriétaire sur le portail AlphaTango.

L'aéronef reçoit alors un numéro d'enregistrement de la forme UAS-FR-[numéro]. La durée de validité de l'enregistrement est de cinq ans.

## L'immatriculation

Les UAS de masse supérieure à 25 kg doivent être immatriculés en plus d'être enregistrés. Le télépilote doit être muni du certificat d'immatriculation lors de tout vol. Les marques de nationalité et d'immatriculation doivent être gravées sur une plaque d'identité à l'épreuve du feu, à apposer en un endroit bien apparent, visible depuis l'extérieur de l'aéronef (10 cm x 5 cm normalement et 5 cm x 3 cm minimum).

## Masses maximales autorisées

En fonction du scénario opérationnel, en plus des exigences relatives à la conception, une masse maximale de l'aéronef doit être respectée.

Scénario S1
Il n'y a pas de limitation particulière de masse.

Scénario S2
Hauteur de vol< 50 m : pas de limitation de masse.
Hauteur de vol> 50 m : masse maxi autorisée = 2 kg

Scénario S3
Aéronefs captifs : pas de limitation de masse.
Aéronefs télépilotés : masse maxi autorisée = 8 kg

## Activités interdites

À l'exception des aérostats captifs, l'évolution de manière autonome d'un aéronef en catégorie spécifique est interdite.

Dans le cadre des scénarios nationaux, le télépilote ne peut être à bord d'un véhicule en déplacement, sauf si ce véhicule est un bateau ou sauf autorisation spécifique.

La certification de l'aéronef par l'EASA est nécessaire lorsque le transport de marchandises dangereuses. Dans le cas contraire, l'exploitant d'UAS doit demander à la DSAC une autorisation d'exploitation dans la catégorie Spécifique.

# LES CONDITIONS TECHNIQUES DE CONCEPTION

## Introduction

Pour être apte au vol en catégorie Spécifique, l'UAS doit répondre aux conditions techniques de conception applicables : conditions générales et conditions spécifiques au type d'aéronef et au scénario.

## Bandes de fréquence

Les bandes de fréquences utilisées pour la commande et le contrôle de l'aéronef et pour l'exécution de la mission ainsi que les conditions d'émission radioélectrique, la puissance notamment, doivent être conformes à la réglementation en vigueur. Dans le cas contraire, une autorisation préalable est nécessaire.

## Aéronef captif

La résistance mécanique en traction du moyen de retenue des aéronefs captifs de masse inférieure ou égale à 25 kg est supérieure ou égale à 10 fois le poids à la masse maximale pour un aérodyne et, pour un aérostat, 4 fois l'effort produit à la poussée statique maximale et au vent maximal autorisé.

Les aéronefs captifs de masse supérieure à 25 kg répondent à des conditions de navigabilité concernant : la sécurité du moyen de retenue ; la résistance de la structure de l'aéronef ; la résistance de l'enveloppe dans le cas d'un aérostat et la résistance de la retenue de la charge utile.

Seul le gaz inerte est autorisé pour les aérostats.

Opérés dans le cadre d'un scénario national, doivent faire l'objet d'un balisage les aéronefs captifs utilisés de jour, dont le point le plus haut en vol dépasse une hauteur de 50 m et les ballons captifs utilisés de nuit.

## Aéronef non captif

Le télépilote doit disposer d'une information d'altitude ou de hauteur basée sur un capteur barométrique.

Un dispositif automatique empêche l'aéronef de dépasser une altitude ou une hauteur maximale programmable, même en cas de commande du télépilote ou d'activation d'un plan de vol automatique.

Le télépilote peut à tout moment forcer un atterrissage d'urgence par arrêt de la propulsion en vol et la commande de cette fonction peut être testée avant le vol.

Sur une perte de la liaison de commande, une procédure d'atterrissage s'active. L'atterrissage s'effectuera à l'intérieur du volume maximal de vol prédéfini, sauf, éventuellement, pour un aéronef à voilure fixe, sous réserve de minimiser en temps et en distance la sortie du volume maximal de vol.

Seul le gaz inerte est autorisé pour les aérostats.

Un dossier d'utilisation doit accompagner l'aéronef. Ce document comprend un manuel d'utilisation et un manuel d'entretien. Un canevas-type est disponible sur le site de la DGAC.

## Scénario S2

Le télépilote dispose d'une information sur le positionnement et le déplacement de l'UAS lui permettant de s'assurer en temps réel que l'aéronef ne dépasse pas les limites du volume maximal de vol.

Un dispositif automatique empêche l'aéronef de franchir les limites horizontales d'un volume de vol programmable quelles que soient les consignes du télépilote ou du plan de vol automatique, ou une alarme informe le télépilote d'un tel franchissement.

La fonction d'atterrissage d'urgence requise est indépendante des automatismes embarqués de contrôle de la trajectoire de l'aéronef.

Un dispositif embarqué enregistre les paramètres essentiels du vol, dont au minimum la localisation, l'attitude de l'aéronef, et la qualité du signal de commande et de contrôle, permettant une analyse des 20 dernières minutes de vol.

## Scénario S3

Les aérodynes non captifs de masse supérieure à 2 kg utilisés dans le cadre du scénario S3 sont équipés d'un dispositif de protection des tiers qui limite à 69 joules l'énergie d'impact à la suite d'une chute libre depuis la hauteur maximale d'opération.

Le dispositif de protection des tiers est automatiquement activé dans le cas d'un atterrissage automatique à la suite d'une perte de la liaison de commande et de contrôle, sauf si cet atterrissage automatique peut être programmé de façon à garantir qu'aucun tiers ne se trouve dans la zone de posé.

## Autres conditions

Un UAS de masse supérieure à 800 g doit être équipé d'un dispositif de signalement électronique ou numérique et d'un dispositif de signalement lumineux. Le signalement émis doit notamment contenir un identifiant propre à l'aéronef (dispositif intégré) ou propre à la balise ajoutée, qui est codé par le constructeur de l'aéronef ou de la balise. L'identifiant devra être renseigné dans Alpha Tango par le propriétaire.

À compter du 2 décembre 2021, les UAS utilisés en catégorie Spécifique doivent être équipés d'un système d'identification directe à distance.

Les équipements de la mission doivent être bien fixés, ne pas altérer la résistance structurale, les qualités de vol et les dispositifs de contrôle de l'UAS et ne pas générer d'interférences radioélectriques avec les systèmes de bord.

Les constructeurs d'UAS doivent fournir une notice d'utilisation que le télépilote devra respecter pour garantir la navigabilité de l'aéronef.

# LE MAINTIEN DE LA NAVIGABILITÉ EN CATÉGORIE SPÉCIFIQUE

## L'objectif

Pour être « apte au vol », l'appareil doit être utilisé et entretenu conformément aux exigences de navigabilité qui ont prévalu lors de sa première autorisation.

Cet ensemble d'actions et de vérifications indispensables à la sécurité des vols est connu sous l'expression de « Maintien de la navigabilité » ou, « Continuous Airworthiness » en anglais.

## Entretien

L'aéronef doit être entretenu conformément à son manuel d'entretien.

Dans le cas d'un aéronef faisant l'objet d'une attestation de conception de type, l'exploitant devra se tenir informé des éventuelles révisions du manuel d'entretien diffusées par le constructeur.

## Consignes de sécurité

L'exploitant doit appliquer les consignes de sécurité diffusées par la DSAC.

Dans le cas d'un aéronef faisant l'objet d'une attestation de conception de type, l'exploitant doit également appliquer les consignes de sécurité diffusées par le constructeur.

La DGAC peut interdire ou limiter l'utilisation d'un aéronef, d'un type d'aéronef ou l'activité d'un exploitant, s'il a connaissance de problème de sécurité pour les personnes ou d'un non-respect des exigences réglementaires par un exploitant ou un télépilote.

Cette limitation ou interdiction est réalisée par une consigne de sécurité ou par suspension ou retrait des autorisations, attestations et accusés de réception délivrés par la DGAC. Dans ce cas, l'activité ne peut reprendre que si des mesures correctives assurant la sécurité des personnes et le respect des dispositions de la réglementation, sont appliquées dans les conditions fixées ou acceptées par la DGAC.

***Remarque***
Les consignes de sécurité sont disponibles en ligne sur le site du Ministère de l'Écologie et du Développement Durable.

## Modifications et réparations

En cas de modification ou de réparation de l'aéronef ou de son système de commande, l'exploitant doit s'assurer que l'aéronef reste conforme aux conditions techniques de conception applicables. Dans le cas d'un aéronef faisant l'objet d'une attestation de conception de type, toute modification ou réparation doit être réalisée conformément aux instructions du constructeur ou coordonnée avec lui.

## Modifications nécessitant une révision de l'attestation de conception

Toute modification ou réparation d'un aéronef faisant l'objet d'une attestation de conception ayant pour effet de le rendre non conforme à l'un des éléments du dossier technique constitué pour l'obtention de cette attestation doit être soumise à la DSAC pour accord et révision de l'attestation concernée.

Les modifications nécessitant une révision de l'attestation de conception sont notamment les suivantes :

- les scénarios autorisés ;
- la masse maximale ;
- le contrôleur/ pilote automatique ;
- la station de contrôle sol et les logiciels installés ;
- le dispositif de limitation d'énergie d'impact.

Dans le cas où cette révision concerne une attestation de conception de type, cette révision peut être accordée soit à la suite de la demande du constructeur, soit à la suite de la demande de l'exploitant.

## Rôle de l'exploitant

L'exploitant a un rôle majeur dans le maintien de la navigabilité des aéronefs.

L'exploitant doit s'assurer que les aéronefs sont immatriculés et/ou enregistrés lorsque c'est requis. Il doit s'assurer qu'ils sont homologués ou, lorsqu'une homologation n'est pas requise, s'assurer que ces aéronefs respectent les conditions techniques applicables. Il doit maintenir les aéronefs en état de navigabilité.

L'exploitant met en place les méthodes et les moyens pour promouvoir l'identification, la notification et l'analyse des événements de sécurité, incidents ou accidents survenant au cours de ses opérations.

En particulier, l'exploitant doit notifier tout événement de sécurité à la DSAC.

# L'EXPLOITANT EN CATÉGORIE SPÉCIFIQUE

## Un rôle majeur

D'un point de vue réglementaire, l'exploitant est la personne physique ou morale responsable de l'activité. Cette responsabilité intervient aussi bien dans un rôle interne, au sein de l'entité, que dans un rôle externe vis-à-vis de l'administration de tutelle.

## Les obligations de l'exploitant

Tout au long de son activité, l'exploitant doit:
- s'assurer que ses aéronefs sont homologués ou, lorsqu'une homologation n'est pas requise, s'assurer que ces aéronefs satisfont les conditions techniques applicables;
- s'assurer du maintien en état de navigabilité de ses aéronefs conformément aux exigences réglementaires;
- s'assurer que les télépilotes détiennent les certificats et titres requis par la réglementation;
- définir les formations complémentaires des télépilotes;
- établir et tenir à jour un dossier pour chaque télépilote;
- évaluer périodiquement la compétence théorique et pratique de ses télépilotes;
- désigner un ou plusieurs télépilotes pour chaque vol ainsi que les autres personnes nécessaires;
- rédiger un Manuel d'exploitation (MANEX) décrivant les modalités de mise en œuvre de ses obligations réglementaires et le tenir à jour;
- s'assurer que le MANEX est correctement appliqué;
- mettre en place un système d'analyse et de suivi des événements de sécurité;
- demander l'accord du comité régional de gestion de l'espace aérien pour les activités permanentes;
- obtenir les autorisations préalables pour l'utilisation de matériels de prise de vue.

## Le MANEX

Le MANEX décrit les modalités de gestion de l'activité.

Le MANEX décrit l'organisation que l'exploitant met en œuvre.

Le MANEX présente les activités pratiquées:
- scénarios réalisables;
- aéronefs utilisables;
- responsabilités respectives.

Le MANEX présente la liste des télépilotes autorisés et les modalités de gestion de leurs compétences.

Le MANEX décrit les procédures applicables pour la préparation et la conduite des vols et notamment l'ensemble des consignes de sécurité applicables pour la protection des tiers au sol et des aéronefs en vol.

Le MANEX décrit pour chaque aéronef les procédures normales, les procédures d'urgence et les limitations en référence à leur manuel d'utilisation.

## Enregistrement de l'exploitant

Tout exploitant opérant dans la catégorie spécifique doit s'enregistrer. L'enregistrement de l'exploitant d'UAS doit être réalisé en ligne sur le portail Alpha Tango. L'enregistrement est obligatoire, même si l'exploitant était déclaré selon les scénarios standards nationaux.

À l'issue du processus d'enregistrement, l'exploitant d'UAS reçoit deux numéros d'identification. Un numéro d'exploitant d'UAS, sous la forme « FRA + 13 caractères », servira pour toutes les démarches administratives que l'exploitant aura à effectuer. Ce numéro d'exploitant d'UAS doit être apposé de manière lisible sur le drone. Un numéro d'identifiant électronique, comprenant le numéro d'exploitant d'UAS suivi d'un code correcteur d'erreur doit être saisi dans l'application fournie par le constructeur en vue de l'émission du signal d'identification à distance, si le drone en est équipé.

## Déclaration d'activité

L'exploitant ne pourra démarrer son activité qu'aux conditions d'en avoir fait la déclaration à la DSAC et d'en avoir reçu l'accusé de réception. Dans cette déclaration, l'exploitant:
- identifie les scénarios standards envisagés;
- présente les aéronefs utilisés;
- identifie la référence de son MANEX;
- atteste avoir satisfait à ses obligations réglementaires.

L'ensemble des documents nécessaires à son activité seront tenus à la disposition de la DSAC.

***Remarque***
La déclaration d'un scénario standard implique qu'il soit décrit dans le MANEX avec les UAS utilisés pour ce scénario. Selon cette déclaration, l'exploitant est prêt à démarrer son activité: MANEX rédigé; télépilotes formés et qualifiés; UAS aptes au vol.

## Renouvellement de la déclaration

La déclaration d'activité doit être renouvelée au minimum tous les 24 mois et chaque fois qu'une modification importante intervient dans les éléments de la déclaration en vigueur (ajout d'un scénario opérationnel, ajout d'un aéronef, modification des conditions opérationnelles d'un scénario).

## Bilan annuel d'activités

Chaque année en janvier, l'exploitant doit déclarer à la DSAC le nombre d'heures de vol réalisées par domaine d'activité et par scénario opérationnel et faire une synthèse des problèmes rencontrés dans le cadre du suivi de la sécurité durant l'année civile précédente, et des mesures prises pour y remédier.

# LE TÉLÉPILOTE EN CATÉGORIE SPÉCIFIQUE

## Introduction

La navigabilité de l'aéronef et, plus généralement, la sécurité des vols imposent que le télépilote ait les compétences, l'expérience récente et la capacité physique appropriées à l'utilisation, en sécurité, de son appareil dans les conditions envisagées.

C'est une évidence, mais c'est aussi une exigence !

## Âge minimal

Les télépilotes dans la catégorie Spécifique doivent être âgés de 16 ans révolus. Des conditions d'âge plus contraignantes peuvent être fixées dans les autorisations opérationnelles.

## La responsabilité du télépilote

De manière générale, le télépilote est responsable de la conduite de son appareil en toute sécurité et notamment en respectant les conditions suivantes :

- assurer la sécurité des personnes et des biens ;
- ne pas être dans un véhicule en déplacement (*) ;
- respecter les limitations liées à la navigabilité ;
- respecter le volume maximal de vol.

(*) Sauf d'un navire sous conditions précises.

## Compétences théoriques

Des compétences théoriques sont demandées au télépilote en catégorie Spécifique.

À l'exception des télépilotes d'aérostats captifs, les télépilotes en catégorie spécifique doivent détenir un certificat d'aptitude théorique de télépilote délivré après la réussite à un examen organisé par la DGAC.

Outre la détention de ce certificat d'aptitude, l'exploitant doit s'assurer que le télépilote possède une connaissance suffisante sur un ensemble de sujets techniques et réglementaires.

Le télépilote doit connaître la réglementation applicable aux aéronefs télépilotés.

Le télépilote doit connaître et savoir appliquer les procédures définies par l'exploitant.

Le télépilote doit connaître les principes techniques et les principes de fonctionnement des aéronefs de l'exploitant.

Le télépilote doit connaître les moyens d'accéder à l'information aéronautique dans le cadre de la préparation de ses missions.

## Compétences pratiques

À l'exception des télépilotes d'aérostats captifs, le télépilote doit détenir une attestation de suivi de formation, ou une attestation d'aptitude aux fonctions de télépilote, obtenue dans le cadre du dispositif de grandpérisation prévu dans le décret Formation du 2 février 2018.

Le télépilote ne peut pas assurer sa propre formation pratique.

L'attestation de suivi de formation est délivrée par l'organisme de formation qui assure la formation pratique basique pour le ou les scénarios considérés, après vérification de l'acquisition des compétences pratiques. Cette attestation mentionne le ou les scénarios pour lesquels la formation a été délivrée.

L'organisme dispensant la formation pratique basique doit renseigner un livret de progression.

## Le rôle de l'exploitant

L'exploitant doit, pour chaque télépilote, définir les formations complémentaires adaptées aux opérations qu'il réalise. Ces formations complémentaires doivent tenir compte des spécificités des types d'aéronefs et des activités de l'exploitant.

L'exploitant doit tenir à jour, dans son MANEX, la liste des télépilotes autorisés avec l'indication des aéronefs qu'ils sont aptes à piloter et des activités qu'ils sont aptes à réaliser.

L'exploitant doit s'assurer que les télépilotes détiennent les compétences et les qualifications nécessaires aux opérations envisagées

L'exploitant doit établir et tenir à jour un dossier pour chaque télépilote contenant notamment les certificats et titres aéronautiques détenus et les justificatifs des formations reçues et des évaluations de compétence. Sur demande, l'exploitant met ce dossier à la disposition du télépilote concerné et des autorités.

Les programmes de formation, les livrets de progression et les moyens matériels et humains utilisés pour dispenser la formation pratique basique ou complémentaire doivent être décrits dans le MANEX de l'exploitant.

# PRÉPARATION DU VOL EN CATÉGORIE SPÉCIFIQUE LE RÔLE DE L'EXPLOITANT

## Introduction

L'exploitant a un rôle important à jouer dans la préparation de chacun des vols.

## Vérifications préalables

Vérifications à effectuer par l'exploitant avant tout vol :

- le vol relève d'un scénario prévu au MANEX ;
- l'aéronef est autorisé pour le vol prévu et apte au vol ;
- le télépilote est autorisé pour l'aéronef et le vol ;
- les notifications préalables sont réalisées ;
- les accords préalables éventuels sont obtenus ;
- les clauses d'un éventuel protocole sont respectées ;
- les responsabilités des acteurs ont été définies.

## Documents nécessaires

Documents nécessaires sur le lieu du vol :

- le récépissé d'enregistrement d'exploitant d'UAS
- l'accusé de réception de la déclaration d'activité ;
- l'attestation de conception de l'aéronef ;
- le manuel d'activités particulières (MANEX) à jour ;
- les documents de chaque télépilote ;
- les accords reçus et une copie des protocoles ;
- toute autorisation de la DGAC pour la mission.

## Volume maximal de vol

Pour chaque vol, l'exploitant doit définir le volume d'évolution à l'intérieur duquel le télépilote devra veiller à maintenir l'aéronef à tout instant. Le plafond et les limites horizontales de ce volume doivent tenir compte :

- des trajectoires prévues dans la mission,
- d'une marge de sécurité ;
- de l'environnement de la mission et des obstacles ;
- de la proximité éventuelle d'une zone P, D ou R ;
- de la proximité éventuelle d'un aérodrome ;
- de la proximité éventuelle d'une zone peuplée ;
- de la protection vis-à-vis des tiers au sol.

## Protection des tiers au sol

L'exploitant doit prendre toutes les dispositions pour éloigner les tiers de la zone de sécurité définie autour du volume maximal de vol.

L'exploitant doit établir une « zone d'exclusion des tiers ».

Le tableau ci-dessous donne une méthode de calcul du rayon du disque : l'enveloppe de protection en fonction du scénario standard utilisé.

Dans le cas des scénarios S1 et S3, l'exploitant doit s'assurer qu'à tout moment du vol aucun tiers non autorisé ne pénètre dans la zone d'exclusion.

Dans le cas du scénario S2, l'exploitation doit prendre toute disposition nécessaire pour réduire le risque d'intrusion d'un tiers non autorisé dans la zone d'exclusion.

En plus de ces dispositions, il est nécessaire pour les scénarios S1 à S3 de respecter une distance horizontale minimale de 30 m par rapport à une autoroute, une route express ou une voie ferrée.

## Personnes autorisées

Seules les personnes suivantes peuvent être autorisées à l'intérieur de la zone d'exclusion des tiers :

- les personnes impliquées dans le pilotage ;
- les personnes gérant les équipements de mission ;
- les personnes isolées par un dispositif de sécurité ;
- les personnes directement en lien avec l'activité.

Par « personnes directement en lien avec l'activité », on entend les personnes dont la présence se justifie par la mission elle-même, et qui, sans la mission, ne seraient pas présentes. Par exemple, lors du tournage d'un film, les acteurs peuvent être considérés comme directement en lien avec la mission. Au contraire, les passants dans la rue ou les badauds ne peuvent être considérés comme participant à une mission de reportage.

**Zone minimale d'exclusion des tiers**

| Type d'aéronef | Zone d'exclusion S1 | Zone d'exclusion S3 | Zone d'exclusion S2 |
|---|---|---|---|
| Aérodyne ≤ 8 kg avec parachute<br>Aérodyne ≤ 2 kg hauteur < 50 m<br>Aérostat non captif ≤ 8 kg<br>Avec information de vitesse sol. | Disque centré sur l'aéronef<br>$R = V\sqrt{(2h/g)}$<br>R maximum = 30 m<br>R minimum = 10 m | Disque centré sur l'aéronef<br>$R = V\sqrt{(2h/g)}$<br>R minimum = 10 m<br>R peut être limité à 30 m pour une masse ≤ 4 kg | Zone fixe sur toute la durée de l'activité<br>Volume maximal de vol<br>Marge de sécurité 30 m |
| | R et h en m, V sol en m/s, g = 9,81 m/s² | | |
| Autres cas | R = 30 m | | |

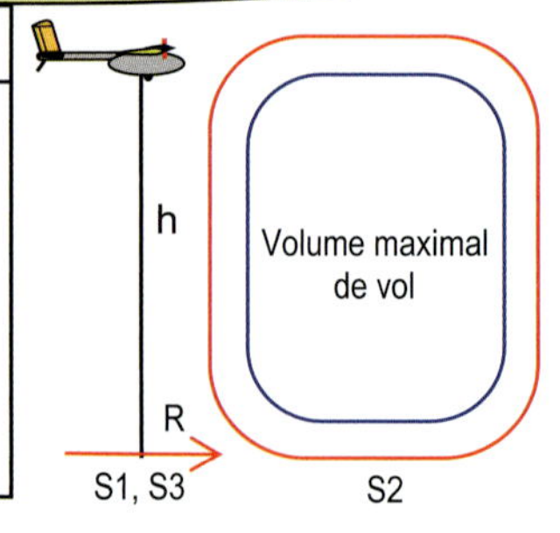

# PRÉPARATION DU VOL EN CATÉGORIE SPÉCIFIQUE LE RÔLE DU TÉLÉPILOTE

## Introduction

Le télépilote a un rôle spécifique à jouer dans la préparation du vol. Cette préparation a pour objectif de s'assurer que l'ensemble des conditions opérationnelles sont réuni pour réussir la mission en assurant la sécurité des personnes et des biens et en respectant les exigences réglementaires.

La préparation du vol concernera la mise en œuvre de l'aéronef, la navigation et la météo.

## La météorologie

Le vol ne doit pas être entrepris si les conditions météorologiques sont incompatibles avec les limites d'utilisation de l'aéronef concernant le vent, la turbulence, la visibilité et les précipitations.

Cette protection météorologique est réalisée en consultant les informations météorologiques sur le site de Météo France ainsi que sur le site du SIA.

Dans la phase « Météorologie », il vous est présenté les différents types d'informations météorologiques aéronautiques à la disposition des pilotes.

## Réserves d'énergie

Avant tout vol (sauf aérostats captifs), le télépilote doit s'assurer que les réserves d'énergie nécessaire au vol permettent d'effectuer le vol prévu avec une marge de sécurité adaptée permettant de couvrir les aléas prévisibles. Cette disposition concerne également le dispositif de commande et de contrôle de l'aéronef. Le MANEX doit préciser le détail de ces précautions.

## Vérifications de sécurité

Avant tout vol, le télépilote doit réaliser les vérifications de sécurité nécessaires et notamment :

- la visite prévol prévue dans le manuel d'utilisation ;
- la vérification que les limites verticales et horizontales ont été correctement programmées ;
- la vérification que le mode « *fail-safe* » en cas de perte de la liaison de commande a été correctement programmé.

Le vol ne doit pas être entrepris en cas d'une quelconque anomalie pouvant remettre en cause l'aptitude u vol de l'aéronef.

La visite prévol doit être effectuée systématiquement par le pilote avant chaque vol. La non-observation de cette obligation remet en cause l'aptitude au vol de l'appareil

***Remarques***

Les barrières virtuelles en altitude sont obligatoires dans tous les cas. Les barrières virtuelles en distance sont obligatoires dans le cadre du scénario S2. Ces barrières doivent être programmées de telle façon qu'il soit impossible pour le drone de sortir du volume d'évolution autorisé pour le vol (volume maximal de vol) sans que ces barrières ne soient activées. En cas d'indisponibilité des barrières (panne, mode de vol dans lequel les barrières sont inactives), le vol ne doit pas être entrepris ou, le cas échéant, doit être interrompu.

Le mode *fail-safe* doit être programmé de telle façon que l'évolution automatique du drone en cas de perte de la liaison ne compromette pas la protection des tiers au sol et soit compatible avec les éventuels obstacles dans la zone d'évolution, par exemple le réglage de la hauteur de vol du « *return to home* ».

# CONDUITE DU VOL EN CATÉGORIE SPÉCIFIQUE

## Le pilotage

Le vol doit se réaliser sous le contrôle constant du télépilote.

Le télépilote ne peut se trouver à bord d'un véhicule en déplacement sauf à bord d'un navire et sous conditions précises. Une dérogation à cette règle nécessite l'accord préalable de l'autorité.

*Remarques :* À l'exception des aérostats captifs, l'évolution de manière autonome d'un aéronef utilisé en catégorie spécifique est interdite.

Le vol automatique, c'est-à-dire la programmation d'un drone pour qu'il exécute de façon automatique une trajectoire définie à l'avance, est autorisé, sous réserve que le vol soit exécuté sous la surveillance d'un télépilote pouvant reprendre le contrôle de l'aéronef ou, *a minima*, déclencher des procédures d'urgence.

## Limites d'utilisation

L'aéronef doit être utilisé en conformité avec les limitations associées à sa navigabilité, les exigences définies par le constructeur et dans les limites du scénario opérationnel autorisé et de la réglementation applicable.

Le télépilote doit s'assurer que l'aéronef reste à l'intérieur du volume maximal défini pour le vol :

- pour les limites horizontales, le contrôle est visuel ou basé sur les informations instrumentales de positionnement pour les vols « hors vue » ;
- pour les limites verticales, le contrôle est basé sur les informations d'altitude transmises par le capteur barométrique ou, pour les aéronefs captifs ne disposant pas de cet équipement, basé sur la longueur du moyen de retenue de l'aéronef.

Lorsque l'aéronef sort du volume maximal de vol, le télépilote doit prendre immédiatement les mesures nécessaires pour rétablir la sécurité du vol ou, si nécessaire, commander un atterrissage d'urgence par coupure des moteurs et activer le dispositif de protection des tiers si un tel dispositif est requis.

*Remarque :*
En scénario S1, le vol peut comprendre une phase ponctuelle « hors vue » du télépilote lorsque le vol s'effectue derrière un obstacle qui masque l'aéronef, si les conditions suivantes sont vérifiées :

- le MANEX de l'exploitant prévoit cette situation et décrit les consignes applicables ;
- le télépilote a reconnu avant vol le lieu de l'opération afin de s'assurer qu'il n'y a pas de danger particulier derrière l'obstacle ;
- le télépilote a une vision globale de l'environnement du vol autour de la zone où se situe l'obstacle et est capable d'anticiper le point où il reprend le contact visuel direct avec l'aéronef après le passage de l'obstacle.

## Prévention des abordages

Le télépilote doit prendre toutes les mesures pour éviter tout risque d'abordage avec les autres aéronefs en appliquant notamment cet article majeur des règles de l'air : « Un aéronef n'évolue pas à une distance d'un autre aéronef telle qu'il puisse en résulter un risque d'abordage. »

Le télépilote doit céder le passage à tout aéronef habité et doit appliquer vis-à-vis des autres aéronefs télépilotés les dispositions de prévention des abordages prévues par les règles de l'air. Un vol ne doit pas être entrepris ou un vol en cours doit être interrompu si un aéronef habité se trouve à proximité.

Le télépilote d'un UAS « en vue » doit détecter tout rapprochement d'aéronef et prendre les mesures d'évitement appropriées.

Le télépilote d'un UAS "hors vue" doit s'assurer, avant le décollage, de l'absence d'aéronefs évoluant à proximité. Si, au cours d'un vol "hors vue", le télépilote détecte le rapprochement d'un aéronef, il doit lui céder le passage.

Le télépilote doit maintenir l'UAS hors des nuages, de façon à rester visible des autres aéronefs.

Exceptionnellement, cette règle ne s'applique pas si l'aéronef évolue dans une portion d'espace aérien et selon des modalités assurant une ségrégation d'activité entre l'aéronef et les autres usagers aériens.

Les ballons captifs peuvent être utilisés de nuit avec un éclairage approprié. Les autres UAS ne peuvent pas être utilisés de nuit, sauf si toutes les conditions suivantes sont réunies : la hauteur de vol est inférieure à 50 mètres ; la masse est inférieure à 8 kg ; le scénario est S1 ou S3 ; l'appareil est équipé d'un dispositif lumineux approprié ; l'éclairage ou les moyens de sécurisation de la zone d'évolution permettent de s'assurer qu'aucune tierce personne ne pénètre dans les zones minimales d'exclusion applicables.

Exceptionnellement, cette règle ne s'applique pas si l'aéronef évolue dans une portion d'espace aérien et selon des modalités assurant une ségrégation d'activité entre l'aéronef et les autres usagers aériens.

## Procédure AIRPROX

Tout événement qui a ou aurait pu compromettre la sécurité du trafic aérien doit être notifié à l'autorité.

Ainsi, lorsqu'un pilote détecte un non-respect des minima de séparation avec un autre aéronef, il notifie cet incident en utilisant la procédure AIRPROX :

- le plus tôt possible en vol par radio ou, une fois posé, par téléphone avec l'organisme ATS approprié ;
- dans les 2 semaines en envoyant un compte rendu de l'incident à l'autorité dont il relève.

# LA DÉMARCHE DE SÉCURITÉ

## L'objectif

La sécurité de toute activité collective est le fruit non seulement de la démarche préventive de chacun des acteurs mais aussi du partage d'information entre tous.

Dans cet objectif de sécurité, le processus connu sous le nom de « retour d'expérience » a une importance majeure.

## Notification des événements

L'amélioration de la qualité et de la sécurité des opérations de drones civils repose très fortement sur l'implication des pilotes, des exploitants et des constructeurs. Il est indispensable que l'ensemble de ces acteurs participe au partage d'expérience à la suite des accidents ou incidents ayant un impact sur la sécurité et du traitement qui a été donné à ces événements.

Ce thème majeur pour la sécurité aérienne fait l'objet de l'annexe 13 à la Convention de Chicago.

L'exploitant doit déclarer à l'autorité tout événement qui a mis ou aurait pu mettre en jeu la sécurité des tiers. En particulier, il déclare toute défaillance des dispositifs requis par la navigabilité et toute panne de la liaison de commande et de contrôle de l'aéronef. Cette déclaration comprend les éléments pertinents de l'analyse.

Un guide est téléchargeable sur le site de la DGAC.

## Compte rendu d'événement

Un formulaire de compte rendu d'événement est disponible en ligne. Il sera adressé à la DSAC et, le cas échéant, au titulaire de l'attestation de conception de type.

## Système d'analyse et de suivi

L'exploitant doit mettre en place un système d'analyse et de suivi des événements rapportés et décrire ce système dans le Manuel d'exploitation MANEX. Afin d'améliorer la sécurité des opérations, l'exploitant doit prendre les dispositions nécessaires pour éviter qu'un incident en opération ne se reproduise.

À ce titre, une organisation appropriée doit être mise en place par l'exploitant pour diffuser et partager l'information relative à la sécurité des vols au sein de l'entité dont il a la responsabilité.

## Bilan annuel d'activité

Comme cela a été dit, l'exploitant doit faire une synthèse du suivi sécurité dans son bilan annuel d'activité.

> Le retour d'expérience, aussi bien à l'interne de l'entreprise qu'avec l'ensemble des acteurs de l'activité, est essentiel pour la sécurité !

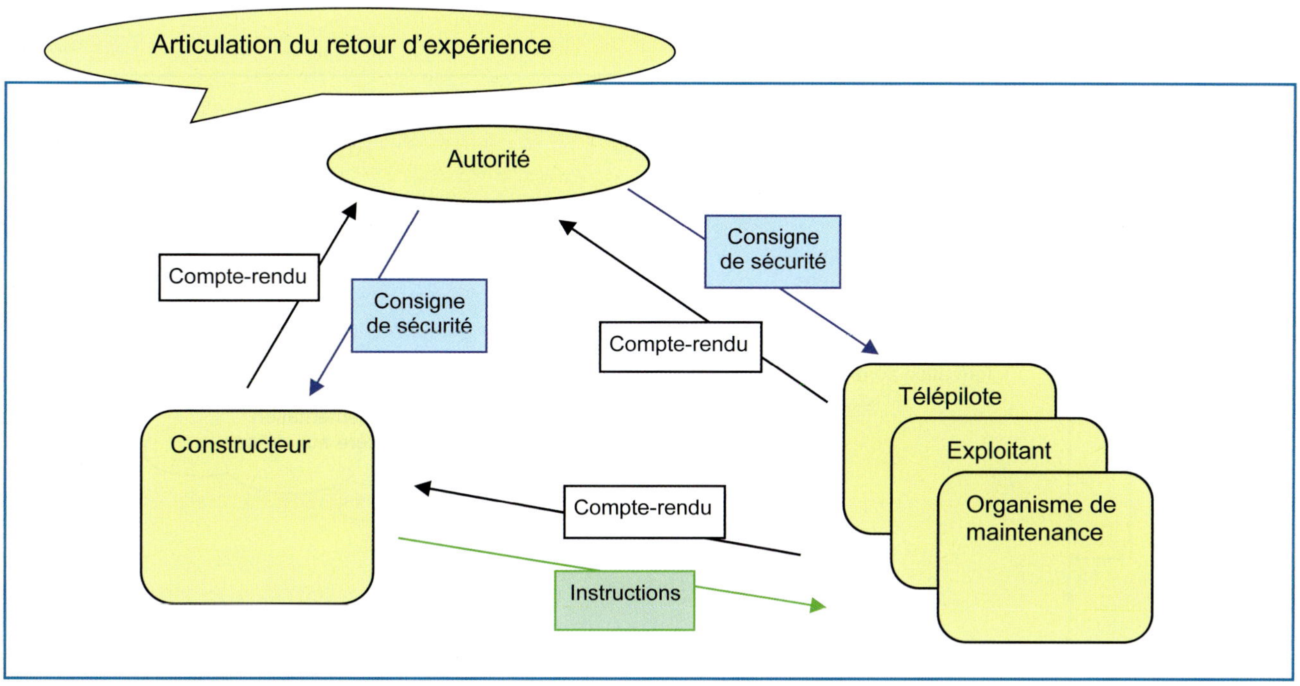

# LA RÉGLEMENTATION DE LA CIRCULATION AÉRIENNE

## Les règles de l'air

Les règles de l'air constituent la réglementation de base applicable aux usagers de l'espace aérien et aux organismes de la circulation aérienne.

La source internationale des règles de l'air est constituée par les normes et pratiques recommandées de l'annexe 2 à la Convention de Chicago. Dans l'espace aérien de l'Union Européenne, c'est le règlement SERA qui est applicable.

S'ajoute à ce document, une réglementation nationale concernant les dispositions particulières sur l'utilisation des aéronefs sous juridiction de chaque État comme le prévoient la Convention de Chicago et la réglementation européenne.

Ainsi, conformément à l'article 8 de la convention de Chicago, l'utilisation des aéronefs non habités relève de la réglementation nationale.

En France, un arrêté présente les règles relatives aux conditions d'insertion des drones dans l'espace aérien.

Comme le dit le préambule du règlement SERA, les règles de l'air s'appliquent à tous les aéronefs, hormis les drones jouets. Une large part de ses articles concerne l'aviation habitée, par exemple les règles de vol à vue (VFR) et les règles de vol aux instruments (IFR), mais le télépilote devra les connaître et en appliquer la philosophie. Pour ce qui concerne les règles spécifiques applicables aux drones, le télépilote se référera aux règlements appropriés.

Pour ce qui concerne les règles spécifiques applicables aux drones, le télépilote doit se référer aux règlements européens et nationaux appropriés.

## L'information aéronautique

S'ajoute à ces textes réglementaires, l'ensemble de la documentation opérationnelle nécessaire à la préparation des vols : les AIP, les AIC, les SUP AIP, les NOTAM, le MIAM ainsi que les cartes VAC décrivant les aérodromes.

Cette publication aéronautique doit être conforme à la normalisation définie par l'OACI dans l'annexe 15 à la Convention de Chicago.

Les Publications d'Information Aéronautique AIP fournissent les informations aéronautiques relatives à l'État concerné. Cette publication comprend trois parties : GEN (généralités), ENR (en route) et AD (aérodromes).

L'information aéronautique temporaire AIC, SUPAIP et NOTAM fournit le complément d'information nécessaire.

Les circulaires d'information aéronautique AIC sont publiées chaque semaine, en principe le jeudi.

Les NOTAM sont publiés avec un préavis minimum pour les informations prévisibles de 7 jours pour les créations de zones et de 24 h pour les créations d'activités sportives. Pour les informations urgentes, la publication d'un NOTAM est doublée d'une information par radio.

Les SUP AIP sont publiés avec un préavis de 42 jours pour les informations importantes et de 14 jours pour les autres.

Le Manuel d'Information Aéronautique Militaire MIAM décrit notamment, dans la partie ENR 5.2, les zones d'entraînement à très basse altitude.

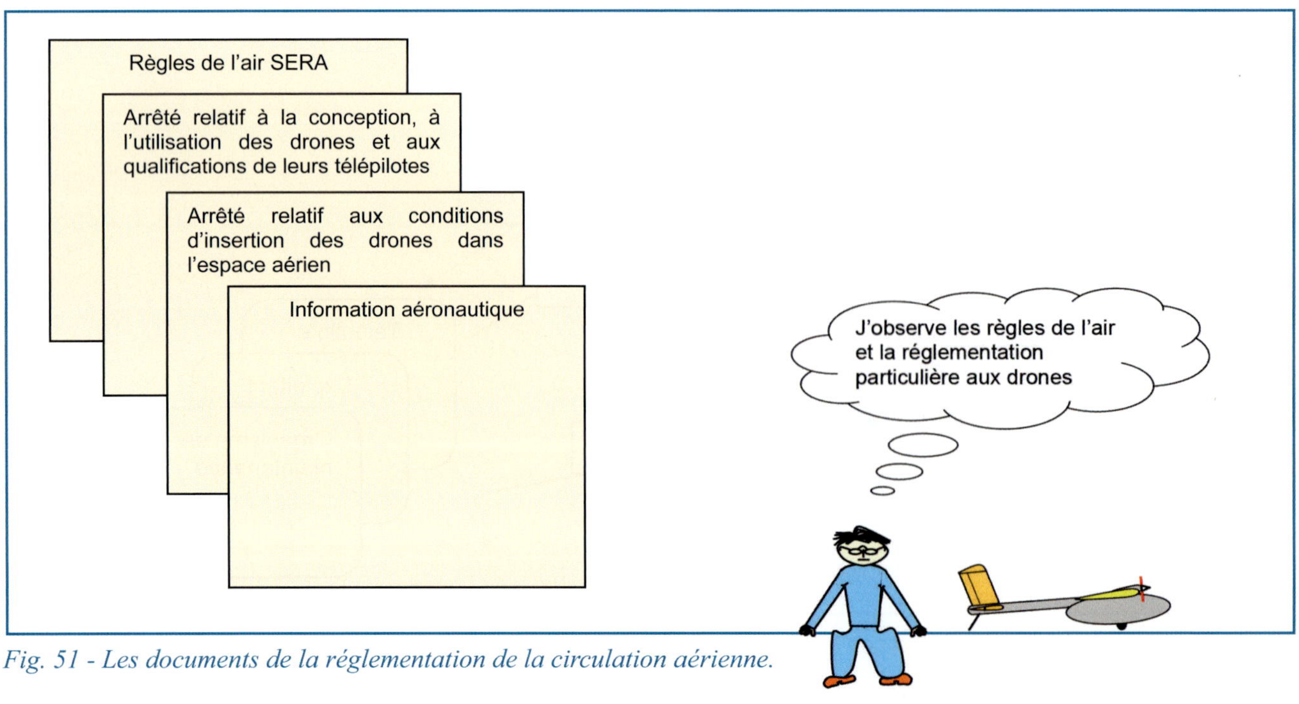


*Fig. 51 - Les documents de la réglementation de la circulation aérienne.*

# SERVICES ET ORGANISMES DE LA CIRCULATION AÉRIENNE

## L'annexe 11

Dans le Convention de Chicago, il a été convenu entre les États membres des services majeurs devant être rendus aux usagers de l'espace aérien et des procédures à adopter pour les assurer. C'est l'objet de l'annexe 11 à la Convention.

## Les trois services ATS

Trois services de la circulation aérienne (services ATS) sont rendus par les organismes ATS aux usagers de l'espace aérien : le service du contrôle de la circulation aérienne, le service d'information de vol et le service d'alerte.

## Le service du contrôle de la circulation aérienne

Le service du contrôle de la circulation aérienne (service ATC) a pour objet d'empêcher les abordages entre aéronefs, les collisions des aéronefs avec les obstacles sur l'aire de manœuvre d'un aérodrome et d'accélérer et de régulariser la circulation aérienne.

## Le service d'information de vol

Le service d'information de vol a pour objet de fournir les avis et les renseignements utiles à l'exécution sûre et efficace des vols.

## Le service d'alerte

Le service d'alerte a pour objet d'alerter les organismes appropriés lorsque des aéronefs ont besoin des organismes de recherches et de sauvetage et de prêter à ces organismes le concours nécessaire.

## Les organismes ATS

Un organisme ATS est, par définition, un organisme rendant un ou plusieurs des trois services ATS. Ces organismes sont les organismes du contrôle de la circulation aérienne, les centres d'information de vol, les bureaux de piste et les organismes AFIS.

## Les organismes du contrôle de la circulation aérienne

Les organismes du contrôle de la circulation aérienne assurent le service du contrôle de la CA. Ce sont les tours de contrôle TWR pour le contrôle d'aérodrome, les organismes de contrôle d'approche (APP) et les centres de contrôle régionaux (ACC).

## Les centres d'information de vol

Les centres d'information de vol (FIC) assurent le service d'information de vol et le service d'alerte.

## Les bureaux de piste

Les bureaux de piste des services de la circulation aérienne gèrent la coordination et les comptes rendus des services de la CA et le dépôt des plans de vol.

## Les organismes AFIS

Les organismes AFIS assurent le service d'information de vol et le service d'alerte au bénéfice des aéronefs évoluant dans la circulation d'aérodrome de certains aérodromes non contrôlés.

Ces définitions doivent être connues du pilote. Leur consultation dans le règlement SERA est recommandée !

Le service du contrôle de la circulation aérienne est composé du contrôle régional pour les aéronefs en route, du contrôle d'approche et du contrôle d'aérodrome pour les aéronefs au départ ou à l'arrivée.

Le service d'information de vol fournit les informations suivantes : météo, activités volcaniques, pollution atmosphérique, état des aérodromes, ballons non habités, événements liés à la sécurité, conditions météorologiques prévues sur les aérodromes de départ d'arrivée et de dégagement, les risques de collision connus pour les vols VFR, des renseignements sur les conditions météorologiques le long de la route. Au départ et à l'arrivée, un service automatique d'information de région terminale (ATIS) peut être disponible.

Le service d'alerte est un service assuré dans le but d'alerter les organismes appropriés lorsque des aéronefs ont besoin de l'aide des organismes de recherches et de sauvetage et de prêter à ces organismes le concours nécessaire. Les organismes des services de la circulation aérienne alertent les centres de coordination de sauvetage RCC (Rescue Coordination Center) dès qu'un aéronef est considéré comme étant en difficulté. Les RCC déterminent les moyens à mettre en œuvre et organisent les opérations de recherche et de sauvetage SAR (Search And Rescue).

La phase d'incertitude INCERFA démarre 30 minutes après l'heure à laquelle un message aurait dû être reçu ou l'heure d'arrivée prévue et notifiée.

La phase d'alerte ALERFA démarre après la phase d'incertitude si les tentatives pour entrer en contact ont échoué ou dans les 5 minutes après l'heure d'atterrissage prévue pour un aéronef ayant reçu cette autorisation et sans contact avec l'aéronef.

La phase de détresse DETRESFA démarre après la phase d'alerte lorsque les nouvelles tentatives de contact sont infructueuses ou que l'on estime que l'aéronef a épuisé son carburant ou lorsqu'il est à peu près certain que l'aéronef a effectué un atterrissage forcé.

# L'ESPACE AÉRIEN

## L'espace aérien

Dans l'espace aérien, on peut distinguer les régions d'information de vol, les espaces aériens contrôlés, les zones dangereuses, les zones réglementées, les zones interdites, les zones réservées temporairement, les zones de ségrégation temporaires.

## Les classes d'espace

Les espaces aériens à l'intérieur desquels les organismes ATS assurent les services de la circulation aérienne sont classés en fonction des services rendus aux vols VFR. Les classes d'espace sont indiquées dans le tableau ci-dessous.

## Les régions d'information de vol

La région d'information de vol en espace inférieur (FIR) est un espace aérien dans lequel le service d'information de vol et le service d'alerte sont assurés. La FIR englobe l'ensemble des espaces à l'intérieur de ses limites horizontales et verticales, de la surface jusqu'au FL 195.

En France, l'espace aérien est divisé en 5 FIR (Paris, Brest, Reims, Bordeaux et Marseille).

Au-dessus du FL 195, se trouve la région d'information de vol en espace supérieur UIR. Cet espace est non contrôlé au-dessus du FL 660.

La France comporte une seule UIR.

## L'espace aérien contrôlé

L'espace aérien contrôlé est un espace dans lequel le service du contrôle de la circulation aérienne est assuré selon la classification des espaces aériens.

L'espace aérien contrôlé est constitué, selon sa fonction, par les régions inférieures de contrôle (LTA), les régions supérieures de contrôle (UTA), les régions de contrôle (CTA), les régions terminales de contrôle (TMA) et les zones de contrôle autour des aérodromes (CTR). S'ajoutent à cette description les voies aériennes (AWY) définies par leur axe, leur plancher et leur largeur.

## Les zones P, R, D

Une zone dangereuse (D) est un espace aérien à l'intérieur duquel des activités dangereuses peuvent être pratiquées pendant des périodes spécifiées.

Les zones réglementées (R) et réglementées temporaires (ZRT) sont des espaces aériens subordonnés à des conditions de pénétration spécifiées. Ces conditions peuvent être une autorisation préalable ou une interdiction de pénétration selon le régime de vol (interdiction aux VFR par exemple).

Les zones interdites (P) et interdites temporaires (ZIT) sont des espaces aériens à pénétration interdite.

Une zone réservée temporairement (TRA) est un espace aérien réservé à un usage spécifique et au travers duquel d'autres aéronefs peuvent être autorisés à transiter avec une clairance ATC.

Les zones de ségrégation temporaire (TSA) et de ségrégation temporaire transfrontalières (CBA) sont des espaces aériens réservés exclusivement à des usagers spécifiques pendant une période déterminée.

Les zones à utilisation obligatoire de la radio (RMZ) sont des espaces aériens à l'intérieur desquels l'emport et l'utilisation de la radio sont obligatoires.

Les zones à utilisation obligatoire du transpondeur (TMZ) sont des espaces aériens à l'intérieur desquels l'emport et l'utilisation du transpondeur transmettant l'altitude-pression sont obligatoires.

| Classe d'espace | Types de vol autorisés | Services assurés |
|---|---|---|
| A | IFR seulement | Contrôle Information, Alerte |
| B | IFR, VFR | Contrôle Information, Alerte |
| C | IFR, VFR | Contrôle IFR-IFR, IFR-VFR, VFR-IFR, Information, Alerte |
| D | IFR, VFR | Contrôle IFR-IFR, IFR-VFR spécial, Information, Alerte |
| E | IFR, VFR | Contrôle IFR-IFR, Information, Alerte |
| F | IFR, VFR | Contrôle IFR-IFR autant que possible, Information, Alerte |
| G | IFR, VFR | Information, Alerte |

*Les définitions précises des espaces aériens (classe d'espace, limites horizontales et verticales, conditions de pénétration) sont consultables dans les AIP, SUP AIP, AIC, NOTAM ainsi que sur les cartes de navigation du SIA (cartes au 1/500000, 1/1000000 et complément).*

# L'ESPACE AÉRIEN EN FRANCE

L'espace aérien en France est défini dans l'AIP (parties ENR et AD). Les limites des différentes régions (FIR, LTA, CTA) et zones (CTR, zones dangereuses, réglementées, interdites), leur classification et leurs particularités de pénétration sont décrites dans ces publications. Les informations utiles au pilote sont reprises sur les cartes de navigation et les documents associés.

Le dessin suivant donne une représentation schématique de l'espace aérien. Lors de la préparation du vol, vous identifierez les différents espaces aériens concernés en consultant la documentation de référence.

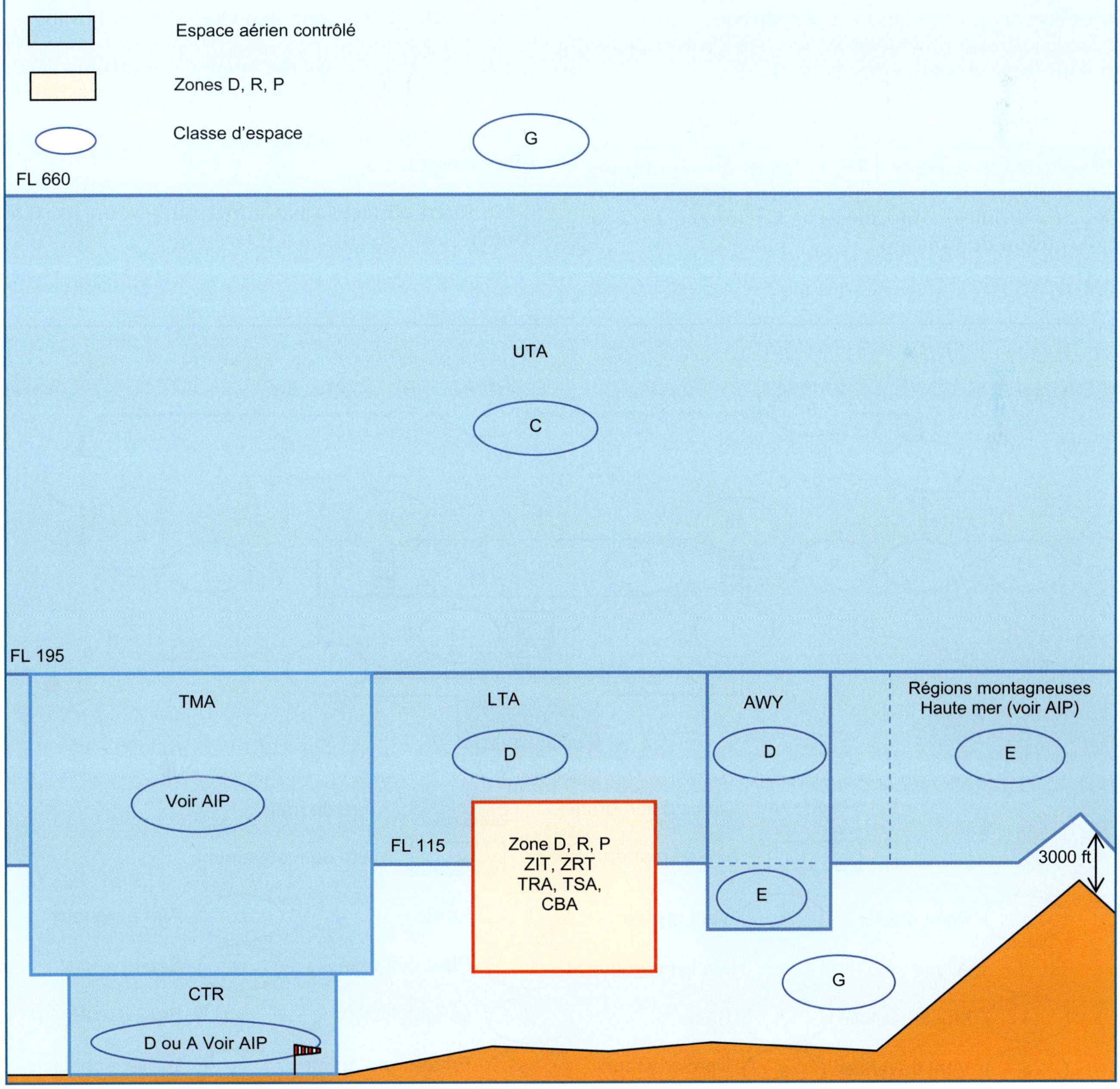

# L'AÉRODROME : PRÉSENTATION

## L'aérodrome

L'aérodrome est la surface définie sur Terre, comprenant éventuellement bâtiments, installations et matériels, destinée à être utilisée en totalité ou en partie pour l'arrivée, le départ et les évolutions des aéronefs à la surface.

Les définitions des différentes parties constitutives de l'aérodrome sont données dans le tableau ci-dessous.

Du point de vue des services de la circulation aérienne rendus aux usagers, on distingue notamment les aérodromes contrôlés où les services du contrôle de la circulation aérienne sont assurés au bénéfice de la circulation d'aérodrome et les aérodromes AFIS où seulement les services d'information et d'alerte sont rendus aux usagers.

Les normes sur l'infrastructure et le balisage des aérodromes sont définis dans l'annexe à l'arrêté du 28 août 2003, appelée CHEA, fixant les conditions d'homologation et les procédures d'exploitation des aérodromes conformément à l'annexe 14 à la Convention de Chicago.

## Le balisage

Le balisage est nécessaire non seulement pour marquer les limites des aires constituant l'aérodrome mais aussi pour baliser les obstacles artificiels et le relief faisant saillie au-dessus d'une surface destinée à protéger les aéronefs en vol.

Le type de balisage dépend de sa fonction, de la nature de l'objet à baliser et de sa visibilité, de jour ou de nuit.

Le marquage est constitué de damiers ou de bandes de couleur alternées.

Une balise d'obstacle est un fanion, un panneau ou une bulle de couleur, blanche, rouge ou orange.

Un feu d'obstacle à haute intensité est un feu à éclats blancs sur un obstacle de hauteur supérieure à 150 m.

Un feu d'obstacle à moyenne intensité est un feu à éclats rouges.

Un feu d'obstacle à basse intensité est un feu fixe rouge.

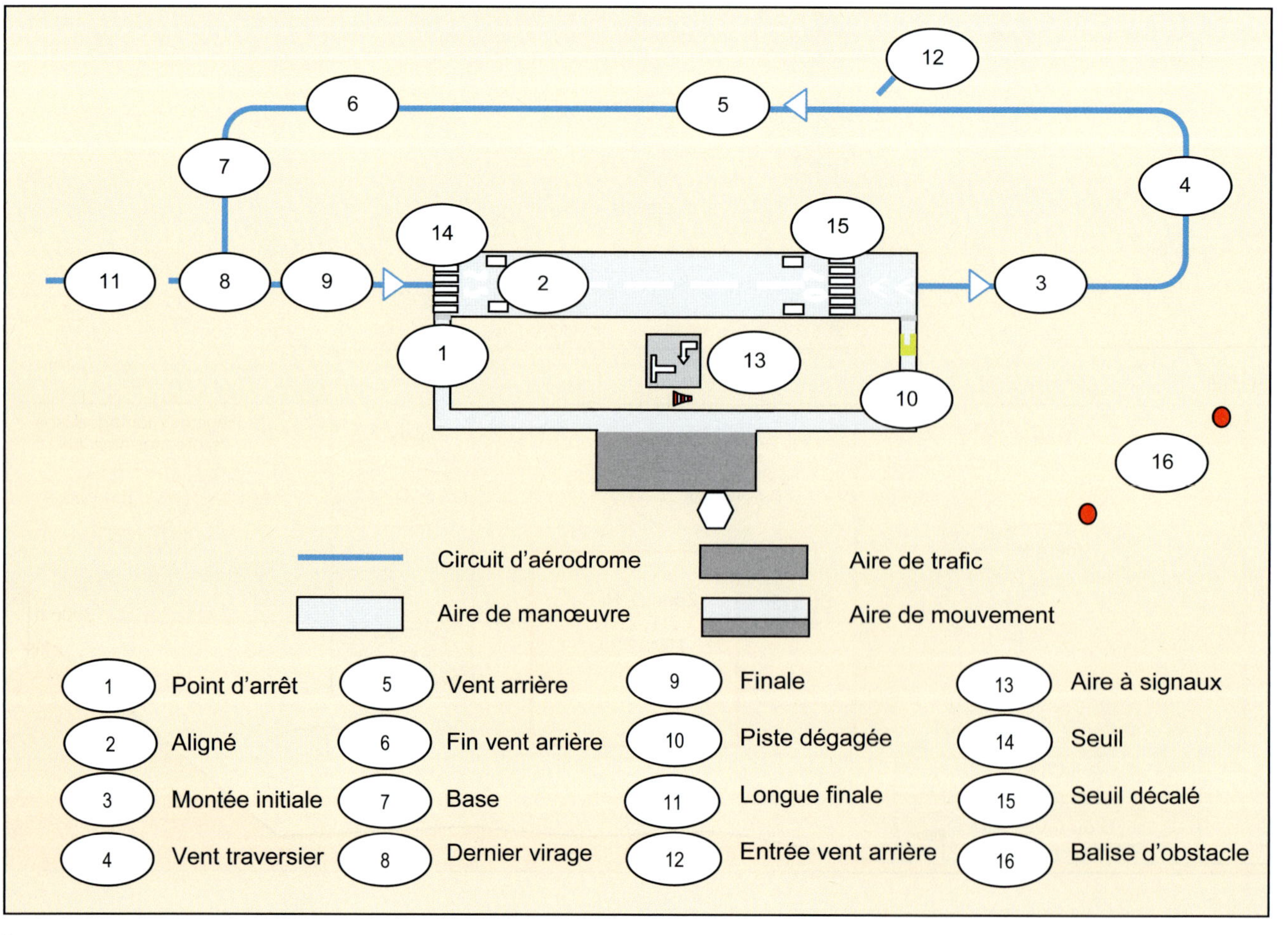

# L'AÉRODROME : DÉFINITIONS

Quelques définitions sur l'aérodrome

**Définitions et abréviations**

| | |
|---|---|
| Aérodrome contrôlé | Aérodrome où le service du contrôle de la circulation aérienne est assuré pour la circulation d'aérodrome |
| Aérodrome AFIS | Aérodrome où les services d'information et d'alerte sont assurés au profit de la circulation d'aérodrome |
| Aire à signaux | Aire d'aérodrome sur laquelle sont disposés des signaux au sol |
| Aire d'atterrissage | Partie de l'aire de mouvement destinée au décollage et à l'atterrissage des aéronefs |
| Aire de manœuvre | Partie de l'aérodrome destinée au décollage à l'atterrissage et à la circulation au sol à l'exception de l'aire de trafic |
| Aire de mouvement | Partie de l'aérodrome regroupant l'aire de manœuvre et l'aire de trafic |
| ASDA | Longueur déclarée utilisable pour l'accélération-arrêt (TORA plus SWY) |
| Aire de trafic | Aire sur laquelle s'effectuent le stationnement, l'embarquement, le débarquement et l'avitaillement |
| Balise | Objet disposé au-dessus du niveau du sol pour indiquer un obstacle ou une limite |
| Circuit d'aérodrome | Trajet de principe indiquant les manœuvres à effectuer dans la circulation d'aérodrome |
| Circulation d'aérodrome | Ensemble des aéronefs évoluant sur l'aire et aux abords de l'aérodrome (circuit d'aérodrome, entrée, sortie) |
| CWY | Prolongement dégagé au-dessus duquel l'aéronef peut réaliser la montée initiale jusqu'à une hauteur spécifiée |
| LDA | Longueur de piste déclarée utilisable à l'atterrissage |
| Paramètres | Piste, vent visibilité, nuages, température, QNH, QFE, niveau de transition, heure |
| Piste | Aire aménagée de l'aérodrome destinée à servir au décollage et à l'atterrissage |
| Piste à vue | Piste non dotée de procédures aux instruments |
| Piste aux instruments | Piste dotée d'au moins une procédure aux instruments qu'elle soit d'approche ou de départ |
| Point d'attente | Point désigné auquel les aéronefs s'arrêteront et attendront (sauf clairance de contrôle) |
| QFU | Direction magnétique de la piste |
| Seuil | Début de la partie de la piste utilisable pour l'atterrissage |
| Seuil décalé | Seuil qui n'est pas situé à l'extrémité de la piste |
| SWY | Aire aménagée dans l'axe de piste permettant de terminer un décollage interrompu (prolongement d'arrêt) |
| TODA | TORA plus longueur du prolongement dégagé (CWY) s'il existe |
| TORA | Longueur de piste déclarée utilisable pour le roulement au décollage |

Présentation de l'aire de décollage et d'atterrissage

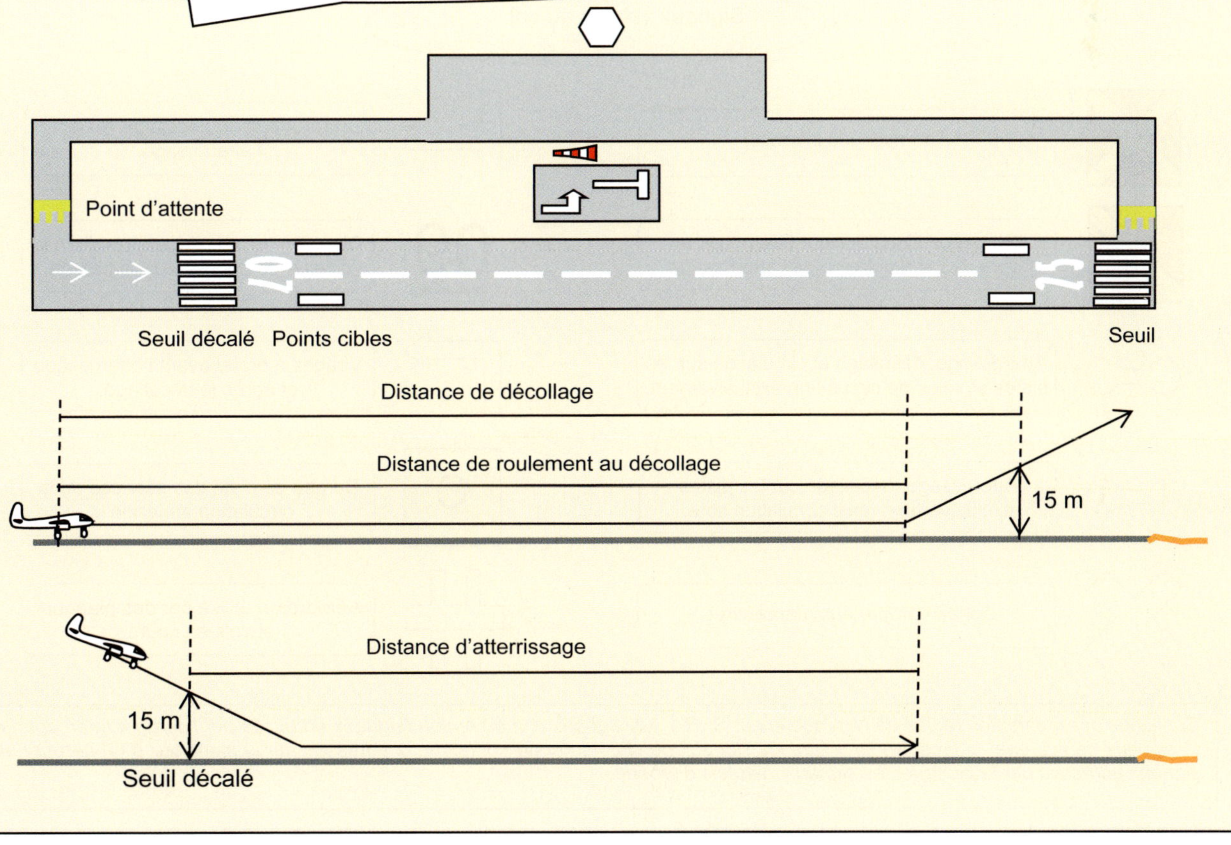

# LES SIGNAUX

Les règles de l'air ont prévu des signaux lumineux utilisés par l'organisme ATS de l'aérodrome à l'attention des aéronefs dans la circulation d'aérodrome.

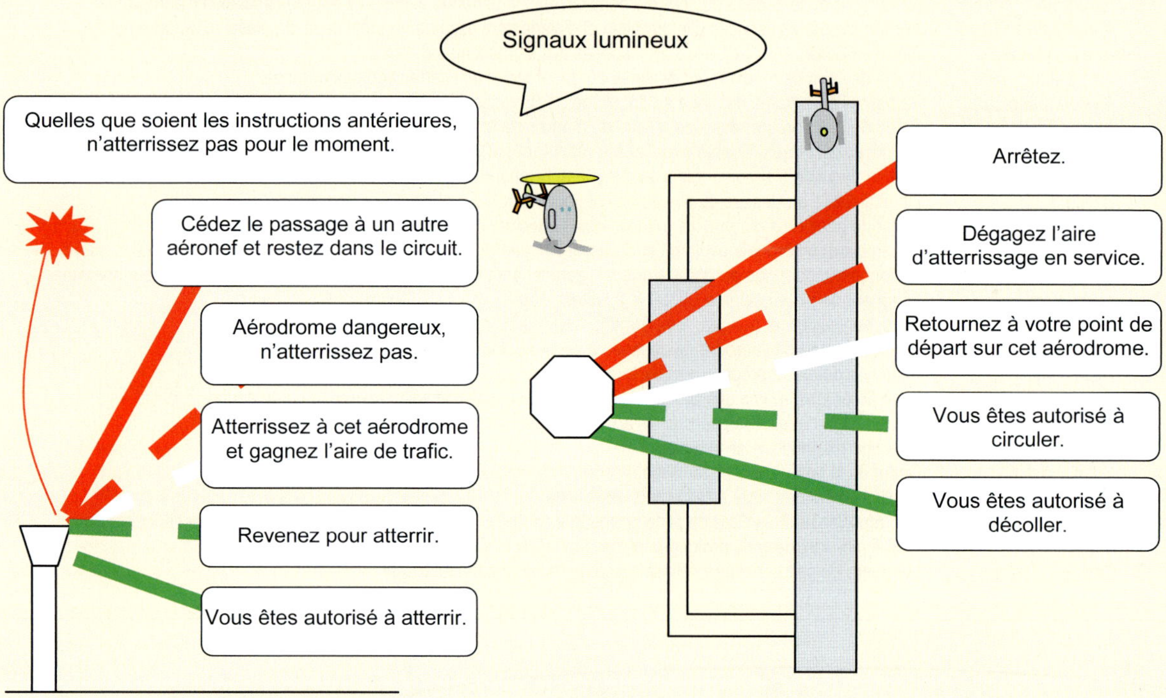


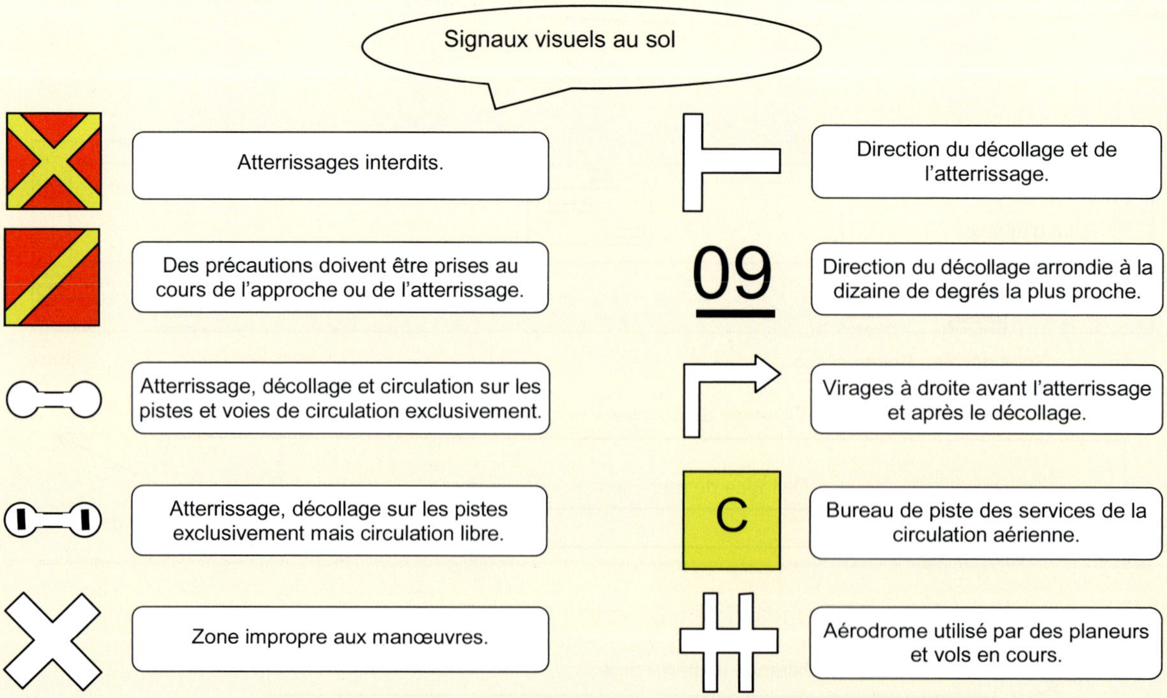


*Consultez aussi dans les règles de l'air, document SERA, les signaux d'interception (signaux adressés par l'aéronef intercepteur et signaux de l'aéronef intercepté) ainsi que les signaux de circulation au sol (signaux adressés par le signaleur à un aéronef et signaux adressés par le pilote) et les signaux manuels d'urgence.*

# LA PHRASÉOLOGIE

## La bonne pratique

L'épellation des lettres est conforme au tableau ci-joint. L'épellation des chiffres est conforme au tableau ci-joint. Le chiffre 1 s'énonce unité. Les autres chiffres s'énoncent normalement.

Un nombre entier en français peut s'énoncer naturellement ou par la suite des chiffres qui le composent. Dans un nombre avec virgule, la virgule s'énonce décimale.

Un cap, un relèvement ou une radiale inférieur à 100 s'énonce avec le zéro devant. Exemple : cap 060° s'énonce cap zéro six zéro.

L'heure s'énonce, sauf risque de confusion, avec seulement les minutes. Les minutes inférieures à 10 s'expriment avec le zéro devant. Exemples : 10h55 s'énonce cinquante-cinq ou cinq cinq. 11h06 s'exprime zéro six

Une fréquence VHF s'énonce avec un nombre, suivi de « décimale », suivi d'un nombre sauf si le nombre après la virgule est un multiple de cent auquel cas on énonce le nombre sans les zéros. Exemple : 134.500 s'énonce cent trente quatre décimale cinq.

L'indicatif d'appel d'une station au sol se compose du nom de l'emplacement et d'un suffixe correspondant au service rendu. Cet indicatif d'appel peut ensuite être omis lorsqu'une communication bilatérale a été établie et qu'il n'y a pas d'ambiguïté.

L'indicatif d'appel complet de l'aéronef est utilisé au premier contact. Ensuite, l'indicatif abrégé peut être utilisé lorsqu'aucune confusion n'est possible.

Un message est généralement composé de l'indicatif d'appel du destinataire suivi de l'indicatif d'appel de l'émetteur et du texte le plus court possible. Après le premier contact, lorsque la communication bilatérale a été établie, l'indicatif d'appel du destinataire peut être omis.

Le collationnement par le pilote des clairances et des instructions de l'organisme de contrôle est obligatoire. Exemple de clairance et de collationnement : « Rapidair 234 Alignez-vous piste 27 Autorisé décollage » « Nous alignons piste 27 et autorisé au décollage Rapidair 234 ». Les informations météorologiques (exemple vent au décollage) ne sont pas collationnées.

La lisibilité d'un message est transmise avec l'échelle suivante : 1 message illisible, 2 message lisible par instant, 3 message difficilement lisible, 4 message lisible, 5 message parfaitement lisible.

La fréquence de détresse en VHF est 121,5.

| | Lettres |
|---|---|
| A | alfa |
| B | bravo |
| C | charlie |
| D | delta |
| E | echo |
| F | foxtrot |
| G | golf |
| H | hotel |
| I | india |
| J | Juliet |
| K | kilo |
| L | lima |
| M | mike |
| N | November |
| O | Oscar |
| P | papa |
| Q | quebec |
| R | romeo |
| S | sierra |
| T | tango |
| U | uniform |
| V | victor |
| W | whiskey |
| X | x-ray |
| Y | yankee |
| Z | zulu |

| | **Chiffres** |
|---|---|
| 1 | unité |
| 2 | deux |
| 3 | trois |
| 4 | quatre |
| 5 | cinq |
| 6 | six |
| 7 | sept |
| 8 | huit |
| 9 | neuf |

**Quelques expressions conventionnelles**

| | | |
|---|---|---|
| Affirm | Affirm | Oui |
| Autorisé | Cleared | Autorisé à |
| Break break | Break break | Séparation entre messages à différents pilotes par fort trafic |
| Collationnez | Read back | Répétez tout ce message |
| Confirmez | Confirm | Confirmez-moi que vous avez bien reçu ou que j'ai bien compris |
| Contactez | Contact | Établissez le contact radio avec… |
| Correction | Correction | Une erreur a été commise dans ce message, le texte correct est… |
| Correct | Correct | C'est exact |
| Demandons | Requesting | Je vous demande l'autorisation de… |
| J'écoute | Pass your message | Transmettez votre message |
| Négatif | Negative | Non ou autorisation refusée ou cela n'est pas exact |
| Rappelez | Report | Faites un compte rendu à |
| Répétez | Say again | Répétez votre dernière transmission ou la partie spécifiée |
| Répondez | Over | J'attends une réponse de votre part |
| Roger | Roger | J'ai bien reçu votre dernière transmission |
| Stand by | Stand by | Attendez que je vous rappelle |

# LES RÈGLES DE L'AIR : PRÉVENTION DES ABORDAGES

## Négligence ou imprudence dans la conduite des aéronefs

« Un aéronef n'est pas exploité d'une façon négligente ou imprudente pouvant entraîner un risque pour la vie ou les biens de tiers ». La prévention des abordages est un objectif majeur.

## Proximité

« Un aéronef n'évolue pas à une distance d'un autre aéronef telle qu'il puisse en résulter un risque d'abordage. »

## Règles de base

Le télépilote doit prendre toutes les mesures pour éviter tout risque d'abordage avec les autres aéronefs.

Le télépilote doit céder le passage à tout aéronef habité et doit appliquer vis-à-vis des autres aéronefs télépilotés les dispositions de prévention des abordages prévues par les règles de l'air.

Le télépilote d'un aéronef « en vue » doit détecter visuellement et auditivement tout rapprochement d'aéronef et prendre les mesures d'évitement appropriées.

Le télépilote d'un aéronef évoluant « hors vue » doit s'assurer, avant le décollage, de l'absence d'aéronefs évoluant à proximité. Si, au cours d'un vol effectué « hors vue », le télépilote détecte le rapprochement d'un aéronef, il doit prendre toutes les mesures pour lui céder le passage.

Le télépilote doit veiller à ce que l'aéronef reste hors des nuages, de façon à rester visible des autres aéronefs.

Exceptionnellement, cette règle ne s'applique pas si l'aéronef évolue dans une portion d'espace aérien et selon des modalités assurant une ségrégation d'activité entre l'aéronef et les autres usagers aériens.

Un aéronef qui circule sans personne à bord ne peut pas voler de nuit.

Exceptionnellement, cette règle ne s'applique pas si l'aéronef évolue dans une portion d'espace aérien et selon des modalités assurant une ségrégation d'activité entre l'aéronef et les autres usagers aériens.

***Remarque***
Un vol ne doit pas être entrepris ou un vol en cours doit être interrompu si un aéronef habité se trouve à proximité.

**CONSULTATION**
https://www.sia.aviation-civile.gouv.fr/

## Priorités entre aéronefs de même type

L'aéronef qui a la priorité de passage conserve son cap et sa vitesse.

Lorsqu'un pilote sait que la manœuvrabilité d'un autre aéronef est entravée, il cède le passage à celui-ci.

Lorsqu'un aéronef se trouve dans l'obligation de céder le passage à un autre aéronef, il évite de passer au-dessus ou au-dessous de ce dernier, ou devant lui, à moins de le faire à bonne distance et de tenir compte de la turbulence de sillage.

Lorsque deux aéronefs se rapprochent de face ou presque de face et qu'il y a risque d'abordage, chacun d'eux oblique vers sa droite.

Lorsque deux aéronefs se trouvant à peu près au même niveau suivent des routes convergentes, celui qui voit l'autre à sa droite s'en écarte.

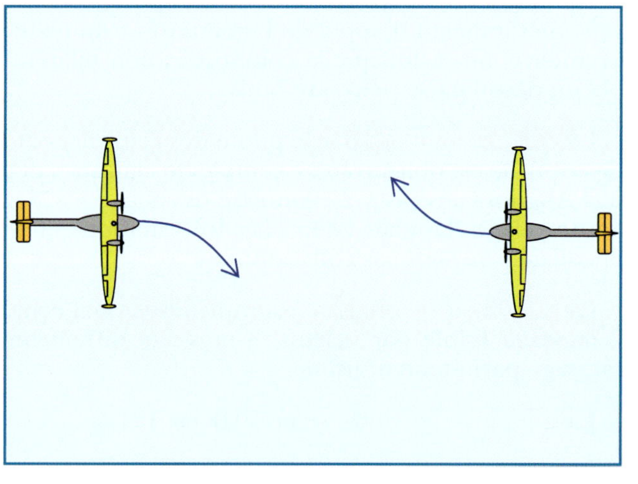

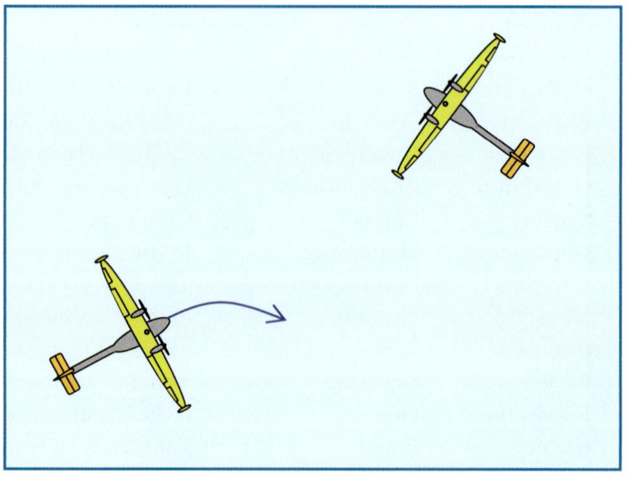

# LES RÈGLES DE L'AIR: HAUTEUR DE VOL

## Hauteur minimale en aviation habitée

Sauf pour les besoins du décollage et de l'atterrissage, ou sauf autorisation de l'autorité compétente, aucun vol VFR n'est effectué:

- au-dessus des zones à forte densité, des villes ou autres agglomérations, ou de rassemblements de personnes en plein air, à moins de 300 m (1 000 ft) au-dessus de l'obstacle le plus élevé situé dans un rayon de 600 m autour de l'aéronef;
- ailleurs, à une hauteur inférieure à 150 m (500 ft) au-dessus du sol ou de l'eau ou à 150 m (500 ft) au-dessus de l'obstacle le plus élevé situé dans un rayon de 150 m (500 ft) autour de l'aéronef.

Les aéronefs habités maintiennent en permanence une distance de 150 m par rapport à toute personne, tout véhicule, tout navire à la surface et tout obstacle artificiel.

Dans le cadre d'un vol d'instruction, la hauteur minimale est abaissée à 50 m (150 ft) pour les entraînements aux atterrissages forcés.

Les aéronefs qui circulent sans personne à bord, les planeurs effectuant des vols de pente, les ballons et les planeurs ultralégers peuvent évoluer à une hauteur inférieure à la hauteur minimale fixée sous réserve de n'entraîner aucun risque pour les personnes ou les biens à la surface.

## Hauteur de vol pour les drones

Pour limiter les risques d'abordage entre les aéronefs habités et les aéronefs non habités, le principe retenu par la réglementation est de rechercher une séparation verticale entre les deux activités tout en respectant la protection des personnes et des biens au sol.

La réglementation est construite sur cette philosophie.

La hauteur maximale de vol des aéronefs non habités est inférieure à la hauteur minimale de vol des aéronefs habités.

La hauteur maximale de vol des aéronefs non habités prend en considération la possibilité qu'un aéronef habité évolue à une hauteur inférieure 150 m.

La réglementation sur les interdictions de pénétration ou de survol est applicable à tous les aéronefs.

Un aéronef non habité évolue en dehors d'un volume de protection autour d'un aérodrome et des pistes, sauf après accord de l'organisme ATS de l'aérodrome ou à défaut du prestataire du service d'information de vol ou à défaut de l'exploitant de l'aérodrome.

Les tableaux suivants présentent les hauteurs réglementaires de vol des aéronefs non habités.

| Contexte | Hauteur maximale au-dessus de la surface | Hauteur maximale au-dessus d'un obstacle artificiel de hauteur > 105 m |
|---|---|---|
| Catégorie Ouverte<br>Tous vols | 120 m | 15 m<br>À la demande de l'entité responsable de l'obstacle |
| Catégorie Spécifique<br>Aéronef « en vue »<br>Aéronef masse ≤ 2 kg « hors vue »<br>Aéronef masse > 2 kg « hors vue »<br>Scénario non standard | <br>120 m<br>120 m<br>50 m<br>Selon LUC ou autorisation d'exploitation | <br>15 m<br>15 m |

Une utilisation exceptionnelle de l'aéronef à une hauteur supérieure à la limite autorisée nécessite:
- pour les vols « en vue », d'obtenir l'autorisation préalable du Comité Régional de Gestion de l'Espace Aérien;
- pour les vols « hors vue », soit d'être dans une portion d'espace ségréguée, soit d'avoir une dérogation du préfet;
- pour aéronefs de masse > 2 kg, dans le cadre du scénario S2 d'avoir, en plus, une autorisation d'exploitation

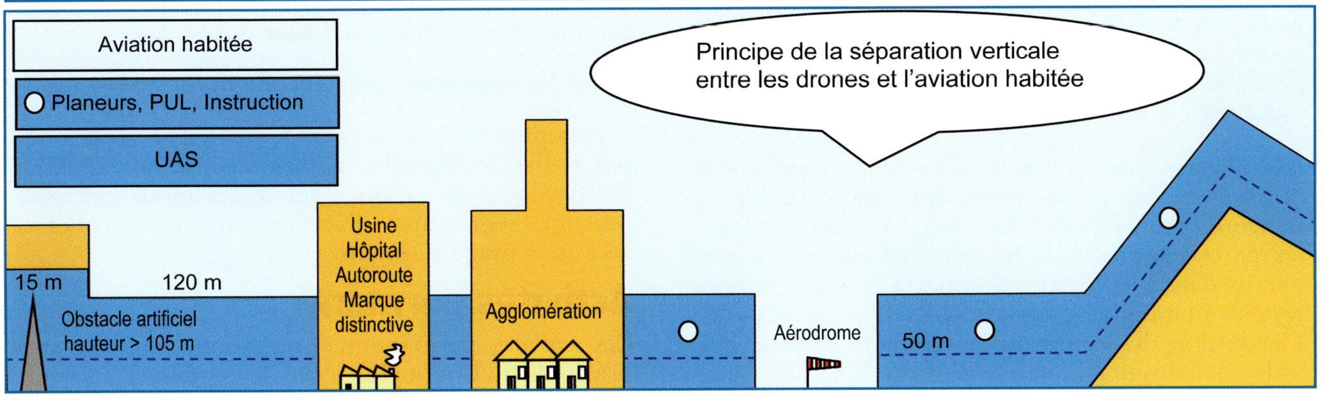

# RESTRICTIONS SPATIALES ET HORAIRES

## Restrictions spatiales

Les UAS évoluent à une hauteur inférieure aux hauteurs maximales réglementaires. En exception, pour les seules opérations en catégorie spécifique, le vol au-dessus des hauteurs maximales nécessite des conditions et des autorisations préalables particulières.

Les UAS n'évoluent pas dans les zones interdites.

Les UAS n'évoluent pas dans les zones réglementées ou dangereuses, sauf lorsque la publication d'information aéronautique l'autorise explicitement ou avec l'accord du gestionnaire de la zone.

Les UAS n'évoluent pas au-dessus des parcs nationaux et réserves naturelles désignées, sauf dans les conditions précisées par l'information aéronautique ou les textes réglementaires.

Les UAS n'évoluent pas au-dessus des établissements portant des marques distinctives d'interdiction de survol, sauf avec l'accord préalable du gestionnaire de l'établissement.

Les UAS n'évoluent pas dans le volume de protection des pistes.

Les UAS n'évoluent pas au-dessus des sites d'accident, sauf avec l'accord des secours.

Les UAS n'évoluent pas à une distance latérale inférieure à 30 mètres d'une autoroute, d'une route express ou d'une voie ferrée, sauf en cas de neutralisation ou d'autorisation préalable.

Les vols des UAS « hors vue » ou « en vue à hauteur > 50 m » dans une CTR civile et tous les vols dans une CTR militaire nécessitent l'accord préalable de l'organisme responsable.

À l'intérieur des zones de manœuvre ou d'entraînement militaire mentionnées au MIAM § 5-2-6 à 5-2-10 et 5-2-13, les UAS évoluent à une hauteur inférieure à 50 mètres lorsque ces zones sont actives.

Les UAS en catégorie ouverte n'évoluent pas au-dessus de l'espace public en agglomération, sauf en des lieux autorisés par le préfet. L'aéromodélisme pratiqué dans une association requiert l'établissement préalable d'une localisation d'activité.

***Remarques***: Les établissements portant des marques distinctives, les zones interdites, réglementées et dangereuses, les zones TSA, TRA, CBA, les obstacles, les parcs nationaux et les réserves naturelles sont décrits dans l'AIP ENR 5.0 à 5.6. Les zones temporaires sont indiquées dans les SUP AIP et les NOTAM. L'activation des zones d'entraînement à basse altitude est consultable sur le site du SIA. Les zones d'entraînement à très basse altitude sont consultables dans le MIAM.

## Activités nécessitant une déclaration ou une notification préalable

Les vols en catégorie spécifique « en vue » au-dessus de la hauteur limite de 120 m nécessitent un accord préalable du Comité Régional de Gestion de l'espace aérien (CRG).

Les vols en catégorie spécifique « hors vue » au-dessus de la hauteur limite de 120 m (ou 50 m si la masse de l'aéronef est supérieure à 2 kg) nécessitent soit que le vol soit effectué dans une zone assurant une ségrégation de trafic, soit avoir obtenu une dérogation du Préfet et une autorisation d'exploitation pour les UAS de masse > 2 kg.

Les vols en catégorie spécifique à l'intérieur d'une zone peuplée nécessitent qu'une déclaration préalable soit faite à la préfecture concernée. La déclaration est effectuée par l'exploitant avec un préavis de cinq jours ouvrables (formulaire disponible en ligne).

Les vols en catégorie spécifique « hors vue » sont soumis à notification préalable sur l'ensemble du territoire.

Dans les zones de manœuvre ou d'entraînement militaire mentionnées au MIAM § 5-2-6 à 5-2-10 et 5-2-13, les vols en catégorie spécifique « en vue à une hauteur > 50 m » sont soumis à notification préalable lorsque ces zones sont actives.

Les déclarations et les notifications sont faites sur le portail Alpha Tango.

## Restriction de visibilité

Les ballons captifs peuvent être utilisés de nuit avec un éclairage approprié. Les autres UAS ne peuvent pas être utilisés de nuit, sauf si toutes les conditions suivantes sont réunies : la hauteur de vol est inférieure à 50 mètres ; la masse est inférieure à 8 kg ; le scénario est S1 ou S3 ; l'appareil est équipé d'un dispositif lumineux approprié ; l'éclairage ou les moyens de sécurisation de la zone d'évolution permettent de s'assurer qu'aucune tierce personne ne pénètre dans les zones minimales d'exclusion applicables.

Les aéronefs non habités évoluent hors des nuages.

Exceptionnellement, ces règles ne s'appliquent pas si l'aéronef évolue à l'intérieur d'une portion d'espace aérien spécifiée selon des modalités assurant une ségrégation d'activité entre cet aéronef et les autres usagers aériens.

## Activités permanentes

Les activités permanentes sont soumises à l'accord préalable du Comité Régional de Gestion de l'Espace Aérien.

# RESTRICTIONS DE VOL À PROXIMITÉ DES AÉRODROMES

## L'objectif opérationnel

La sécurité et la bonne cohabitation des différents aéronefs dans l'espace aérien nécessitent que toutes les précautions soient prises pour éviter les abordages en prenant en considération les caractéristiques et les performances de chaque type d'aéronef.

S'agissant de l'intégration des drones dans l'espace aérien, le principe de la ségrégation des trafics est à la base de la sécurité.

C'est notamment le cas des aérodromes pour lesquels la réglementation a défini des volumes protégeant les évolutions des aéronefs habités dans la circulation d'aérodrome. Ces volumes sont décrits par une longueur, une hauteur et une distance par rapport à l'axe de piste ou par rapport au centre d'une hélistation.

## Les règles à observer

À proximité d'un aérodrome, d'une hélistation ou d'une plateforme ULM, sauf accord préalable de l'organisme rendant le service de circulation aérienne sur l'aérodrome, ou, à défaut, du prestataire du service d'information de vol ou de l'exploitant de l'aérodrome, les vols de drone sont interdits :

- sur l'emprise de l'aérodrome ;
- à l'intérieur des volumes de protection selon la hauteur de vol pour les vols « en vue » ;
- à l'intérieur du périmètre total de protection quelle que soit la hauteur de vol pour les vols « hors vue ».

Cet accord peut faire l'objet d'un protocole sur demande de l'organisme concerné. Ce protocole est obligatoire pour tout vol dans une CTR militaire et les vols « hors vue » dans une CTR civile.

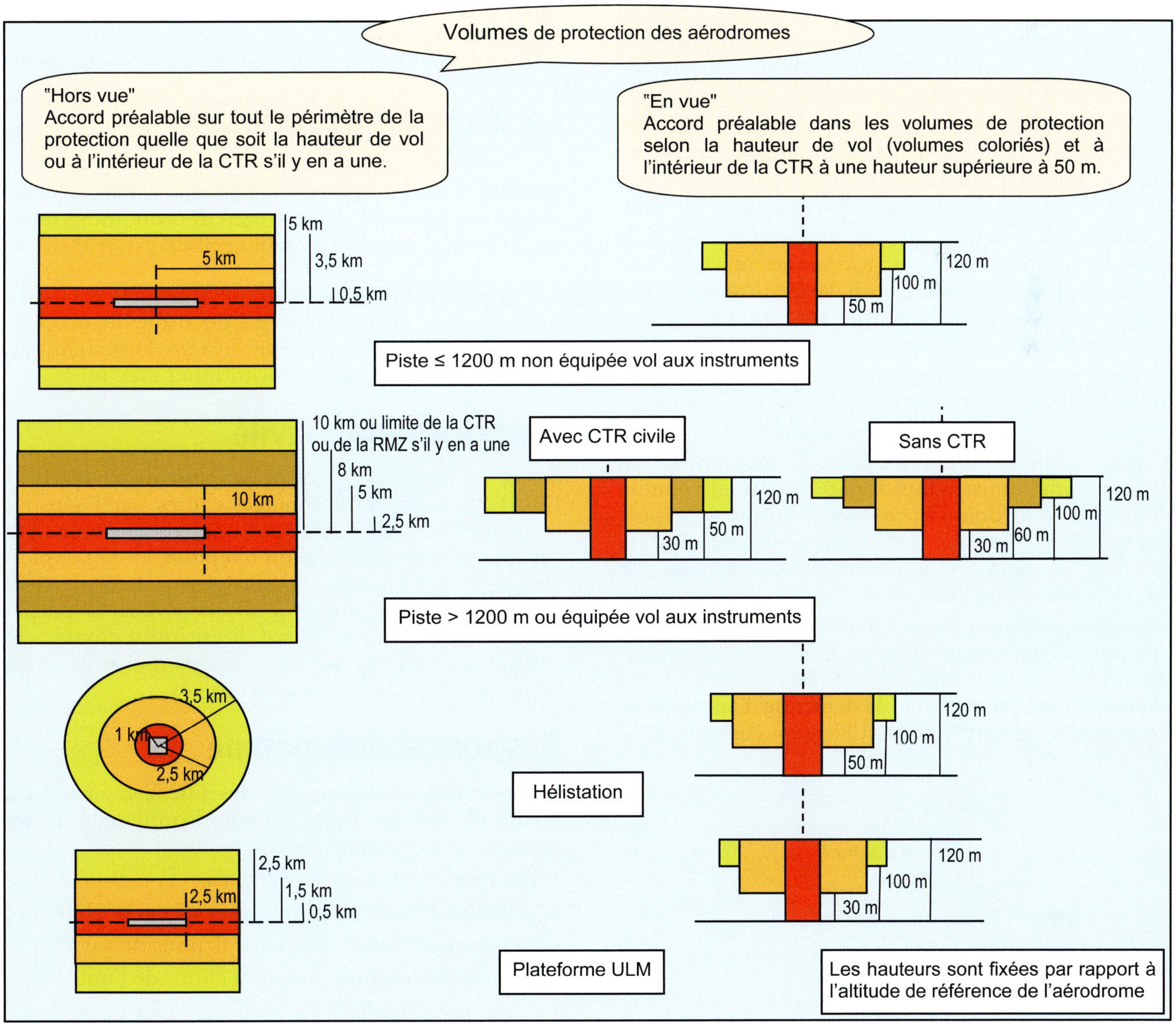

# LE RESPECT D'AUTRUI

## Introduction

Le drone a un champ d'application nouveau, autant dans une utilisation privée que professionnelle. En particulier, la manœuvrabilité de cet aéronef offre un champ de vision et des capacités d'observation majeures.

Ce premier aperçu laisse entrevoir la nécessité d'encadrer l'utilisation de ce bel outil dans le respect des règles de la vie en société.

L'exploitant et le télépilote de drone doivent ainsi connaître et respecter les règles du droit civil et du droit pénal régissant la protection des libertés collectives et individuelles.

## Prises de vues

La prise de vue aérienne ne peut être pratiquée que dans le strict respect de la réglementation en vigueur. Le code de l'aviation civile, article D133-10 et l'arrêté interministériel du 27 juillet 2005 en fixent le cadre réglementaire : « Toute personne qui souhaite réaliser des enregistrements d'images dans le champ du spectre visible au-dessus du territoire national est tenue de souscrire une déclaration au plus tard quinze jours avant la date ou le début de période prévue pour l'opération envisagée… ».

Est dispensée de la déclaration, la prise de vues photographiques ou cinématographiques effectuée à titre occasionnel et à finalité de loisirs par un passager, au cours d'un vol dont l'objet n'est pas la prise de vues.

Est interdite la prise de vue aérienne par appareil photographique, cinématographique ou par tout autre capteur des zones dont la liste est fixée par arrêté interministériel. Les sites sont listés dans l'annexe de l'arrêté du 27 janvier 2017.

De plus, la réglementation distingue les enregistrements d'image dans le spectre visible et les enregistrements en dehors du spectre visible.

Sont assujetties à la possession d'une autorisation les personnes utilisant tout appareil d'enregistrement d'images ou de données en dehors du spectre visible tel que thermographe, radar, etc. Cette autorisation est délivrée, pour une durée maximale de 3 ans, par le représentant de l'État.

***Modalités pratiques :*** Pour les prises de vues dans le spectre visible, la déclaration est à adresser à la DSAC/IR territorialement compétente. Pour les prises de vues en dehors du spectre visible, la demande d'autorisation est à adresser au préfet territorialement compétent.

## Vie privée

La liberté individuelle est un droit fondamental. L'observation et *a fortiori* la prise de vues de personnes à leur insu en est un contre-exemple !

En cas de survol d'une propriété, il est nécessaire d'en informer les propriétaires, particulièrement si l'appareil est équipé de dispositifs de prises de vues ou d'enregistrement de toute nature.

Toute diffusion d'image permettant de reconnaître ou d'identifier des personnes doit faire l'objet d'une autorisation des personnes concernées ou du propriétaire dans le cas d'un espace privé et cette diffusion doit respecter les droits à l'image, à la vie privée et à la propriété privée.

Dans certains cas, l'usage professionnel d'un drone amène à traiter des données confidentielles. Cette activité fait l'objet d'une législation particulière connue sous le nom de « Loi Informatique et Libertés ». Il est indispensable d'en respecter les règles en s'adressant, si nécessaire, à la Commission Nationale de l'Informatique et des Libertés, la CNIL.

## Le droit du propriétaire

Le code des transports stipule dans l'article L6211-3 que « le droit pour un aéronef de survoler les propriétés privées ne peut s'exercer dans des conditions telles qu'il entraverait l'exercice du droit du propriétaire ».

Il appartient à l'exploitant d'évaluer si le vol est de nature à « entraver l'exercice du droit du propriétaire », par exemple en cas de vol à très basse hauteur. et, en cas de doute, de se coordonner avec lui.

## Responsabilité civile

Selon le code des transports, articles L6131-1 et L6131-2, en cas de dommages causés par l'aéronef aux autres aéronefs et aux personnes et aux biens à la surface, la responsabilité du télépilote et de l'exploitant peut être engagée et est régie par le Code civil. En plus des précautions à observer dans la préparation et la conduite du vol, il est indispensable de vérifier que les clauses des contrats d'assurance en responsabilité civile sont appropriées.

## Responsabilité pénale

Le code des transports, articles L6232-4, L6232-12, L6232-13, fixe les peines d'emprisonnement et les amendes prévues dans les cas suivants :

- violation des règles de sécurité ;
- violation des interdictions de survol par négligence ;
- violation volontaire des interdictions de survol ;
- refus d'obtempérer aux injonctions de l'autorité ;
- atteinte volontaire à l'intimité de la vie privée.

# DÉFINITIONS

Aérodrome
Surface définie, comprenant, éventuellement, bâtiments, installations et matériel, sur terre ou sur l'eau ou encore sur une structure fixe, une structure offshore fixe ou une structure flottante, destinée à être utilisée, en totalité ou en partie, pour l'arrivée, le départ et les évolutions des aéronefs à la surface.
L'UAS évolue hors du voisinage des infrastructures destinées à l'atterrissage ou au décollage selon les dispositions réglementaires prévues et hors de l'emprise d'un aérodrome, sauf avec l'accord de l'organisme fournissant les services de la circulation aérienne sur l'aérodrome, à défaut, du prestataire du service d'information de vol de l'aérodrome, à défaut, de l'exploitant de l'aérodrome. Les accords peuvent être subordonnés à l'établissement d'un protocole d'accord entre l'entité les délivrant et le responsable de l'activité définissant les conditions d'évolution de l'aéronef. L'établissement d'un protocole d'accord peut être obligatoire dans certaines conditions.

Aéromodèle
UAS utilisé en aéromodélisme.

Aéromodélisme
Utilisation de l'UAS à des fins de loisir ou de compétition.

Aérodyne
Aéronef tirant principalement sa portance de forces aérodynamiques : avion ; autogire ; planeur ; aile volante ; hélicoptère ; multicoptère ; UAS à voilure fixe ; UAS multirotor.

Aéronef
Appareil capable de s'élever ou de circuler dans les airs. Les aéronefs sont divisés en aérodynes ou aérostats en fonction de leur mode de sustentation.

Aéronef captif
Aéronef, radiocommandé ou non, relié par tout moyen physique au sol, à un mobile ou à un opérateur, sous réserve que ce mobile ou cet opérateur ne puisse être soulevé ou entraîné par la traction due à l'aéronef.

Aéronef sans équipage à bord
Aéronef exploité de manière autonome ou piloté à distance sans pilote à bord.

Aérostat
Aéronef tirant principalement sa portance de forces aérostatiques.

Agglomération
Espace sur lequel sont groupés des immeubles ou bâtis rapprochés et dont l'entrée et la sortie sont signalées par des panneaux placés à cet effet le long de la route qui le traverse ou qui le borde. Les agglomérations sont celles figurant sur les cartes aéronautiques diffusées par le SIA à l'échelle 1/500 000, 1/250 000 ou 1/100 000.

AIP
Publication d'Information Aéronautique (Aeronautical Information Publication). L'AIP contient notamment, en section ENR 5 « avertissements à la navigation », la description des zones qui font l'objet de restrictions, ainsi que les sites d'aéromodélismes ayant fait l'objet d'une localisation d'activité.

Alpha Tango
Portail public des utilisateurs d'Aéronefs Télépilotés (https://alphatango.aviationcivile.gouv.fr), géré par la DGAC.

Association ou club d'aéromodélisme
Organisation légalement établie dans un État membre dans le but d'organiser des vols de loisir, des démonstrations aériennes, des activités sportives ou des compétitions au moyen d'UAS.

Attestation de conception
Document attestant la conformité de l'UAS avec la réglementation de la navigabilité.
Les aéronefs suivants ne peuvent être utilisés pour des activités particulières qu'après obtention d'une attestation de conception : aéronefs de masse supérieure à 25 kg ; aéronefs utilisés dans le cadre du scénario S2 ; aéronefs de masse supérieure à 2 kg autres qu'un aérostat captif, utilisés dans le cadre du scénario S3.
Les aéronefs pour lesquels une attestation de conception n'est pas requise ne peuvent être mis en œuvre que si leur exploitant s'est assuré de la conformité aux conditions relatives à la sécurité établies. L'exploitant tient à disposition du ministre chargé de l'aviation civile les justifications de cette conformité.

Automatique (Vol automatique)
Évolution en vol programmée avant ou pendant le vol et effectuée sans intervention d'un télépilote. Ce mode est autorisé en scénario standard sous réserve que le vol soit réalisé sous la surveillance du télépilote et que celui-ci puisse en reprendre le contrôle ou, a minima, déclencher un atterrissage d'urgence.

Autonome (Vol autonome)
Évolution de manière automatique sans la surveillance du télépilote ou la possibilité d'intervenir sur sa trajectoire. Cette définition ne s'applique pas aux phases de vol d'un aéronef sans équipage à bord pendant lesquelles le télépilote perd sa capacité d'intervenir sur la trajectoire de l'aéronef suite à l'application de procédures d'urgence ou à la perte de la liaison de commande et de contrôle. À l'exception, sous certaines conditions, des aérostats captifs, le vol autonome est interdit dans le cadre d'un scénario standard.

Autorité chargée de la surveillance du marché
Autorité d'un État membre compétente pour la réalisation de la surveillance du marché sur son territoire.

Captif
Voir aéronef captif.

Carte des restrictions pour la catégorie Ouvert et l'aéromodélisme
Carte élaborée par la DGAC avec le concours de l'IGN et disponible sur le Géoportail.

Catégorie ouverte
Catégorie d'exploitations d'UAS définie à l'article 4 du règlement d'exécution (UE) 2019/947.

Catégorie spécifique
Catégorie d'exploitations d'UAS définies à l'article 5 du règlement d'exécution (UE) 2019/947.

Catégorie certifiée
Catégorie d'exploitations d'UAS définie à l'article 6 du règlement d'exécution (UE) 2019/947.

Certificat allégé d'exploitant d'UAS
Certificat délivré à un exploitant d'UAS par une autorité compétente conformément à la partie C de l'annexe au règlement européen (UE) 2019/947.

Charge utile
Instruments, mécanismes, équipements, pièces, appareils, dispositifs auxiliaires ou accessoires, y compris les équipements de communication, qui sont installés ou attachés sur l'aéronef, ne sont pas utilisés ou destinés à être utilisés pour l'exploitation ou le contrôle de l'aéronef en vol, et ne font pas partie d'une cellule, d'un moteur ou d'une hélice.

Club ou association d'aéromodélisme
Organisation légalement établie dans le but d'organiser des vols de loisir, des démonstrations aériennes, des activités sportives ou des compétitions au moyen d'UAS.

Direction Générale de l'Aviation Civile
Administration centrale attachée au ministère en charge des transports.

Dispositif de protection des tiers
Dispositif de sécurité de type parachute. Les aérodynes non captifs de masse supérieure à 2 kg utilisés dans le cadre du scénario S3 sont équipés d'un dispositif de protection des tiers.

Distributeur
Toute personne physique ou morale faisant partie de la chaîne d'approvisionnement, autre que le fabricant ou l'importateur, qui met un produit à disposition sur le marché.

Drone
Aéronef circulant sans équipage à bord. Le terme ne figure pas dans la réglementation.

DSAC
Direction de la Sécurité de l'Aviation Civile : service à compétence nationale appartenant à la DGAC.

DSAC/IR (DSAC interrégionale)
Direction régionale de la DSAC.

Enregistrement
Inscription d'un aéronef, par son propriétaire, sur le registre national des aéronefs télépilotés. L'enregistrement, obligatoire pour les aéronefs de 800g ou plus, se fait sur le portail Alpha Tango. Le télépilote doit lors de chaque vol être muni d'un extrait à jour du registre des aéronefs télépilotés prouvant que l'aéronef utilisé a bien été enregistré.

Espace aérien contrôlé
Espace aérien de dimensions définies à l'intérieur duquel le service du contrôle de la circulation aérienne est assuré selon la classification des espaces aériens. Sont soumises à l'accord préalable de l'organisme du contrôle de la circulation aérienne : les évolutions des aéronefs à l'intérieur des espaces aériens contrôlés de type CTR militaire ; les évolutions des aéronefs à l'intérieur de tous les autres espaces aériens contrôlés et effectuées à une hauteur supérieure à 50 mètres au-dessus de la surface ; les évolutions des aéronefs « hors vue » à l'intérieur des espaces aériens contrôlés. Cet accord peut être subordonné à l'établissement d'un protocole d'accord entre l'organisme et le responsable de l'activité définissant les conditions d'évolution des aéronefs. L'établissement d'un protocole d'accord peut être obligatoire pour les évolutions à l'intérieur des CTR militaires ainsi que pour les aéronefs « hors vue ».

Espace aérien du ciel unique européen
Espace aérien situé au-dessus du territoire auquel les traités s'appliquent, ainsi que tout autre espace aérien dans lequel les États membres appliquent le règlement (CE) no 551/2004 du Parlement européen et du Conseil, conformément à l'article 1er, paragraphe 3, dudit règlement.

Exploitant de systèmes d'aéronefs sans équipage à bord (Exploitant d'UAS)
Personne physique ou morale qui exploite ou entend exploiter un ou plusieurs UAS.

Exploitation autonome
Exploitation au cours de laquelle un aéronef sans équipage à bord fonctionne sans que le pilote à distance puisse intervenir. Ce type de vol est interdit en scénario standard.

Exploitation en vue directe (VLOS)
Type d'exploitation d'UAS dans lequel le pilote à distance est capable de maintenir un contact visuel continu sans aide avec l'aéronef sans équipage à bord, ce qui lui permet de contrôler la trajectoire de vol de l'aéronef sans équipage à bord en fonction d'autres aéronefs, de personnes et d'obstacles, afin d'éviter des collisions.

Exploitation hors vue (BVLOS)
Type d'exploitation d'UAS qui ne s'effectue pas en vue directe.

Fabricant
Toute personne physique ou morale qui fabrique un produit ou fait concevoir ou fabriquer un produit, et commercialise ce produit sous son propre nom ou sa propre marque.

Géovigilance
Fonction qui, sur la base des données fournies par les États membres, détecte une violation potentielle des limites de l'espace aérien et en alerte les pilotes à distance, afin que ces derniers puissent agir de manière immédiate et efficace pour éviter cette violation.

Hauteur
Distance verticale entre un niveau, un point ou un objet assimilé à un point, et un niveau de référence spécifié. L'aéronef télépiloté évolue à une hauteur inférieure à 120 mètres au-dessus de la surface ou à 15 mètres au-dessus d'un obstacle artificiel de plus de 105 mètres de hauteur. En catégorie spécifique, un dépassement exceptionnel de cette limite est soumis à l'accord préalable des comités régionaux de gestion de l'espace aérien. L'aéronef télépiloté « hors vue » en catégorie spécifique et de masse supérieure à 2 kg évolue à une hauteur inférieure à 50 mètres au-dessus de la surface. D'autres limitations sont applicables à l'intérieur des espaces aériens contrôlés, à proximité des aérodromes et à l'intérieur des portions d'espace aérien publiées aux parties ENR 5.2.6 à ENR 5.2.10 et ENR 5.2.13 de la section ENR 5.2 « Zones de manœuvres et d'entraînement militaires ». Voir ces paragraphes.

Identification directe à distance
Système qui garantit la diffusion locale d'informations sur un aéronef sans équipage à bord en exploitation, avec notamment le marquage de l'aéronef sans équipage à bord, le but étant que ces informations puissent être obtenues sans avoir physiquement accès audit aéronef.

Immatriculation
Inscription d'un aéronef, par son propriétaire, sur le registre d'immatriculation des aéronefs. L'immatriculation, obligatoire pour les UAS de plus de 25 kg, se fait auprès du Bureau des immatriculations de la DGAC.

Immersion
Voir Vol en immersion.

Information aéronautique
Information publiée sous l'autorité de la DGAC par le Service de l'Information Aéronautique SIA. Elle comprend d'une part des informations à caractère permanent : AIP et d'autre part des informations à caractère urgent ou temporaire : NOTAM et SUP AIP.

Importateur
Toute personne physique ou morale établie dans l'Union, qui met sur le marché de l'Union un produit provenant d'un pays tiers.

MANEX
Manuel d'Exploitation dans lequel l'exploitant décrit son activité, ses drones, ses télépilotes et les procédures de mise en œuvre dans le cadre d'un scénario standard européen ou d'une autorisation d'exploitation.

MAP
Manuel d'activités particulières dans lequel l'exploitant décrit son activité, ses drones, ses télépilotes et les procédures de mise en œuvre dans le cadre d'un scénario standard national.

Marchandises dangereuses
Articles ou substances de nature à présenter un danger pour la santé, la sécurité, les biens ou l'environnement en cas d'incident ou d'accident, que l'aéronef sans équipage à bord transporte comme charge utile, notamment: des explosifs (danger d'explosion en masse, danger de projection ou d'effet de souffle, danger mineur d'effet de souffle, danger majeur d'incendie, substances explosives, explosifs extrêmement peu sensibles) ; des gaz (gaz inflammable, gaz ininflammable, gaz toxique, oxygène, danger d'inhalation) ; des liquides inflammables (liquides inflammables; combustible, fuel, essence) ; des matières solides inflammables (solides inflammables, solides spontanément combustibles, matières dangereuses à l'état humide) ; des agents oxydants et des peroxydes organiques ; des substances toxiques et infectieuses (poison, danger biologique) ; des substances radioactives ; des substances corrosives.

Masse
Masse au décollage, y compris les équipements et les batteries ou le carburant. La masse de l'aéronef ne comprend pas la masse du gaz porteur pour les aérostats et la masse du moyen de retenue pour les aéronefs captifs.

Masse maximale au décollage (MTOM)
Masse maximale de l'UAS, y compris la charge utile et le carburant, telle que définie par le fabricant ou le constructeur, pour laquelle l'aéronef sans équipage à bord peut être exploité.

Mode suivez-moi
Mode d'exploitation d'un UAS, selon lequel l'appareil suit constamment le pilote à distance dans un rayon prédéterminé.

Niveau de puissance acoustique (LWA)
Niveau de puissance acoustique affecté d'un coefficient de pondération et mesuré en dB par rapport à 1 pW, tel que défini dans la norme EN ISO 3744:2010.

Niveau de puissance acoustique mesuré
Niveau de puissance acoustique déterminé à partir de mesures. Les valeurs mesurées peuvent être déterminées soit sur la base d'un UA représentatif de ce type d'équipement, soit d'après la moyenne des résultats obtenus pour plusieurs UA.

Niveau de puissance acoustique garanti
Niveau de puissance acoustique mesuré en incluant les incertitudes liées aux variations de la production et aux procédures de mesure, et dont le fabricant ou son mandataire établi dans la Communauté confirme qu'il n'est pas dépassé, d'après les instruments techniques utilisés et signalés dans la documentation technique.

NOTAM
Messages aux navigants aériens » (NOTice to AirMEn) : message d'information temporaire complétant les informations de l'AIP. Voir Information aéronautique.

Notification ou déclaration
Les deux dispositions suivantes s'appliquent aux UAS évoluant en catégorie spécifique.
Les vols effectués en zone peuplée sont soumis à une déclaration préalable auprès du préfet territorialement compétent pouvant donner lieu à une interdiction ou une restriction de vol. La déclaration est effectuée par les exploitants avec un préavis de cinq jours ouvrables sur le portail Alpha Tango ou en utilisant le formulaire CERFA intitulé « Déclaration préalable au vol en zone peuplée d'un aéronef circulant sans personne à bord », disponible sur le site www.developpementdurable.gouv.fr et publié sur le site service-public.fr.
Sont soumis à notification préalable : les vols des aéronefs évoluant « hors vue » ; les vols des aéronefs évoluant « en vue » à une hauteur supérieure ou égale à 50 mètres au-dessus de la surface à l'intérieur des « Zones de manœuvres et d'entraînement militaires » lorsque celles-ci sont actives. Ces portions d'espace aérien sont celles publiées aux parties ENR 5.2.6 à ENR 5.2.10 et ENR 5.2.13 de la section ENR 5.2 de la partie En Route (MIAM ENR) du manuel d'information aéronautique militaire (MIAM). Les modalités de notification, faites sur le portail Alpha Tango, sont publiées sur le site www.developpement-durable.gouv.fr.

Nuage
Lorsqu'un aéronef qui circule sans personne à bord évolue « hors vue », il est utilisé hors des nuages, sauf lorsqu'il évolue à l'intérieur d'une portion d'espace aérien particulière selon des modalités assurant une ségrégation d'activité entre cet aéronef et les autres usagers aériens.

Nuit
Période comprise entre la fin du crépuscule civil et le début de l'aube civile. Le crépuscule civil se termine lorsque le centre du disque solaire se trouve à 6 degrés en dessous de l'horizon et l'aube civile commence lorsque le centre du disque solaire se trouve à 6 degrés en dessous de l'horizon. En pratique, on peut considérer que pour des latitudes comprises entre 30° et 60°, la nuit commence 30 minutes après le coucher du soleil et se termine 30 minutes avant le lever du soleil et, pour des latitudes inférieures ou égales à 30°, la nuit commence 15 minutes après le coucher du soleil et se termine 15 minutes avant le lever du soleil.
Les ballons captifs peuvent être utilisés de nuit avec un éclairage approprié. Les autres UAS ne peuvent pas être utilisés de nuit, sauf si toutes les conditions suivantes sont réunies : la hauteur de vol est inférieure à 50 mètres ; la masse est inférieure à 8 kg ; le scénario est S1 ou S3 ; l'appareil est équipé d'un dispositif lumineux approprié ; l'éclairage ou les moyens de sécurisation de la zone d'évolution permettent de s'assurer qu'aucune tierce personne ne pénètre dans les zones minimales d'exclusion applicables.

Personnes ne participant pas à l'exploitation
Personnes qui ne participent pas à l'exploitation d'UAS ou qui ne connaissent pas les instructions ni les précautions de sécurité données par l'exploitant d'UAS.

Préfet territorialement compétent
Préfet de police pour Paris et les Bouches-du-Rhône, et préfet de département dans les autres cas.

Prévention des abordages
Prévention des collisions entre aéronefs. Le télépilote d'un UAS évoluant « en vue » détecte visuellement et auditivement tout rapprochement d'aéronef. Il cède le passage à tout aéronef habité et applique vis-à-vis des autres aéronefs qui circulent sans personne à bord les dispositions de prévention des abordages prévues par les règles de l'air. Pour les vols « hors vue », le télépilote doit s'assurer, avant le décollage, de l'absence d'aéronefs à proximité.

Protection des personnes et des biens
Protection des tiers contre les risques d'accident. Un aéronef n'est pas exploité d'une façon négligente ou imprudente pouvant entraîner un risque pour la vie ou les biens de tiers. L'exploitant doit prendre toutes les dispositions pour éloigner les tiers de la zone de sécurité définie autour du volume maximal de vol. L'exploitant doit établir une "zone d'exclusion des tiers". Dans le cas des scénarios S1 et S3, l'exploitant doit s'assurer qu'à tout moment du vol aucun tiers non autorisé ne pénètre dans la zone d'exclusion. Dans le cas du scénario S2, l'exploitation doit prendre toute disposition nécessaire pour réduire le risque d'intrusion d'un tiers non autorisé dans la zone d'exclusion. En plus de ces dispositions, il est nécessaire, pour les scénarios S1 à S3, de respecter une distance horizontale minimale de 30 m par rapport à une autoroute, une route express ou une voie ferrée.

Rassemblement de personnes
Rassemblement où la densité des personnes présentes empêche ces dernières de s'éloigner : public de spectacle ou de manifestation sportive ; parcs publics ; plages ou sites touristiques en période d'affluence ; défilé notamment.

Règles de l'Air
Règles d'insertion des aéronefs dans l'espace aérien. Elles sont définies dans le règlement (UE) n°923/2012, SERA. Pour les aéronefs télépilotés, ces règles sont partiellement remplacées par des dispositions spécifiques (arrêté Espace), sauf en ce qui concerne la prévention des collisions entre aéronefs télépilotés.

Robustesse
Propriété des mesures d'atténuation résultant de la combinaison du gain de sécurité assuré par les mesures d'atténuation et du niveau d'assurance et d'intégrité que le gain de sécurité a permis d'atteindre.

RTBA
Réseau Très Basse Altitude du ministère des Armées. L'activation du réseau RTBA est consultable sur le site du SIA, « Cartes AZBA ».

Scénario standard
Type d'exploitation d'UAS relevant de la catégorie spécifique, pour lequel une liste précise de mesures d'atténuation a été établie de telle sorte que l'autorité compétente puisse se satisfaire de déclarations dans lesquelles les exploitants déclarent qu'ils appliqueront les mesures d'atténuation lors de l'exécution de ce type d'exploitation.

Ségrégation d'activité
Séparation spatiale des activités dans le but de prévenir les abordages entre aéronefs de natures différentes.

Système d'aéronef sans équipage à bord (UAS)
Aéronef sans équipage à bord et l'équipement servant à le contrôler à distance.

Télépilote
Personne contrôlant les évolutions d'un aéronef télépiloté, soit manuellement soit, lorsque l'aéronef évolue de manière automatique, en surveillant la trajectoire et en restant en mesure à tout instant d'intervenir sur cette trajectoire pour assurer la sécurité.

UAS (Unmanned aicraft system)
Système d'aéronef sans équipage à bord, qui comprend l'aéronef sans équipage à bord et l'équipement servant à le contrôler à distance.

UAS construit à titre privé
UAS assemblé ou fabriqué pour l'utilisation personnelle du constructeur, à l'exclusion des UAS assemblés à partir d'un ensemble de pièces mis sur le marché sous la forme d'un kit unique prêt à assembler.

Voies express, voies ferrées, autoroutes
Voies de communication terrestres. En scénarios S1 à S3, le vol à une distance latérale inférieure à 30 mètres d'une autoroute, d'une route express ou d'une voie ferrée est interdit, sauf en cas de neutralisation.

Vol captif
Vol où l'aéronef est relié par tout moyen physique au sol ou à une structure fixe ou à un mobile ou à son télépilote, ne pouvant être soulevé ou déplacé par réaction de l'accroche de l'aéronef captif.

Vol en immersion
Vol au cours duquel l'aéronef est télépiloté par une personne qui n'a pas la vue directe sur l'aéronef mais qui dispose d'un retour vidéo en temps réel. En scénario S1 ou S3 ou « en vue », le drone doit toujours être sous le contrôle d'un télépilote ayant la vue directe sur l'appareil.

En vue directe
Type d'exploitation dans lequel le pilote à distance est capable de maintenir un contact visuel continu sans aide avec l'aéronef sans équipage à bord, ce qui lui permet de contrôler la trajectoire de vol de l'UAS en fonction d'autres aéronefs, de personnes et d'obstacles, afin d'éviter des collisions.

Zone contrôlée au sol
Zone au sol dans laquelle l'UAS est exploité et à l'intérieur de laquelle l'exploitant d'UAS peut garantir que seules les personnes participant à l'exploitation sont présentes.

Zone dangereuse
Espace aérien, de dimensions définies, à l'intérieur duquel des activités dangereuses pour le vol des aéronefs peuvent se dérouler pendant des périodes spécifiées. Les UAS n'évoluent pas à l'intérieur d'une zone dangereuse, sauf lorsque la publication d'information aéronautique l'autorise explicitement ou avec l'accord du gestionnaire de la zone lorsque le gestionnaire est désigné par l'information aéronautique

Zone géographique UAS
Partie de l'espace aérien définie par l'autorité compétente qui accueille, limite ou exclut les exploitations d'UAS en fonction des risques découlant desdites exploitations pour ce qui est de la sécurité, du respect de la vie privée et de la protection des données à caractère personnel, de la sûreté ou de l'environnement.

Zones de manœuvres et d'entraînement tactique à très basse altitude
Zones publiées aux parties ENR 5.2.6 à ENR 5.2.10 et ENR 5.2.13 du manuel d'information aéronautique militaire (MIAM). En catégorie ouverte la hauteur est limitée à 50 mètres au-dessus de la surface. En catégorie spécifique, sont soumis à notification préalable les vols des aéronefs évoluant « hors vue » et les vols des aéronefs évoluant « en vue » à une hauteur supérieure ou égale à 50 mètres au-dessus de la surface.

Zone peuplée
Évolution au sein ou à une distance horizontale inférieure à 50 mètres d'une agglomération figurant sur les cartes aéronautiques ou à une distance horizontale inférieure à 150 mètres d'un rassemblement de personnes. En scénario standard, seul le scénario S3 autorise ce type de vol.

Zone réglementée
Espace aérien, de dimensions définies, au-dessus du territoire ou des eaux territoriales d'un État, dans les limites duquel le vol des aéronefs est subordonné à certaines conditions spécifiées. Les UAS n'évoluent pas à l'intérieur d'une zone réglementée, sauf lorsque la publication d'information aéronautique l'autorise explicitement ou avec l'accord du gestionnaire de la zone lorsque le gestionnaire est désigné par l'information aéronautique.

# Navigation

## PHASE 5

### Objectif de la phase :

***La navigation est une pratique ancestrale dont les méthodes et les techniques évoluent constamment au fil des découvertes scientifiques et de l'état de l'art de la technologie. Si, aujourd'hui, la précision, la rapidité, la miniaturisation et l'ergonomie des systèmes « modernes » de navigation embarqués sont remarquables, il est tout aussi remarquable de constater que les principes et les techniques de navigation que nous ont transmis nos Anciens sont encore d'actualité !***

***Cette phase vous présente les notions essentielles pour préparer et réaliser la navigation.***

# LA TERRE ET L'ELLIPSOÏDE DE RÉFÉRENCE

## L'ellipsoïde de référence

La Terre est ronde comme une boule, dit-on…

Pas vraiment ! Alors, quelle est sa forme et comment la représenter ?

La géodésie répond à cette question.

La démarche consiste à considérer, dans un premier temps, la surface décrite par le niveau moyen de la mer en tous lieux. La forme qui en résulte est le fruit des différentes attractions (gravitation et inertie). Cette forme s'appelle le géoïde.

La démarche consiste ensuite à rechercher une forme géométrique simple qui se rapproche du géoïde. Cette forme est un ellipsoïde de révolution dont le petit axe est l'axe des pôles. Cet ellipsoïde, choisi et défini par ses éléments géométriques, est l'ellipsoïde de référence.

Aujourd'hui, l'ellipsoïde de référence reconnu internationalement et utilisé par le système de positionnement par satellite est l'ellipsoïde du système de référence géodésique WGS84 (World Geodetic System 84).

## Les coordonnées géographiques

Le travail majeur de la géodésie est de définir le géoïde par rapport au système de référence et ensuite, de déterminer tous les points de la Terre par leurs coordonnées sur l'ellipsoïde et par leur hauteur par rapport à l'ellipsoïde ou leur altitude par rapport au géoïde.

Heureusement, dans de nombreux calculs de navigation, on pourra considérer la Terre comme sphérique. L'erreur commise avec cette approximation est très souvent acceptable !

L'ellipsoïde est défini par son demi grand axe a et son demi-grand axe b. L'aplatissement f de l'ellipsoïde est caractérisé par la valeur : $f = (a - b)/a$.

Pour l'ellipsoïde du système de référence WGS84, a est égal à environ 6 378 km et f est égal à environ 1/298. La valeur relativement faible de l'aplatissement nous permet de considérer la Terre comme sphérique dans les calculs classiques de navigation.

Une circonférence s'obtient par la formule $C = 2\pi R$. La circonférence en passant par les pôles est connue comme égale à 40 008 km. En divisant 40 008 km par 360° on obtient 111,13 km pour 1° de latitude. Si on divise 111,13 par 60 minutes d'arc, le résultat est 1,852 km. Voici comment est apparu notre mille nautique (NM) cher aux navigateurs.

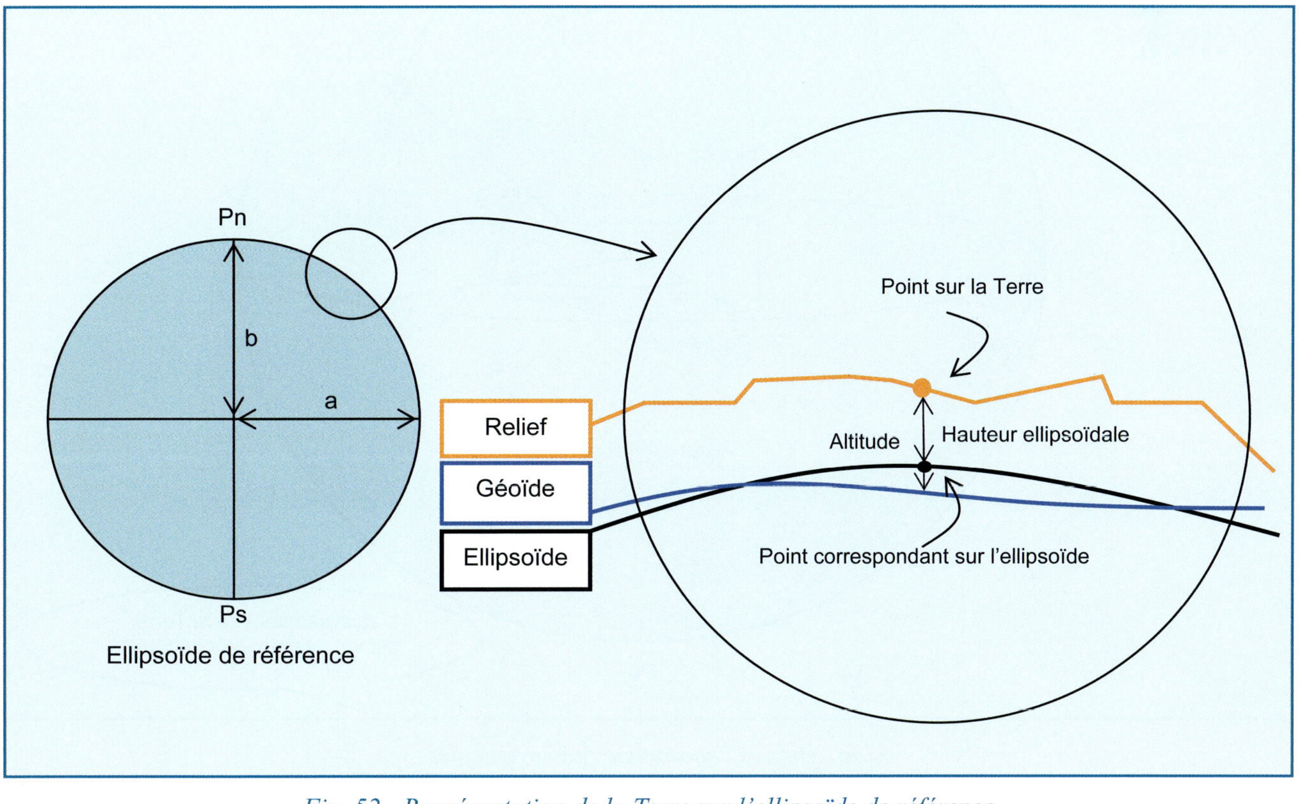


*Fig. 52 - Représentation de la Terre sur l'ellipsoïde de référence.*

# LES COORDONNÉES GÉOGRAPHIQUES

## Méridien et parallèle

Sur l'ellipsoïde de référence on met en évidence l'axe de symétrie et le plan de symétrie perpendiculaire à cet axe. Le pôle Nord et le pôle Sud sont les points de l'ellipsoïde situés sur cet axe. L'équateur est la ligne de l'ellipsoïde située sur ce plan perpendiculaire.

Sur cet ellipsoïde de référence, on va construire une trame graduée permettant de repérer un point quelconque de l'ellipsoïde.

Un méridien est la ligne d'intersection entre l'ellipsoïde et un demi-plan issu de l'axe des pôles. Les méridiens sont gradués de 0 à 180° vers l'Est ou vers l'Ouest à partir du méridien origine ou méridien de Greenwich.

Un parallèle est le cercle d'intersection entre l'ellipsoïde et un plan parallèle à l'équateur.

## Coordonnées géographiques

Tout point de la Terre peut être représenté par sa projection sur l'ellipsoïde de référence et par son altitude.

Tout point de l'ellipsoïde est à l'intersection d'un méridien et d'un parallèle particuliers.

La longitude, notée G ou g, est l'angle orienté entre le plan méridien origine et le plan méridien du lieu. La longitude est Ouest (W) et positive ou Est (E) et négative selon le cas.

La latitude, notée L, l ou φ, est l'angle orienté entre le plan équatorial et la normale à l'ellipsoïde du lieu. La latitude est Nord (N) ou Sud (S) selon l'hémisphère considéré.

Les coordonnées géographiques d'un point n'ont de sens que si l'on précise l'ellipsoïde de référence. Si l'on veut reporter directement sur la carte un point GPS, il faut utiliser une carte basée sur l'ellipsoïde WGS 84.

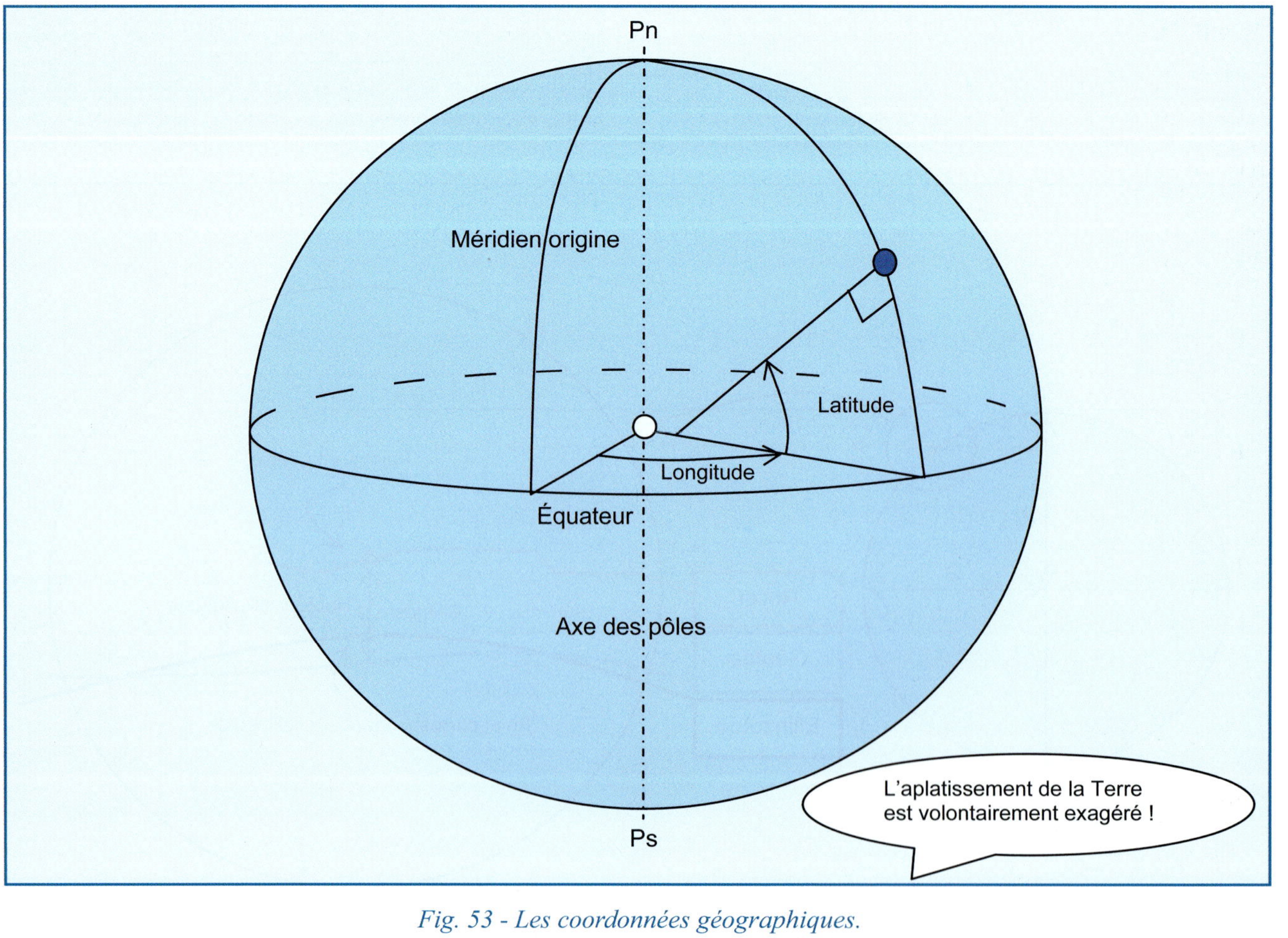


*Fig. 53 - Les coordonnées géographiques.*

# LE TEMPS

## Le temps

Le temps est une grandeur physique majeure.

Pour mesurer le temps, il faut choisir une unité et une référence.

L'unité de temps dans le Système International est la seconde (s). Dans les applications pratiques, on utilisera aussi les multiples de cette unité : la minute et l'heure notamment. Ainsi la durée, c'est-à-dire l'intervalle de temps, sera mesurée en heures-minutes-secondes.

## Les références de temps

En physique, le temps a un déroulement parfaitement régulier et est mesuré au travers d'instruments toujours plus sophistiqués comme l'horloge atomique.

En aéronautique, et dans de nombreuses applications pratiques, il faut une référence de temps mondiale commune à tous.

Un autre objectif serait que chacun voie le Soleil au méridien à midi à la montre !

Mais, dans l'absolu, ce troisième objectif est incompatible avec les deux premiers. D'une part, le Soleil ne passe pas au même instant au méridien en tous lieux du fait de la rotation de la Terre. D'autre part, en un lieu donné, l'intervalle de temps entre deux passages du Soleil au méridien n'est pas constant du fait, notamment, du mouvement orbital elliptique de la Terre autour du Soleil.

Pour chercher cette référence de temps commune, on a donc tout d'abord choisi un méridien de référence. Ce méridien est le méridien de Greenwich.

Ensuite, on a inventé un soleil fictif dont la rotation apparente serait régulière. Ce soleil s'appelle le soleil moyen. Comme l'appellation l'indique, le but est, que le soleil moyen ne soit jamais très éloigné du Soleil.

C'est à partir de ces notions que sont définis les temps de référence.

## Le temps UTC

Le temps universel coordonné UTC est établi sur la régularité du temps de la physique avec une référence telle qu'à 12 h UTC, le soleil moyen passe au méridien de Greenwich. Pour prendre en considération les petites fluctuations de la vitesse de rotation de la Terre, un saut de seconde appelé seconde intercalaire peut être intégré aux dates choisies par les organismes internationaux.

## Le temps civil local LMT

Le temps civil local LMT ou Tcg est établi sur la base du temps UTC avec un décalage constant tel qu'à 12 h LMT, le soleil moyen passe au méridien du lieu. Le décalage est directement fonction de la longitude du lieu considéré et de la vitesse angulaire du soleil moyen de 15° par heure.

**UTC = LMT + 4G.**
**Temps en minute.**
**G, longitude en degré.**
**G positive si ouest.**

**Exemple :** Il est 12 h UTC, il est 13 h LMT ou 13 h local en tous lieux de longitude 15° E.

## L'heure légale

Dans chaque pays, un temps légal est défini. Le but est d'avoir une référence commune qui soit relativement proche du mouvement apparent du Soleil. Autant que possible, à 12 h, le Soleil doit être proche de son point le plus haut dans le ciel. Pour les pays de grande étendue, il y a plusieurs temps légaux en fonction du positionnement en longitude de la région considérée.

Le temps légal est défini par rapport au temps UTC en ajoutant ou en retranchant une valeur entière d'heure par rapport au temps UTC. Vers l'Est du méridien de Greenwich, le temps légal est supérieur au temps UTC. Vers l'Ouest du méridien de Greenwich, le temps légal est inférieur au temps UTC. Autour de l'antiméridien de Greenwich, ou méridien 180°, il y a changement de date. En Francc, l'heure légale est égale à UTC + 1 h en hiver et UTC + 2 h en été.

# LE LEVER ET LE COUCHER DU SOLEIL

## La Terre dans le système solaire

Observé dans le système solaire, le mouvement de la Terre est la composition d'une rotation autour de l'axe des pôles et d'un mouvement de translation sur une orbite elliptique autour du Soleil.

## Mouvement apparent du Soleil

Pour un observateur terrestre, le Soleil a un mouvement apparent qui résulte directement du mouvement de la Terre dans le système solaire.

En particulier, le lever, le passage au méridien et le coucher du Soleil sont des moments particuliers de ce mouvement apparent. De même, l'évolution des durées respectives du jour et de la nuit, en un lieu donné au cours de l'année, est une autre manifestation majeure de ce mouvement apparent.

## Les équinoxes et les solstices

Au cours de l'année, interviennent quatre événements importants qui correspondent aux passages des saisons, ce sont les équinoxes et les solstices.

Les équinoxes correspondent aux instants où le Soleil est dans le plan équatorial. Les solstices correspondent aux instants où la hauteur du Soleil est maximale par rapport au plan équatorial.

Aux équinoxes de printemps et d'automne, les durées du jour et de la nuit sont égales en tous lieux. Au solstice d'hiver, la durée de la nuit est maximale en un lieu donné de l'hémisphère Nord. Au solstice d'été, la durée du jour est maximale en un lieu donné de ce même hémisphère.

## Le lever et le coucher de Soleil

Aux deux équinoxes, le lever et le coucher du Soleil interviennent au même instant pour les observateurs situés sur un même méridien. Dans ces deux cas, les heures UTC de lever et de coucher du Soleil dépendent uniquement de la longitude.

Les autres jours de l'année, les heures UTC du lever et du coucher du Soleil dépendent à la fois de la longitude et de la latitude. Par exemple, après l'équinoxe de printemps dans l'hémisphère Nord, sur un méridien donné, le coucher du Soleil intervient d'autant plus tard et la durée du jour est d'autant plus longue que le lieu est haut en latitude. L'amplitude du phénomène est maximale au solstice d'été.

Entre deux points différents de même latitude, les heures de lever et de coucher respectifs sont décalées. Ce décalage est proportionnel à la différence de longitude, soit 1 heure pour 15 degrés de différence de longitude.

Pour information, le SIA publie les heures de lever et de coucher du Soleil sur différents points de latitude au méridien de Greenwich.

## La nuit aéronautique

Officiellement, la nuit aéronautique commence lorsque le centre du disque solaire est à 6 degrés de hauteur sous l'horizon. Dans les règles de l'air, il est admis que la nuit aéronautique commence 30 minutes après l'heure de coucher du Soleil.

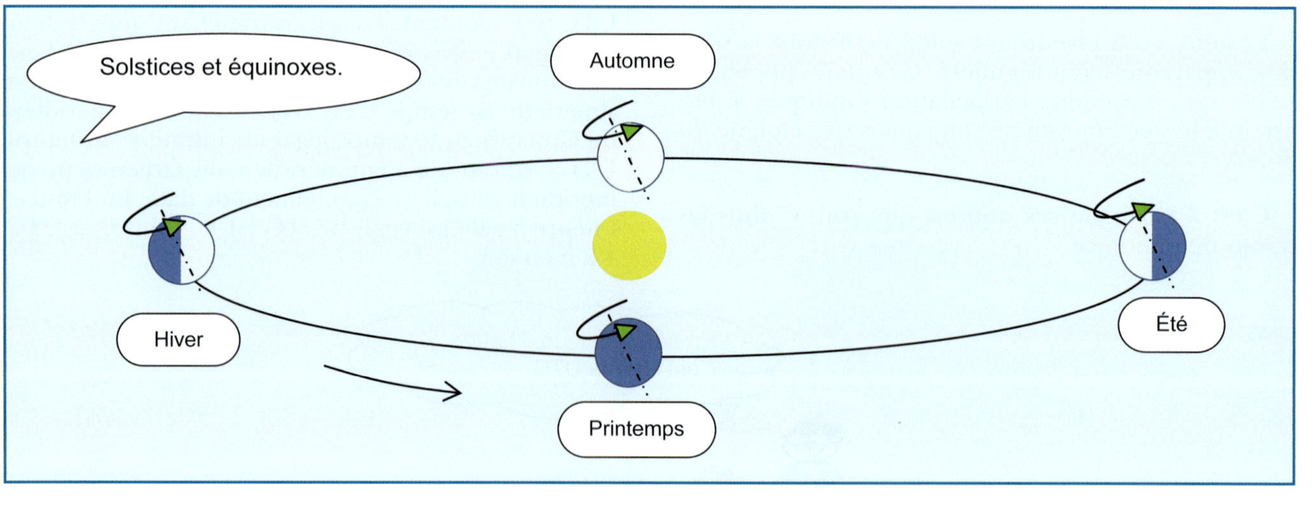

# LE NORD

## L'orientation

Ne perdons pas le Nord !

Pour mesurer une orientation à la surface de la Terre, on mesure, dans le plan horizontal, l'angle orienté entre une direction origine prise comme référence et la direction considérée.

Le Nord est cette direction origine.

## Le Nord

En un lieu donné, le Nord vrai (Nv) est tangent au méridien du lieu et dirigé vers le pôle Nord.

En un lieu donné, le Nord magnétique (Nm) est la direction que prend l'aiguille d'une boussole parfaite tenue horizontalement.

Le Nord compas (Nc) est la direction de référence du compas magnétique installé dans l'aéronef subissant les perturbations magnétiques et les imperfections instrumentales.

## Déclinaison, déviation, variation

La déclinaison magnétique (Dm) est l'angle orienté entre le Nord vrai pris comme référence et le Nord magnétique.

La déviation du compas (d) est l'angle orienté entre le Nord magnétique pris comme référence et le Nord compas.

La variation du compas (W) est l'angle orienté entre le Nord vrai pris comme référence et le Nord compas.

Dm, d et W sont E ou positifs si Nm ou Nc sont à l'Est du Nord de référence.

La déclinaison magnétique varie avec le lieu et avec le temps. Sur une carte de navigation, les lignes d'égale déclinaison magnétique que l'on appelle isogones, sont mentionnées avec la valeur Dm correspondante. Les corrections à appliquer à ces valeurs en fonction de la date sont mentionnées dans le cartouche. Aujourd'hui, en Europe, les valeurs de la déclinaison magnétique sont très faibles. Il n'en est pas de même dans d'autres régions du monde. Au Canada, par exemple, la déclinaison magnétique peut dépasser 20° par endroits.

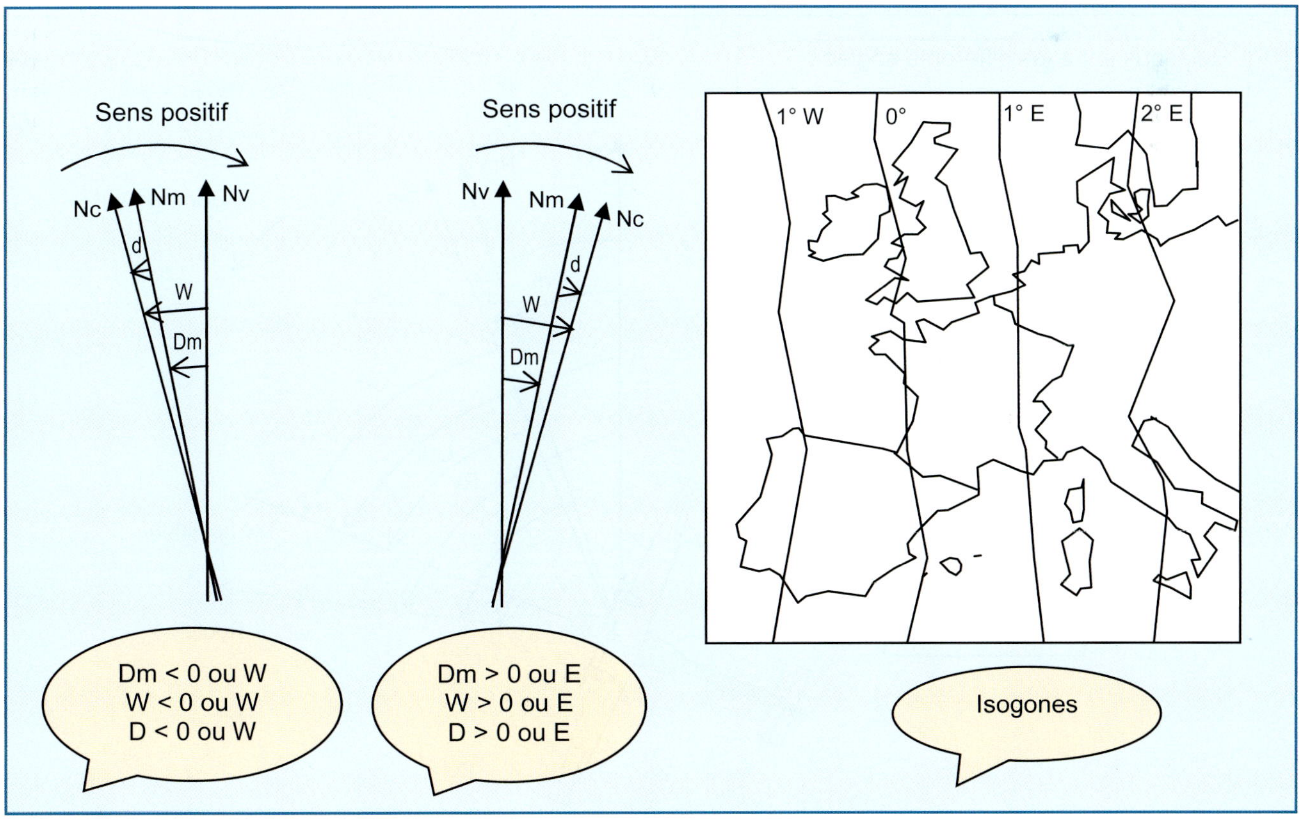


*Fig. 54 - Le Nord.*

# LE CAP, LA ROUTE, LA DÉRIVE

## Le cap

Le cap est l'angle orienté de la direction origine vers l'axe ou la ligne de foi de l'aéronef.

Le cap est mesuré de 0 à 360° dans le sens horaire.

Si la direction origine est respectivement le Nord vrai (Nv) ou le Nord magnétique (Nm), le cap est respectivement le cap vrai (Cv) ou le cap magnétique (Cm).

## La route

La route (R) est l'angle orienté de la direction origine vers la trajectoire suivie par l'aéronef.

La route est mesurée de 0 à 360° dans le sens horaire.

Si la direction origine est respectivement le Nord vrai (Nv) ou le Nord magnétique (Nm), la route est respectivement la route vraie (Rv) ou la route magnétique (Rm).

## La dérive

La dérive (X) est l'angle orienté entre l'axe de l'aéronef pris comme référence et la route.

La dérive est positive si la route est à droite de l'axe de l'aéronef.

La dérive est négative si la route est à gauche de l'axe de l'aéronef.

> Il n'est pas facile de retenir toutes ces définitions et les conventions de sens et de signes associées. Les deux directions origines sont assez intuitives : le Nord vrai et l'axe du fuselage. De même le sens positif est celui des aiguilles de la montre : c'est le sens horaire.
>
> Rappelez-vous : quand l'aéronef est dévié vers sa droite à cause du vent, on dit que sa dérive est positive et inversement.

Mémorisez ce schéma : le sens positif est le sens horaire ; les directions origines sont par ordre hiérarchique le Nord vrai, le Nord magnétique, le Nord compas et l'axe fuselage.

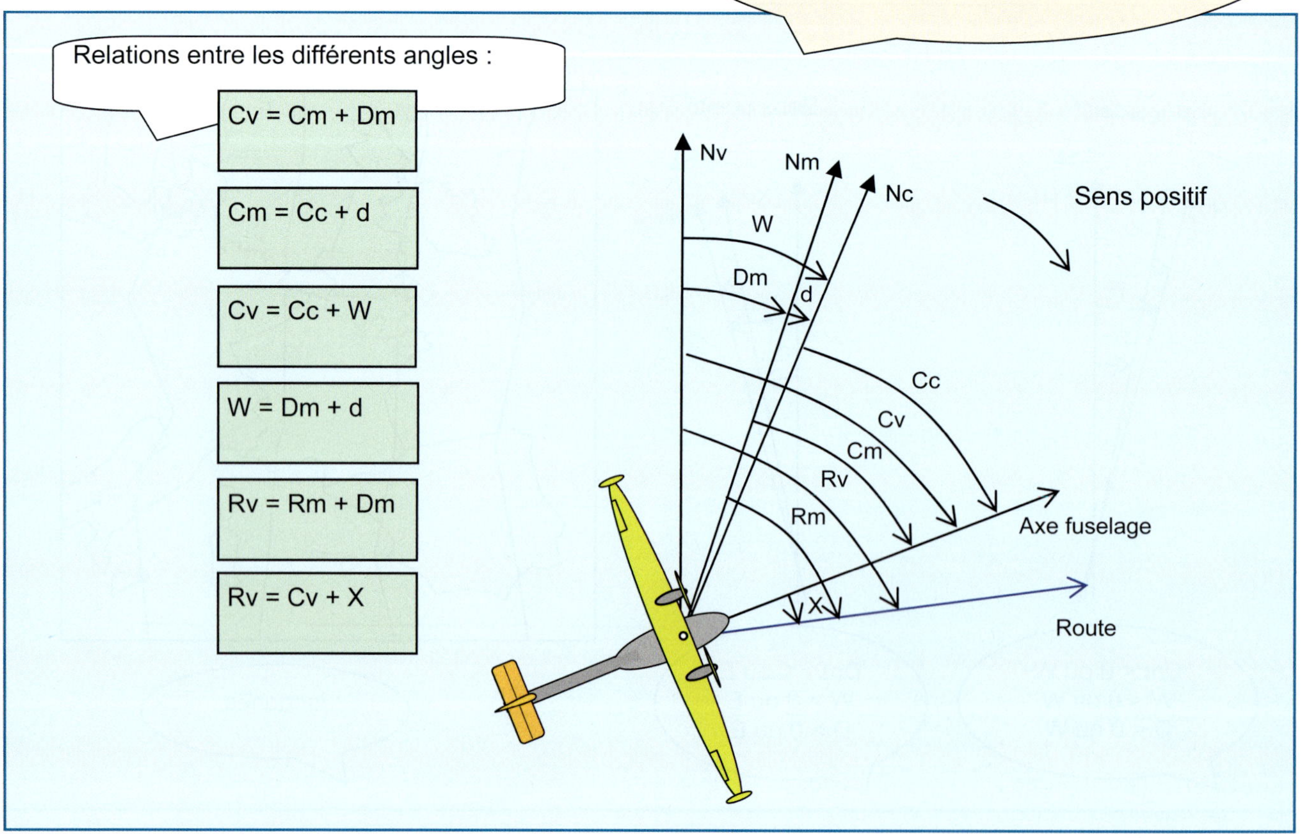


*Fig. 55 - Le cap, la route et la dérive.*

# L'ORTHODROMIE ET LA LOXODROMIE

## Introduction

Tous les chemins mènent à Rome!

En navigation, deux trajets méritent notre attention : l'orthodromie et la loxodromie.

## L'orthodromie

L'orthodromie est, par définition, la ligne la plus courte à la surface du globe, reliant deux points.

Physiquement, l'orthodromie est matérialisée par un fil tendu à la surface de la Terre entre le point de départ et le point d'arrivée.

## La loxodromie

La loxodromie est, par définition, la trajectoire à cap constant la plus courte reliant deux points. Par exemple un arc de parallèle ou un arc de méridien sont des loxodromies particulières.

## Petites distances

Il est intuitif que, plus la distance entre deux points est courte, plus la loxodromie est proche de l'orthodromie. Pour nos applications, on considérera que la loxodromie et l'orthodromie sont confondues.

## Unités de distance

Dans le système International, l'unité de longueur est le mètre (m). En utilisation courante, une distance est souvent exprimée en kilomètre (km).

En navigation, l'unité de distance historique et encore utilisée est le mille marin ou mille nautique (NM pour *Nautical Mile* en anglais).

Un mille nautique correspond à la distance à la surface du globe terrestre entre deux points séparés de 1 minute de latitude sur un même méridien.

**Sur un méridien : 1' de latitude → 1 NM.**

**Conversion (NM → m) : 1 NM = 1852 m.**

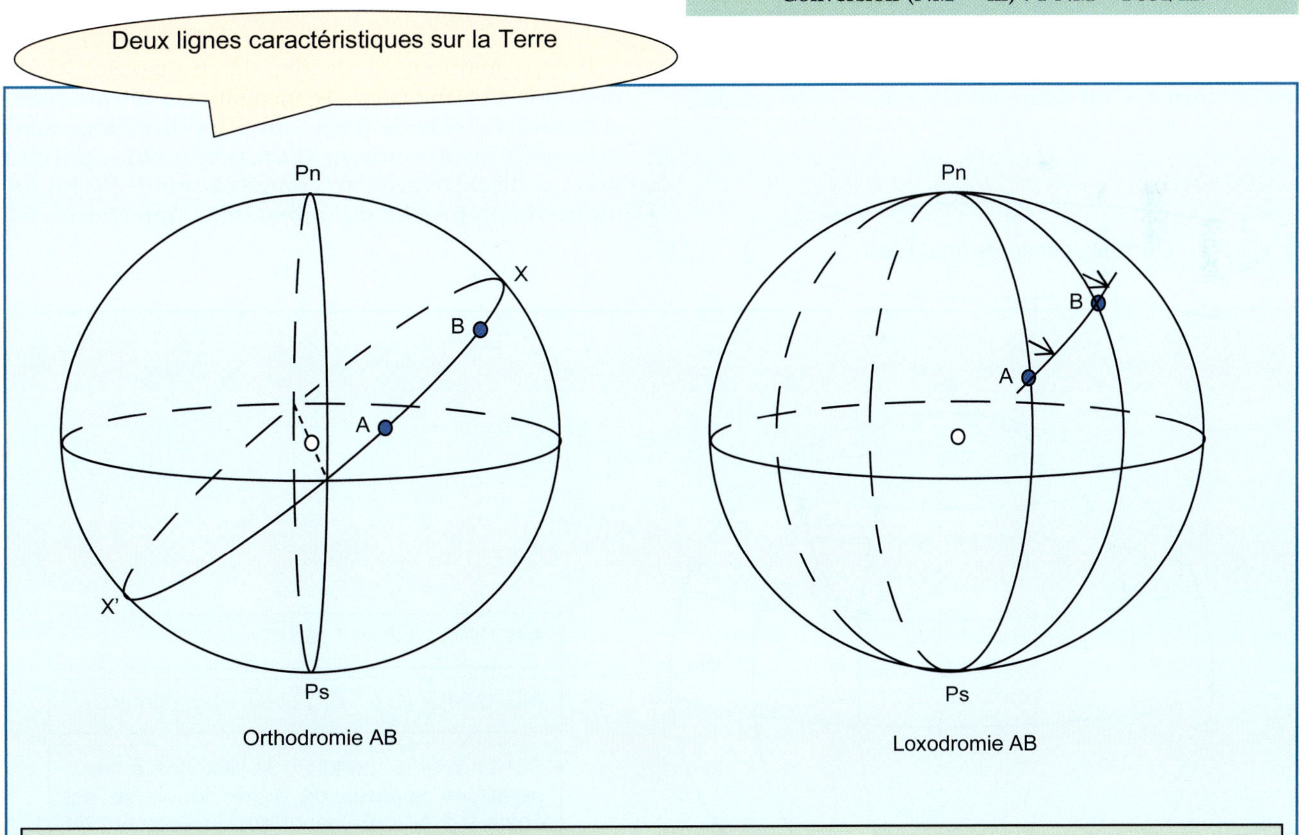


*Dans l'hypothèse où l'on considère la Terre comme sphérique, l'orthodromie est un arc de grand cercle, un grand cercle étant l'intersection d'un plan passant par le centre de la sphère et la surface de cette sphère. Par exemple l'équateur et les méridiens sont des grands cercles. La loxodromie fait un angle constant avec tous les méridiens. Hormis le cas des routes Nord, Sud, Est ou Ouest, la loxodromie s'enroule en spirale vers les pôles.*

*Fig. 56 - Orthodromie et loxodromie.*

# MESURE DES ROUTES ET DES DISTANCES

## Introduction

La mesure de la route et de la distance entre chacun des points remarquables de la navigation est une étape importante de la préparation du vol.

Pour comprendre la méthode traditionnelle, il faut revenir à la sphère terrestre.

## La mesure de la route

Considérons deux points A et B relativement proches sur la sphère terrestre.

En tendant un fil entre ces deux points, on voit apparaître la trajectoire qui est, par définition, l'orthodromie entre A et B. On voit apparaître aussi l'angle que fait la trajectoire avec un méridien sécant. La distance AB étant petite, on constate que cet angle est identique par rapport à tous les méridiens sécants. Cet angle est la route vraie recherchée (on dit aussi l'angle de route). On constate de ce fait que, sur cette courte distance, l'orthodromie peut être confondue avec la loxodromie.

Il est maintenant facile de transposer cette méthode sur une carte de navigation puisque celle-ci est conforme, c'est-à-dire qu'elle conserve les angles.

## La mesure de la distance

L'utilisation du globe terrestre va nous faire découvrir la méthode traditionnelle de la mesure de la distance, utilisée par les navigateurs et toujours d'actualité.

Reprenons notre fil tendu entre les points A et B du globe terrestre et reportons cette « mesure » sur un méridien. Les points images de A et B sont les points A' et B'. La distance AB est bien sûr égale à la distance A'B'.

Comptons alors la différence de latitude entre les points A' et B' et exprimons cette distance en minute d'arc. Nous trouvons alors la distance AB en milles nautiques !

Attention ! Le report doit être fait impérativement sur un méridien. Sur un parallèle, la minute d'arc correspond bien à environ 1 NM sur l'équateur (la Terre étant supposée sphérique) mais cette minute d'arc correspond à une distance de plus en plus faible lorsque la latitude augmente, jusqu'à être égale à zéro aux pôles.

Il est maintenant facile de transposer cette méthode sur une carte de navigation puisque celle-ci conserve l'échelle dans toutes les directions dans un « petit rayon » autour d'un point. On reportera donc la distance avec un compas à pointe sèche sur un méridien proche du milieu de la trajectoire.

L'échelle est sur le méridien !

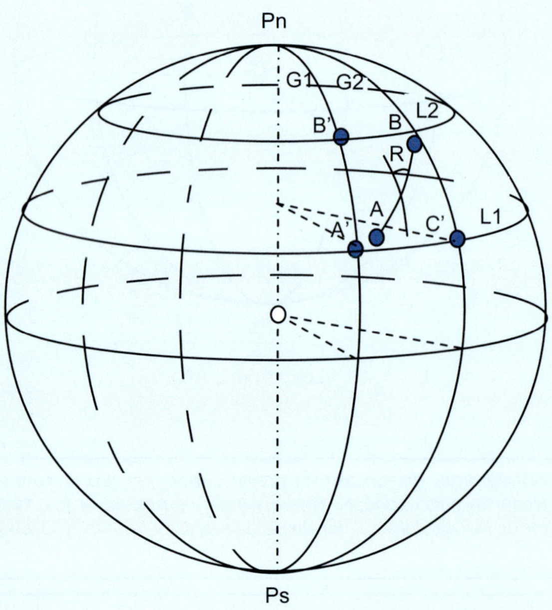


A'B' (NM) = L2 – L1 (en minutes)

A'C' (NM) = (G2 – G1) cos L1 (en minutes)

Sur un même méridien, la distance entre 2 parallèles séparés de 1' de longitude est égale à 1 NM. En reportant un segment de trajectoire sur un méridien, on mesure ainsi rapidement la distance en nautiques.
R est la route moyenne. Si la distance AB est petite R est quasi constante et l'orthodromie se confond avec la loxodromie.

*Fig. 57 - Mesure de la route et de la distance.*

# LA PROJECTION

## La carte

Une carte est une représentation plane d'une partie de la Terre avec une convention donnée.

Cette représentation est appelée projection.

Chaque type de projection est caractérisé par une transformation mathématique particulière qui met en relation les coordonnées géographiques d'un point de la Terre aux coordonnées cartésiennes de l'image de ce point sur la carte.

La transformation choisie peut être une projection purement géométrique. On parle dans ce cas de projection avec le qualificatif approprié à la transformation géométrique utilisée.

La plupart du temps, la projection est issue, en partie, d'une transformation mathématique sans lien précis avec une transformation géométrique. On parle dans ce cas de projection conventionnelle.

Sur la carte figurent des indications sur le relief et les altitudes avec des teintes hypsométriques et, éventuellement, les courbes de niveau.

## L'échelle

L'échelle est le rapport entre la distance entre deux points sur la carte et les deux points correspondants sur la Terre.

L'échelle ne peut pas être rigoureusement constante sur l'étendue d'une carte.

Cependant, l'échelle peut être considérée comme quasi constante sur une zone donnée. On dit alors que la projection est équidistante sur cette zone.

## Projection conforme

Une projection conforme est une projection qui conserve les angles. L'angle entre deux directions issues d'un point sur la Terre est égal à l'angle entre les images des deux directions sur la carte. On démontre qu'une projection conforme est équidistante dans toutes les directions « à proximité » d'un point.

Les cartes de navigation sont conformes car les orientations doivent être respectées.

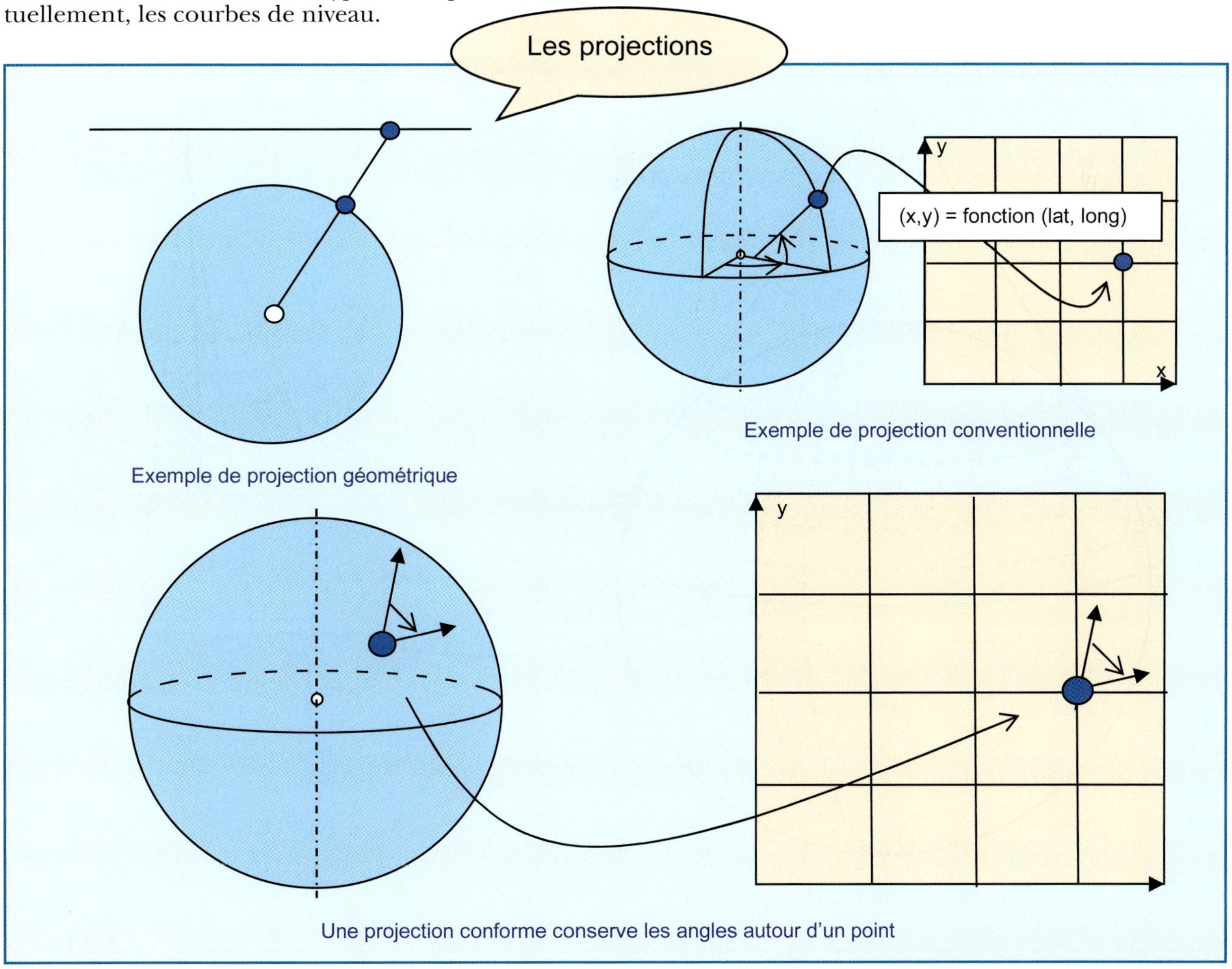


Exemple de projection géométrique

Exemple de projection conventionnelle

Une projection conforme conserve les angles autour d'un point

# LA CARTE LAMBERT

## La projection

La projection de Lambert est une projection conventionnelle.

Une première étape de construction consiste à réduire la sphère terrestre à l'échelle souhaitée.

La deuxième étape consiste à projeter les méridiens sur un cône axé sur l'axe des pôles. Selon la projection choisie, ce cône sera tangent à un parallèle choisi ou bien sécant en deux parallèles.

Une fois le secteur conique « déroulé » les méridiens apparaissent comme des droites en éventail autour du pôle, donc hors carte.

L'écart angulaire entre deux méridiens donnés est directement fonction du choix du parallèle de tangence ou des parallèles sécants.

Il reste maintenant à construire l'image sur la carte des parallèles terrestres. Il existe une solution mathématique et une seule qui rende la carte conforme. Sur la carte, les parallèles sont concentriques et l'écartement entre deux parallèles donnés est parfaitement déterminé par le calcul une fois que l'on a choisi le parallèle de tangence et le facteur de similitude de réduction de la sphère terrestre.

En toute rigueur, l'échelle de la carte varie en fonction de la latitude. Au parallèle de tangence, l'échelle est égale au facteur de réduction de la sphère terrestre. En pratique, sur un faible écart en latitude autour du parallèle de tangence, l'échelle est égale à ce facteur de réduction.

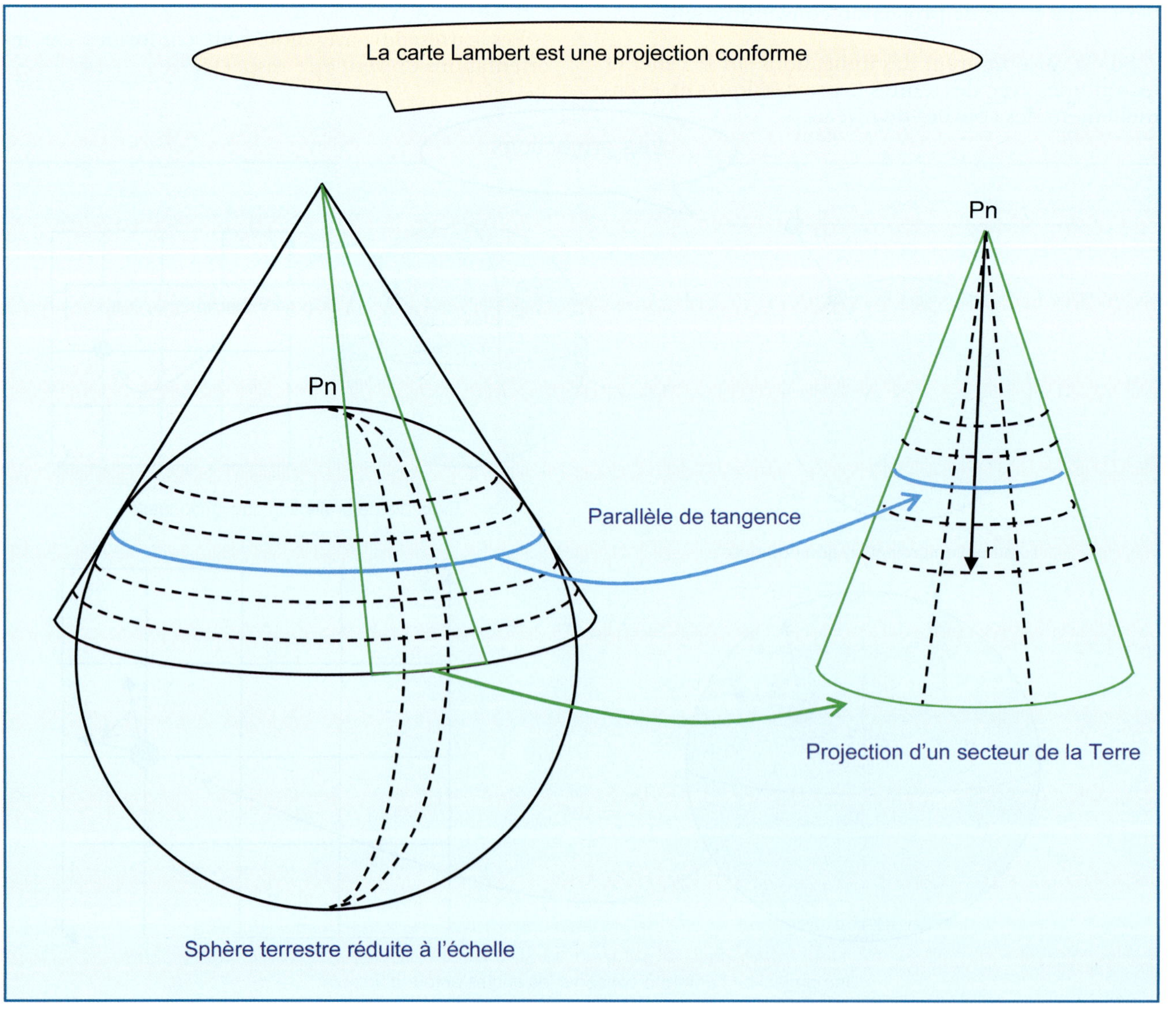


*Fig. 58 - La carte Lambert.*

# UTILISATION DE LA CARTE

## Les coordonnées d'un point

La carte est graduée avec les valeurs des longitudes et des latitudes des méridiens et des parallèles qui sont représentés. Pour trouver la longitude et la latitude d'un point donné, on trace le méridien et le parallèle issus de ce point et on lit la longitude et la latitude à l'intersection de ces tracés avec le parallèle et le méridien gradués.

## Mesure de la route

La carte étant conforme, l'angle entre deux directions autour d'un point sur la surface terrestre est égal à l'angle entre les deux directions projetées sur la carte.

Ainsi, la route vraie Rv est égale à l'angle entre la trajectoire de l'appareil et le méridien sécant à la trajectoire. Pour mesurer la route, il suffit donc d'un rapporteur.

## Mesure de la distance

La carte étant conforme, l'échelle est conservée dans toutes des directions sur une petite bande de latitude donnée.

Pour mesurer la distance entre deux points, il suffit de reporter le segment correspondant sur le méridien gradué en minute autour de la même latitude moyenne.

Pour mesurer la distance, il suffit donc d'un compas à pointe sèche ou, tout simplement, d'une bande de papier ! La différence en minutes de latitude donne la distance en mille nautique.

## La déclinaison magnétique

La déclinaison magnétique est indiquée par les lignes isogones.

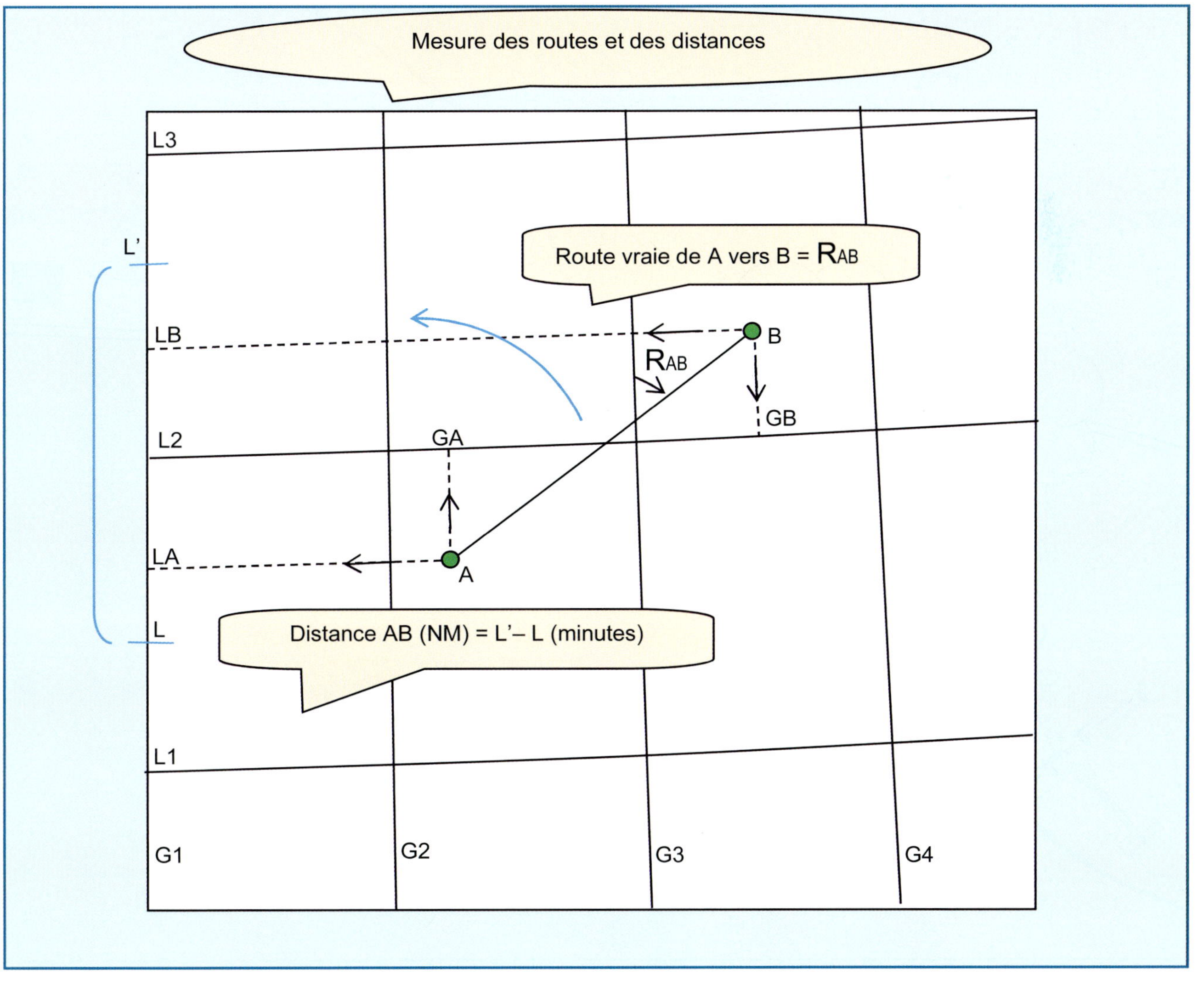

# LE CHEMINEMENT

Le cheminement est le mode le plus naturel pour aller d'un point à un autre. Comme son nom l'indique, cheminer c'est suivre un chemin en reconnaissant, en continu, la succession des repères au sol. L'exemple le plus évident du cheminement est de suivre une ligne naturelle ou artificielle à la surface de la Terre. On peut ainsi suivre un fleuve, une rivière, une ligne de crête, une bordure de forêt, le littoral… On peut aussi suivre une voie ferrée, une autoroute, un canal… Le cheminement pourra être utilisé sur tout ou partie du trajet.

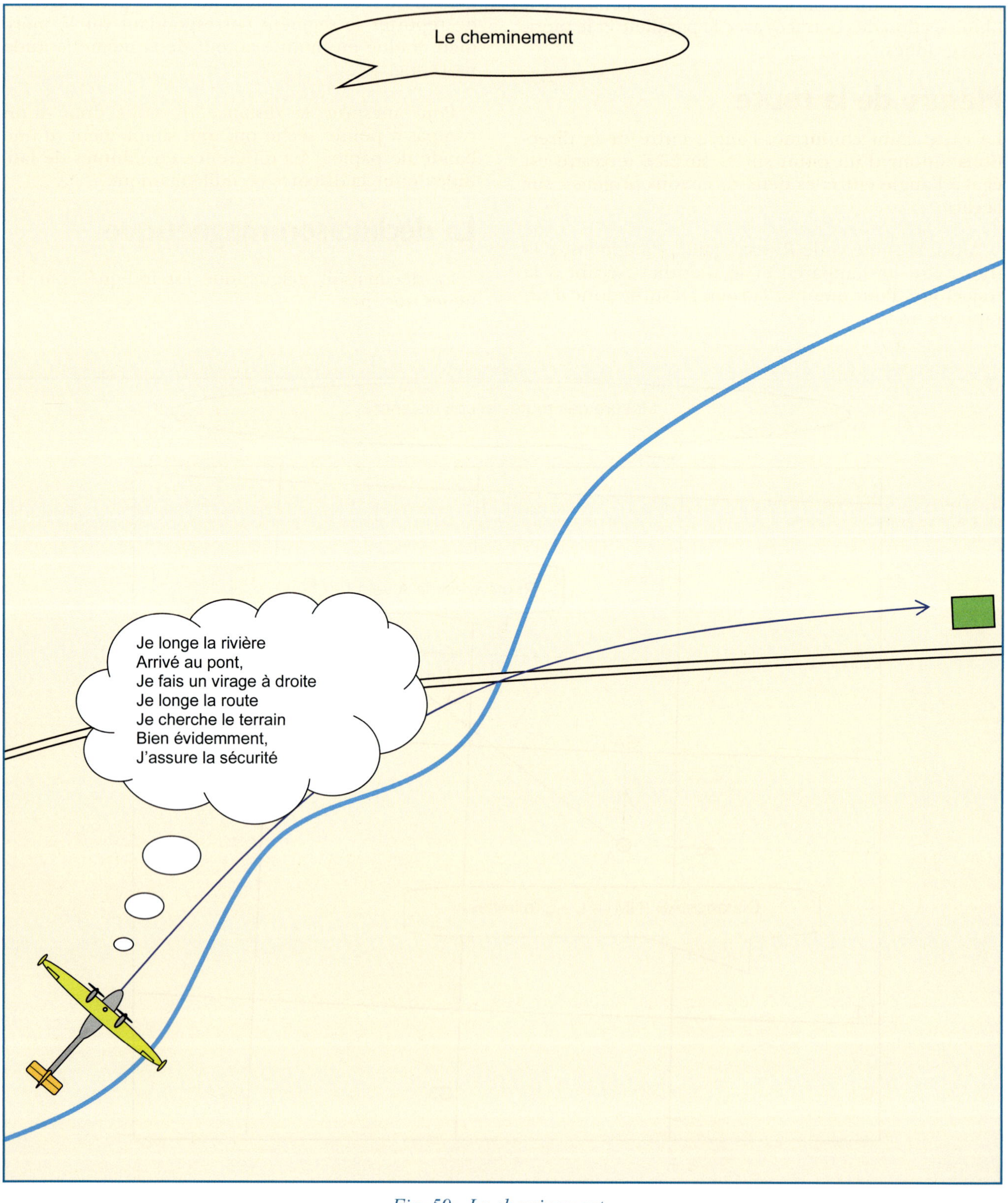


*Fig. 59 - Le cheminement.*

# L'ESTIME

## Le principe

L'estime est la méthode ancestrale de navigation des marins. L'estime est aussi la méthode de base de navigation. Quelle que soit la sophistication des moyens modernes de positionnement, l'estime intervient à un moment ou un autre du processus de détermination de la position. De quoi s'agit-il ? Si l'on maintient une route donnée pendant un temps donné avec une vitesse-sol donnée et que l'on connaît son point de départ, on peut déterminer, à tout moment, sa position. De même, si l'on veut aller d'un point A à un point B, on peut calculer sur la carte la route à suivre et la distance à parcourir. Connaissant la vitesse-sol, on calcule le temps de vol. Si le vent est nul, on prendra le cap prévu et on adoptera la vitesse prévue. Sur la montre chronomètre, on prendra le top à la verticale du point de départ. À l'approche du temps estimé d'arrivée, on cherchera à reconnaître le repère sol attendu.

## Le triangle des vitesses

Lorsqu'il y a du vent, le cap et la vitesse propre (projection de la vitesse-air sur le plan horizontal) sont différents de la route et de la vitesse-sol. Le triangle des vitesses permet de calculer le cap à prendre pour suivre la route prévue et donne la vitesse-sol correspondante.

Le triangle des vitesses est la traduction géométrique d'une propriété connue :

**Vitesse-sol = Vitesse propre + Vent.**

Ainsi, lors de la préparation du vol, connaissant le vent prévu, on déterminera les éléments de l'estime et l'on remplira le Log de navigation.

Cette relation permet aussi d'estimer le vent connaissant le cap, la vitesse-air et la route réellement suivie.

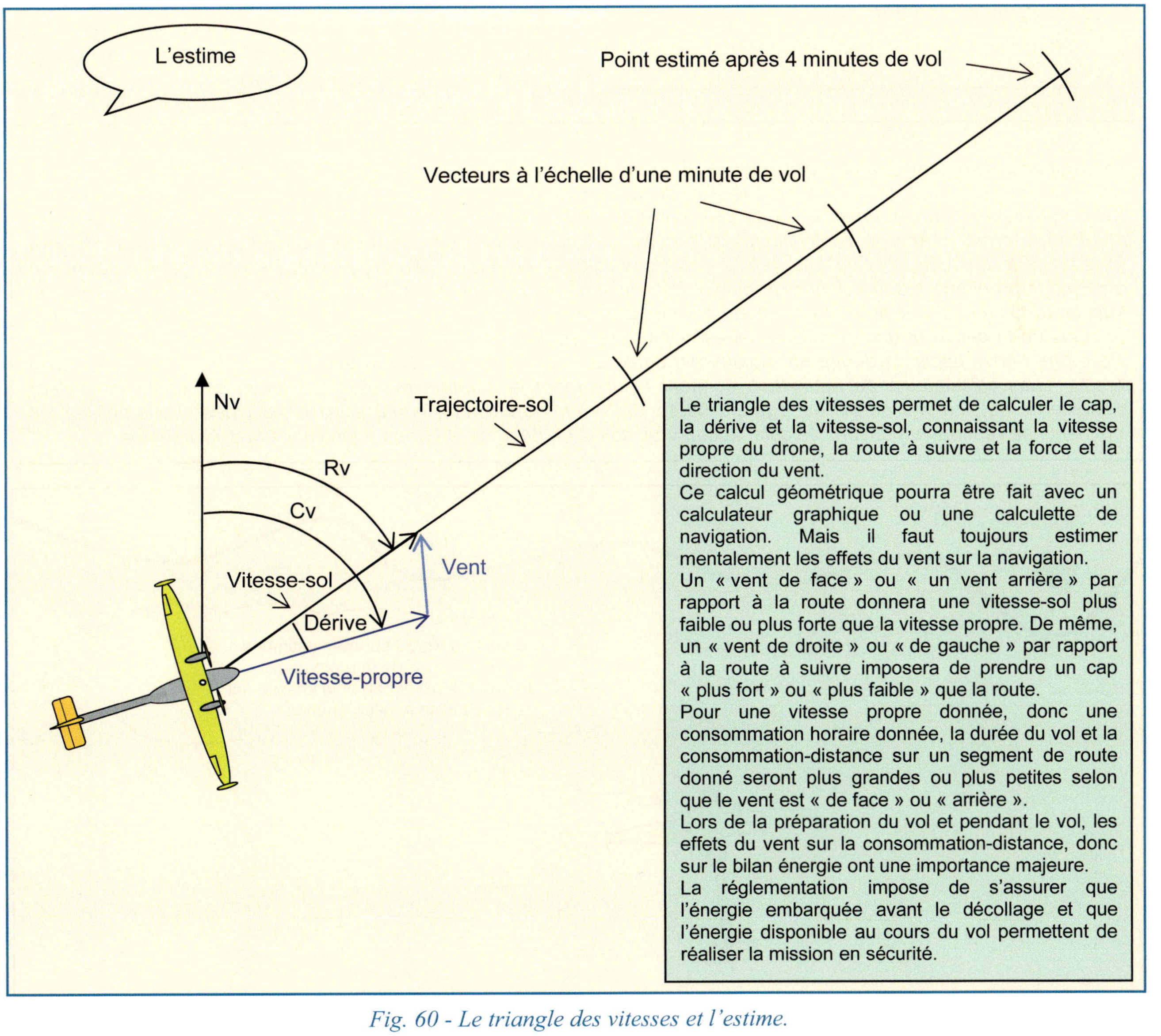


Le triangle des vitesses permet de calculer le cap, la dérive et la vitesse-sol, connaissant la vitesse propre du drone, la route à suivre et la force et la direction du vent.
Ce calcul géométrique pourra être fait avec un calculateur graphique ou une calculette de navigation. Mais il faut toujours estimer mentalement les effets du vent sur la navigation.
Un « vent de face » ou « un vent arrière » par rapport à la route donnera une vitesse-sol plus faible ou plus forte que la vitesse propre. De même, un « vent de droite » ou « de gauche » par rapport à la route à suivre imposera de prendre un cap « plus fort » ou « plus faible » que la route.
Pour une vitesse propre donnée, donc une consommation horaire donnée, la durée du vol et la consommation-distance sur un segment de route donné seront plus grandes ou plus petites selon que le vent est « de face » ou « arrière ».
Lors de la préparation du vol et pendant le vol, les effets du vent sur la consommation-distance, donc sur le bilan énergie ont une importance majeure.
La réglementation impose de s'assurer que l'énergie embarquée avant le décollage et que l'énergie disponible au cours du vol permettent de réaliser la mission en sécurité.

*Fig. 60 - Le triangle des vitesses et l'estime.*

# L'ESTIME EN PRATIQUE

## Vent effectif et vent traversier

En vol, il est utile de représenter le vent (Vw) par ses effets sur la vitesse-sol et sur la dérive :

- le vent effectif (Ve) est la composante du vent parallèle à la route à suivre;
- le vent traversier (Vt) est la composante du vent perpendiculaire à la route à suivre.

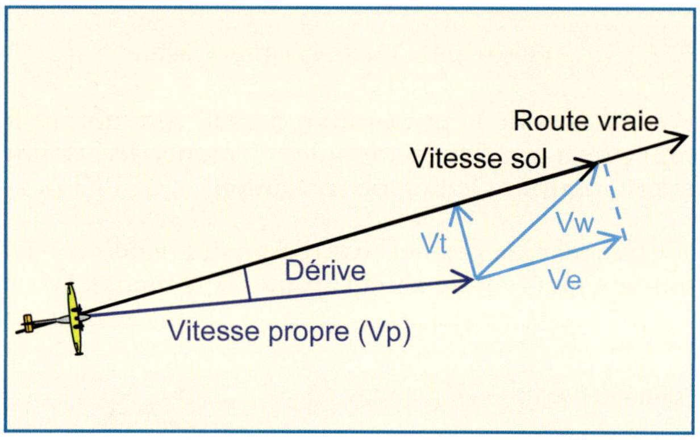


## La méthode

Lors de la préparation du vol, le télépilote remplira un log de navigation avec, pour chaque segment, la route et le temps sans vent et, en fonction des prévisions météorologiques, le cap, le temps avec vent et le bilan énergie.

En vol, il faudra comparer les éléments prévus avec les éléments réels. C'est l'actualisation de la navigation.

De l'avance ou du retard sur l'heure de passage à un repère permettra d'estimer que le vent effectif est plus fort ou moins fort que prévu, de face ou arrière. On corrigera les prochaines estimées et le bilan énergie en fonction de cette observation.

De même un décalage à droite ou à gauche de la route voulue au passage du point de report montrera que l'on a surestimé ou sous-estimé le vent traversier et la correction de dérive associée. Sur le prochain segment on adoptera, selon le cas, un cap un peu plus faible ou un peu plus fort.

*Exemple :*
*On veut aller d'un point A à un point B avec un drone de vitesse propre Vp = 60 km/h. On mesure la distance sur la carte, soit par exemple 10 km. On mesure la route vraie correspondante, soit par exemple Rv = 060°. Les prévisions météorologiques donnent un vent Vw du 210° (vent du Sud-Ouest) pour 10 km/h. On voit déjà que le vent traversier vient de la droite et que le vent effectif est arrière. Le cap à suivre sera supérieur à 060° et la vitesse sol sera supérieure à 60 km/h. Pour calculer précisément ces valeurs, on fait un peu de géométrie ! En traçant la figure, on voit que le problème a une solution graphique déterminée. On voit que le vent traversier vient de la droite avec une vitesse de 5 km/h et que le vent effectif est arrière pour une vitesse de 9 km/h. On voit que le rapport Vt / Vp, donne le sinus de la dérive et que la vitesse sol est à peu près égale à la somme de la vitesse propre et du vent effectif. Pour une dérive faible, la dérive en radians est égale au rapport Vt / Vp. On trouve : dérive = 5° gauche, Vs = 69 km/h. Les calculateurs de navigation donnent évidemment la solution exacte ! La dérive est égale, en valeur absolue, à 4,8°. La vitesse sol est égale à 68,45 km/h, donc quasiment égale à Vp + Ve. Nous avons obtenu les éléments de l'estime et pouvons calculer le cap vrai, soit Cv = 64,8° et le temps avec vent soit 8,77 minutes.*

# LA NAVIGATION PAR SATELLITES

## Présentation

La navigation par satellites consiste à utiliser les fonctions du système de positionnement par satellites GNSS présenté en phase 1.

## Fonctions de base

Le récepteur fournit la position dans le référentiel géodésique WGS 84.

Cette observation est importante à plus d'un titre !

Si l'on reporte les coordonnées fournies par le récepteur sur une carte de navigation, il faut s'assurer que le référentiel de la carte est bien WGS 84.

De même, si l'on paramètre des WAYPOINTS dans le récepteur, il faut s'assurer que le document ayant fourni ces coordonnées se base sur le référentiel WGS 84.

Il faut aussi se rappeler que l'appareil indique sa position et non son orientation ! L'information de cap doit être obtenue avec l'instrument approprié, en l'occurrence le compas ou le magnétomètre sur un drone.

La connaissance par le récepteur des positions successives de l'appareil au fil du temps permet, par un calcul mathématique de dérivation, d'obtenir la vitesse sol et, par une autre dérivation, d'obtenir l'accélération. Bien sûr, la précision de ces informations est directement liée à la précision de la mesure de la position et à l'échantillonnage du calcul de dérivation.

De plus, les positions successives de l'appareil au fil du temps donnent la trajectoire de l'appareil.

## Calculateur de navigation

Le récepteur intègre aussi des outils classiques de navigation.

La trajectoire de l'appareil peut être visualisée et enregistrée. C'est la fonction « Traceur ».

Lors de la préparation du vol, après avoir saisi les coordonnées WGS 84 du point de départ et des points de reports successifs, le calculateur indique la distance orthodromique et la route sur chaque segment de la navigation. De même, le calculateur peut proposer la résolution du « triangle des vitesses » et donner ainsi, pour une vitesse-air de l'appareil donnée, le cap à suivre et la vitesse sol pour suivre la trajectoire sol prévue avec le vent prévu. Par suite, le calculateur indiquera le temps de vol sur ce segment. En intégrant ces résultats sur l'ensemble des segments du trajet, le calculateur indiquera la durée totale du vol et l'énergie nécessaire pour effectuer la mission.

En navigation, ayant activé la fonction « GO TO » pour un WAYPOINT donné, le calculateur actualise, à chaque instant, la route à suivre et la distance jusqu'au point de report. En particulier, sur un vol à cap constant, si le cap affiché n'est pas en cohérence avec le vent traversier, la route vers le WAYPOINT indiquée par le récepteur évoluera. Inversement, si le cap affiché est cohérent par rapport à la dérive due au vent traversier, la route conduisant au WAYPOINT indiquée par le calculateur sera constante.

De même, en navigation, la vitesse sol sera réactualisée en permanence, donc le temps de vol jusqu'à l'arrivée. La confrontation de ces résultats avec l'énergie de la batterie permettra d'actualiser le « bilan énergie ».

# LES CARTES AÉRONAUTIQUES

## L'objectif opérationnel

La carte de navigation est un outil essentiel à la préparation et à la conduite du vol.

La carte permet de naviguer aux sens historique et pratique du mot. La projection est conforme. Les angles sont donc conservés. La graduation en latitude sur un méridien donne l'échelle autour de la latitude considérée.

La carte donne aussi l'ensemble des informations réglementaires et opérationnelles utiles à la conduite du vol. La carte de navigation doit être complétée par les cartes VAC des aérodromes.

## Les types de carte

Selon l'objectif, le pilote ou le télépilote utilisera une ou plusieurs des cartes aéronautiques au 1/1 000 000$^{e}$, au 1/500 000$^{e}$ ou au 1/250 000$^{e}$. La projection est une projection Lambert conforme.

## Les informations utiles

Précisons tout d'abord que la liste des informations présentées sur une carte et leur symbologie sont décrites en légende. Il est important d'apprendre à les connaître.

La carte donne une représentation de la zone survolée : le relief, les repères naturels et artificiels.

La carte aéronautique donne, en particulier, les informations aéronautiques indispensables au respect de la réglementation de la circulation aérienne. Sont notamment représentés sur ces cartes les aérodromes, les espaces aériens contrôlés, les zones dangereuses, réglementées et interdites.

Les noms des aérodromes sont indiqués en abrégé avec leur indicatif d'emplacement OACI. La symbologie utilisée dépend de la longueur de piste, du type de piste et de son orientation.

Les espaces sont représentés avec leurs limites horizontale et verticale, la classe d'espace correspondante, les fréquences de radiocommunication avec un astérisque pour les fréquences non veillées en permanence.

En bleu, sont représentés les espaces aériens contrôlés avec la classe d'espace correspondante. Une exception, les espaces aériens de classe A, interdits aux vols VFR sont représentés en rouge.

En rouge, sont représentés les zones dangereuses, réglementées et interdites et les espaces aériens contrôlés de classe A.

Les zones réglementées pour les vols d'entraînement à très grande vitesse à basse ou très basse altitude, réseau RTBA, sont représentées par un tiret épais de couleur rouge.

## Les cartes AZBA

L'activation du RTBA peut être connue pour le jour même ou pour le lendemain en consultant le site du SIA dans la rubrique « Préparation du vol, cartes AZBA ».

## La carte au 1/500 000$^{e}$

Sur la carte à l'échelle 1/500 000$^{e}$, l'espace aérien couvert s'étend de la surface (SFC) au plus haut des deux niveaux suivants : niveau de vol 115 et 3 000 ft au-dessus de la surface. Cela correspond à la limite inférieure de la LTA, sauf pour les Alpes et les Pyrénées où la LTA de classe E est représentée sur la carte.

On trouve sur cette carte :

- la topographie ;
- les fleuves et les rivières ;
- les agglomérations ;
- les voies de circulation ;
- les frontières ;
- les limites des parcs et réserves naturelles ;
- les obstacles artificiels de hauteur > 90 m ;
- les lignes électriques.

Tous les parcs naturels qui imposent une restriction de survol sont indiqués sur cette carte.

Pour les aérodromes, la symbologie donne quelques renseignements. De plus, sont indiquées l'altitude de l'aérodrome en « ft » et la fréquence radio.

Le plafond des espaces aériens dont le niveau ou la hauteur est supérieur(e) au champ couvert par la carte est représenté par le symbole « + ».

La carte au 1/500 000$^{e}$ est consultable sur le site Géoportail de l'IGN sur laquelle peut être affichée la carte Restrictions pour les drones de loisir.

## La carte au 1/250 000$^{e}$

Pour une facilité de lecture et d'interprétation, les espaces environnant les grands aérodromes sont représentés sur les cartes au 1/250 000$^{e}$.

## Les cartes d'aérodrome

Les cartes VAC, Aérodromes et Hélistations, donnent, en plusieurs feuillets, des informations détaillées sur l'aérodrome et son environnement : coordonnées géographiques, altitude du terrain ; infrastructure ; longueur de la piste ; espaces aériens ; existence ou non d'une CTR ; balisage ; longueur de la piste ; organismes responsables.

Légende de la carte au 1/500 000e (extrait)

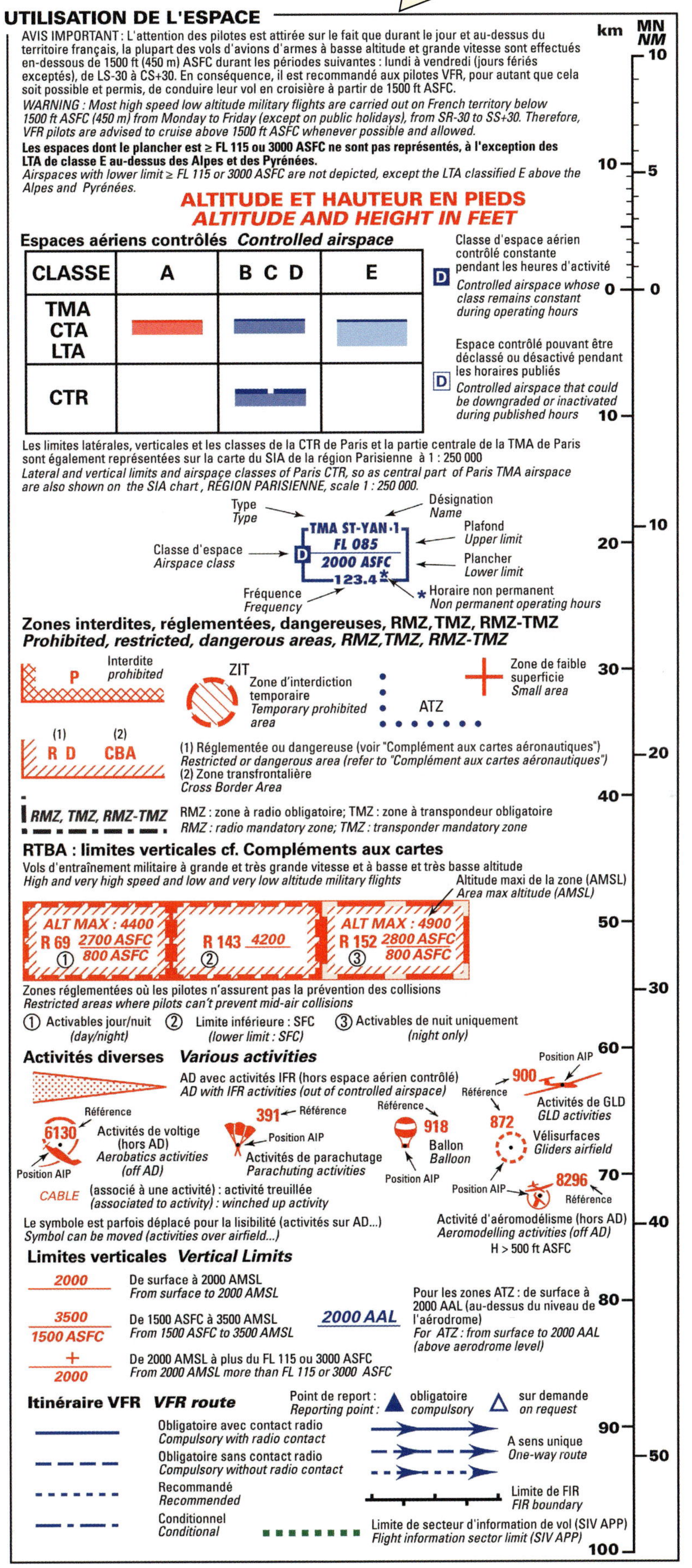

# LES CARTES DE NAVIGATION DU SIA

Les cartes de navigation, chères aux navigateurs, ont traversé les âges et restent un support utile et utilisé de nos jours. En plus de leur rôle fondamental comme outil de navigation, les cartes aéronautiques informent le pilote des aspects réglementaires et opérationnels majeurs pour la préparation et la conduite de son vol.

De très nombreuses informations figurent sur les cartes en fonction de leur échelle. Il est important de connaître leur signification en consultant la légende de la carte.

Il faudra notamment reconnaître, les agglomérations, les aérodromes, les espaces aériens contrôlés, les zones interdites, réglementées et dangereuses, les établissements interdits de survol, les parcs nationaux et les réserves naturelles, les obstacles et les voies de communication.

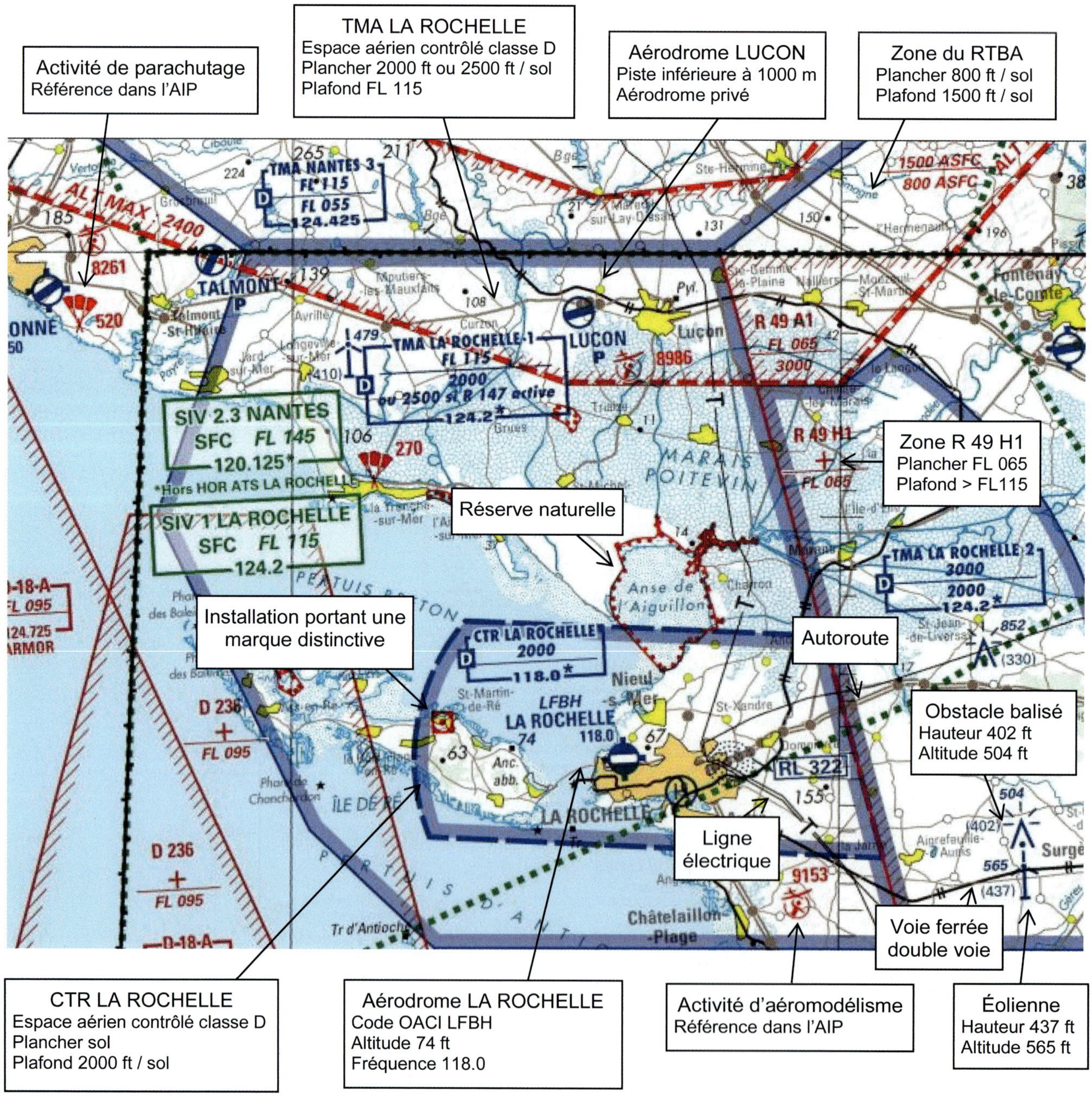

**Exemple de lecture de carte**

Cette carte au 1/500 000$^{e}$ est une projection de Lambert. Le méridien 1° E est gradué en latitudes. Une graduation élémentaire correspond à 1 minute de latitude, soit 1 Nm de distance sur ce méridien. Puisque la carte est conforme, la mesure de distance entre deux points quelconques peut se faire en reportant l'écart correspondant avec un compas à pointes sèches sur le méridien gradué autour de la latitude moyenne entre les deux points. Les altitudes mentionnées sur la carte sont en pieds (ft). Sur cet extrait, on distingue des espaces aériens contrôlés dont le contour est en bleu. Les CTR1 et CTR2 de l'aérodrome de Limoges sont des espaces aériens contrôlés de classe D s'étendant respectivement du sol jusqu'à 1000 ft de hauteur par rapport au sol pour la CTR1 et de 1000 ft jusqu'à 4000 ft de hauteur par rapport au sol pour la CTR2. La TMA de Limoges est un espace aérien contrôlé de classe E dont le plancher est à 1000 ft de hauteur par rapport au sol et le plafond est au FL 115. L'altitude de l'aérodrome est de 1300 ft, la fréquence radio est 119.55 et la longueur de la piste est supérieure à 2300 m. Les installations de radionavigation sont indiquées sur la carte. Au Sud-Est de Limoges, se trouve la zone réglementée R 68 C, s'étendant du FL 085 jusqu'à un niveau, non précisé, supérieur au FL 115. À l'est, se trouve la zone R 166 C mentionnée par des tirets épais de couleur rouge. Cette zone, appartenant au réseau RTBA, s'étend verticalement de 800 ft de hauteur par rapport au sol jusqu'à 3000 ft de hauteur par rapport au sol. L'activation de cette zone est indiquée sur le site du SIA, cartes AZBA. On notera, de l'Ouest vers l'Est, une ligne à haute tension au Nord-Ouest, une autoroute orientée Nord-Sud ainsi qu'une voie ferrée à double voie orientée Nord-Sud. Un obstacle balisé culminant à 308 ft de hauteur et 1457 ft d'altitude est situé au Nord de la carte. Un obstacle balisé de grande hauteur culminant à 719 ft de hauteur et 2480 ft d'altitude est situé au Sud de la carte. Les agglomérations sont représentées en jaune ou en orange selon leur largeur moyenne. On remarque aussi la présence de nombreux cours d'eau et barrages.

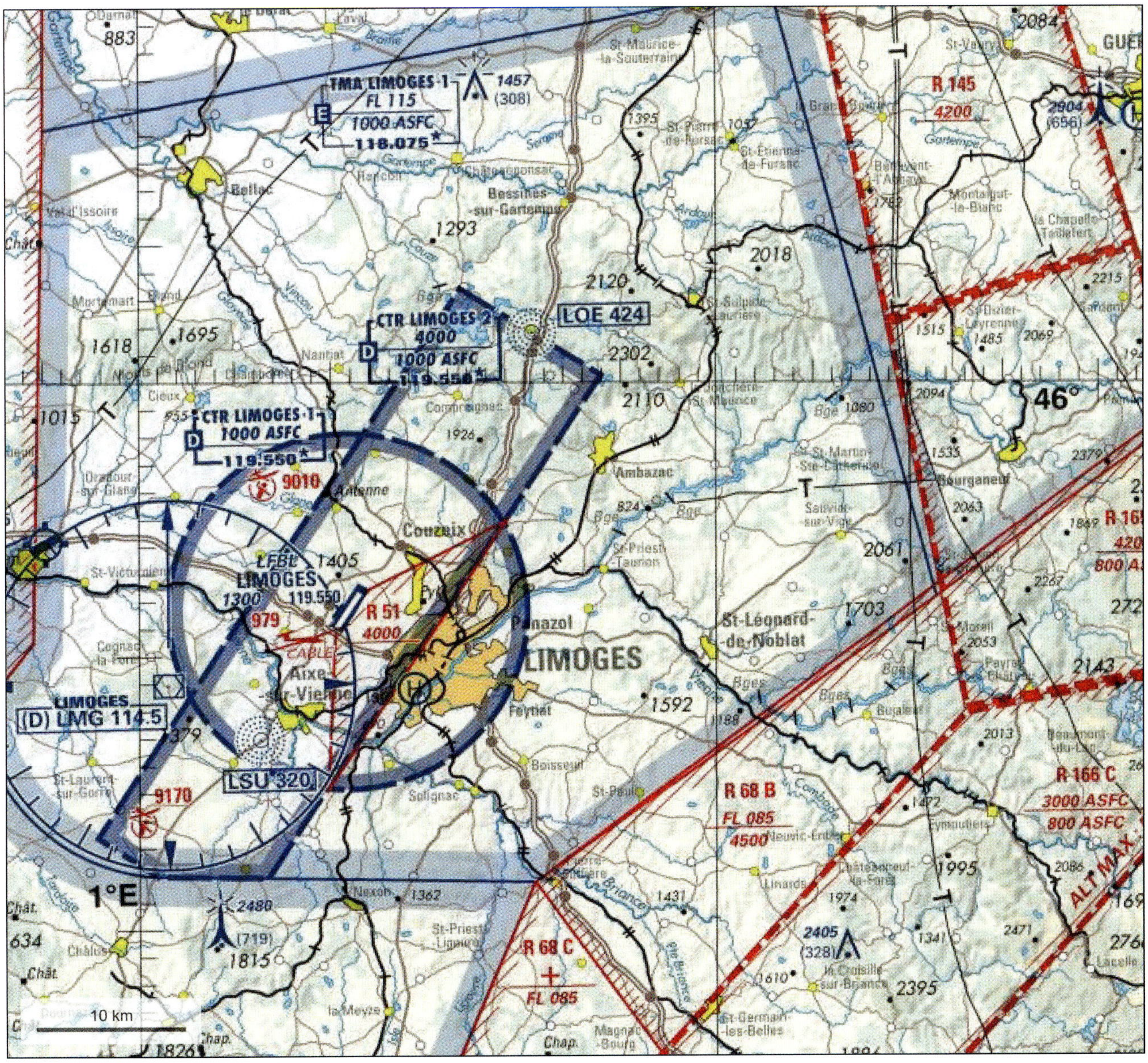

# LA CARTE VAC AÉRODROME ET HÉLISTATION

## L'objectif opérationnel

Les cartes VAC, éditées par le Service d'information aéronautique SIA, donnent l'ensemble des informations réglementaires sur les aérodromes et les hélistations. Ces informations sont présentées en plusieurs volets : carte d'approche à vue, carte d'atterrissage à vue, mouvements à la surface, aires de stationnement, consignes particulières, informations diverses.

**APPROCHE A VUE**
*Visual approach*

Ouvert à la CAP
*Public air traffic*
29 MAR 18

**AIX** LES MILLES
AD 2 LFMA APP 01

| | | |
|---|---|---|
| | ***ALT AD : 368 (14 hPa)***<br>LAT : 43 30 19 N<br>LONG : 005 22 02 E | **LFMA**<br>VAR : 1°E (15) |

**ATIS** : 136.225 ☎ 04 42 16 06 85
**APP** : PROVENCE Approche/*Approach* : 124.350 (au-dessus de/*above 2500*, sur instruction ATC seulement/*only*).
**TWR** : 118.750 - **GND** (SOL) : 121.600
Absence ATS : **A/A** (118.750) FR seulement /*only*.

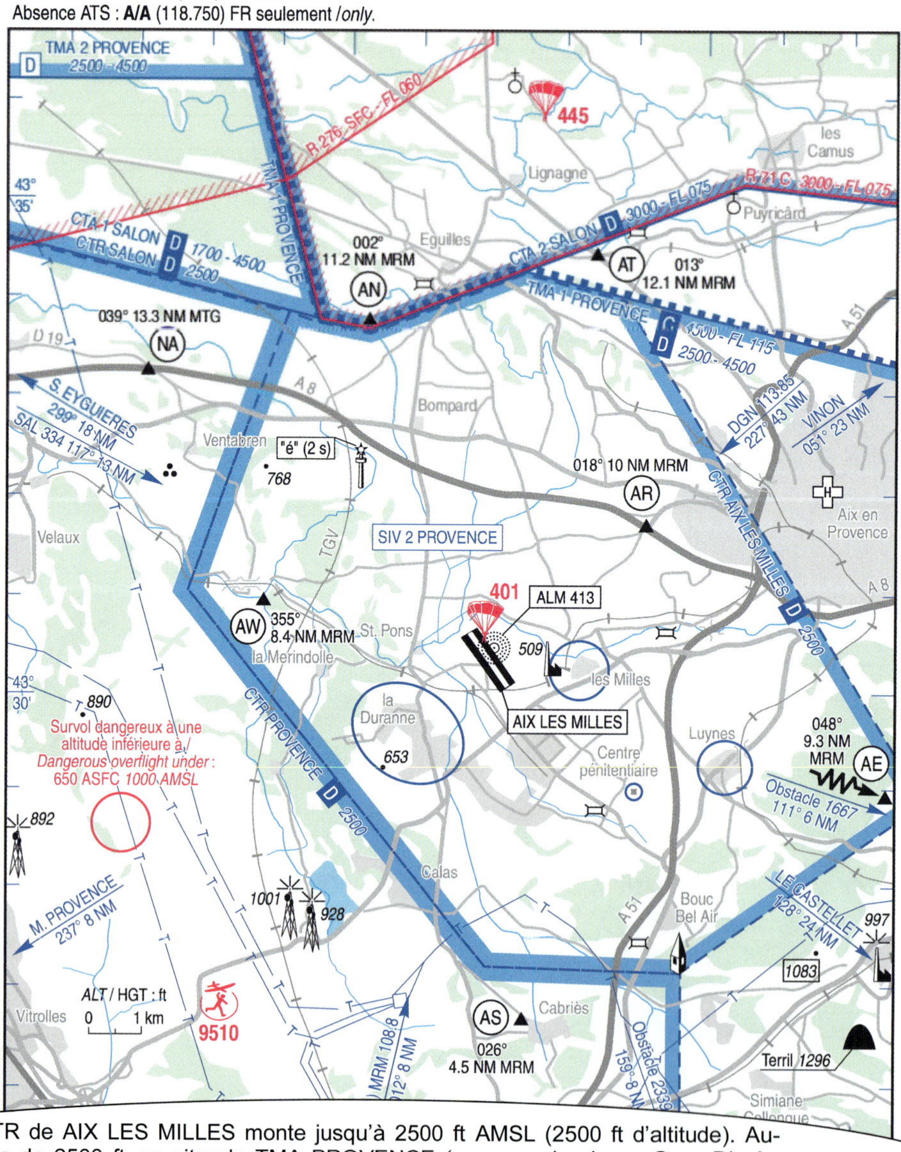


La CTR de AIX LES MILLES monte jusqu'à 2500 ft AMSL (2500 ft d'altitude). Au-dessus de 2500 ft, se situe la TMA PROVENCE (espaces de classe C ou D). Au Nord de la CTR, commence la zone R 276, de la surface jusqu'au FL 060.

Les obstacles sont mentionnés ainsi que leur balisage.

Les points sont côtés en pieds (ft).

**AIX** LES MILLES
AD 2 LFMA ATT 01

10 NOV 16

**ATTERRISSAGE A VUE**
*Visual landing*

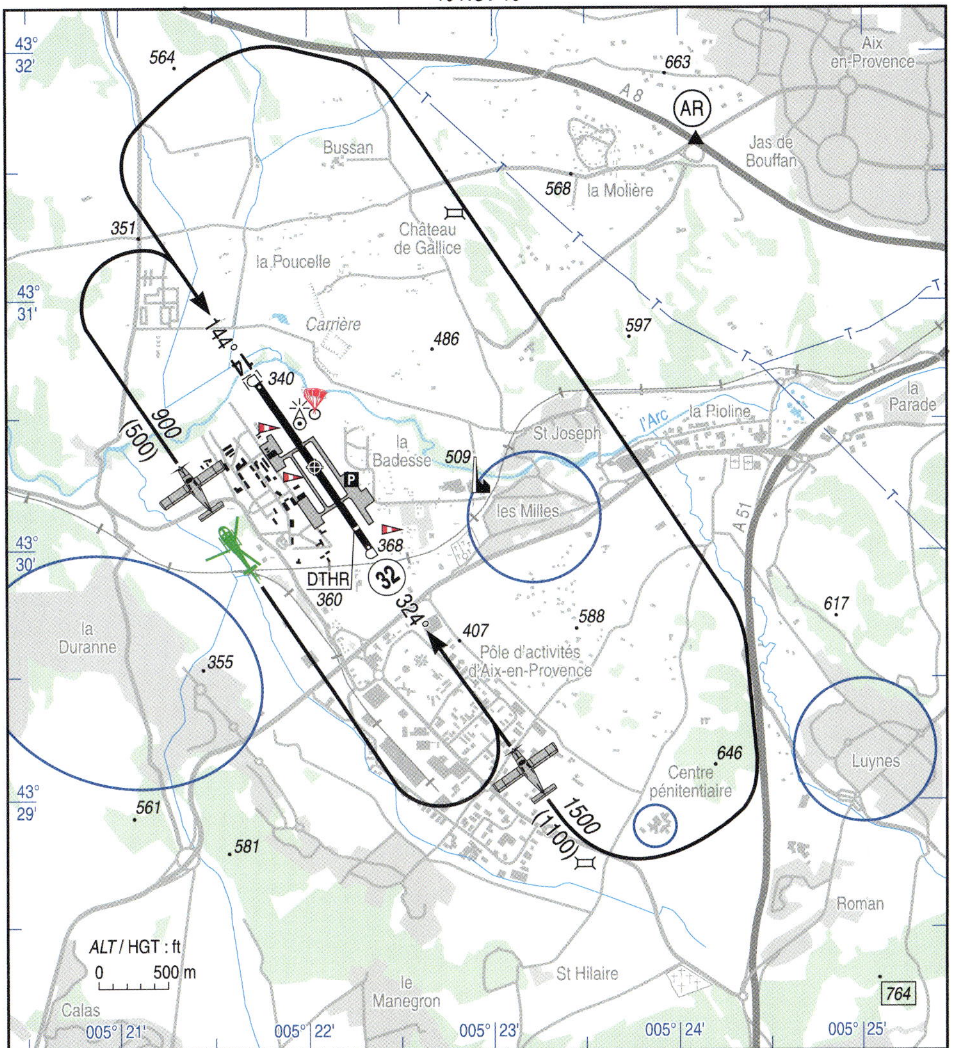


| RWY | QFU | Dimensions *Dimension* | Nature *Surface* | Résistance *Strength* | TODA | ASDA | LDA |
|---|---|---|---|---|---|---|---|
| 14<br>32 | 144<br>324 | 1504 x 30 | Revêtue *Paved* | 15 TRSI | 1504<br>1553 | 1504<br>1504 | 1504<br>1198 |

**Aides lumineuses** : NIL

***Lighting aids :*** *NIL*

SERVICE DE L'INFORMATION AERONAUTIQUE

AMDT 13/16 **CHG** : NIL.



On voit sur cette carte les QFU, les dimensions et les caractéristiques de la piste, les longueurs utilisables pour le décollage et l'atterrissage (TORA, TODA, LDA), la présence ou non d'aides lumineuses et les circuits de piste pour les avions et les hélicoptères.

# Procédures opérationnelles

## PHASE 6

### Objectif de la phase :

***La conduite d'une mission est non seulement la phase visible et concrète de l'activité du télépilote mais c'est aussi une période très particulière dans laquelle le pilote observe et prend « en temps réel » les décisions nécessaires à la réalisation du vol en sécurité en cherchant à se centrer « au mieux » dans « le domaine du possible ». Cet objectif majeur nécessite en particulier de comprendre et d'appliquer les procédures opérationnelles définies pour l'aéronef dans le contexte particulier de la mission entreprise.***

# LA PROTECTION DES PERSONNES ET DES BIENS

La protection des personnes et des biens est la première condition à respecter dans la réalisation d'une mission.

La prévention des abordages nécessite de respecter les hauteurs maximales et les zones d'interdiction de vol établies dans le but d'assurer la ségrégation de trafic avec l'aviation habitée.

La protection des personnes au sol nécessite de respecter les interdictions de survol des tiers ainsi que de vérifier le bon fonctionnement de tous les dispositifs techniques de protection.

La protection des personnes et des biens est l'objectif majeur de la sécurité des vols.

Respectez les espaces de vol autorisés.

Respectez la hauteur maximale de vol.

| Contexte | Hauteur maximale au-dessus de la surface | Hauteur maximale au-dessus d'un obstacle artificiel de hauteur > 105 m |
|---|---|---|
| Catégorie Ouverte<br>Tous vols | 120 m | 15 m<br>À la demande de l'entité responsable de l'obstacle |
| Catégorie Spécifique<br>Aéronef "en vue"<br>Aéronef masse ≤ 2kg "hors vue"<br>Aéronef masse > 2 kg "hors vue"<br>Scénario non standard | <br>120 m<br>120 m<br>50 m<br>Selon LUC ou autorisation d'exploitation | <br>15 m<br>15 m |
| Une utilisation exceptionnelle de l'aéronef à une hauteur supérieure à la limite autorisée nécessite :<br>- pour les vols "en vue", d'obtenir l'autorisation préalable du Comité Régional de Gestion de l'Espace Aérien ;<br>- pour les vols "hors vue", soit d'être dans une portion d'espace ségréguée, soit d'avoir une dérogation du préfet ;<br>- pour aéronefs de masse > 2 kg, dans le cadre du scénario S2 d'avoir, en plus, une autorisation d'exploitation. | | |

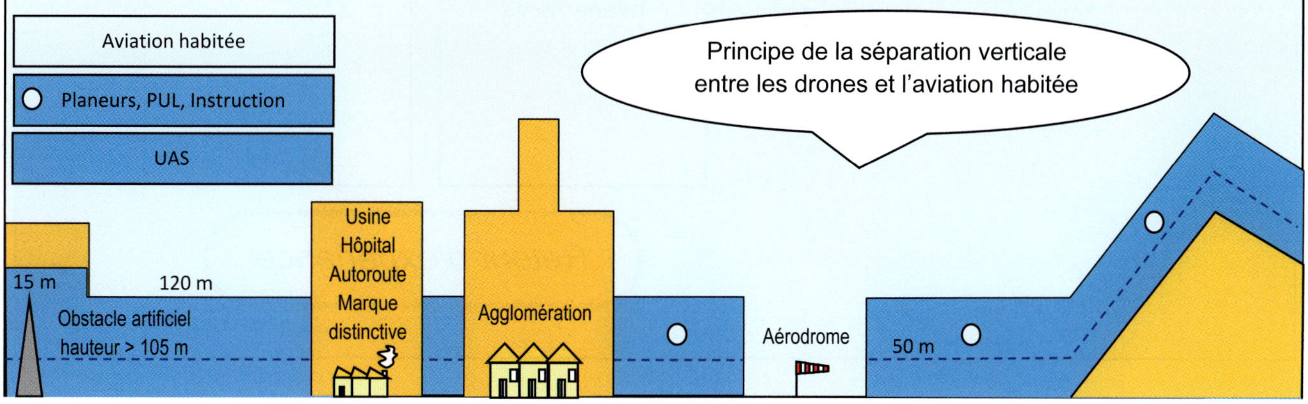

# LA NAVIGABILITÉ

L'aptitude au vol d'un aéronef est indissociable du respect de ses préconisations d'utilisation. Ce principe est à la base du concept de navigabilité.

Lorsque l'aéronef est construit, il est doté d'une documentation technique décrivant l'appareil, ses limitations, les procédures normales, les procédures d'urgence et les préconisations d'entretien.

Sur la base des préconisations du manuel d'utilisation, l'exploitant doit établir les procédures applicables par les télépilotes en fonction des particularités d'exploitation.

La documentation technique liée à un appareil est en quelque sorte la matérialisation de la philosophie et des exigences de la navigabilité, de la navigabilité initiale au maintien en état de navigabilité.

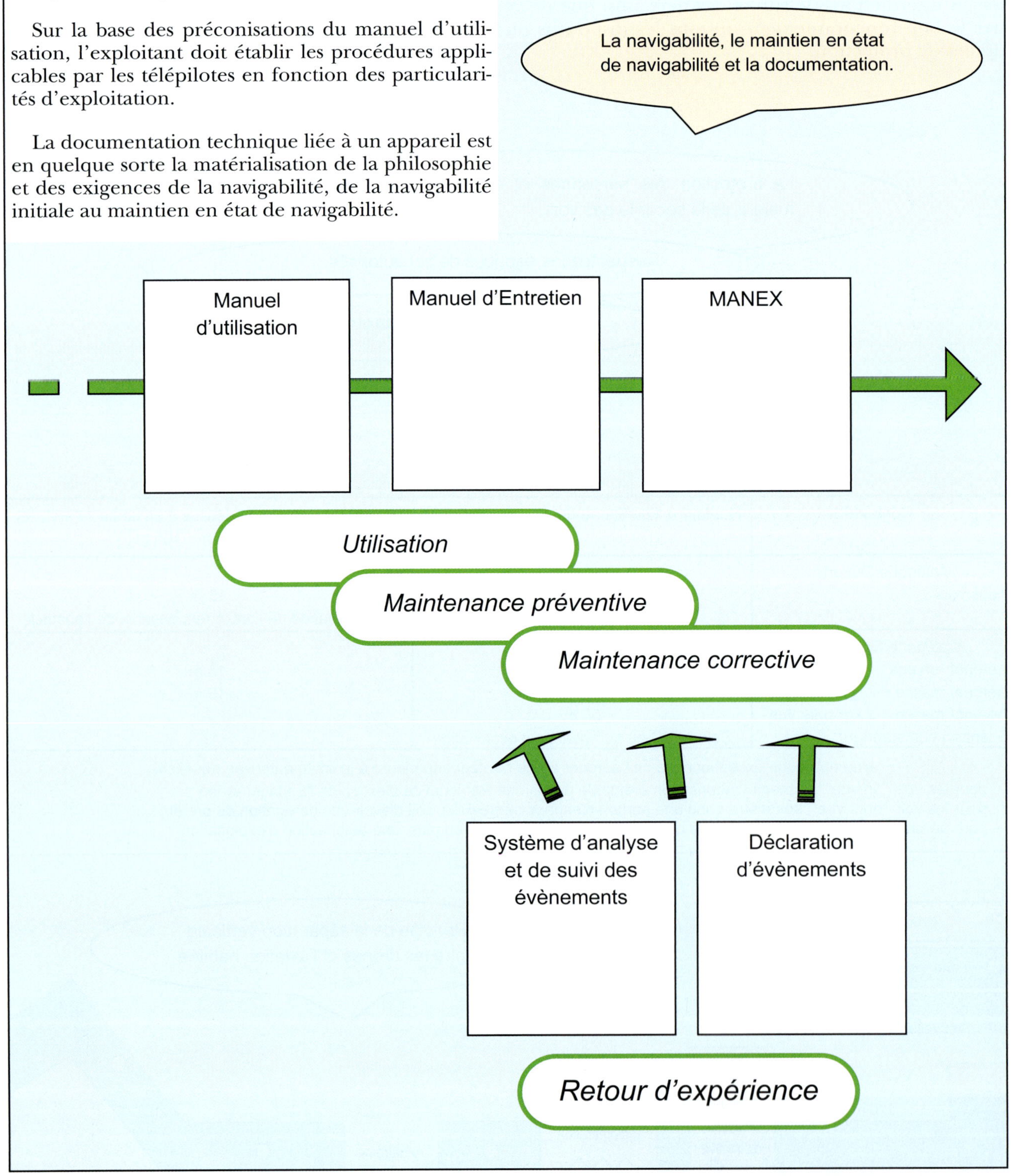

# LE DOSSIER D'UTILISATION

La réglementation sur la navigabilité des drones en catégorie spécifique impose que le constructeur rédige un dossier d'utilisation comprenant un manuel d'utilisation et un manuel d'entretien.

Cette exigence fait partie des conditions techniques à l'obtention d'une attestation de conception

Documents de navigabilité exigés par la réglementation.

### Manuel d'utilisation

Vérifications de sécurité à effectuer avant le vol

Vérifications du fonctionnement du dispositif d'atterrissage forcé par arrêt de la propulsion

Vérifications du fonctionnement du dispositif de protection des tiers

Limitations de masse et de centrage

Limitations relatives aux conditions météorologiques (vent, turbulence, précipitations)

Consignes de programmation du dispositif de limitation de hauteur

Consignes de programmation du dispositif d'atterrissage automatique sur perte de la liaison de commande

Consignes de programmation du dispositif de limitation horizontale du volume de vol

Procédures d'urgence.

### Manuel d'entretien

Vérifications périodiques nécessaires au maintien de la navigabilité de l'aéronef sur la voilure, la structure, les moteurs, les hélices ou les rotors et les dispositifs de commande et de contrôle.

Conseils généraux

Vérifications après une première utilisation

Vérifications périodiques simples

Vérifications approfondies (contrôle de l'usure à l'intérieur des tolérances)

Changement systématique des pièces en fin de potentiel

Schémas et procédures de démontage et remontage

Vérifications nécessaires après déstockage

# LE MANEX

L'exploitant doit décrire, dans un document appelé Manuel d'exploitation ou MANEX, la façon dont sont respectées les exigences opérationnelles de sécurité.

Le MANEX doit être amendé, dans un délai d'un mois, à chaque évolution de la réglementation et lors de toute modification de l'activité ayant une incidence sur le MANEX.

L'exploitant doit s'assurer que le MANEX est connu des télépilotes et des personnels chargés de la maintenance et qu'il est bien appliqué.

Informations disponibles dans le MANEX

## Le MANEX

Organisation de l'exploitant
Description des activités y compris les vols de formation pratique des télépilotes
Scénarios réalisables
Aéronefs utilisables
Partage des responsabilités pour la mise en œuvre de l'aéronef en sécurité
Niveau de compétence des télépilotes
Formation théorique et pratique
Évaluation périodique de maintien de compétence
Liste des télépilotes disposant des compétences et aéronefs utilisables
Liste des autres personnels nécessaires à la mise en œuvre des aéronefs en sécurité
Description du processus de compte rendu, d'analyse et de suivi d'événements
Procédures générales de mise en œuvre des aéronefs
Actions et vérifications dans la préparation du vol
Mesures de protection des tiers au sol
Procédures générales en vol
Gestion de la conformité aux règles de l'air
Limitations et performances de chaque type d'aéronef
Procédures normales selon le manuel d'utilisation et le contexte d'exploitation
Procédures d'urgence selon le manuel d'utilisation et le contexte d'exploitation

# LE DOSSIER DE SÉCURITÉ

## L'objectif

Une mission effectuée en dehors des scénarios standards présente la grande particularité d'être lointaine et notamment de se dérouler « hors vue » du télépilote.

L'objectif majeur de la protection des personnes et des biens impose que l'exploitant prenne toutes les mesures opérationnelles préventives pour que la mission se déroule en sécurité.

Dans le concept de la démarche de sécurité, un outil a été développé dont l'objectif est, pour une opération donnée, d'en analyser les risques, d'identifier toutes les mesures objectives de réduction des risques et de vérifier que le niveau de sécurité estimé est acceptable.

Cet outil, appelé « dossier de sécurité », est utilisé pour toute mission effectuée en catégorie spécifique en dehors des scénarios standards S1, S2 ou S3.

## La démarche

Le dossier de sécurité repose sur une analyse du risque.

Le risque d'un événement est défini par une probabilité d'occurrence et une gravité. La navigabilité de l'aéronef et les procédures opérationnelles visent à minimiser soit la probabilité d'occurrence, soit la gravité de l'événement lorsqu'il se produit pour que le risque passe en dessous d'un seuil prédéfini d'acceptabilité.

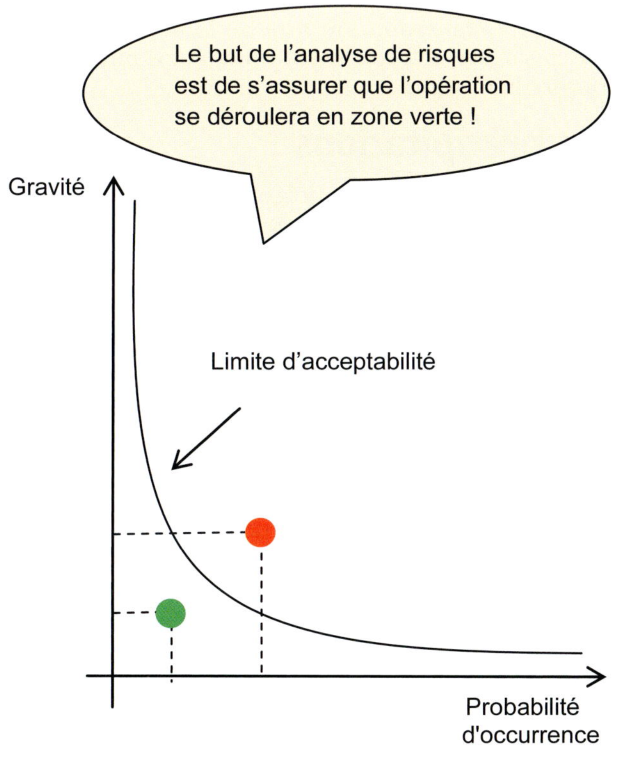


Ainsi, après avoir conduit l'analyse de risque dans le contexte initial de la mission, l'exploitant doit identifier les mesures en réduction de risque qu'il convient et qu'il est possible de prendre. C'est la première boucle du processus itératif de l'analyse de sécurité.

Une première catégorie de mesures a pour objectif de diminuer la probabilité qu'un incident survienne. Ce sont les mesures de nature préventive. Par exemple, la définition d'une trajectoire de vol incluant des marges horizontales importantes par rapport à des zones d'activité humaine est une mesure préventive typique.

Une deuxième catégorie de mesures a pour objectif de diminuer la gravité d'un incident s'il survient. Ce sont les mesures de protection. Par exemple, la vérification approfondie du bon fonctionnement du dispositif de déclenchement du parachute en cas de panne est une mesure de protection typique.

Après avoir recensé et intégré l'ensemble des mesures en réduction de risque retenues, une deuxième boucle de calcul du risque est opérée pour vérifier que le niveau de gravité est non seulement inférieur au seuil prédéfini mais qu'il a été minimisé autant que possible.

Le cas échéant, une troisième boucle de l'itération est effectuée.

Si le résultat de l'analyse de risque conclut à la faisabilité de la mission, des vols expérimentaux sont définis et réalisés dans le cadre réglementaire de l'expérimentation.

Si les vols expérimentaux confirment les résultats de l'analyse théorique, un dossier de sécurité est constitué qui rassemble les éléments pertinents de l'étude de sécurité :

- la définition de la mission ;
- la conformité avec la navigabilité ;
- la conformité avec les règles de l'air ;
- les mesures en réduction de risque ;
- les rôles des intervenants ;
- les conditions d'interruption de la mission ;
- la procédure suivie ;
- les limitations associées ;
- la documentation applicable.

Une fois rédigé, vérifié et approuvé par l'exploitant et le donneur d'ordre, le dossier de sécurité est tenu à la disposition des autorités pendant une période de 12 mois après la mission.

Ce dossier peut être valable pour un ensemble de missions effectuées dans les mêmes conditions que celles de la mission initiale dès lors que le MANEX est amendé en conséquence.

# LE VOL ET LA MÉTÉOROLOGIE

## Introduction

Le drone est un aéronef télépiloté.

L'état du milieu atmosphérique va donc concerner les deux termes de cette définition.

La densité de l'air influera sur la capacité de l'aéronef à se sustenter et à se propulser. La turbulence influera sur la stabilité du vol. Le vent régulier influera sur la vitesse-sol et la dérive. Les nuages, la brume et le brouillard influeront sur la visibilité. Les précipitations influeront sur la visibilité et l'intégrité de l'appareil.

## L'altitude-densité

Comme cela a été dit en phase 2, la densité de l'air intervient directement dans l'expression des forces aérodynamiques et, par voie de conséquence, sur l'expression de la portance, de la traînée, de la traction de l'hélice ou de la portance du rotor et de la puissance nécessaire au vol.

Concrètement, dans la plage d'utilisation normale de l'aéronef, plus l'altitude densité augmente, plus la puissance nécessaire au vol augmente. De même, pour un aéronef à voilure fixe, plus l'altitude-densité augmente, plus la vitesse-air de décrochage augmente. Il faudra donc prêter une attention particulière aux vols en montagne et (ou) par température élevée. Il faudra alors respecter, dans ces conditions, les limitations du manuel d'utilisation de l'appareil. Ces limitations étant directement liées à la densité de l'air, ce sont les paramètres d'état, pression atmosphérique et température ambiante qui interviendront.

## La turbulence

De manière imagée, la turbulence peut être définie comme un mouvement désordonné des particules d'air.

Cette simple définition amène à comprendre que la turbulence génère des fluctuations sur les forces aérodynamiques exercées sur l'aéronef. Plus forte est la turbulence, plus intenses sont ces variations jusqu'à rendre l'appareil incontrôlable.

Concrètement il faudra prêter une attention particulière aux phénomènes de convection qui sont souvent matérialisés par des nuages de types cumulus ou cumulonimbus ou par la convection en ciel clair fréquente notamment en été l'après-midi. De même, il faudra prendre garde aux phénomènes dangereux liés à l'interaction du vent et du relief. Face à ce problème, c'est tout à la fois le respect des limitations du manuel d'utilisation et la connaissance et l'expérience du télépilote qui contribueront positivement à la sécurité du vol.

## Le vent

Comme cela a été dit en phase 2, le drone vole dans la masse d'air. D'un point de vue « Mécanique du vol », un vent régulier, c'est-à-dire constant en force et en direction, n'a aucune influence sur le vol.

Mais le drone voyage en référence avec le sol. Et, comme l'exprime la formule bien connue, la vitesse-sol est la somme vectorielle de la vitesse-air et du vent.

Le vent a donc une influence sur la dérive, donc sur le cap à adopter pour suivre une trajectoire-sol donnée. Par exemple, avec un vent soufflant de la droite, il faudra adopter un cap plus fort que la route à suivre.

Le vent a aussi, et surtout, une influence sur la vitesse-sol donc sur la durée du vol et, par voie de conséquence, sur la consommation-distance pour une vitesse-air donnée. Un vent arrière sera favorable. Un vent de face sera défavorable. Et, sur un trajet aller-retour, le bilan ne sera pas nul mais défavorable !

Une mission avec du vent, génère donc un risque de rencontrer de la turbulence plus ou moins forte en fonction de la vitesse du vent, du relief de la végétation et des obstacles et provoque une surconsommation d'énergie.

## Les nuages, la brume et le brouillard

Ces phénomènes ont été décrits en phase 3. Une analyse attentive du dossier météorologique vous permettra de prendre les décisions appropriées quant à la réalisation, ou non de la mission. En vol, une perte de référence sol vous conduira à interrompre la mission.

## Les précipitations

La bruine, la pluie, la neige, décrits en phase 3, posent un double problème au vol du drone. La nature physique du phénomène peut perturber le fonctionnement de l'appareil, son électronique, ses qualités aérodynamiques et l'optique des caméras. De plus, le phénomène en lui-même s'accompagne d'une réduction importante de la visibilité. Là encore, le respect des limitations du manuel d'utilisation est impératif.

## L'orage

L'orage est le phénomène le plus dangereux en aéronautique. Les rafales de vent, la turbulence, les averses et les éclairs sont rédhibitoires pour le vol. Rappelons que la turbulence sévère peut se manifester dans un rayon de 20 à 40 km autour du centre du phénomène.

# LE VOL ET L'ESPACE AÉRIEN

## Introduction

Sécurité des personnes et des biens oblige, les vols des UAS seront effectués dans le respect des règles de l'air et de la réglementation concernant les espaces aériens autorisés et la hauteur maximale de vol. En particulier, le principe retenu pour prévenir les abordages avec l'aviation habitée est celui de la ségrégation des trafics.

Lors de la préparation du vol, il faudra identifier avec précision les espaces aériens susceptibles d'interférer avec le trajet prévu et déterminer la trajectoire appropriée.

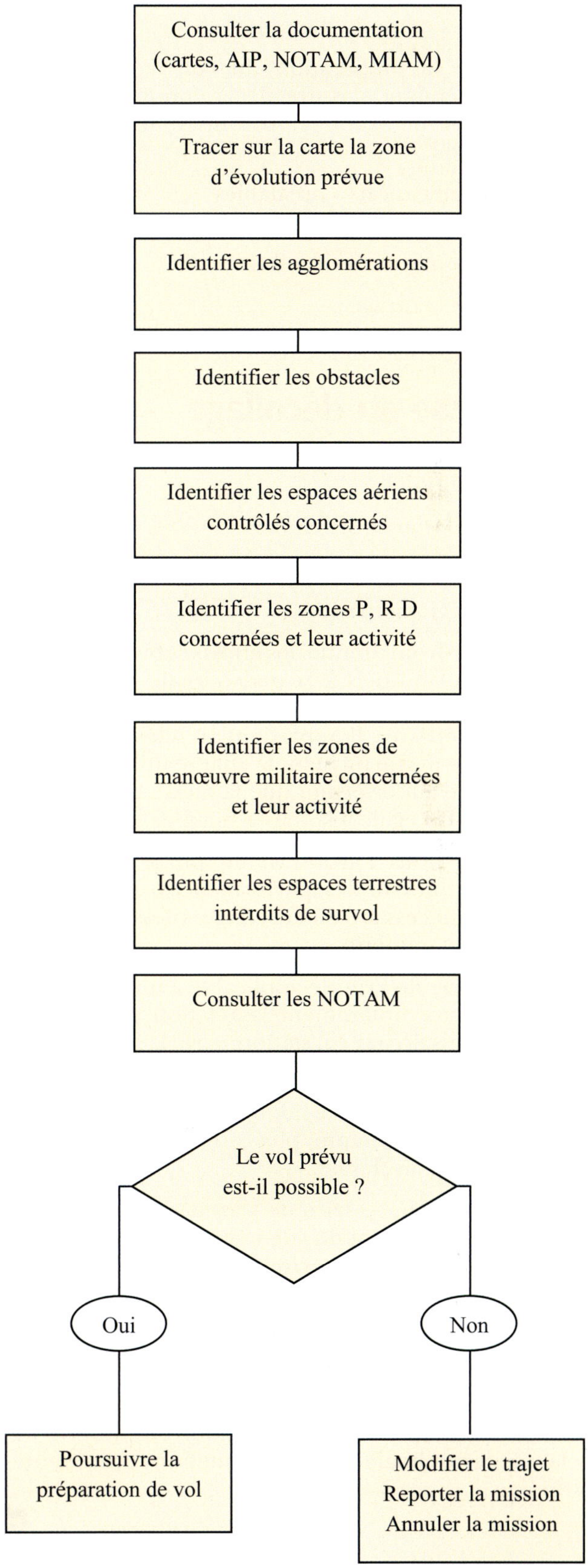


## La documentation nécessaire

Les cartes à utiliser sont les cartes aéronautiques au 1/500 000$^{e}$ et au 1/250 000$^{e}$. Sur le site Géoportail, il est possible de consulter la carte « Restrictions pour drones de loisir » ainsi que la carte au 1/500 000$^{e}$ que l'on peut disposer en surimpression.

Il faut consulter l'AIP ENR 2 et AD 2 sur le site du SIA où sont décrits les espaces aériens contrôlés.

Il faut consulter l'AIP ENR 5 sur le site du SIA dans lequel sont décrits les établissements portant des marques d'interdiction de survol, les zones, les activités de nature dangereuse, les obstacles, les activités aériennes sportives, les parcs nationaux et les réserves naturelles.

Il faut consulter les cartes AZBA d'activation du réseau très basse altitude défense (RTBA).

Il faut consulter le SUP AIP et les NOTAM.

Il faut consulter, dans la rubrique MIL AIP, les parties ENR 5.2.6 à ENR 5.2.10 et ENR 5.2.13 de la section ENR 5.2 « Zones de manœuvres et d'entraînement militaire du Manuel d'Information Aéronautique Militaire (MIAM) ». Les zones VOLTAC font partie de ces zones.

## La réglementation

L'espace aérien utilisable par les drones est limité en hauteur par rapport à la surface pour assurer une séparation verticale avec l'aviation habitée. La hauteur maximale de vol est de 120 m au-dessus de la surface et de 15 m au-dessus d'un obstacle artificiel de hauteur supérieure à 105 m en catégorie spécifique ou, en catégorie ouverte, à la demande de l'organisme responsable de l'installation. Cette hauteur maximale pourra être limitée à une valeur inférieure selon l'espace aérien traversé et, en catégorie spécifique, le scénario utilisé et la masse de l'appareil. En catégorie spécifique, un vol au-dessus de ces limitations pourra être autorisé dans des conditions précises prévues par la réglementation.

De même la réglementation décrit les espaces aériens dans lesquels le vol des drones est soit interdit, soit soumis à autorisation préalable.

# LE VOL ET LES PERFORMANCES

## Introduction

La sécurité d'utilisation du drone est indissociable du respect de son mode d'emploi !

Lors de la préparation du vol, il est impératif que le télépilote s'assure de la compatibilité de la mission prévue avec les préconisations d'utilisation de l'appareil.

Ces vérifications préalables et indispensables concernent notamment :

- La masse au décollage ;
- Le centrage ;
- L'énergie embarquée.

## La masse au décollage

La masse au décollage du drone est limitée pour des raisons multiples :

- Résistance structurale ;
- Performances ;
- Réglementation.

Pour un drone donné, les efforts subis par la cellule sont proportionnels à la masse totale de l'appareil. Le constructeur a donc défini une masse maximum à ne pas dépasser. Il appartient au télépilote de faire un devis de masse incluant la charge utile et l'énergie embarquée et de vérifier que la messe totale est bien inférieure ou égale à la masse maximale structurale.

Comme nous l'avons vu en phase 2, l'altitude-densité influe sur les performances de l'appareil : puissance nécessaire au décollage, vitesse-verticale en montée notamment.

La théorie de Froude applicable à un drone multirotor montre notamment la relation entre la puissance nécessaire en vol stationnaire, la masse de l'appareil et la densité de l'air.

Pour une puissance moteur donnée, plus l'altitude-densité augmente, plus la masse permettant de réaliser le vol est faible.

Il est donc nécessaire de s'assurer qu'en fonction de l'altitude-densité du vol, la masse de l'appareil est compatible avec les performances nécessaires pour réaliser la mission.

Il est enfin nécessaire de s'assurer que la masse au décollage est compatible avec les exigences réglementaires selon le scénario opérationnel envisagé.

La masse au décollage doit donc être inférieure à la valeur minimale des trois limitations précédentes.

## Le centrage

Comme nous l'avons vu en phase 2, la position du centre de gravité influe significativement sur le comportement du drone, notamment sur sa maniabilité et sa stabilité. Il est donc impératif de vérifier que la position du centre de gravité du drone, prêt pour le décollage, est située à l'intérieur de l'enveloppe de centrage préconisée par le constructeur.

## L'énergie embarquée

Il faut vérifier que l'énergie de la batterie donne une autonomie suffisante pour réaliser la mission envisagée en tenant compte d'une réserve d'énergie suffisante.

Pour cela, il faut déjà connaître la puissance nécessaire au vol calculée en sortie batterie, donc incluant le rendement de la chaîne de propulsion.

Il faut ensuite connaître la durée totale du vol en fonction du vent prévu sur le parcours. Par la méthode du triangle des vitesses, on calcule la vitesse sol sur chaque segment du parcours connaissant le vent et la vitesse propre du drone qui est la projection horizontale de la vitesse-air. On déduit alors le temps de vol sur chacun des segments et, par suite, la durée totale du vol.

L'énergie électrique consommée est égale au produit de la puissance électrique nécessaire par la durée du vol.

Exemple :

Puissance nécessaire = 100 W

Capacité batterie 4S2P = 4,4 Ah

Tension nominale batterie 4S2P = 14,8 V

Énergie disponible = 65,12 Wh

Vitesse sol aller = 50 km/h

Vitesse sol retour = 70 km/h

Distance aller-retour = 30 km

Temps de vol aller = 18 minutes

Temps de vol retour = 13 minutes

Durée totale du vol = 31 minutes

Énergie consommée = 52 Wh

Réserve 13 Wh soit 8 minutes de vol

# LA PROTECTION DES TIERS AU SOL

## Extrait de la réglementation

*L'exploitant d'un aéronef utilisé dans le cadre des scénarios S1, S2 ou S3 prend toute disposition qu'il juge nécessaire, au moyen d'aménagements au sol ou à l'aide de personnels, pour éloigner les tiers de la zone d'opération afin de limiter les risques en cas de crash ou d'atterrissage d'urgence. Il s'assure qu'à tout moment du vol aucun tiers ne pénètre dans les zones minimales d'exclusion définies.*

*Pour l'application des dispositions ci-dessus, seules les personnes suivantes peuvent être autorisées à l'intérieur de la zone minimale d'exclusion :*
- *les personnes impliquées dans le pilotage de l'aéronef ou l'opération de sa charge utile ;*
- *les personnes isolées par un dispositif de sécurité ou une structure leur assurant une protection suffisante ;*
- *les personnes directement en lien avec l'activité ayant signé une attestation stipulant qu'elles ont été informées sur les mesures d'urgence définies par l'exploitant en cas d'incident en vol de l'aéronef.*

## Zone minimale d'exclusion des tiers

| Type d'aéronef | Zone d'exclusion S1 | Zone d'exclusion S3 | Zone d'exclusion S2 |
|---|---|---|---|
| Aérodyne ≤ 8 kg avec parachute<br>Aérodyne ≤ 2 kg hauteur < 50 m<br>Aérostat non captif ≤ 8 kg<br>Avec information de vitesse sol. | Disque centré sur l'aéronef<br>$R = V\sqrt{(2h/g)}$<br>R maximum = 30 m<br>R minimum = 10 m | Disque centré sur l'aéronef<br>$R = V\sqrt{(2h/g)}$<br>R minimum = 10 m<br>R peut être limité à 30 m pour une masse ≤ 4 kg | Zone fixe sur toute la durée de l'activité<br>Volume maximal de vol<br>Marge de sécurité 30 m |
| | R et h en m, V sol en m/s, g = 9,81 m/s² | | |
| Autres cas | R = 30 m | | |

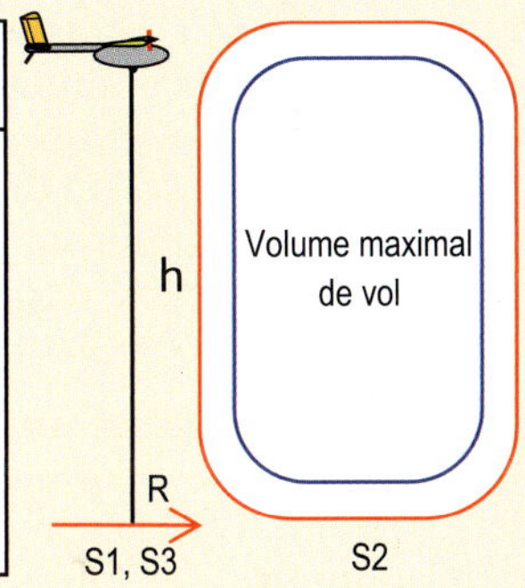


## Exemples d'application

Drone voilure tournante, masse = 1,8 kg, vol stationnaire hauteur 30 m, avec information de vitesse sol.

En scénarios S1 et S3, R minimum = 10 m

Drone voilure tournante, masse = 1,8 kg, vol stationnaire, hauteur 60 m.

En scénarios S1 et S3, R minimum = 30 m

Drone voilure fixe, masse = 5 kg, vitesse 20 m/s, hauteur 60 m, avec parachute et information de vitesse sol,

En scénario S1, R minimum = 30 m

En scénario S2, volume de vol + 30 m

En scénario S3, R minimum = 70 m

# PILOTAGE ET PROCÉDURES D'URGENCE

## Introduction

Le drone offre de multiples possibilités d'utilisation et de nombreux modes de pilotage.

Le télépilote devra connaître l'objectif, les particularités et les limites d'utilisation de chacun des modes et choisira le mode le plus adapté à la mission à effectuer.

Le télépilote devra aussi connaître les procédures à appliquer en situation d'urgence.

## Les modes de pilotage

Les modes de pilotage se différencient par le type de consigne donné par le télépilote, le niveau d'asservissement, en attitude ou en position, mis en jeu et les capteurs utilisés.

Dans le mode manuel, le recours aux asservissements est minimal. Dans le cas d'un drone à voilure fixe, les actions aux commandes du télépilote agissent sur le braquage des gouvernes et sur la puissance du moteur. Dans le cas d'un drone multirotor, les actions aux commandes génèrent des consignes de déplacement et de vitesses de déplacement vers la droite ou vers la gauche, vers le haut ou vers le bas.

Viennent ensuite les modes plus élaborés utilisant tout ou partie des capteurs disponibles : altimètre ; GPS ; gyromètre ; accéléromètre ; magnétomètre ; sonde altimétrique ; caméra. Le suivi d'une trajectoire prédéfinie dans les plans horizontal et vertical est un exemple concret d'utilisation de l'ensemble des asservissements.

Dans le mode automatique, le télépilote donne une consigne de haut niveau que le drone réalise de bout en bout. Mais attention, ce mode automatique impose que le drone soit en permanence sous la surveillance et le contrôle du télépilote. Ce mode automatique ne doit pas être confondu avec le mode autonome, qui est interdit par la réglementation !

Le mode « Suivez-moi » donne la consigne de suivre la position du GPS donnée par la télécommande à une hauteur prédéfinie.

Le mode « RTH » ou « Return To Home » est un mode utilisé en secours qui permet au drone de revenir et se poser au point de départ.

Le mode « Point d'intérêt » permet au drone de suivre une trajectoire circulaire autour d'un point choisi.

Le mode « Plan de vol » fixe la trajectoire à suivre, dans les plans horizontal et vertical, du départ à l'arrivée.

L'ensemble de ces modes est décrit dans le manuel d'utilisation de l'appareil. Il est nécessaire que le pilote en comprenne l'objectif, les modes d'asservissement mis en jeu, ainsi que leurs limites d'utilisation.

## Les procédures d'urgence

Les situations dangereuses peuvent être la conséquence d'un vol en dehors des limitations prédéfinies, d'une erreur d'utilisation ou d'une panne imprévisible.

Le savoir, le savoir-faire du télépilote et le respect des bonnes pratiques sont évidemment indispensables pour diminuer la probabilité d'occurrence de la panne ou pour en diminuer les conséquences.

Dans tous les cas, le télépilote doit connaître et appliquer les procédures indiquées dans le manuel d'utilisation de l'appareil.

La préparation du vol, les vérifications avant le vol et le respect des procédures normales sont typiquement des mesures préventives à observer.

L'application des procédures d'urgence en cas de perte de contrôle, de dysfonctionnement ou de panne de l'UAS sont typiquement les mesures curatives à connaître.

Le télépilote peut à tout moment forcer un atterrissage d'urgence par arrêt de la propulsion en vol et la commande de cette fonction peut être testée avant le vol.

Sur une perte de la liaison de commande, une procédure d'atterrissage à l'intérieur du volume maximal de vol s'active.

Lorsque l'aéronef sort du volume maximal de vol, le télépilote doit prendre immédiatement les actions nécessaires pour rétablir la sécurité du vol ou, si nécessaire, commander un atterrissage d'urgence par coupure des moteurs et activer le dispositif de protection des tiers si un tel dispositif est requis.

Pour mieux appréhender les incidents potentiels, il importe que le télépilote connaisse, pour chaque mode de pilotage, son objectif, son principe de fonctionnement, ses limitations et les capteurs utilisés. Cette connaissance offrira une meilleure anticipation des pannes potentielles, de leur conséquence et des solutions les plus appropriées pour y remédier.

Le plus souvent les pannes sont la conséquence d'une utilisation dans un environnement complexe, un vent fort, de la turbulence, une forte chaleur, une faible visibilité, une batterie faible, des perturbations magnétiques. Dans ces cas, c'est bien la connaissance des principes de fonctionnement de l'appareil et des limitations qui en découlent qui est le meilleur garant de la sécurité.

En résumé, la connaissance des procédures d'urgence figurant dans le manuel d'utilisation de l'appareil est indispensable mais la liste de ces procédures ne peut être exhaustive. La prévention par le savoir et le savoir-faire du télépilote est alors le meilleur remède !

# LE VOL EN IMMERSION ET LE VOL ASSISTÉ PAR UNE CAMÉRA

## Définitions

Dans le cas où plusieurs personnes sont susceptibles d'agir sur le système de commande de l'aéronef, l'une de ces personnes remplit la fonction de télépilote et, à ce titre, est chargée d'assurer la sécurité du vol. On appelle cela « le vol en immersion » ou en « FPV » (First Person Vision). Dans ce cas, c'est par rapport à ce télépilote que s'apprécie le respect des conditions associées à un vol « en vue ». Ce télépilote dispose de sa propre commande ou, à défaut, est en mesure à tout instant et dans des conditions permettant de maintenir la sécurité du vol d'accéder au système de commande de l'aéronef. Les autres personnes peuvent alors ne pas être considérées comme télépilote.

A contrario, la consultation sur un écran par le télépilote d'un retour vidéo venant d'une caméra embarquée tournée vers l'avant n'entre pas dans le cadre réglementaire défini précédemment. Concrètement, ce moyen est une aide supplémentaire au pilotage mais qui ne permet, en aucun cas, d'élargir la notion de « vol en vue ». Rappelons-le, un vol est considéré comme « en vue » si le télépilote, sans aide d'aucune sorte, conserve la vue directe et dégagée sur le drone et son environnement.

## Le vol en immersion

En vol en immersion, dans le cadre des scénarios opérationnels S1 et S3, c'est le télépilote qui a la vue directe du drone qui est considéré comme tel. Une condition indispensable à ce mode de pilotage coopératif est la bonne coordination entre les personnes aux commandes et la continuité dans le transfert de responsabilité.

Les risques liés à cette pratique sont de perdre la liaison de communication, de perdre ses repères, de ne pas retrouver son point de départ et de faire un « Fly Away » ou de ne pas repérer les limites du volume de vol.

## Le vol assisté par une caméra

Les OSD (On Screen Display) peuvent être associés à un GPS, une centrale inertielle et un autopilote. Dans cette configuration, le GPS donne la position et le cap retour. La centrale inertielle donne l'attitude et la vitesse. L'autopilote permet de « rentrer à la maison » tout seul.

En pilotage assisté par une caméra, la perception de l'environnement est dégradée par rapport à un vol à vue standard. Il en est ainsi de la vue panoramique, de l'anticipation par rapport aux obstacles et à la végétation.

De plus, quand le vol est dynamique et rapide, la fatigue arrive vite entraînant la saturation des facultés intellectuelles du télépilote.

En revanche, avec cette vision vers l'avant, la perception mentale de l'avancement du drone par le télépilote est naturelle.

Sur un plan technologique, la transmission solbord est analogique car elle est simple et sans risque de décalage (lag). Mais des liaisons numériques commenceront sûrement à se déployer. Les fréquences souvent utilisées sont 2,4 GHz ou 5,8 GHz ou 1,2 GHz.

En comparaison d'un vol à vue classique, le pilotage assisté par caméra ajoute un risque de panne qui est celui de la perte de la liaison vidéo. Dans le cas d'un vol en mode de pilotage de base, avec contrôle d'attitude uniquement, cette panne serait rédhibitoire.

En résumé, l'ensemble des inconvénients et des limitations liés au pilotage assisté par caméra permettent de comprendre pourquoi la réglementation a strictement limité le domaine du vol « en vue » à la perception visuelle directe du drone et de son environnement par le télépilote.

# LA SÉCURITÉ DES VOLS

## Introduction

La prévention des abordages et la protection des personnes et des biens au sol sont les deux pans de la sécurité des vols.

Cet objectif prioritaire concerne l'ensemble des acteurs de l'activité : le drone ; le constructeur ; l'exploitant ; le télépilote ; le personnel de maintenance et toutes les personnes participant à l'activité.

Ainsi, la sécurité des vols est le fruit de la robustesse technique, de la qualité de l'exploitation de l'appareil et du respect de la réglementation.

## La réduction du risque

Le risque d'un incident peut être évalué par le « produit » de la probabilité d'occurrence de l'incident par sa gravité s'il survient.

Réduire le risque, c'est agir pour diminuer cette probabilité : c'est la prévention, et (ou) pour diminuer cette gravité : c'est la protection.

La philosophie de la réglementation européenne et nationale sur les drones est la suivante.

Sur le risque d'abordage avec un aéronef habité, la gravité est très forte et difficile à réduire. Il est donc indispensable de réduire la probabilité d'occurrence de ce risque en instituant la ségrégation des espaces aériens des drones et des aéronefs habités et en imposant des dispositifs d'information du télépilote et de limitation automatique de la hauteur.

Sur le risque de collision avec les personnes et les biens au sol, la probabilité d'occurrence peut être réduite mais pas suffisamment pour passer en dessous du seuil d'acceptabilité. Il faut donc réduire la gravité de l'événement en imposant des dispositifs de protection des tiers, en l'occurrence des parachutes, qui limitent la vitesse d'impact au sol, en définissant des zones d'exclusion des tiers et en limitant la zone d'évolution des drones à des zones où la densité de population est faible.

Des considérations précédentes, il découle que la recherche d'une plus grande sécurité dans l'utilisation des drones conduit à promouvoir et mettre en œuvre des méthodes de conception et des technologies de construction appropriées, à mettre en place une réglementation adaptée sur la navigabilité, le maintien de la navigabilité et les conditions d'exploitation des appareils, à définir des exigences sur les compétences et le maintien des compétences des télépilotes et à définir les règles d'utilisation de l'espace aérien.

C'est sur cet objectif majeur de la réduction du risque qu'est fondée la réglementation et c'est le rôle premier du télépilote de la respecter !

## Les procédures

Tout UAS possède un manuel d'utilisation et un manuel d'entretien qui informent le télépilote sur les limitations et les performances, les procédures normales, les procédures d'urgence et les préconisations d'entretien de l'appareil.

La chaîne de sécurité comprend ainsi tous les maillons techniques et procéduraux contribuant à un déroulement normal du vol, à la protection en cas de panne et au maintien de l'aptitude au vol de l'appareil.

La première partie de la chaîne de sécurité est majeure dans son rôle de prévention des incidents et des accidents. C'est en quelque sorte le quotidien de l'activité du télépilote.

Le manuel d'utilisation de l'appareil précise les limitations à respecter selon le scénario, la configuration matérielle de l'appareil et le paramétrage du logiciel, la méthode de détermination des limites du volume de vol, en s'assurant en particulier qu'en cas d'activation du « RTH », le drone ne survolera pas de zone interdite, la méthode de détermination de la zone d'exclusion des tiers au sol, la méthode de configuration des protections (limites verticale et horizontale, fonction fail safe) ainsi que les vérifications à effectuer avant le vol (réception GPS, coupure moteur, dispositif de déclenchement du parachute, état mécanique, état des batteries).

La deuxième partie de la chaîne de sécurité a pour objectif de définir, sans ambiguïté, les procédures à appliquer par le pilote pour réduire les conséquences de la panne. Ce travail doit être fait en amont, à la conception du système et dans les phases d'essais pour la déclaration d'aptitude au vol de l'appareil. C'est dans cet esprit que depuis toujours, les règlements de navigabilité imposent que soient mises à la disposition du pilote les procédures d'urgence à appliquer en situation dégradée.

Le manuel d'utilisation de l'appareil préconise les actions à effectuer en cas de franchissement des limites du volume de vol prévu, de perte de l'information de hauteur ou de position horizontale ou de perte de contrôle de l'appareil. La cohérence du processus nécessite que le système embarqué transmette au télépilote les paramètres importants du vol. Le déclenchement d'une procédure d'urgence démarre alors par une information circonstanciée, cette information étant accompagnée d'une alarme associée à un niveau de gravité identifiable par une couleur appropriée.

La troisième partie de la chaîne de sécurité a pour objectif de définir l'entretien à effectuer pour maintenir l'aptitude au vol de l'appareil.

Le manuel d'entretien préconise les vérifications à effectuer sur la voilure, la structure, les moteurs, les hélices ou les rotors et le dispositif de commande et de contrôle de l'appareil.

# PRÉPARATION DU VOL

| | |
|---|---|
| Scénario prévu : | Définir le scénario opérationnel prévu<br>Dossier de sécurité pour un vol hors scénario standard |
| Autorisations | Télépilote autorisé<br>Aéronef autorisé |
| Volume maximal de vol | Définition du volume maximal de vol et signalisation |
| Météorologie | TEMSI, WINTEM, METAR, TAF<br>Vent prévu ?<br>Turbulence prévue ?<br>Nuages ou brouillard prévus ?<br>Précipitations prévues ?<br>Orages prévus ?<br>Prendre les décisions appropriées en fonction du dossier météorologique |
| Navigation | Choix des cartes<br>Tracé de la route<br>Obstacles<br>Distance entre points de reports<br>Cap selon le vent<br>Temps selon le vent<br>Durée totale du vol |
| Espace aérien | Hauteur de vol conforme à la réglementation<br>Identification et évitement des zones peuplées (sauf scénario S3)<br>Évitement des établissements interdits de survol<br>Évitement des autoroutes, routes express et voies ferrées<br>Évitement des volumes de protection des aérodromes (sauf autorisation)<br>Évitement des zones P, R, D (voir SIA pour l'activation des RTBA)<br>Évitement des zones d'entraînement militaires (voir MIAM)<br>Évitement des parcs nationaux et des réserves naturelles<br>Consultation des NOTAM et SUPAIP |
| Énergie | Nombre de batteries |
| Charge utile | Autorisation<br>Fixation |
| Masse et centrage | Devis de masse et centrage |
| Départ et arrivée | Stratégie de départ et d'arrivée |
| Protection des tiers | Définition et marquage de la zone d'exclusion des tiers<br>Vérification des dispositifs de protection embarqués<br>Vérification des dispositifs de limitation de hauteur et de volume de vol |
| Documents : | Préparation des documents obligatoires |

# RÉALISATION DU VOL

| | |
|---|---|
| Briefing | Briefing des personnels participant à la mission |
| Contrôle du drone | Vol autonome autorisé en aéromodélisme<br>(si masse drone < 1 kg et durées du vol ≤ 8 minutes)<br>Vol autonome interdit en scénario opérationnel<br>Vol automatique ou programmé autorisé<br>(si surveillance constante et reprise du contrôle possible)<br>Télépilote non à bord d'un véhicule en déplacement (sauf navire) |
| Navigabilité | Conformité aux limitations de navigabilité |
| Scénario | Conformité aux limitations du scénario choisi |
| Volume maximal de vol | Volume de vol respecté et contrôlé visuellement ou avec station sol |
| Hauteur maximale | Hauteur de vol respectée et contrôlée avec station sol |
| Sortie du volume de vol | Reprise de contrôle immédiat ou atterrissage d'urgence<br>Déclenchement dispositif de protection des tiers si requis |
| Prévention des abordages | Application des règles de l'air |
| Météorologie | Vol hors nuage (sauf zone et conditions assurant la ségrégation de trafic)<br>Conditions météorologiques compatibles avec le manuel d'utilisation<br>Conditions aérologiques compatibles avec la sécurité<br>Pas d'orages en formation<br>Conditions de vent compatibles avec l'autonomie |
| Survol de tiers | Non survol de tiers en scénarios S1 à S3<br>Espacement latéral > 30 m d'une autoroute, route express ou voie ferrée |
| Espace aérien | Hors zones peuplées (sauf scénario S3)<br>Hors volumes de protection des aérodromes (sauf autorisation préalable)<br>Hors zones interdites, dangereuses, réglementées<br>Hors zones d'entraînement militaires (voir MIAM)<br>Hors autoroutes, routes express et voies ferrées (distance > 30 m)<br>Hors établissements interdits de survol<br>Hors parcs nationaux et réserves naturelles |
| Debriefing | Debriefing de la mission avec les participants |

# LE RETOUR D'EXPÉRIENCE

## Introduction

Le retour d'expérience est le moteur du progrès !

Cette assertion concerne tous les domaines de l'activité humaine et prend une importance particulière dans les activités opérationnelles, qui plus est lorsque ces activités sont en plein essor.

C'est ainsi que l'activité drone s'est développée rapidement en France dans un cadre technique et réglementaire qui s'est enrichi du retour d'expérience des pionniers !

Si cet enrichissement concerne la partie technique de l'activité drone, il concerne aussi la partie réglementaire.

De fait, la réglementation de 2012 a été améliorée en 2015 en prenant en compte, via une consultation nationale organisée par l'administration, les retours d'expérience des opérateurs, des fabricants, et de tous les personnels impliqués dans l'activité drone.

La prise en considération de ce retour d'expérience par la DGAC permet ainsi à la France d'être bien positionnée au niveau mondial dans la construction des réglementations futures, dans la perspective d'une harmonisation au niveau Européen via l'EASA, et sans doute mondial à terme via l'OACI. Aider la DGAC à bien comprendre les problèmes rencontrés lors de l'utilisation d'un drone, c'est contribuer à rendre les opérations de drones plus sûres et à amplifier la voix de la France dans l'élaboration des réglementations à venir.

Il est également important pour un exploitant de capitaliser sur sa propre expérience. La contribution de l'entreprise au retour d'expérience a des conséquences vertueuses à l'externe mais aussi à l'interne pour l'amélioration de son organisation, pour encourager le partage d'expérience, pour éviter la reproduction de problèmes identiques pour enrichir la boîte à outils procédurale et, plus généralement, pour contribuer à une meilleure sécurité de l'activité.

De la nécessité pour la sécurité aérienne d'organiser et de faire vivre le retour d'expérience, il est apparu indispensable au législateur d'inscrire l'obligation dudit retour d'expérience dans la réglementation de l'activité aéronautique au sens large et dans l'activité drone en particulier.

Mais la Direction Générale de l'Aviation Civile a bien compris que le dispositif réglementaire devait s'accompagner d'un effort important de pédagogie et d'incitation de l'ensemble des acteurs sur la nécessité du retour d'expérience.

C'est ainsi qu'un guide sur la notification et le suivi des incidents drones a été réalisé et est offert en consultation en ligne sur le site de la DGAC.

## La réglementation

La réglementation sur le retour d'expérience fait l'objet de l'arrêté du 17 décembre 2015.

Comme cela a été dit en phase 4, l'exploitant déclare à la DGAC tout incident qui a mis ou aurait pu mettre en jeu la sécurité des tiers.

L'exploitant déclare en particulier toute panne intervenue sur un dispositif de sécurité.

L'exploitant fournit tous les éléments pertinents de son analyse de l'incident.

L'exploitant ou le télépilote informe le constructeur de tous les problèmes ou défaillances survenues sur l'aéronef.

Dans le cadre du scénario S2, l'aéronef doit être équipé d'un dispositif d'enregistrement des paramètres essentiels de vol (localisation, attitude, état de la liaison de commandes notamment) permettant au minimum l'analyse des 20 dernières minutes de vol. L'exploitant doit transmettre à la DGAC les enregistrements après un incident ou accident.

L'exploitant met en place un système d'analyse et de suivi des événements concernant la sécurité. Ce processus est décrit dans le MANEX.

Chaque année, en janvier, l'exploitant déclare à la DGAC le nombre d'heures réalisées par chaque aéronef et fait une synthèse sur l'année civile précédente de l'ensemble des événements de sécurité et de leur analyse.

L'aptitude au vol de l'aéronef est soumise au respect de l'application des préconisations et consignes du constructeur et de toute condition émise par la DGAC.

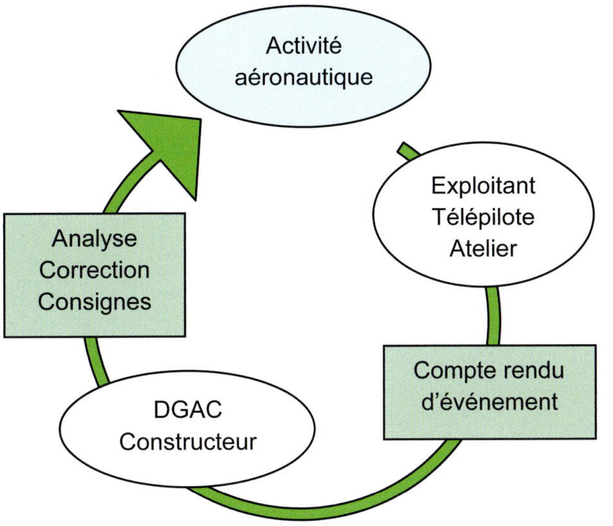

# Performances humaines

## PHASE 7

### Objectif de la phase :

*Le concept de système « Homme, Machine, Environnement » est omniprésent.*

*Toute activité y compris celle qui laisse une place éminente à la technologie est le fruit d'une symbiose entre trois acteurs, l'objet, l'Homme et l'environnement.*

*Une activité ne saurait être réussie sans la conjonction d'un outil performant et d'un utilisateur tout aussi performant et en phase avec son environnement.*

*C'est ainsi qu'est apparue la notion de « Performance humaine » !*

*Cette phase vous présente les éléments de physiologie et de psychologie utiles au télépilote.*

# LA VISION

## Définition

La vision est le système sensoriel dominant pour notre représentation de la réalité. On estime que plus de 70 % de l'information nous parvient par ce canal. Elle est aussi dominante pour l'orientation spatiale, c'est-à-dire notre représentation de notre situation dans l'espace. La vision est un sens décisif pour le pilotage.

## Anatomie

Le système visuel comporte un système optique, doté d'un dispositif « autofocus » de mise au point, l'accommodation, capable de s'adapter à la lumière ambiante grâce à l'iris et de s'orienter automatiquement pour la poursuite d'une cible ou le suivi d'un circuit visuel. Ce dispositif optique forme une image plane du monde sur les rétines.

La rétine est un analyseur de lumière à la structure très complexe. Elle est composée de multiples couches de cellules nerveuses spécialisées. En surface se trouvent deux types de cellules photosensibles. Les cônes permettent la vision des détails et des couleurs. Ils sont inactifs en vision nocturne. Les bâtonnets servent pour la vision des grandes formes et des mouvements, y compris en faible lumière et notamment la nuit.

La vision comporte plusieurs champs concentriques qui remplissent des fonctions différentes. Seule la vision centrale est capable de percevoir les détails fins de l'environnement, et les couleurs. Elle couvre un champ très restreint, de l'ordre de 2 degrés d'ouverture. Ceci correspond à un petit cercle d'environ 3 centimètres de diamètre à la distance d'un tableau de bord. Au centre de ce champ, nous disposons de l'acuité visuelle maximum. Si vous avez l'impression de voir nettement tout le panneau d'instruments, c'est que votre œil balaie en permanence dans des directions différentes, et que votre cerveau enchaîne ces microfixations comme les images d'un film.

## L'acuité visuelle

L'acuité visuelle maximum, c'est-à-dire la taille angulaire du plus petit détail perceptible, est d'environ 1 minute d'angle pour un individu normal (10/10$^{e}$). Elle se dégrade en cas de défaut optique de l'œil (myopie, hypermétropie, astigmatisme), ou en cas de défaut d'accommodation (presbytie). Elle baisse avec l'âge (1/10$^{e}$ tous les dix ans au-dessus de 50 ans) et avec certaines maladies (diabète). L'acuité visuelle dépend du contraste de luminosité et de couleur entre l'objet et le fond. Vous détecterez de très loin un drone blanc volant sur un fond sombre, alors que de beaucoup plus près, vous ne verrez pas ce même drone sur un fond de nuage clair.

## La vision périphérique

La vision périphérique est spécialisée dans la perception des mouvements et des contrastes. Elle n'est pas capable de percevoir des détails ou les couleurs. Mais l'une de ses fonctions est d'attirer l'attention sur ce qui se passe en bordure du champ visuel : le sujet tournera alors son regard vers la perturbation pour regarder en vision centrale. Le mouvement ou le changement de contraste sont donc nécessaires pour attirer l'attention.

Le champ visuel humain présente une ouverture horizontale d'angle égal à 200 degrés et une ouverture verticale d'angle égal à 130 degrés.

## La vision du relief

La vision du relief donne une « vision » du monde en trois dimensions. Cette fonction est « inventée » par notre cerveau à partir de multiples informations. Rappelez-vous que les images formées sur les rétines sont planes !

C'est en intégrant les différentes composantes de la vision, vision centrale et vision périphérique, et en les mélangeant à des informations issues des autres sens et de la mémoire, que notre cerveau génère l'impression de « voir » le monde en trois dimensions. Jusqu'à 100 mètres, c'est surtout la vision binoculaire qui donne une perception de la profondeur.

## Prendre soin de sa vision

Les trois risques principaux d'altération de notre vision, donc des collisions, sont :

- l'état physique et mental ;
- une mauvaise visibilité extérieure ;
- la surcharge des actions à effectuer.

Les solutions pour prévenir ces risques :

- une bonne forme physique et mentale ;
- une préparation méticuleuse de votre vol ;
- un drone visible avec des couleurs voyantes.

La vision périphérique est la première à se dégrader en cas de charge de travail élevée ou sous l'effet de la fatigue.

# L'HYGIÈNE DE VIE

## Le capital santé

Notre capital santé est ce que nous avons de plus important au monde. Il suffit d'interroger des personnes qui ont eu un accident grave ou que la maladie a diminuées pour le comprendre. En fonction de notre comportement et de notre niveau de conscience, nous pouvons diminuer ou faire fructifier ce capital.

En temps ordinaire, ceci n'a d'influence que sur nous-mêmes, mais le télépilote est un être responsable de ses actions qui ont des répercussions importantes sur la vie d'autrui. Son capital santé est donc aussi important que celui d'un sportif de haut niveau dont la performance dépend de son hygiène de vie comme de sa force mentale.

De notre capacité à déterminer notre état physique et mental devrait directement dépendre notre décision de télépiloter ou non.

Attention ! La pression peut nous faire décider de prendre des excitants, alors que nous sommes fatigués ! De petites diminutions physiques peuvent se trouver amplifiées par la fatigue. Il en va de même des effets secondaires de certains médicaments qui peuvent être en vente libre et donner lieu à une automédication particulièrement courante en France.

Les conseils qui suivent sur l'alcool, les médicaments, l'alimentation et l'exercice physique ne sont pas réservés aux pilotes mais ils prennent, dans le domaine du pilotage, toute leur importance !

## L'alcool

L'alcool et, bien entendu, les autres drogues constituent un autre risque grave pour la sécurité des vols en aviation générale. Les dégradations de performance sont considérables : augmentation des temps de réflexe, altération des capacités de jugement, perturbation de l'appréciation des risques, aggravation des illusions sensorielles. Il n'est pas nécessaire d'être en état d'ébriété notable pour cela. Une alcoolémie de l'ordre de 0,3 g/l y suffit.

Une seule et simple proposition ! Ne pas absorber d'alcool au moins huit heures avant de télépiloter est un comportement sûr et responsable.

À noter que la « gueule de bois », même 8 heures après avoir cessé de boire, comporte des risques conséquents pour le télépilote par la diminution de ses capacités intellectuelles (qui ne sont déjà pas très importantes s'il s'est saoulé...).

## Les médicaments

Seul un médecin aéronautique peut réellement évaluer les risques inhérents à la prise de médicaments sur votre pilotage.

Aucun médicament n'est anodin, pas même une aspirine. Avoir besoin d'un médicament est déjà un symptôme de faiblesse de votre organisme et un indicateur de la nécessité de prudence.

Il est évident que ce qui est valable pour les médicaments est pire pour les drogues.

## Les bonnes pratiques

Nous pouvons résumer ce qui précède en présentant les quatre facteurs dont dépendent notre hygiène de vie et qui influencent notre performance.

Le premier facteur concerne ce que nous mangeons et la façon dont nous le mangeons. Un mauvais exemple est un « fast-food » avalé en cinq minutes sous stress en pensant à ses soucis professionnels ou personnels. Sauter un repas est également dangereux *a fortiori* le petit-déjeuner ;

Le deuxième facteur concerne ce que nous buvons comme alcool, boissons sucrées ou boissons dites énergisantes. Les effets *a posteriori* de ces boissons sont néfastes pour l'ensemble des activités intellectuelles et physiques, en particulier sur la capacité d'attention de raisonnement et de décision ;

Le troisième facteur concerne les médicaments ou les drogues que nous absorbons. Les effets de ces substances sur notre comportement doivent être contrôlés par un médecin, de préférence spécialisé dans l'aéronautique ;

Le quatrième facteur concerne l'état physique et psychique. Cet état sera grandement amélioré par la pratique régulière d'un sport deux fois par semaine ou d'une activité comme la marche à raison d'une demi-heure par jour.

Prenez une alimentation équilibrée. Évitez une alimentation trop riche, notamment en matières grasses. Évitez également de prendre trop de sucres rapides : ils seront consommés rapidement et vous risquez de vous retrouver en hypoglycémie. Ne pilotez pas en ayant sauté un repas.

# L'ATTENTION ET LA VIGILANCE

## L'attention

La quantité d'informations à traiter pour tout percevoir et tout comprendre à chaque instant est infinie. Il faut donc faire un tri, se concentrer sur un sujet limité à la fois. Notre cerveau oriente à chaque instant sa « caméra » sur le monde, en fonction de ce dont il a « envie » ou « besoin » de savoir. Le mécanisme par lequel notre conscience se consacre de façon sélective à un sujet particulier s'appelle l'attention.

*A contrario*, des difficultés pour focaliser son attention sont le signe d'une attention perturbée.

Par définition nous ne pouvons donc faire attention qu'à une seule chose à la fois. Nous pouvons, malgré tout, « faire plusieurs choses à la fois ». Pour cela, nous appliquons de l'attention successivement et brièvement à chaque sujet. Tout l'art consiste à bien sélectionner et à bien enchaîner ses sujets d'attention ! Ainsi, le télépilote doit structurer son circuit d'attention en respectant un circuit visuel qui passe successivement par les différents instruments, et par la surveillance extérieure. En effet, il existe un lien étroit entre circuit visuel et circuit d'attention !

## La charge de travail

Nos capacités d'attention sont limitées par la capacité de traitement d'information (la « puissance de calcul ») de notre cerveau.

La charge de travail mesure la proportion de notre capacité totale d'attention qui est effectivement engagée sur une période donnée.

S'il n'existe pas une seconde où vous ne soyez concentré sur un sujet, alors vos ressources mentales sont saturées. Il se peut que, sur une courte période, votre performance soit malgré tout très bonne. En revanche, vous ne tiendrez pas longtemps à ce rythme. Si se rajoutait une tâche supplémentaire, vous pourriez peut-être la prendre en compte, mais au risque d'un effondrement de la performance globale.

À l'inverse, si votre charge de travail diminue trop, votre performance diminuera aussi, car votre vigilance va baisser.

## La vigilance

Notre état de « présence au monde », c'est-à-dire notre degré d'interaction avec la réalité, est fonction du niveau d'activation de notre système nerveux central. Celui-ci peut varier de façon à peu près continue entre le sommeil profond et l'excitation extrême.

On appelle vigilance l'état d'activation. Il est à noter que ce sens du mot vigilance s'éloigne du sens commun, synonyme d'attentif.

## Gérer ses ressources mentales

Il est nécessaire de réguler sa charge de travail pour rester dans la « plage verte », dans la zone où les performances intellectuelles sont bonnes alors que la dynamique du vol tend à imposer son rythme propre. La gestion des ressources mentales du télépilote utilise trois outils principaux : la planification ; la gestion des contrôles et l'expertise.

### La planification

Planifier, c'est d'abord anticiper, donc résoudre le problème à l'avance, pendant qu'on a le temps, pour s'affranchir de la contrainte du temps réel.

Planifier, c'est aussi simplifier en allant à l'essentiel en économisant ses ressources.

### La gestion des contrôles

Même dans une mission très simple, vouloir tout contrôler en permanence est strictement impossible !

Il faut donc, en fonction des priorités du moment, naviguer efficacement entre deux risques. L'un est le risque de manquer une information importante si l'on ne surveille pas assez. L'autre est le risque de la saturation si l'on veut tout contrôler.

Il faut établir une hiérarchie et des priorités sur ce qu'il est nécessaire de contrôler. L'équilibre des contrôles repose sur la pratique de schémas, la vigilance, la concentration ainsi qu'un bon dosage de la confiance en soi.

### L'expertise

Il faut disposer de schémas pour les tâches essentielles. L'expertise réduit donc la charge de travail. Elle s'acquiert progressivement à trois conditions : ne jamais manquer d'humilité, pratiquer régulièrement avec un instructeur, tirer leçon de ses erreurs et éviter de les reproduire.

# LA PERCEPTION

## Introduction

Notre représentation mentale de la réalité est « fabriquée » par notre cerveau à partir de sensations proprioceptives et extéroceptives. La proprioception est le ressenti de l'intérieur de notre corps. L'extéroception est le ressenti des stimuli extérieurs.

## Le proprioceptif

Les muscles, les tendons, les articulations, la peau, sont dotés de détecteurs nerveux qui donnent au cerveau des renseignements inconscients concernant les efforts musculaires, la position des membres, la vitesse et l'accélération des mouvements des articulations, les accélérations subies. Ces informations constituent la proprioception, qui participe à la genèse de l'orientation spatiale et au contrôle des mouvements. Elle joue un rôle peu conscient mais important dans le pilotage.

## L'extéroceptif

L'extéroception représente l'ensemble des stimuli extérieurs à nous-mêmes auxquels notre esprit et notre corps sont soumis. La dégradation météo, une panne moteur, la pression de l'apprentissage peuvent nous faire perdre une partie de nos moyens nécessaires au télépilotage « zen ».

Par exemple, le froid est à la fois une sensation extéroceptive (il fait froid dehors) et proprioceptive (j'ai la sensation corporelle de froid). Cependant, la sensation de froid peut être uniquement liée à notre état personnel. Nous pouvons avoir froid alors que la température extérieure est de 20 °C. Pour cette raison, contrairement à notre culture qui nous commande de ne pas « nous écouter », nous devons toujours être attentifs à nos sensations proprioceptives (corporelles) qui nous renseignent sur notre état physique et mental.

## Nos sens

Pour être en relation avec le monde extérieur, nous utilisons nos cinq sens. L'ouïe, la vue, l'odorat, le toucher et le goût nous renseignent sans cesse sur notre environnement. Pour un télépilote, la vue, l'ouïe et dans une moindre mesure l'odorat sont sollicités. Notre « sixième sens », c'est-à-dire notre intuition peut nous être également très utile. Il est respectable qu'un télépilote refuse de voler simplement parce qu'il « ne le sent pas ». Son intuition l'alerte d'un problème en dehors de tout phénomène objectif. Pour autant, la plupart du temps, nous devons analyser une situation de façon rationnelle avant de décider (préparation d'un vol et décision pendant le vol).

## La sélectivité

Une caractéristique commune à tous nos sens est leur sélectivité.

D'abord, ils n'utilisent qu'une infime partie des grandeurs physiques utilisables. Par exemple, nos yeux ne sont sensibles qu'à une minuscule gamme de longueurs d'onde électromagnétiques (la lumière visible: de 0,4 à 0,8 micron). Nos oreilles ne sont sensibles qu'aux fréquences sonores comprises entre 50 Hz et 16000 Hz environ, et cette sensibilité diminue avec l'âge.

Ensuite leur efficacité est limitée à certains champs dans l'espace. Notre champ visuel par exemple a une limitation physiologique.

Enfin, notre cerveau filtre les signaux qui lui parviennent de nos sens pour ne retenir que ceux qui concernent le sujet de notre attention. Enregistrez votre conversation au magnétophone: vous y découvrirez des dizaines de bruits parasites, comme celui d'une voiture qui passe, et que personne n'avait entendus sur le moment.

# LA COMPRÉHENSION ET LA MÉMOIRE

## Comprendre pour piloter

Comprendre, c'est entretenir dans sa tête une certaine cohérence avec le monde extérieur.

Pour cela, nous comparons en permanence le résultat de nos perceptions avec un résultat attendu. Il en découle quelque chose de fondamental : nous filtrons la réalité en fonction de ce que nous cherchons à percevoir. Et nos attentes dépendent essentiellement de trois choses :

- ce que nous sommes en train de faire,
- ce que nous savons,
- ce que nous avons l'intention de faire.

Il n'y a donc pas de perception indépendante d'une compréhension, ni de compréhension indépendante de l'action passée, présente et future. Nous pouvons construire nos représentations mentales grâce à la rémanence de nos images mentales. Celles-ci ne s'effacent pas instantanément. Elles se conservent dans une mémoire appelée mémoire de travail, analogue à la mémoire vive des ordinateurs.

Piloter suppose donc d'entretenir une sorte de pari permanent sur l'avenir.

Piloter suppose donc d'anticiper ce qui va se passer et de planifier ce qu'on va faire, tout en validant dans le présent les prévisions passées.

Pour cela nous utilisons trois sortes d'outils. Ces outils résultent de nos apprentissages et de notre expérience.

Les premiers outils sont nos connaissances profondes sur le monde. Elles constituent des descriptions, des explications et des modèles, du monde qui nous entoure. On peut utiliser ces connaissances pour comprendre les situations et inventer des solutions aux problèmes.

Les seconds outils sont nos règles. Elles constituent des principes d'action du type « si je constate ceci, alors je fais cela ». Nous pouvons en déduire par un raisonnement rapide la solution d'un problème. Les comportements basés sur les règles permettent une économie importante de ressources mentales par rapport à la méthode précédente. Ils supposent tout de même un raisonnement, et donc de consacrer au problème une attention véritable.

Les troisièmes outils sont les schémas. Ce sont des solutions toutes faites sous forme de séquences « prêtes-à-agir ». Les schémas contiennent une prédiction des grandes lignes de ce qui va se passer, les actions que nous allons effectuer, les incidents qui peuvent se produire, et la série des contrôles à effectuer en cours d'action. Plus l'expérience augmente, plus les connaissances se condensent sous forme de schémas.

## Les mémoires

Nous pouvons identifier, selon son rôle et ses caractéristiques, trois types de mémoire :

- la mémoire sensorielle ou perceptive
- la mémoire à long terme
- la mémoire à court terme

La mémoire sensorielle ou mémoire perceptive est liée aux cinq sens : la vue ; l'ouïe, l'odorat ; le goût ; et le toucher. Elle identifie des perceptions et fonctionne sans que l'individu en ait conscience.

La mémoire à long terme, est comme son nom l'indique, une mémoire de longue durée. Les trois outils de compréhension sont stockés dans cette mémoire à long terme. La capacité et la durée de cette mémoire sont pratiquement sans limites. Malheureusement, son temps d'accès est long : plusieurs secondes, et parfois beaucoup plus : retrouver un nom peut prendre plusieurs heures, quand nous n'avons pas tout simplement « oublié ». Heureusement, nous disposons aussi de la mémoire à court terme,

La mémoire à court terme est une mémoire tampon dans laquelle nous chargeons des informations nécessaires à l'action immédiate. Sa capacité est limitée, environ huit items différents au maximum et sa durée aussi, de l'ordre d'une dizaine de secondes. En revanche, le temps d'accès à la mémoire à court terme est quasi instantané.

Il est tout à fait possible, et même nécessaire, d'entretenir et d'améliorer sa mémoire !

Nous pouvons diminuer considérablement le temps d'accès à la mémoire à long terme en pré-activant une partie de cette mémoire avec des informations utiles, comme une procédure ou un schéma. Le fait de préparer votre vol soigneusement avant de l'exécuter, produit cet effet. Ceci explique que la performance en soit bien meilleure. Les sportifs de haut niveau l'utilisent régulièrement : ils répètent l'action mentalement avant d'agir.

# LA PRISE DE DÉCISION

## Prise de décision et jugement

Prendre des décisions est essentiel. Décider, c'est choisir entre plusieurs solutions disponibles.

La décision humaine est rarement entièrement rationnelle. Nos choix sont plus ou moins influencés par des critères subjectifs, des préférences qui dépendent de la personnalité du décideur et du contexte.

Le processus de décision comporte la recherche des informations utiles, l'analyse de la situation, l'inventaire des solutions, leur confrontation au savoir-faire et au temps disponibles, l'évaluation de leurs conséquences, le choix proprement dit, et le passage à l'acte. On désigne souvent l'ensemble de ce processus sous le terme de jugement.

## Influences et risques liés à la décision

On constate que les êtres humains s'écartent de façon quasi-systématique du chemin rationnel idéal.

On se trompe sur la fréquence réelle des événements, et donc sur les risques associés. On préfère les solutions connues, même si elles sont loin d'être les mieux adaptées à la situation. On recherche systématiquement les informations qui confortent nos décisions, et on tend à minimiser, à rejeter les signes contraires, ou à les réinterpréter. On se laisse influencer par l'opinion dominante du groupe auquel on appartient.

Ces raccourcis et ces influences sur nos décisions présentent de graves inconvénients potentiels pour la sécurité.

## Calculer les risques

Une décision est presque toujours un calcul de risque entre les différentes solutions.

Quelle que soit la solution choisie, il existe une certaine probabilité que les choses tournent mal, avec un dommage associé. C'est la définition du risque dit « objectif », ou risque externe.

Mais dans la décision, nous prenons aussi en compte le risque de l'échec dans la mise en œuvre de la solution choisie, soit par manque de savoir-faire, soit par manque de temps. C'est le risque dit « subjectif », ou risque interne.

Des études ont montré que nos décisions tendent à minimiser le risque interne, même au prix d'un risque externe plus élevé.

## Les stratégies de décision

Les stratégies de décision dépendent en conséquence du niveau relatif des risques internes et externes perçus. Elles oscillent entre deux opposés :

- les stratégies de décision séquentielle qui consiste à découper une grande décision à long terme en une succession de décisions à court terme, en se gardant une « porte ouverte » à chaque étape intermédiaire.
- les stratégies de décision globale, où l'on concentre l'essentiel de l'analyse et la réflexion avant l'action, pour s'engager ensuite à fond et persévérer dans la solution retenue, qui est souvent irréversible.

Il est important d'observer que les stratégies de décision sont influencées par la personnalité du décideur.

Une étude publiée en 1984 par l'Université de Miami (USA) faisait apparaître que les décisions dangereuses des télépilotes résultent de l'influence de cinq attitudes de base : antiautoritaire, impulsif, invulnérable, macho, résigné.

La motivation peut également modifier momentanément la relation personnelle au risque. Les biais de décision sont alors amplifiés.

## Conclusion

La décision est au centre de votre activité de télépilote. Les décisions humaines sont à la fois extraordinairement efficaces, et terriblement fragiles.

Heureusement, l'expérience nous aide à décider en prenant en compte de façon subtile l'essentiel d'une réalité bien souvent très complexe.

Entraînez-vous et obligez-vous à respecter un processus de décision ordonné, structuré et sérieux.

Et souvenez-vous qu'aucune décision complexe n'est possible sous une forte contrainte de temps.

Alors un conseil : anticipez et préparez vos vols !

# LES ERREURS

## La notion d'erreur

« Erreur » est un mot simple qui cache des notions très compliquées !

Ce qui nous intéresse ici, ce sont les conditions dans lesquelles certains de vos actes, intentionnels ou non, peuvent mettre en cause votre sécurité. Pour simplifier, nous les appellerons des « erreurs ».

Mais quelles sont les composantes d'une erreur ?

À la base, il y a l'action erronée elle-même. Ce peut être un oubli, une action à la place d'une autre, une mauvaise exécution ou séquence d'actions.

Cette action erronée aura, ou n'aura pas, des conséquences pratiques sur le vol et sa sécurité, selon les circonstances, le sujet concerné, et surtout le fait qu'elle soit ou non détectée et corrigée. Il se produit des dizaines d'erreurs dans chaque vol, sans conséquence. À l'inverse, une seule erreur peut être la bifurcation vers un scénario d'accident.

Il n'y a pas à proprement parler de mécanisme mental propre à l'erreur. Ce sont les mêmes mécanismes qui font les performances, l'intelligence, l'économie de nos ressources, ou les ratés. « L'erreur et l'intelligence sont les deux faces de la même pièce de monnaie » (James REASON, Université de Manchester).

Ainsi nous pouvons distinguer quatre grandes familles d'erreurs, selon le mode de fonctionnement mental en œuvre dans l'action en cours : les erreurs de routine ; les erreurs de règle ; les erreurs de modèle et les erreurs de représentation.

## Les erreurs de routine

Par définition les schémas vous font agir « comme d'habitude ». Ils sont un pari permanent sur le fait que le présent est conforme au passé. Mais si la situation présente est différente de l'habitude, le pari est perdu : il y a erreur.

Les erreurs de routine concernent toutes les séquences d'action que nous effectuons très régulièrement. Par exemple, les actions de préparation de la machine avant décollage. Une simple interruption des actions en cours, une simple distraction ont toutes chances de provoquer alors un oubli, un saut, une répétition.

Nos actions de contrôle et de surveillance sont également fragiles car elles deviennent aussi routinières. Nous pouvons véritablement voir un instrument ou une alarme dans son état habituel alors que ce n'est pas le cas. Et la pression du temps décuple ces risques.

## Les erreurs de règle

Une erreur de règle consiste soit à appliquer une procédure ou une solution inappropriée par suite d'une erreur de diagnostic ou de raisonnement, soit à mal exécuter la bonne procédure.

Souvent une erreur de diagnostic ou une confusion dans l'application de la procédure est à l'origine de cette erreur. Une autre famille est constituée par les corrections de sens inverse.

## Les erreurs de modèle

Une erreur de modèle consiste à utiliser, pour comprendre la situation ou pour prendre une décision, un modèle inadéquat de la réalité.

Cette erreur de modèle peut venir du fait que nous avons des connaissances fausses ou incomplètes ou que nos connaissances sont inaccessibles sur le moment dans la mémoire à long terme.

## Les erreurs de représentation

Si vous réalisez une action au lieu d'une autre sans vous en rendre compte, cela implique une distorsion très locale de votre représentation par rapport à la réalité. Il est probable que, rapidement, cette distorsion soit révélée et l'anomalie locale sera corrigée.

Mais que se passe-t-il dans le cas contraire ?

Une erreur locale a infesté par un effet « boule de neige » une partie importante de la représentation de la situation. Celle-ci finit par basculer, pour former comme le négatif d'une représentation normale. Il y a non-conformité globale, avec des points d'ancrage conformes à la réalité, perçus comme des anomalies, et qu'on cherche à réinterpréter.

On appelle cela une « erreur de représentation ». Cette situation est redoutable, car les représentations fausses, comme les bonnes, sont extrêmement stables. Il est très coûteux en ressources de remettre en question sa représentation mentale et son projet d'action.

# ÉVITEMENT ET GESTION DES ERREURS

## La prise de conscience

Le plus souvent, nous prenons conscience presque instantanément d'avoir commis une erreur, grâce à une autosurveillance mentale permanente.

Nous pouvons également être alertés assez vite par des incohérences entre nos actions et les résultats attendus.

Certaines alarmes sont installées dans les aéronefs pour renforcer ce pouvoir d'alerte dans des situations critiques.

Lors d'un vol, il se produit couramment plusieurs dizaines d'erreurs, dont la plupart sont immédiatement corrigées, et dont aucune ne conduit à des conséquences importantes pour la sécurité.

Le fait de prendre conscience de nos erreurs a un effet fondamental pour la sécurité : il modifie notre comportement vis-à-vis du risque.

Nous augmentons nos marges après avoir pris conscience d'une erreur.

Même les erreurs minimes sont des indicateurs inconscients de notre « point de fonctionnement » par rapport aux limites de notre savoir et de notre savoir-faire. Elles régulent notre niveau d'attention, notre degré de surveillance sur tel ou tel aspect du vol.

Paradoxalement, les erreurs, dès lors qu'elles sont reconnues, jouent donc un rôle positif pour la sécurité. Sur l'instant, elles sont le « fluide » utilisé par notre « régulateur de régime » mental.

À plus long terme, grâce à la mémorisation, elles nous servent de leçon et constituent une composante incontournable de tout apprentissage.

C'est le cercle vertueux du retour d'expérience.

## La pression du temps

On ne saurait trop insister sur les effets négatifs de la pression du temps sur la fiabilité humaine. Elle conduit très vite à dépasser les limites des ressources disponibles, et à multiplier les impasses. Aucune action, aucune décision complexe n'est possible sous une forte contrainte de temps. Rappelez-vous : anticipez, préparez vos vols, soyez toujours en avance sur le drone !

## La démarche

Il serait illusoire de vouloir supprimer les erreurs humaines. Elles ne représentent pas une anomalie de fonctionnement mental. Elles sont simplement une conséquence parmi d'autres des structures fondamentales de nos capacités mentales et de notre intelligence.

Le plus important est de prendre conscience de cette réalité car cela modifiera notre comportement vis-à-vis du risque et cela nous incitera à analyser objectivement la situation et à prendre les mesures de prévention et de protection pour diminuer la probabilité qu'un incident survienne et pour en réduire les conséquences s'il survient.

Ce qui compte est donc de prévenir la conséquence des erreurs sur la sécurité.

Cela passe par des drones et des procédures plus tolérantes à l'erreur.

Cela passe aussi par l'amélioration de l'auto- détection des erreurs. La conception et l'ergonomie de l'appareil peuvent y contribuer. Mais c'est, dans une grande mesure, l'apprentissage de la gestion adéquate des menaces et des erreurs, connu sous le nom TEM *Threat and Error Management*, qui permet au télépilote d'en diminuer les conséquences négatives.

Reconnaissez lucidement votre potentiel d'erreur et protégez-vous. Surveillez-vous, contrôlez le résultat de chacune de vos actions critiques, utilisez les aides disponibles, en particulier les check-lists. Reconnaissez l'erreur que vous venez de faire et réajustez votre comportement en conséquence.

On pourrait résumer ce qui précède en une seule idée : au moins vis-à-vis des erreurs, un poste de télépilotage doit être un espace d'honnêteté.

# LE SOMMEIL

## Les phases du sommeil

Lorsqu'on passe de l'éveil total au sommeil profond, l'activité du cerveau ne « s'éteint » pas: elle change seulement de nature. Ce changement est visible sur l'enregistrement des traces produites à la surface du crâne par l'activité électrique du cerveau, appelé électroencéphalogramme (EEG).

L'activité électrique du sujet endormi se distingue de celle du sujet éveillé par la forme et surtout la fréquence des ondes.

De plus le sommeil ne correspond pas à un état unique, mais comporte plusieurs stades.

La veille active ou éveil, est caractérisée par des ondes de fréquence élevée et de faible amplitude. C'est le seul état dans lequel nous sommes capables de porter attention à un sujet particulier.

La veille diffuse est un état transitoire entre veille et sommeil. La pensée vagabonde et ne se fixe pas. Une alarme très énergique est nécessaire pour revenir à l'état de veille active.

Le sommeil profond ou à ondes lentes permet la récupération de la fatigue physique accumulée pendant la période d'éveil, et la reconstitution des réserves énergétiques, y compris pour le système nerveux (glycogène stocké dans les cellules nutritives des neurones).

Le sommeil à ondes rapides présente un EEG similaire à celui de l'éveil et s'accompagne de mouvements oculaires rapides. Cependant, le tonus musculaire est totalement absent, d'où son autre appellation de sommeil paradoxal. Ce sommeil est le siège des rêves. On pense qu'il joue un rôle crucial dans la mémorisation des connaissances acquises au cours de la journée. Il permet la restructuration de la mémoire pour prendre en compte les nouvelles données, en maintenant la cohérence générale de la pensée. Un sujet privé de sommeil paradoxal perd son équilibre émotionnel, devient irritable et perd ses capacités d'attention et de jugement.

## Le besoin en sommeil

Personne ne peut se passer de dormir. Les besoins en durée de sommeil varient cependant d'un individu à l'autre. Mais une majorité de personnes dorment entre sept et huit heures.

Le besoin en sommeil est une donnée génétique individuelle. Il est plus fort pendant les premières années et diminue au cours de l'adolescence. Il reste relativement stable de l'adolescence à la vieillesse. Cependant, le profil du sommeil évolue. Chez le vieillard, il est plus léger et s'accompagne de réveils nocturnes. On parle de « vieillissement » du sommeil. L'alcoolisme provoque un vieillissement du sommeil. L'anxiété perturbe également le sommeil.

Il est illusoire de vouloir réduire significativement son temps de sommeil. Toute tentative conduit à une dette qu'il faudra payer d'une façon ou d'une autre: le besoin en sommeil augmente en cas de fatigue. Le manque de sommeil a des conséquences inévitables sur votre performance de télépilote. Il provoque une sensation de fatigue physique, de tête lourde, qui s'accompagne de troubles de l'attention et de la mémoire. Vous êtes beaucoup plus vulnérable aux illusions sensorielles. Enfin, le manque de sommeil rend irritable et agressif.

## Le rythme circadien

La vigilance varie de manière cyclique sur une période de 24 heures. Ce rythme circadien est sous la dépendance de trois régulateurs: une horloge biologique qui module les sécrétions hormonales, le comportement social et le cycle solaire. Ce rythme circadien de la vigilance se traduit par une variation de la performance de pilotage. Les performances liées aux activités sensori-motrices suivent l'évolution de la température corporelle: elles sont minimales vers 6 h du matin et maximales vers 18 h. Les performances intellectuelles réclamant de l'attention sont au contraire plutôt meilleures le matin.

# GÉRER LA FATIGUE ET LE STRESS

## La fatigue

La fatigue est d'abord une sensation.

Ses symptômes peuvent être d'ordre physique (lourdeur ou douleur musculaire) ou d'ordre psychologique (difficulté de concentration), ou les deux à la fois.

La fatigue est aussi une réalité physiologique, qui correspond à la consommation des ressources énergétiques disponibles et à l'accumulation de toxines comme résultat de l'activité physique ou de l'activité intellectuelle.

La fatigue affecte la performance.

La fatigue apparaît naturellement lors d'une activité intense et de longue durée.

Mais la fatigue apparaît même en l'absence d'activité. On pense que le seul fait d'être éveillé déclenche la sécrétion d'une substance inductrice du sommeil, dont l'accumulation provoque la fatigue.

Au-delà de huit heures d'éveil, la performance commence à se dégrader. Cette dégradation s'accélère à partir de douze heures d'éveil.

Ces effets de la fatigue se cumulent avec l'évolution de la performance due au rythme circadien.

## Éviter la fatigue

Être vigilant, c'est être actif, présent et disponible dans la réalisation de son activité.

Pour éviter au mieux l'apparition de la fatigue, il faut respecter une hygiène de vie régulière :

- avoir un sommeil de qualité ;
- tenir compte de son rythme circadien ;
- se reposer si l'on est fatigué ;
- faire attention aux boissons excitantes ;
- être attentif aux nourritures trop riches ;
- faire un bilan énergie personnelle.

**CHECK-LIST « ÉNERGIE PERSONNELLE »**

- Ai-je assez bien dormi ?
- Suis-je dans mon rythme personnel en plein potentiel (matin, soir) et en forme ?
- Ai-je absorbé la nourriture et les boissons en qualité et en quantité adaptées ?
- Suis-je calme, serein, concentré ?

## Le stress

Découvert par l'endocrinologue canadien d'origine autrichienne Hans SELYE, le stress est la mobilisation de toute l'énergie de notre corps afin de s'adapter à une situation. Cette réaction corporelle nous permet, devant un danger, d'augmenter notre perception et d'utiliser notre énergie pour combattre ou pour fuir le danger. Le stress nous procure donc l'énergie nécessaire pour nous adapter à notre environnement. La même réaction de stress peut se produire face à une grande joie.

Ce qui déclenchait du stress chez l'homme des cavernes était le plus souvent un danger concret et immédiat. Sa réaction, combat ou fuite, était simple et lui permettait de dépenser utilement son énergie. Il évacuait physiquement son stress. En dehors de ces moments peu nombreux, il vivait paisiblement.

Aujourd'hui, les situations de stress ont changé de visage et sont plus nombreuses et diffuses. La pression du temps est également un puissant agent du stress. Si l'énergie positive du stress augmente nos capacités, il est en revanche difficile d'évacuer normalement ce « trop-plein » d'énergie corporelle négative générée par le « stress de la vie moderne ».

## Que faire face au stress?

L'idéal serait de profiter uniquement du petit stress qui nous dynamise et d'évacuer celui qui nous envahit ! Pratiquer un sport, des loisirs calmes et des techniques de maîtrise de soi telles que le yoga, la sophrologie, le *tai chi* ou le *qi gong* nous permet de rétablir ou de conserver nos équilibres physiques et mentaux. Suivez aussi ces quelques conseils.

Ayez une bonne hygiène de vie, un sommeil de qualité, une alimentation équilibrée et gérez mieux les soucis et les préoccupations.

Agissez avec anticipation, calme et attention.

Reposez-vous lorsque vous vous sentez fatigué.

Soyez humble et conscient de vos capacités !

Et si le stress arrive, respirez lentement, « faites simple » et demandez de l'aide.

# Préparation et suivi du vol

## PHASE 8

### Objectif de la phase :

*Tout au long de votre activité, vous mettrez à profit votre savoir, votre savoir-faire et votre expérience pour réaliser vos missions en toute sécurité. Dans ce but, le respect des procédures et la prise de décision à bon escient sont essentiels à la réussite de la mission en assurant la protection des personnes et des biens.*

*Cette phase vous présente, sous forme de deux tableaux synthétiques, le déroulement type de la préparation et de la conduite du vol.*

# PRÉPARATION DU VOL

La préparation du vol doit être conduite avec minutie. Il faut vérifier que les limitations de l'aéronef sont respectées. Il faut préparer la navigation en déterminant la route suivie, les éléments de l'estime, les points de repère et la hauteur de vol. Il faut intégrer tous les éléments liés à la réglementation de la circulation aérienne et consulter les NOTAM. Il faut constituer son dossier météorologique et connaître la vitesse et l'intensité du vent, la visibilité, les précipitations éventuelles et la présence ou non de turbulence. Il faut faire tout cela !

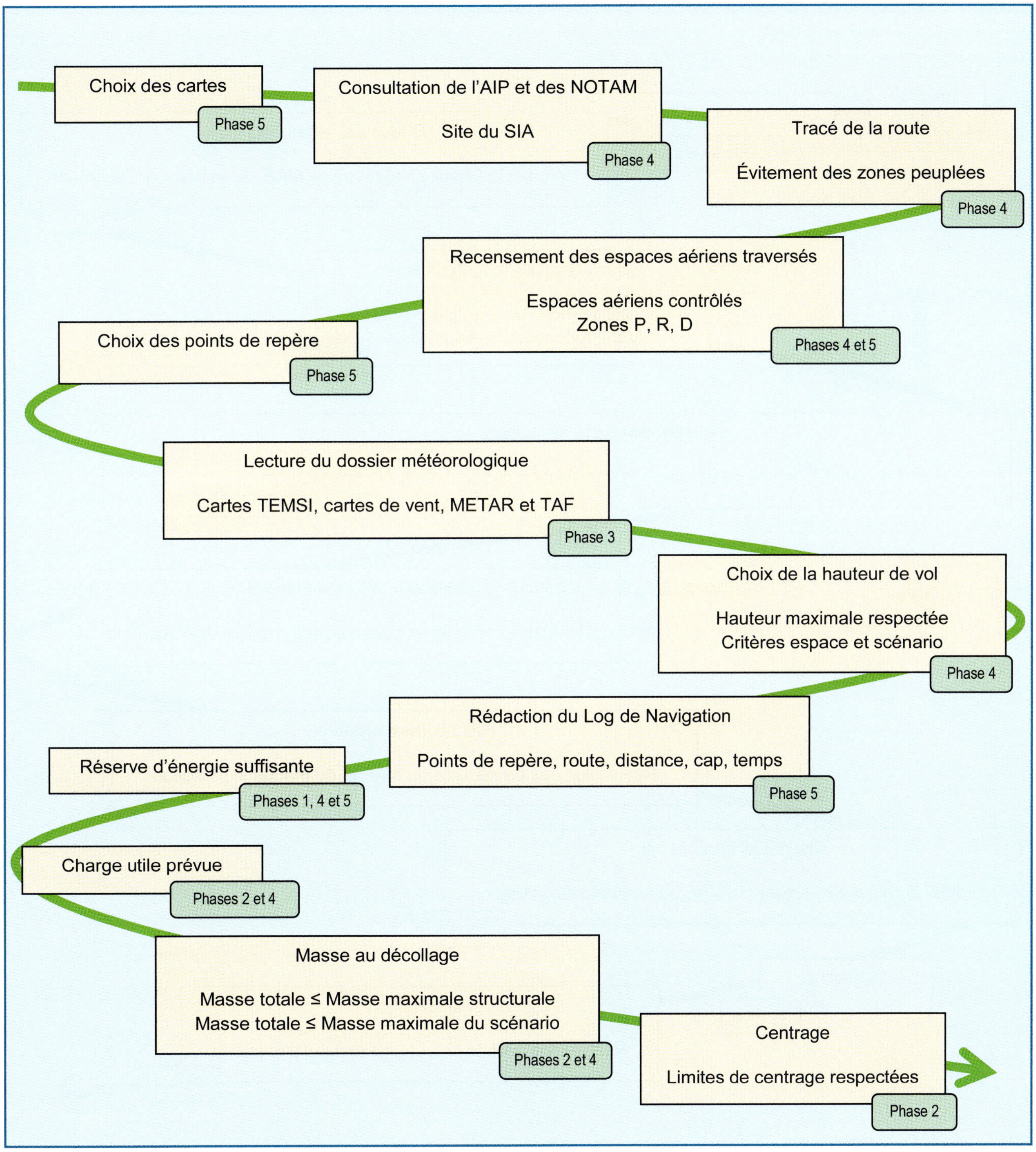

# SUIVI DU VOL

Pendant le vol, le télépilote observe la situation, la compare à ce qui était prévu, prend toutes les décisions nécessaires à la poursuite de la mission en sécurité et, si les conditions l'obligent, interrompt la mission prévue. Cela concerne le briefing, le déroulement de la check-list avant décollage, l'actualisation de la météorologie, la hauteur maximale de vol en un lieu donné pour un scénario donné, l'actualisation de la navigation, la check-list après le vol, le débriefing et les actions de maintenance prévues ou nécessaires.

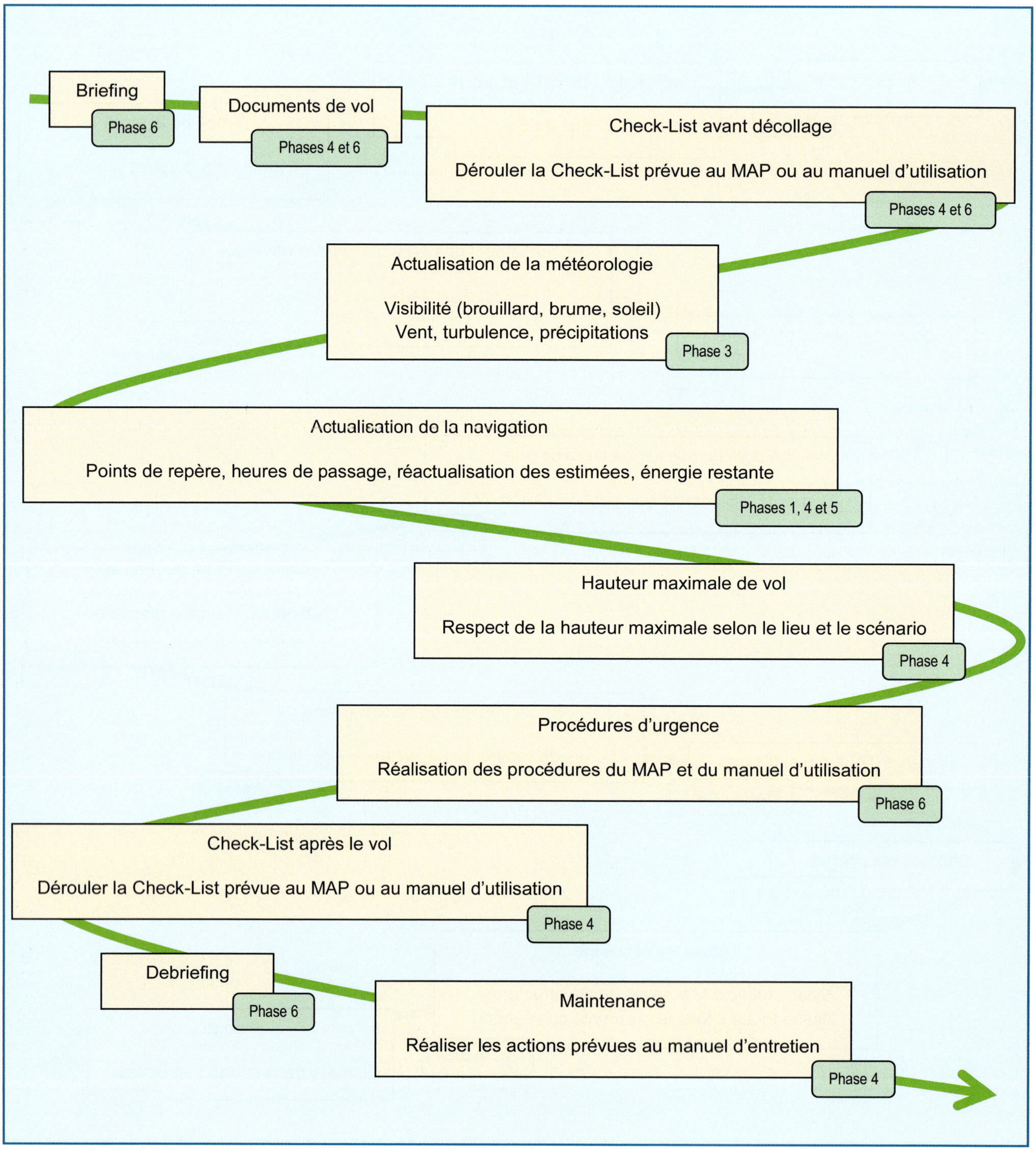

# INDEX

Dans le corps du texte, les mots indexés sont signalés en rouge pour en faciliter l'accès.

**Note de l'éditeur**

*Nous vous proposons de nous signaler par courrier postal ou à* ***auteurs@cepadues.com*** *tout ajout dans cet index qui vous semblerait judicieux, toute erreur, fautes de typographie ou d'orthographe.*

## A



## B



## C

## D



## E



## F



## G



## H



## I

## R



## S



## T



## U



## V



## W



## Z

# TABLE DES FIGURES

# TABLE DES MATIÈRES

## PRINCIPES DU VOL

## PHASE 2 53



## MÉTÉOROLOGIE

## PHASE 3 79

## RÉGLEMENTATION

## PHASE 4 111

## NAVIGATION

## PHASE 5 151

## PROCÉDURES OPÉRATIONNELLES

## PHASE 6 175



## PERFORMANCES HUMAINES

## PHASE 7 193

# MANUEL DU TÉLÉPILOTE DE DRONE

4e édition

**Cette édition du manuel du télépilote de drone est par essence perfectible, donc évolutive.**

**Seule la manière dont vous l'utiliserez et plus particulièrement l'ensemble de vos remarques et de vos suggestions lui permettront de vivre.**

**Alors écrivez-nous par courrier ou par mail !**

Nom et adresse postale du lecteur :

Tél. : ....................................................................................................

Courriel : ..............................................................................................

**CETTE PAGE DOIT ÊTRE ENVOYÉE À :**

**Cépaduès-Éditions**
111, rue Nicolas-Vauquelin
31100 Toulouse

Courriel : auteurs@cepadues.com

| CHAPITRE | PARAGRAPHE | OBSERVATIONS |
|---|---|---|
| | | |

| CHAPITRE | PARAGRAPHE | OBSERVATIONS |
| --- | --- | --- |
| | | |

Si cet ouvrage fait l'objet d'un additif ou d'un erratum, l'information sera alors disponible sur le site internet **www.cepadues.com,** à la fiche de l'ouvrage. L'accès direct se fait en tapant la référence de l'ouvrage (**1879**) dans le champ recherche.

**auteurs@cepadues.com**

une adresse pour ...

...nous faire part de vos remarques, critiques ou suggestions éventuelles,

... partager vos **impressions de lecture**
Vous pouvez également écrire sur le site Internet de votre libraire ou vendeur,

... nous solliciter si vous êtes vous-même porteur d'un **projet d'ouvrage.**

D'avance, nous vous remercions.

Achevé d'imprimer en France
en janvier 2021 chez Corlet Imprimeur
Z.I. rue Maximilien-Vox CS 30086 • 14110 Condé-sur-Noireau
Tél. : 02 31 59 53 00
groupe.corlet@corlet.fr